이기는 정치
소통의 리더십

이기는 정치
소통의 리더십

이철희 지음

너울북

머리말

'정치가 없다면 민주주의도 없다.'

영국의 Gerry Stoker 교수가 펼치는 주장이다. 맞는 말이다. 그만큼 정치는 중요하다. 미국의 E. E. Schattschneider 교수는 '정당 없이 현대 민주주의를 생각할 수 없다'고 이야기했다. 정치의 중요성을 지적하는 다른 표현이다. 역시 맞는 말이다.

이처럼 중요한 것이 정치인데, 어느 나라를 막론하고 정치에 대한 불신은 깊고 넓다. 정치가 잘못해서 욕을 먹는 것일까? 분명 그런 점도 있다. 그러나 좋은 소리를 못 듣는 것은 정치의 숙명이다. 이해관계를 조정하고, 가부를 결정하고, 논의를 매듭짓는 것이 정치다. 득得을 보는 사람이 있으면 실失을 입는 사람이 있기 마련이다. 그러니 욕을 안 먹을 도리가 없다.

그럼에도 불구하고 정치에서 유무능은 그 차이가 크다. 비록 손가락질을 당할 수밖에 없는 기능적 특성을 가졌다손 치더라도 그것으로 인해 무능이 회피되는 것은 아니다. 정치가 민주주의에 기여하는 것이라면 보다 많은 사람, 사회적 약자와 경제적 열패자에게 도움의 손길을 내미는 것은 지극히 정당하고 마땅하다. 쉽게 말해 중산층과 서민에게 실질적인 도움을 주는 것이 유능한 정치다.

그런데 문제가 있다. 바로 선거다. 선거에서 이겨야 원하는 바를 실현시킬 기회가 주어지는 게 정치다. 아무리 거창하고, 탁월한 정책을 가지고 있더라도 지면 만사휴의, 무용지물이다. 선거에서 패배하면 나무랄 데 없이 완벽한 플랜이라도 실행에 옮길 수 없다. 선거에서 이긴 사람이나 세력에게 선택권과 집행권을 맡기는 것이 대의제 민주주의다. 따라서 이기는 정치가 정말 중요하다.

어찌된 일인지 우리 사회, 특히 진보와 개혁을 말하는 진영에서는 선거 승리에 대한 문제의식이 희박하다. 승리하는 길에 대한 고민을 하찮게 생각하거나 타락이라고 여기는 문화가 있다. 정치적 중립은 옳은 것이고, 정치적 편들기는 나쁜 것으로 간주된다. 이런 반정치反政治 문화가 인민의 정치세력화와 승리를 막는 이데올로기적 효과를 낳고 있다.

흔히 개혁의 화신으로 거론되는 인물이 정암 조광조다. 불꽃처럼 살다가 갔다. 그의 열정과 기개는 두고두고 후세의 귀감이다. 그런데 조광조는 성공했나? 좌절 정도가 아니라 아예 완벽하게 패배했다. 자신이 내건 개혁정책도 온전히 실현하지 못했거니와, 그로 인해 개혁세력(사림)의 집권이 수십 년 지체되는 반동을 초래했다.

후세의 율곡 이이는 조광조 개혁에 대해 '작사무점作事無漸'이라고 비판했다. 단지 점진적이지 않고 성급했다는 것이 아니다. 정치를 외면했기 때문에 실패했다는 지적이다. 선명한 주장이나 결기만 앞세우는 건 치기다. 어린 아힌의 소아병이다. 제반 변수들을 관리해가면서 작은 정책이라도 성사시키는 것이 개혁정치. 지금 우리에겐 승리전략, 이길 줄 아는 전략가(strategist)가 필요하다.

반정치 문화가 조광조 때문만은 아닐 것이다. 그러나 우리 역사에 반정치 문화가 끼친 해악은 실로 엄청나다. 실패해도 그 뜻은 가상했다는 이른바 진정성의 관점은 잘못이다. 정치는 결과로 평가 받아야 한다. 인민의 삶에 직접 영향을 미치는 결정을 내리는 것이 정치 아니던가.

클린턴과 블레어는 이미 현실정치에서 퇴장했다. 대통령과 총리로서 그들의 역할은 이미 끝난 지 오래다. 이들에 대해 가해지는 비판 중에 핵심은 원칙을 팔아 승리를 얻었다는 것이다. 중도 내지 제3의 길 운운하며 진보의 가치를 저버렸다는 것이다. 과히 틀린 말이 아니다. 그들에게 좀 더 진보의 가치에 충실했더라면 하는 바람이 있는 건 사실이다.

그럼 이 질문에는 어떻게 답해야 할까? 원칙을 지키면서 패배하는 것이 과연 옳은 길인가 하는 물음이다. 인민이 표로 거부한 원칙을 부여잡고 다시 민심이 돌아오기만을 기다려야 하는지 묻는 것이다. 진정 인민주권의 개념을 받아들인다면, 인민의 뜻에 따라야 하는 것이 정치의 또 다른 숙명이지 않을까 하는 문제제기다.

2차 대전 후 복지국가가 대세로 굳어졌을 때 보수세력은 타협했다. 복지국가를 받아들였다. 그것이 영국에서 말하는 '합의의 정치'다. 아이젠하워나 닉슨이 자신이 속한 공화당이 그렇게 반대하던 진보적 뉴딜체제를 수용한 것도 같은 맥락이다. '진보가 이룩한 변화'를 이때의 보수가 수용했듯이, 신자유주의 득세 이후 진보가 '보수가 일군 변화'를 받아들인 것이다.

정치의 생명은 유연성이다. 한 번 정한 원칙이나 교조를 끝까지 고수하는 경직성은 정치문법이 아니다. 때론 좌나 우로, 때론 위나 아래로 유연하게 움직여야 하는 것이 정치다. 끊임없이 대중을 추수하는 것이 아니다. 민심은 비유컨대 기온이다. 정치는 복장이다. 추운 때는 따뜻한 옷을, 더울 땐 시원한 옷을 입어야 하는 건 지극히 당연하다. 영하의 날씨에 여름옷을 입고 겨울이 빨리 지나가기만을 기다리는 것은 바보짓이다.

어제의 인물 클린턴과 블레어에 주목하는 이유도 바로 이것이다. 그들이 지향한 가치를 그대로 따르자는 것이 아니다. 그들의 방법을 기계적으로 답습하자는 것도 아니다. 다만, 그들이 추구한 '이기는 정치',

'소통하는 리더십'에 대해서만큼은 벤치마킹하자는 것이다. 왜냐하면 아름다운 패배보다 괜찮은 승리를 만드는 것이 더 중요하기 때문이다.

그럼 어떻게 해야 승리하나? 불행하게도 정답은 없다. Charles Derber 교수의 '선거의 덫'이 말해주는 것처럼 여론조사에 따른 안성맞춤의 후보를 낸다고 해서 이겨지지 않는다. Umberto Eco의 지적대로 여론조사는 매우 유동적이고 잠정적인 정서 상태를 말해줄 뿐이다. 인민들이 진정으로 원하는 바에 조응하는 대안을 제시해야 한다.

'이기는 정치'는 오직 승리만을 추구하는 정치가 아니다. 수단과 방법을 가리지 않고 이기려 하는 것은 정치가 아니라 권모요 술책이다. 이기는 정치의 전제는 '인민에 따르면 이긴다'는 것이다. 패배는 인민에게서 멀어졌기 때문이다. 따라서 '이겨야 정치'라는 명제는 인민에게 돌아가자는 것에 다름 아니다. 이것이 이기는 정치의 참뜻이다.

'소통하는 리더십'도 마찬가지다. 리더십에 대한 착각 중 하나는 리더라면 소신대로 이끌어가야 한다는 것이다. 무지한 게 인민이니 그들이 반대해도 좋은 결과를 위해서라면 밀어붙여야 한다는 것이다. 물론 리더십이 인민을 설득할 수 있는 여지는 얼마든지 열려 있다. 하지만, 궁극적으로 인민의 뜻을 거스를 수는 없다. 결과가 아무리 좋아도 월권이라는 사실엔 변함이 없다. 결과에 따라 평가가 달라진다면 민주주의가 권위주의나 독재보다 결코 우월한 제도라고 할 수 없다.

이순신의 리더십은 소통의 리더십이었다. 이순신이 하류잡배로 여기던 원균의 진영에 이운룡이란 참모가 있었다. 임진왜란이 나자 경상우수사 원균이 도망치려 했다. 이운룡이 이를 만류하며 전라좌수사 이순신에게 구원병을 요청했다. 들어주지 않아도 그만이었지만, 이순신은 이를 수용했다. 옳은 의견이면 그가 누구든 따르는 것이 소통의 리더십이다.

클린턴과 블레어 승리의 키워드는 '상대 흉내 내기'가 아니다. 굳이 표현하자면, 민심 따라 하기다. 레이건과 대처의 인기가 좋으니 그들이 하는 대로 해보자는 것이 그들의 문제의식은 아니었다. 왜 미국의 민주당과 영국의 노동당이 인민으로부터 배척당하고 있는지 제대로 살펴보자는 것이 그들의 출발점이었다.

빛이 있으면 그늘이 있듯이 클린턴과 블레어에게도 공과 과가 모두 있다. 공이 많을 수도 있고, 과가 많을 수도 있다. 공이 많다고 영웅시하거나, 과가 많다고 배척하는 건 어리석다. 그런 자세는 백해무익이다. 우리가 배우고 교훈을 얻고 또 뭘 경계해야 하는지 깨닫는 계기로 삼으면 된다. 이 책을 쓴 목적은 간명하다. '보고 배우자.'

진보든 복지든 정책에 대한 관심은 많다. 물론 정책에 대한 관심은 필요하고 중요한 것이다. 그러나 좋은 정책이 입안되고, 그 정책이 실행되는 것은 정치의 몫이다. 훌륭한 전문가가 훌륭한 정책을 만들어낸다고 생각하는 건 더도 덜도 아닌 착각의 정수다. 좋은 정치인이 좋은 정책을 만들어낸다. 뛰어난 정치인의 뛰어난 정치에 주목하는 것도 이 책의 또 다른 목적이다. 그렇다. 문제는 정치다.

김구가 이승만에게 이겼더라면 하는 아쉬움은 나만의 것이 아닐 것이다. 여운형이나 조봉암이 승자였으면 하는 바람도 다르지 않을 것이다. '이기는 정치'에 대한 탐구는 좋은 사람이 이겨야 한다는 절박한 열망에서 비롯된 것이다. 이겨서 세상을 조금이라도 낫게 만들었으면 하는 소망에 기여하는 책이 되었으면 좋겠다.

2010년 8월 무더위 속에서

이철희

제1장
빌 클린턴과 딕 모리스[1]

1. '뺀질이'와 '총잡이'의 재회²⁾

그가 부를 때는 위기일 때다

1994년 9월 14일 빌 클린턴(Bill Clinton) 미국대통령이 딕 모리스(Dick Morris)의 호출기에 메시지를 남겼다. 모리스는 코네티컷 주(州)의 5번째 선거구인 덴버리의 하원의원 출마자인 짐 멀로니(Jim Maloney)와 선거본부에서 이야기 중이었다. 지난 2년 동안 모리스는 힐러리(Hillary Rodham Clinton)와는 자주 대화를 나누었지만 클린턴 대통령과는 고작 6~7번 나눈 게 전부였다. 사실상 클린턴과 모리스는 결별상태였다. 그런데 대통령이 뜬금 없이 왜 찾을까? 모리스가 전화했을 때, 클린턴은 아이티(Haiti)에 대한 TV연설에서 무슨 이야기를 해야 할지를 물었다. 모리스는 자신의 생각을 말해주었다. 그것뿐이었다. 그러나 이날 접촉은 사실상 클린턴과 모리스의 재결합을 알리는 신호탄이었다.

모리스는 미국에서 전국을 무대로 활약하는 가장 비싼 정치 컨설턴트(political consultant)³⁾ 중 한 명이다. 1977년 처음 정치 컨설팅을 시작한 이후 그는 40여 개 주(州)에서 각종 후보들을 위해 일했다. 모리스는 민주당 후보나 공화당 후보를 가리지 않고 일했다. 어떤 경우에는 같은 시기에 두 정당을 위해 동시에 일할 때도 있었다. 후보의 이념을 가리지 않았다. 때문에 정치적 신념이 없는 사람이라든지 지조가 없는 사람이라는 비판을 듣고 있었다. 이러한 비난에 대해 모리스는 이렇게 강변한다. "나는 같이 일할 후보를 이념적으로 선택하지 않는다. 나는 어느 정당에 속해 있든 나라에 공헌할 수 있는 사람이라면 내가 가지고 있는 기술을 통해 그를 도와주는 것이 즐겁다. 이런 기술은 매우 민주적인 것이다. 나는 정치인이 이슈를 발전시키고, 유권자를 움직이며, 선거를 이기게 하는 데에는 최고의 전문가이다."

모리스는 뉴욕의 부동산 변호사였던 아버지로부터 정치를 배웠다. 유태인인 그에게 정치는 철두철미하게 이기고 지는 스포츠였다. 일부 언론에 따르면, 모리스의 우상은 공화당의 전략가였던 리 애트워터(Lee Atwater)라고 한다.[4] 애트워터[5]는 미국 정가에서 난감한 정치적 이슈들을 정면 돌파하는 것으로 유명한 사람이었다. 둘은 88년 대선에서 같이 일한 경험이 있었다.

클린턴과 모리스의 질긴 인연

클린턴과 모리스는 20대 후반부터 서로 알고 지내던 사이였다. 정치 컨설턴트로서 업계에 처음 발을 들여놓은 모리스에게 클린턴은 첫 고객이었다. 모리스는 78년 클린턴이 미국의 최연소 주지사가 되는 선거를 도왔다. 그러나 클린턴은 아칸소의 주지사가 된 이후 79년 모리스를 버렸다. 모리스의 역할은 끝났다고 생각했기 때문이었다. 첫번째 결별이었다. 그러나 재결합의 기회는 다시 찾아왔다. 주지사 재선에 실패한 클린턴이 다시 모리스를 찾았기 때문이었다. 모리스는 82년 클린턴을 다시 당선시켰다. 이에 대해 민주당 여론조사가 한 사람은 "클린턴은 영혼을 악마에게 팔았고, 악마는 클린턴을 모리스에게 소개시켜주었다"고 평했다. 클린턴의 아칸소 측근들은 모리스를 경원했다. 하지만 그의 재능만큼은 인정했다. 모리스는 클린턴이 계속 집권할 수 있는 아이디어를 잇따라 제시했다. 모리스는 클린턴에게 통치가 곧 선거운동이라는 '상시 캠페인'(permanent campaign) 개념을 갖도록 권유했다.

모리스는 클린턴의 정치적 장래를 확신했다. 뛰어난 잠재력을 지니고 있으며, 타고난 열정이 있으며, 최고의 정치적 기술을 가지고 있다고 평가했다. 87년에 클린턴이 대통령에 출마하겠다는 의향을 비추었을 때, 모리스는 당연히 반색했다. 마침내 기다리던 때가 왔다고 생각했다. 선거운동과 관련된 전략메모도 보냈고, 출마선언문도 작성하였다. 하지만 클린턴은 88년 겁을 먹고 주저앉고 말았다. 몇 달 동안 고민한 끝에 모리스는 '클린턴은 끝났으며, 방아쇠를 당길 용기가 없는 사람'이라는 결론을 내렸다. 이것이 두 번째 결별이었다.

이 때부터 모리스는 공화당의 후보들을 위해 일하기 시작했다. 공화당 하원의원 트렌트 로트(Trent Lott)의 상원 도전 선거에 참여했다. 또 부시 후보의 대통령선거에도 참여했다. 왜냐하면, 클린턴이 88년 포기한 민주당 후보 경선(競選)에서 마이클 듀카키스(Michael Dukakis)가 최종 후보가 되었을 때, 부시 대통령의 선거책임자인 애트워터가 "당신은 듀카키스를 제압하는데 세계 최고의 전문가다"라면서 도와줄 것을 요청했기 때문이었다. 애트워터가 모리스를 필요로 한 이유는 78년 매사추세츠 주지사 선거에서 에드 킹(Ed King)이 듀카키스를 극적으로 무너뜨리는 선거운동을 모리스가 지휘했기 때문이었다.

92년 클린턴이 대통령에 당선된 지 36시간만에 모리스에게 같이 일하자고 말했지만 그건 인사치레에 불과한 것이었다. 모리스가 대통령

선거에서 아무런 역할도 하지 않았기 때문에 대통령이 된 클린턴과 다시 일한다는 것은 어렵다는 사실을 둘 다 잘 알고 있었다. 클린턴의 취임 후 처음 18개월 동안 두 사람간의 교류는 거의 없었고, 모리스는 오히려 공화당을 도와 클린턴을 공격하기도 했었다. 모리스는 공화당을 위해 일하면서 클린턴을 공격하는 TV광고를 만들기도 했다. 그 중에는 클린턴을 '세계 최강의 군대를 망친 멍청이'로 묘사한 것도 있었다.

9월 14일 호출기로 시작된 재회는 10월경 구체적인 요구로 이어졌다. 중간선거를 목전에 두고 공화당을 어떻게 다루어야 하는지에 대한 여론조사를 모리스에게 요청했다. 당시 모리스는 4명의 공화당 선거후보자를 고객으로 두고 있었지만 동의하였다. 모리스는 이들 모두를 당선시켰다.

여론조사의 목적은 '선택'이 아니라 '방법'을 찾는 것이다

백악관에는 여론조사가(pollster)를 두고 있다. 그런데도 왜 클린턴은 모리스에게 여론조사를 요청했을까? 클린턴은 객관적인 여론조사를 필요로 했고, 모리스는 여론조사를 통해 흐름을 읽어내고, 대안을 모색하는데 탁월한 능력을 가지고 있었기 때문이었다. 77년 처음 인연을 맺을 때부터 여론조사는 모리스가 클린턴을 위해 하던 일 중의 하나였다. 클린턴과 모리스는 여론조사를 활용함에 있어 어떤 입장을 취해야 하는지를 결정하기 위해서가 아니라 기존에 취했던 입장 중에서 어느 것이 가장 인기 있는지를 알고자 했다. 모리스는 항상 정책결정과 이슈검증간의 차이를 확실하게 인식하고 있었다. 모리스의 역할은 결정을 위한 분석자료를 제공하는 것이었다.

10월의 여론조사는 클린턴의 업적 중 94년 의회선거(중간선거)에서 어떤 것이 설득력을 갖는지를 판별하기 위한 것이었다. 하원 전체 의석과 상원의석 1/3이 걸린 선거에서 클린턴은 심각한 위기에 처해 있는 꼴이었다.[6] 94년 중간선거에서 공화당은 관례적인 지역별 선거에서 벗어나 사상 최초로 '전국'(全國)을 하나의 선거단위로 묶는 전국화전략을 구사하였고, 전국적 차원의 주제와 이슈를 집대성한 '미국과의 계약'(Contract with America)이라는 단일 공약집(position paper)을 제시하였다. 모리스가 활용한 여론조사기법은 다음과 같았다. 피(被)조사자에게 클린턴이 이룩한 업적을 먼저 나열해 주고, 그들이 생각하기에 실제로 어떠한 업적들이 성취되었다고 생각하는지를 물은 다음, 업적에 비추어 볼 때 클린턴이 과연 신뢰를 받을 만한 인물인지 여부를 묻고, 마지막으로 클린턴에 대한 신뢰 때문에 클린턴이 지원하는 민주당 후보에게 투표할 것인지 여부를 물었다. 이러한 여론조사를 통해 선거에서 무엇을 주장해야 할지, 또 클린턴의 '득표력'(coattails)[7]이 어느 정도 되는지 판별하고자 했다.

클린턴은 여론조사를 매우 유용하게 활용하였다. 조사항목을 직접 자기 손으로 세세하게 점검할 정도로 여론조사를 중요시했다. 여론조사를 통해 클린턴은 누가 자신을 싫어하는지, 왜 싫어하는지를 파악했다. 또 자신의 결점과 자신의 잠재력, 그리고 성공과 실패 요인을 파악하고자 했다. 그는 여론조사의 수치가 좋다고 해서 그것으로 만족하는 스타일이 아니었다. 오히려 부정적인 조사결과를 통해 자신을 되돌아보면서 자기에게 무엇이 문제인지를 알아 가는 과정으로 받아들였다.

클린턴의 요구로 실시한 10월의 여론조사 결과는 충격적인 것이었다. 유권자들은 클린턴이 아무 것도 해놓은 것이 없다고 믿고 있을 뿐만 아니라, 클린턴이 도대체 무엇을 하려고 하는지조차 모르고 있었다.

이처럼 클린턴은 깊은 수렁에 빠져 있었다. 모리스는 클린턴에게 결과를 보고하고, 힐러리에게도 알려 주었다. 대통령 부부가 자랑스러워하는 재정적자 축소, 일자리 창출, 수출 증대 등의 업적들은 마치 거대한 성벽에 막힌 듯 유권자들에게 다가가지 못하고 있었다. 대부분의 유권자들은 대통령부부가 진실하지 못하다고 믿고 있었다. 클린턴을 좋아하는 사람들도 클린턴의 진실성에 대해서는 부정하였다. 그를 신뢰하는 사람들조차 94년 의회선거에서 어떤 후보에 투표할 것인지를 결정할 때 클린턴의 진실성은 판단기준으로 전혀 고려하지 않고 있다고 밝혔다. 그러나 클린턴은 800명이라는 샘플 수에 대해 의문을 제기하면서 반발하였다. 하지만 모리스는 매일 신문에는 해고와 부도 기사로 가득 차 있다는 사실을 예로 들면서, 여론조사 결과가 움직일 수 없는 사실임을 지적하였다. 이에 대해서도 클린턴은 큰 기업들은 무너지고 있으나, 실제로 일자리를 창출하는 작은 기업들은 새로이 생겨나고 있다며 다시 실업문제에 대해 반박했다.

자본주의 하에서는 많은 경우 돈이 인격이다. 돈이 힘이다. 미국에서는 더욱 더 그렇다. 그렇기 때문에 많은 정치인들이 돈만 충분히 있다면 유권자들을 설득할 수 있다고 믿는다. 그렇다고 돈으로 매수한다는 뜻은 아니다. 돈을 이용해 다양한 수단을 활용함으로써 유권자들의 생각을 바꿀 수 있다는 뜻이다. 광고가 그 대표적인 수단이다. 클린턴은 대통령이었기 때문에 많은 정치자금을 모을 수가 있었다. 게다가 클린턴에게는 자신이 이룩한 업적이라는 '사실'(facts)도 있었다. 따라서 자신이 이룩한 업적이라는 분명한 '사실'을 통해 유권자들을 설득할 수 있다고 믿고 있었다. 그러나 문제는 사실에 있지 않다. 사실을 밝힌다고 해서 유권자들이 대통령을 신뢰하는 것은 결코 아니다. 이건 지도자들이 흔히 범하기 쉬운 오류다. 모리스가 이날 대통령에게 펼친 논지도

바로 이런 것이었다. 정치적 현실을 파악하는 데 남다른 직관력을 가진 힐러리가 모리스의 주장에 동조했다. 아칸소시절부터 세 사람이 토론을 할 때 클린턴에게 '정치적 현실'을 최종적으로 받아들이도록 하는 역할은 힐러리의 몫이었다.

정치 컨설턴트는 무엇을 할 수 없는지를 알려주는 것이 아니라, 무엇이 가능한지를 가르쳐주는 직업이다. 때문에 모리스는 대통령에게 좋은 소식도 알려주었다. 유권자들은 클린턴의 큰 업적은 아니지만 '작은 업적'들에 대해서는 신뢰할 뿐만 아니라 다시 클린턴을 지지할 준비가 되어 있었다는 사실이었다. '작은 업적들'은 가족간호휴가제(family and medical leave)[8], 낙태에 찬성하는(pro-choice)[9] 판사의 대법관 지명, 학생들에 대한 직접 대출과 낮은 이자율, 살상 무기 금지 법안 등이었다.

클린턴은 일자리를 늘리고, 재정 적자를 줄인 '업적'들에 계속 집착했다. 모리스는 단호하게 말했다. "정당한 이유가 있기 때문에 재선되어야 한다는 생각을 버리십시오. 단지 어떻게 하면 재선될 것인가를 생각해야 합니다. 엄연한 사실로 존재하는 것일지라도 사람들이 믿지 않는 일에 집착하지 마십시오. 유권자들이 '받아들일 수 있는 크기의 업적'(bite-size achievements)이 지금 여기 있고, 그것이 대통령의 인기를 높여 줄 텐데, 왜 그것에 관심을 기울이지 않습니까?" 지극히 현실주의적인 접근법이요 명쾌한 지적이다. 대중이 받아들일 준비가 되어 있는 이슈에 집중하는 것은 만고불변의 정치원칙이다.

모리스의 이러한 지적은 대단히 중요한 포인트다. 선거에 임하는 후보들은 대개 거창한 이유를 내걸고자 하거나, 자신이 옳다고 생각하는 원칙을 제시하고자 한다. 일종의 계몽주의적 접근이다. 허나 그러한 접근은 선거라는 현장의 법칙에서 보면 치기라고밖에 할 수 없다. 관점을 바꾸어야 한다. 단언컨대, 선거는 '옳은 사람'을 뽑는 과정이 아니다. 설사 옳은 사람을 뽑는 것이 선거의 목적이라고 하더라도 결과는 대부분의 경우 그렇지 못했다. 선거에서는 승자가 곧 옳은 사람이다. 선거 현실을 볼 때, 대부분의 경우 승자는 현인(賢人)이라기보다 능인(能人)이다.

"당신은 선거에서 대패할 것이요"

클린턴의 백악관 참모들은 94년 의회선거의 캠페인 주제를 깅리치가 주도한 '미국과의 계약'에 대한 공격으로 정해야 한다는 입장이었다. 그러나 모리스는 '미국과의 계약' 그 자체를 공격하는 것은 효과가 없는 전략이라고 판단했다. 국민들의 여론에 주목할 때 '미국과의 계약'을 공격하는 것만으로는 전혀 효과가 없는 상황이었다. '미국과의 계약'에 담겨 있는 항목들, 예를 들면 재정적자 축소를 위한 균형예산(balanced budget), 감세(tax cut), 규제완화 등은 인기 있는 정책이고, 사실 클린턴이 약속했고 또 추진했어야 할 일들이었다. 게다가 이슈는 '계약'이 아니라 클린턴이었다. 공격을 받고 있는 것, 난관에 처해 있는 것은 클린턴의 업적과 클린턴 자신이었다. 이런 상황에서 '미국과의 계약'과 정면 대결하는 것은 속담 그대로 '섶을 지고 불로 뛰어 든다'는 격이었다.

균형예산은 '미국과의 계약'에서 '표면에 내세우는 이슈'(showcase issue)로써 예산의 수입과 지출간의 균형을 말한다. 미국은 69년 이후 줄곧 예산이 적자상태를 기록했다. 적자규모가 최대였던 92년에는 무려 2천9백억 불에 달했다.[10] 공화당이 중간선거에서 균형예산을 전면적으로 내건 이후 균형예산이슈는 핵심쟁점이 되었다. 특히 95년, 96년 소위 예산전쟁은 바로 균형예산을 둘러싼 백악관과 공화당간의 전쟁으로써 96년 선거의 향배를 좌우한 싸움이었다. 94년 중간선거는 클린턴 대통령에 대한 국민투표(referendum)[11]로 받아들여지는 형편이었다.

실제 상황은 모리스가 건의한 전략과 다르게 진행되었다. 94년 10월 클린턴은 대통령직을 능숙하게 활용하였다. 미국인 희생자 없이 아이티에 민주정권을 회복시켜 놓았으며, 이스라엘과 요르단간의 평화협정 사인을 참관하기 위해 중동을 순방하였다. 클린턴은 평화의 중재자처럼 행동하였다. 따라서 그에 대한 지지율도 꾸준히 상승하였다. 그러나 이러한 인기상승이야말로 중간선거에서는 약이 아니라 독으로 작용했다. 10월 31일 중동에서 돌아온 직후 대통령은 모리스에게 다시 상승한 인기를 이용해 남은 선거기간 동안 무엇을 해야 하는지를 물었다. 어떻게 하면 다시 상승한 대통령의 인기를 이용해 상·하원에서의 승리를 이루어낼 것인가? 모리스는 한마디로 '중동으로 다시 가십시오'라고 대답했다. "그 누구를 위해서도 선거유세를 하지 마십시오. 선거유세를 한다면 대통령의 인기는 떨어질 것이고, 동시에 지원하는 후보들을 도리어 패배의 수렁으로 몰아넣을 것입니다."

대통령은 자신의 인기가 다시 높아졌기 때문에 선거에서 유용한 도움을 줄 수 있을 것이라고 생각했다. 사실 대부분의 정치인이 그렇듯이 대통령은 국민들 앞에서 나서서 다시 그 환호 소리를 듣고 싶었다. 그러나 인기의 상승요인이 중요하다. 모리스는 여기에 주목했다. 즉, 클린턴의 인기가 다시 상승한 것은 그가 당파적 이익을 좇는 정치인으로 비춰지는 행동을 하지 않았기 때문이었다. 정파를 초월한 대통령으로 비쳤기 때문에 인기가 상승한 것이라면 그의 선거운동은 위험한 것이었다. "다시 캠페인에 뛰어 든다면, 대통령께서는 다시 정치인의 수준으로 전락하고 말 것입니다. 현재의 인기가 일시적으로 지원하고자 하는 후보를 도울 수 있을지는 몰라도, 결국에는 그 후보를 죽이는 결과를 초래할 것이고, 대통령의 인기도 떨어질 것입니다." 모리스의 판단은 정확했다. 실제로 아이티와 중동에서의 성공을 바탕으로 10월말까지 클린턴은 선거유세를 열심히 다녔으나 11월에 접어들면서 클린턴과 민주당 후보들은 기세를 잃기 시작했다. 선거운동에 뛰어 다니고, 악수하며 다니고, 햄버거를 먹는 정치인의 모습은 몇 주 전 국민들이 좋아했던 대통령이 아니었다.

모리스는 이 때 클린턴에게 46년 이래 최초로 상·하원을 모두 잃을 것이라는 전망을 내놓았다. 그러나 클린턴은 이와 달리 하원만큼은 괜찮을 것이라는 분석을 했다. 실제로 중간선거의 결과는 민주당의 大참패였다. 상·하원 모두 공화당에게 다수 의석의 지위를 빼앗겼다.

2. 그가 다시 나타났다

당신의 재선(再選)에 정치인생을 걸겠소!

大참패 이후 클린턴은 언론이나 워싱턴 논평가들에 의해 레임덕 대통령, 몰락한 대통령, 단임 대통령으로 평가되었다. 재기불능의 완벽한 추락! 이것이 그들의 진단이었다. 공화당의 정서는 이제 정권을 되찾는 일만 남았다는 것이었다. 공화당의 킹 메이커인 67살의 스튜어트 스펜서(Stuart Spencer)[12]는 공화당이 상·하원을 장악하게 되자 당에서 제대로 된 후보만 내면 96년에 정권을 되찾는 것은 시간문제라는 생각을 갖고 후보물색에 나설 정도였다.

94년 말 돌 진영[13]의 참모회의에서 내린 결론도 비슷했다. 전략가 빌 레이시(Bill Lacy)는 '96년은 돌의 해'라고 단언했다. 새로운 공화당의 선동가(firebrand)로서 하원의장에 선출된 뉴트 깅리치(Newt Gingrich)의 존재, 클린턴이 겪고 있는 심각한 어려움 등은 돌에게 새로운 성장기회를 주고 있다고 판단했다. "지금이 가장 좋은 기회다. 쉽게 자금을 모을 수 있고, 최상의 정치인재들을 모을 수 있다. 또한 클린턴은 지금 허약한 처지에 빠져 있다."

클린턴의 정치생명은 나락으로 추락한 꼴이었다. 과거의 전례에 비

추어 볼 때, 클린턴은 정치적인 위기를 맞이할 때마다 모리스를 찾았
다. 94년 9월 아이티문제로 전화통화를 하고, 그 이후 의회선거를 위해
여론조사를 하였지만, 사실 본격적으로 일을 같이 한 것은 아니었다.
그러나 94년 11월 중간선거에서 대패한 이후, 이제 클린턴은 모리스에
게 간헐적으로 조언을 바라거나 여론조사를 부탁하는 차원을 넘어섰
다. 모리스에게 전적으로 의존할 수밖에 없는 상황이었다. 중간선거 大
참패 이후 대통령은 모리스에게 무엇을 해야 할지 물었다. 재결합의 시
작이었다. 이 때부터 두 사람은 22개월 동안 함께 일했다. 그리고 두
사람은 주지사 선거에서 재기한 것처럼 다시 클린턴의 재선이라는 결
과를 합작으로 만들어 냈다.

　모리스는 왜 스스로도 몰락했다고 평가한 대통령과 다시 일할 결단
을 내렸을까? 전망도 불투명했고, 모리스로서는 잃는 것이 많았는데도
말이다. 그는 공화당 컨설턴트 중에서 최고의 반열에 올랐고, 공화당
후보들과 일하는 것에 무척 만족하고 있었다. 그가 만약 다시 클린턴과
일하게 된다면 다시는 공화당으로 돌아갈 수는 없는 것이었다. 미국의
정치에서 양대 정당간에는 분명한 장벽이 존재하고 있었다. 비록 모리
스가 이런 사실을 무시하고, 상하원이나 주지사 선거에서 당을 가리지
않고 일을 했더라도 대선(大選)에서 만큼은 모리스의 몰(沒)당파성이
수용되기 어려운 것이었다.

　모리스가 클린턴과 재결합하게 된 가장 큰 이유는 무엇보다 모리스
가 정치 컨설팅에 뛰어든 77년부터 클린턴 부부와 약 17년간의 교우관
계가 있었기 때문이었을 것이다. 그리고 모리스 스스로 밝히는 것처럼
대통령과 일하는 기회를 오랫동안 기다려왔고, 92년 선거에서 클린턴
과 같이 일하지 못한 판단착오를 후회하고 있었기 때문이었다. 이런 점
에서 클린턴의 위기와 구조요청은 모리스가 기다리던 바로 그 기회였

다. 94년 11월 클린턴과 모리스는 재결합했다. 백악관에서 둘이 만난 날, 모리스는 클린턴에게 이렇게 선언했다. "96년 선거에서 진다면 대통령과 저 두 사람만의 책임입니다. 다른 사람들은 새로운 일거리를 찾을 수 있을 테지만, 대통령께서는 직업을 잃을 것이고 저도 영원히 일을 못하게 될 것입니다. 저의 유일한 목적은 대통령을 재선시키는 것입니다." 사실 이 발언은 백악관의 사정을 감안한 계산된 발언이었다.

모리스는 백악관에서 클린턴을 기다리는 동안 링컨 초상화를 보면서, 그들간의 많은 공통점을 발견했다고 한다. 클린턴이나 링컨은 서부의 작은 주에서 출발한 다크 호스 후보들이었고, 둘 다 워싱턴 경험이 거의 없었다. 클린턴은 10대 시절 의사당에 근무한 적이 있고, 링컨은 2년간의 하원의원 경험이 고작이었다. 또한 그들은 3명의 후보가 경쟁하는 선거에서 40% 조금 넘게 득표하여 대통령에 당선되었다. 즉, 소수정권의 한계를 갖고 있었다. 가장 중요한 것은 그들이 소속 정당의 '주류'였던 적이 한 번도 없었다는 점이다. 그들이 속해 있는 정당은 그들을 반신반의했고, 반대정당은 그들을 멀리 하였다. 때문에 그들은 그들에게 충성을 다할 뿐만 아니라 각자 속해 있는 정당의 권력핵심부에 대통령이 접근할 수 있도록 도와줄 수 있는 사람들을 곁에 두었다. 링컨은 내각에, 클린턴은 백악관에 이들을 기용하였다.

링컨의 내각에는 공화당의 대통령후보 경쟁자였던 3사람(국무장관, 전쟁장관, 재무장관)이 있었다.[14] 클린턴은 자신의 기반이 미약한 당의 핵심부에 연결 끈을 가지고 있는 사람들을 백악관 참모로 기용하였다. 비서실장 레온 파네타(Leon Panetta)는 민주당 하원 지도부의 최고위층과, 스테파노풀러스는 자신이 한 때 모셨던 하원의 원내총무인 딕 게파트(Dick Gephardt) 의원과, 비서실차장 이케스(Harold Ickes)는 노동자세력 및 좌파, 그리고 제시 잭슨(Jesse Jackson) 목사와, 전(前)비서실장 맥라티(Mack McLarty)와 또 다른 비서실 차장 어스킨 보울스 (Erskine Bowles)는 재계와 연계를 각각 가지고 있었다. 상무장관 론 브라운(Ron Brown)은 흑인, 자신이 한 때 운영했던 당의 전국조직, 그 리고 재계와 연계를 가지고 있었다.

백악관 참모들은 대통령에게 헌신적이었지만, 동시에 자신이 속해 있는 분파에도 속박되어 있었다. 이에 반해 모리스는 당에 아무런 기반 도 없었다. 이런 측면을 감안해 모리스는 클린턴의 재선에 모든 것을 걸겠다는 선언을 한 것이다. 또, 클린턴이 재선되더라도 아무런 직책도 받지 않을 것임을 분명히 했다. 그의 목표는 오직 이기는 것뿐이라는 점을 분명히 했다. 클린턴과의 신뢰관계를 유지하기 위해서도, 자신에 게 닥쳐올 숱한 내부 인물들의 견제를 극복하기 위해서도 모리스는 참 모들보다 도덕적 우위에 설 필요가 있었다. 모리스의 선언은 사심이 없 다는 점을 보여주기 위한 하나의 전략적 선택이었다.

모리스는 창의성 혹은 통찰력이 돋보이는 인물이다. 남들이 상상도 못한 일을 생각하는 것이 그의 강점이었다. 그는 자신의 장점을 잘 알 고 있었다. 때문에 모리스는 통찰력을 유지하기 위해 백악관 모임에 참 석하기 전에는 의도적으로 준비를 거의 하지 않았다. 사전에 충분히 생 각하면 할수록 더욱 더 예민해져 토론에서 평상심을 잃을 것으로 생각 했다. 사전에 지나치게 너무 많은 기획을 하거나 관심을 집중하는 것은 창의성을 감소시키고, 창조력과 상상력을 제한할 뿐이라는 게 그의 판 단이었다. 클린턴은 상황에 대한 체계적인 분석을 요구하는 것이 아니 라 곧바로 실행에 옮길 수 있는 실천계획(action program), 앞으로 나 아가는데 필요한 아이디어나 전략 등을 요구했다. 백악관 모임에서 클 린턴은 다음과 같이 요구했다. "나는 새로운 아이디어와 새로운 전략 이 필요하다. 여기서는 내가 필요한 것들을 얻을 수가 없다. 당신이 들어와서 그 일들을 해주어야 한다. 나는 내 참모진을 도대체 믿을 수가 없다." 모리스는 자신에게 아이디어가 많고, 대통령도 아이디어를 요구한다는 사실에만 안주하지 않았다. 클린턴의 '귀'를 장악하기 위해 주도면밀한 노력을 기울였다. 그는 클린턴이 무엇을 잘못했고, 지금 당장 무엇을 어떻게 해야 하는지 꼼꼼하게 조사하였지만, 자신의 견해를 앵무새처럼 되풀이하는 것은 극구 피했다. 모리스에게 중요한 것은 자유스럽고, 유연하고, 신속하고, 융통성이 있으며, 적응력과 집중력이 있는 심리상태를 유지하는 것이었다.

병법에 '공심위상'(攻心爲上)이라고 했던가? 모리스는 용의주도하게 클린턴의 심리공략에도 신경을 기울였다. 때문에 옷과 넥타이를 입는 데 많은 주의를 쏟았다. 넥타이가 너무 요란하지는 않는지, 너무 점잖아 보이는지는 않는지, 너무 거만해 보이는지 않는지? 클린턴은 평소 복장, 특히 넥타이에 대해 자주 이야기했다. 모리스가 넥타이와 옷에 신경쓴 것은 여기에 착안한 대응이었다. '논리 이전에 정서적 공감이 의견일치의 중요한 토대가 된다'는 사실을 모리스는 실천에 옮긴 것이다.

모리스가 요구한 3가지

94년 11월 모리스는 클린턴에게 3가지를 요구했다. 첫째, 캠페인 관련 모든 여론조사를 자신이 관장하겠다는 것이었다. 여론조사를 위해 펜·선(Penn and Schoen) 회사의 더그 선(Doug Schoen)을 추천했다. 선은 모리스의 17살 때부터 친구였다. 그들의 부인들도 매우 절친한 사이였다. 선은 클린턴 진영이 어디로 가야 할지를 알려주고, 방향을 잃지 않고 계속 나아갈 수 있도록 북을 두드리는 고수였다. 그것은 여론조사가 본연의 임무라 할 수 있다. 처음에 클린턴은 선을 신뢰하지 않았다. 게다가 백악관의 골칫거리인 정보유출 문제 때문에 선을 고용하는데 주저하였다. 그러나 결국 선을 고용하였다. 펜(Mark Penn)과 선은 둘 다 하버드대학을 졸업한 뉴욕 출신들로 대부분 해외에서 정치 참모의 역할을 한 경력을 갖고 있었다. 특히 펜15)은 남미에서 10명의 대통령을 당선시킨 경험이 있었다. 모리스가 처음 펜 · 선社를 고용할 때에는 선을 염두에 둔 것이었으나 펜도 곧 중요한 역할을 하기 시작하였다. 그러나 펜과 선은 처음 백악관 참모들로부터 경원 당해 백악관 정규 출입증(hard pass)도 발급 받지 못했다. 때문에 그들은 주로 맨하탄 사무실에서 밤샘 조사작업을 벌여야 했다.

둘째, 모리스는 같이 일할 사람으로 백악관 참모 중 한 명을 요구했다. 모리스는 대통령에게 이렇게 말했다. "역사상 최대의 참패로 이끈 참모들을 한 명도 교체하지 않았지만, 대통령께 그렇게 하라고 요구하지는 않겠습니다. 하지만 제가 일할 수 있도록 백악관 내부에 있는 한 사람을 저에게 붙여 주십시오." 모리스는 기존에 있는 사람을 요구하는 대신 새로운 사람을 고용하라고 요구했다. 94년에 코넛티킷州 주지사선거에서 민주당 후보로 출마했다 패배한 42살의 빌 커리(Bill Curry)를 추천했다. 붙임성이 있는 커리는 다른 사람의 반응과 동기를 파악하는데 예민한 감각을 가지고 있었고, 새로운 이슈와 아이디어를 발굴해내는데 뛰어난 기술을 가지고 있었다. 파네타가 반대하는 등 우여곡절을 겪었지만 몇 주 뒤 커리에게 고문(counselor)이란 자리가 주어졌다. 커리는 나중에 백악관의 국내정책 및 커뮤니케이션 담당에 임명되었다. 커리를 기용하는 것에 대해서는 다른 관측도 있다. 즉, 92년에 만나 인상이 깊었던 클린턴 부부가 먼저 커리를 고용할 생각을 했고, 이런 차원에서 모리스에게 연결시켜 주었다는 주장이다. 사실이 뭐든 별로 중요하지는 않다. 중요한 것은 커리가 모리스와 한 팀을 이루었다는 점이다.

셋째, 모리스는 클린턴에게 무슨 일이 있어도 1주일에 한번은 모임이 열려야 한다고 주장했다. 클린턴은 수시로 도망가는 스타일인지라 방심하면 모임을 건너뛰기 일쑤고, 주파수를 맞추어 놓았는가 싶으면 다른 데로 관심을 돌려버리는 말 그대로 '통제하기 어려운' 사람이었다. 모리스는 아칸소시절부터 이 점을 잘 알고 있었기에 분명하게 못을 박은 것이다.[16)]

코드명 찰리(Charlie), 백악관 전략모임의 가동

모리스가 일을 시작했다. 처음엔 모리스와 대통령간 둘만의 비밀이었다. 모리스의 정체가 공개된 것은 이듬해인 95년 4월에 이르러서였다. 94년 12월부터 그 때까지 모리스는 백악관에서 '찰리'(Charlie)[17)]로만 통했으며, 백악관 참모들은 찰리가 누구인지를 알지 못했다. 클린턴은 제도권 경험이 없는 모리스가 백악관 차원에서 자신의 일을 제대로 할 수 있을지 확신할 수 없었기 때문에 비밀로 하기를 원했다. 한편 모리스의 입장에서도 공화당이 미워하고 있는 클린턴과 같이 일하는 것이 밝혀지는 것은 사형선고나 다름없었고, 그 자신이 비밀을 즐기는 성향이 있었기에 쉽게 합의했다.

모리스는 대통령과 백악관에서 정기 모임을 가졌다. 이 모임은 이후 모리스가 캠페인을 조직적으로 지휘함에 있어 매우 핵심적인 역할을 하였다. 당시 정기적으로 열리는 캠페인 관련 모임 혹은 회의가 여러 개 있다는 소문이 있었다. 또 과거의 컨설팅 팀도 스테파노풀러스와 백악관의 국내정치담당(Political Affair Director)인 더그 소즈니크(Doug Sosnick)와 정기적으로 만났다는 이야기도 있었다. 사실이야 어떻든 모리스가 참여하는 모임은 그런 것들 중의 하나였다. 그러나 가장 중요한 모임이었다. 모리스가 참여하는 전략모임은 94년 12월에 시작해서 96년 8월까지 몇 번의 예외를 제외하고는 매주 열렸다. 그 전략모임은 캠페인의 전략을 토의하고 주요 결정을 내리는 핵심논의기구로 기능하였다.

전략모임은 최초 모리스와 클린턴, 힐러리가 참여하는 소규모였다. 그러나 참석자들이 점차 늘어났다. 95년 초반 더그 션이 참여하였다. 95년 3월부터 레온 파네타, 알 고어(Al Gore) 부통령, 비서실 차장 해롤드 이케스(Harold Ickes)와 어스킨 보울스(Erskine Bowles)가 참여했다. 96년 8월이 될 때까지 점차 늘어서 약 20여 명에 달했다. 모임은 모리스가 주재하였으며, 모리스는 대통령에게 조언할 내용들을 요약한 '아젠다'를 준비하였다. 초기에는 이 아젠다가 5~6페이지에 불과했으나, 나중에는 양이 늘어나 대개 25~30페이지에 달했다.

모리스가 실제로 불만이었던 부분은 클린턴이 자신의 참모들 중에서 한 사람도 해고하지 않는다는 점이었다. 모리스가 보기에, 클린턴의 참모들은 보건의료개혁안을 망쳐놓았고, 화이터워터(Whitewater)[18] 사건을 헝클어뜨렸으며, 최악의 중간선거 패배를 초래한 데에 대한 책임을 져야 했다. 하지만 클린턴이 사람을 해고하는데 주저하는 이유를 모리스는 알고 있었다. 클린턴은 자신을 위해 헌신한 사람들에 대해서는 개인적으로 깊은 애정을 가지고 있었다. 끊기 어려운 연대감이라 할 수 있는 것이었다. 또 클린턴의 자아는 94년 중간선거의 패배를 다른 사람에게 전가하는 것을 허용하지 않았고 100% 자신의 책임으로 돌렸다.

심지어 클린턴은 92년 선거를 도왔던 사람들 중에서도 단 한 명도 해고하지 않았다. 떠난 사람도 제 발로 걸어나간 사람들뿐이었다.

92년 선거에서 선거전략가였던 제임스 카빌(James Carville)은 보수를 받긴 했지만 직접적인 역할이 없는 채로 여전히 민주당전국위원회에 남아 선거캠페인에 관여하고 있었다. 또 다른 전략가였던 폴 베갈라(Paul Begala)는 텍사스로 옮겨갔다. 당시 여론조사를 담당했던 스탠 그린버그(Stan Greenberg)[19]는 민주당전국위원회의 여론조사 담당자로 남아 캠페인 진영의 주변에 남아 있었다. 이처럼 대통령 주위에서 얼쩡거리는 모습이 여론조사 담당자를 더그 선으로 이미 교체한 바 있는 모리스의 입장에서는 그린버그가 대통령의 여론조사 담당자로 언론에 보도되기 위해 발버둥치는 것으로 비춰졌다.

카터 딜레마를 극복해야 한다

클린턴은 왜 2년만에 몰락하였을까? 클린턴의 위기를 반전시키기 위해 모리스는 먼저 무엇 때문에 클린턴이 몰락했는지를 분명하게 하는 데서부터 출발하였다. 모리스가 보기에, 그 원인은 선거 직후인 92년 11~12월 클린턴이 뭔가 잘못 생각하고 있었기 때문이었다. 당시의 클린턴은 민주당 출신 대통령 지미 카터(Jimmy Carter)의 대통령 당선자 시절과 거의 유사했다. 클린턴이 보기에 카터 행정부는 의회와의 단절, 실책, 일관성 결여 등으로 인해 아무 것도 할 수 없는 무능력한 정부였다. 이런 카터의 실패가 끊임없이 클린턴을 따라다녔다.

취임 초 클린턴은 큰 규모의 플랜을 가지고 있었고, 포부도 당당했다. 경기 진작, 보건의료개혁, 복지개편, 국가봉사단활동(Americorp s)20), 학생직접대출, 가족간호휴가제, 환경정책, 재정적자 축소(deficit reduction) 등 국가적 현안에 대한 자신의 정책이 준비된 상태였다. 이러한 플랜을 실현하는데 필수조건이라고 할 수 있는 의회와의 연계가 없었기 때문에 자신의 거대 플랜들이 난관에 봉착할 것이라는 사실을 깨닫게 되자 클린턴은 심한 충격을 받았다. 이것이 클린턴이 당시 다수당을 차지하고 있던 민주당 지도부에 의존할 수밖에 없었던 이유가 되었다. 즉, 카터 딜레마21)를 극복하기 위해 선택한 방법이 민주당과의 일치단결이었다.

대통령과 민주당의 동맹에서 먼저 손을 뻗친 것은 의회 지도자들이었다. 의회 지도자들은 클린턴에게 '우리가 당신 곁에 있다. 우리가 당신을 보호하겠다'는 메시지로 유혹했다. 클린턴은 이러한 제안을 구원의 메시지로 여겼다. 92년 11월 15일 클린턴이 민주당의 의회지도자들과 처음 만났을 때, 클린턴은 그들이 의회에서 자신의 정책을 뒷받침해 줄 든든한 우군으로 생각했다. 그들은 클린턴이 원하는 것이라면 무엇이든지, 또 언제든지 할 것이라고 약속했다. 양자간에는 서로 합의할 수 없는 금기사항은 거의 없었다. 단지 선거자금 개혁이슈만 뒤로 미루면 되었다. 왜냐하면 민주당 소속 의원들이 선거에서 이기기 위해서는 정치헌금에 의존해야 했기 때문이었다. 클린턴은 흔쾌히 양보했다. 거래치고는 남는 장사라고 판단했다. 클린턴은 케네디 대통령이 정권 초기에 시민권 문제를 다루었던 것처럼 의회의 동료들을 괴롭히지 않기 위해 선거자금 개혁 건을 뒤로 미뤘다.

모임의 결과 의회지도자들은 아웃사이더인 대통령이 실용적이고 자신들과 함께 일할 자세를 가지고 있다는 사실을 알고 안도했다. 대통령은 대통령대로 그의 마법이 통하고, 카터 대통령이 직면했던 문제(Carter question)에 대한 해답을 발견한 것처럼 여겼기 때문에 매우 만족해했다. 통과하지 못할 법안이 없고, 의회가 견고한 성벽처럼 자신을 보호하고 지켜줄 것이라고 생각했다. 그러나 클린턴이 치러야할 대가는 참으로 큰 것이었다. 틀에 갇히지 않고 자유분방하게 뛰어 다녀야 할 스타일의 사람이 책상에 꼬박 앉아 있어야 한다는 제안을 덥석 받아들인 꼴이었다. 재치와 예지로 살아가는데 익숙하고, 즉흥적인 창발성을 장기로 하고, 유연성을 신조로 삼고 있는 사람, 마치 미식축구에서 엄호하는 선수도 없이 공을 갖고 돌진하는 쿼터백과 같은 사람이 자신을 보호하겠다는 사람들이 만들어 준 울안에 갇히어 옴짝달싹 하지 못하는 형국을 자초하였다. 모리스에게는 그렇게 보였다.[22]

이러한 게임은 클린턴에게 익숙하지 않은 것이었다. 민주당이 마련해준 피난처에 안주하는 것은 민주당과 공화당간의 당파싸움에 자신을 내맡기는 것과 마찬가지였다. 클린턴은 이런 당파싸움에 전혀 익숙지 않았기 때문에 클린턴에게는 속박이나 다름없었다. 아칸소 주지사시절 그는 자신의 정책을 위해 전통적인 민주당 지지자들을 뛰어넘어 공화당이나 무당파의 지지까지 이끌어내기 위해 자유롭게 뛰어 다녔다. 그러나 지금은 민주당 다수의회라는 틀에 구속되어 버림으로써 게임을 주도적으로 풀어갈 능력을 잃어버리고 말았다.

사실 민주당이 다수당이라고 하나 분명한 한계가 있었다. 상원에서 소수당이 다수당을 견제하는 유력한 무기가 필리버스터(filibuster : 의사진행방해)이다. 다수당이 필리버스터를 봉쇄하고 법안을 통과시키기 위해서는 60석이 필요했다. 60년대 상원에서는 클러처法(Clotcher Law)을 제정해 한 의원이 무제한 발언하는 필리버스터를 못하게 하기 위해서는 상원의원 100명 중 60명 이상의 결의가 있어야 한다고 규정해 놓았다. 그러나 민주당의 의석은 56석에 불과했다. 하원에서도 표면적으로는 민주당이 다수지배를 하고 있었지만, 256석 對 178석(공화당)으로 매우 취약한 것이었다.

　당시 모리스는 '민주당에 구속되지 말고 보다 넓게 자유롭게 움직여라'고 권했다. 특히 내각에 공화당 정치인을 포함시키는 방법을 건의했다. 모리스는 구체적으로 뉴저지주의 톰 킨(Tom Kean) 주지사와 뉴햄프셔주의 워렌 루드맨(Warren Rudman) 상원의원을 추천했다. "100명의 상원의원, 435명의 하원의원 전원에게 손을 뻗치십시오. 그러면 민주당 좌파들은 당신이 공화당 중도파와 거래를 할지 모른다는 우려와 자신들이 고립될지도 모른다는 걱정에 휩싸이게 될 것이고, 그렇게 되면 당신은 그들을 요리할 수 있을 것입니다." 그러나 클린턴은 받아들이지 않았다. 그 결과 의회에서의 당파싸움에 빠져 허우적댔고, 의욕적으로 준비한 법안도 거의 통과시키기 못하다가 급기야는 94년 11월 공화당에게 다수당의 지위를 빼앗기고 말았다. 클린턴이 몰락한 원인은 바로 여기에 있었다.[23]

대통령이 망하는 길 - 대통령이 되지 말고 수상이 되라

　민주당의 다수의석이라는 상황에 클린턴이 의지한 까닭은 그의 완벽주의 때문이었다. 그는 자신이 옳다고 생각하는 일을 하고 싶었다. 즉, 공화당과의 직접 협상을 통해 '타협안'을 만들기보다는 자신이 옳다고 생각하는 그대로 통과시키고 싶었던 것이다. 그러나 그 결과는 민주당의 지지를 받기 위해 점점 더 좌파 쪽으로 기울 수밖에 없는 처지가 되고 말았다. 클린턴의 초기 2년 동안에 취했던 노선은 일종의 '클린턴 딜레마'라고 할 수 있다. 의회에서 다수의석을 차지하고 있는 당 소속의 대통령이 흔히 빠지기 쉬운 함정이다. 특히 클린턴처럼 당의 주류출신이 아닌 경우 이 함정은 치명적이다.

대통령이 다수의석을 즐기는 사이 그는 소속정당만의 정파적 대통령으로 국한되고 만다. 일단 '어른들'이 지배하는 당의 노선에 긴박 되면, 의회에서 법안을 통과시킬 대통령의 힘은 소속 정당의 의석수로 제한되고 만다. 예를 들어, 클린턴은 교육, 연구·기술 분야에 대한 투자를 늘리고자 하였다. 그러나 법통과를 위해 민주당 의원들의 지지를 한 사람이라도 더 끌어 모으고자 노력하다보니, 자신의 정책기조와는 다르게 그들의 요구에 따라 세금을 올리고, 의원들의 지역구에 예산을 나눠주는 일(pork-barrel projects)을 하지 않으면 안되었다.

대통령의 이런 모습은 국민들도 금방 알아챘다. 클린턴이 공약했던 선거자금 개혁은 민주당 의원들을 달래느라 실종되고 말았다. 또 민주당 간부들이 민주당의 전통에 따라 지출을 줄여 재정적자를 줄이는데 반대하고, 동시에 세금인상도 요구하는 바람에 세금도 올리고 말았다. 도시의 민주당 지지자들의 요구에 맞추다 보니 예산을 지역구별로 나눠주는 선심을 쓰고 말았다. 한마디로 대통령은 수상(Prime Minister)이 되고 말았다. 의회에서 다수 의석을 모으는데 혈안이 되고, 그들의 손에 의지할 수밖에 없고, 그들의 요구를 들어줄 수밖에 없는 수상이었다. 국민들은 클린턴이 더 이상 자신들이 92년에 뽑은 신민주당(New Democrats) 지도자, 개혁의 지도자가 아니라는 사실을 깨달았다. 그 결과 클린턴의 인기도 떨어졌고, 지지도도 추락했다.

94년 11월 중간선거 결과는 이러한 상황의 최종 종착지였다. 그대로 놔두면 96년 대선까지 흐름이 이어질 것이 분명했다. 따라서 근본적인 구도개편이 불가피했다. 이런 측면에서 민주당의 패배는 클린턴에게 오히려 약이 되었다. 대통령은 민주당의 다수의석이 깨어진 마당에 민주당과 타협할 필요가 없었기 때문이었다. 어차피 의회에서의 법안 통

과를 위해서는 공화당과 협력할 수밖에 없게 된 것이었다. 절망 속에서
피어난 희망의 새싹이었다.

지도자는 성공 때문에 몰락한다

대개 선출직 공직자들은 실패 때문에 파멸에 이른다고 생각하기 쉽
다. 그러나 모리스는 정반대의 생각을 갖고 있다. 오히려 성공 때문에
몰락한다는 것이다. 모리스의 독창성이 빛나는 대목이다. 선출직 공직
자들은 자신이 유권자들에게 하겠다고 약속한 공약을 다 이루고 나면
공격에 약해진다. 그들의 소명은 이미 완수되었고, 국민들은 더 이상
그를 지지할 절박한 이유가 없게 된다. 가장 고전적인 예가 윈스턴 처
칠(Winston Churchill)의 경우이다. 그는 2차 대전에서 영국을 승리로
이끌어 국민들이 그에게 부여한 임무를 완수했다. 그러나 국민들은 성
공한 처칠에게 박수를 보내면서도 노동당 후보 아틀리에(C. Attlee)가
전후 복구 문제에 있어 더욱 훌륭한 아이디어를 갖고 있는 것처럼 보
이자 그를 선택해버렸다. 처칠은 성공으로 인해 정치에서 은퇴해야 했
다. 전쟁이 계속 되었더라면 처칠은 결코 아틀리에에게 지지 않았을 것
이다. 또 아틀리에가 새로운 과제에 대한 매력적인 대안을 제시하지 못
하였더라면 처칠은 지지 않았을 것이다.

미국에서도 린든 존슨(Lyndon Johnson) 대통령이 시민권법을 통과
시키고, '위대한 사회' 플랜(Great Society program)을 성취하자 임무가
끝난 사람으로 인식되었다. 결국 베트남전(戰) 개입을 확대하는 결정
때문에 인기가 떨어지고, 마침내 선거에서 지고 말았다. 워터게이트로
얼룩진 미국 행정부에 도덕성을 불어넣는 임무를 맡은 카터 대통령은

4년 동안 스캔들 없이 비교적 깨끗하게 임기를 마치자, 그 또한 역할이 끝난 인물이 되고 말았다. 결국 이란에 있는 미국인질을 구해내지 못해 선거에 지고 말았다. 냉전을 끝내는 임무를 부여받은 부시(Bush) 대통령도 마침내 냉전을 종식시키고 새로운 세계질서를 건설하는 것으로 자신의 소명을 다했다. 그 결과 외교에서의 풍부한 경험도 92년 선거에서는 아무런 소용이 없었다. 경제문제와 경기침체로 그는 클린턴에 졌다. 모리스는 이런 관점에서 클린턴의 몰락을 해석했다. 그가 보기엔 94년 의회선거에서 패배한 것은 의료보험개혁안이 실패하고, 세금을 인상했기 때문이 아니었다. 대신 그는 클린턴이 92년 선거에서 약속한 대로 경기침체를 끝내고 경제를 부흥시켰기 때문에 더 이상 경제문제가 큰 이슈가 될 수 없었기 때문이라고 진단했다.

　모리스의 해결책은 이러한 진단에 기반을 두었다. 그는 클린턴에게 85년 프랑스의 미테랑(Mitterrand) 대통령이 취했던 방식을 취하라고 권고했다.24) 그는 먼저 트루만 모델과 아이젠하워 모델을 비판했다. 클린턴에게 조언하는 사람들마다 위기 타개책에 대한 생각이 엇갈렸기 때문에 이러한 생각들의 허점을 먼저 지적하는 것이 급선무였다. 어떤 사람들은 클린턴의 재선전략을 1947년 트루만(Harry Truman) 대통령이 '허송 세월 하는'(do-nothing) 공화당 의회25)를 통렬하게 공격한 것에서 찾아야 한다고 했다. 또 어떤 사람들은 아이젠하워(D. Eisenhower) 대통령이 린든 존슨과 샘 레이번(Sam Rayburn) 의장이 이끄는 민주당 의회가 화기애애한 분위기 속에서 협력한 방식에서 찾았다.

　그러나 모리스는 이 두 가지 방법에는 치명적 결함이 있다고 지적했다. 트루만 모델을 따르면 당파적 교착상태에 빠지고 말 것이고, 96년 선거에서 우파에게 정권을 빼앗길 것이다. 아이젠하워 모델에 따르면 깅리치와 돌만 보이고 클린턴은 보이지 않게 될 것이다. 그럼 위기에 처한 미테랑은 어떻게 했는가? 85년 미테랑은 자크 시라크(Jacques Chirac)와 권력을 나누는 동거정부를 구성했다. 미테랑은 대통령이었고, 시라크는 국회 다수당이 차지하는 수상이었다. 모든 사람들이 미테랑과 시라크가 사사건건 충돌할 것이고, 그 결과 미테랑이 87년 大選에서 떨어질 것으로 생각했다. 클린턴과 비슷한 위기상황이었다.

시라크의 주요 목표는 미테랑이 집권시절 국유화시킨 사업들을 민영화시키는 것이었다. 당시 선거에서 시라크는 알몸의 유권자가 실린 선거 포스터에서 '사회주의 정권 때문에 빈털털이가 되었습니다.'(UNDER SOCIALISM, I HAVE NOTHING LEFT)라는 슬로건을 내걸었다. 미테랑이 시라크의 다수파를 다룬 방식은 '파도'가 지나가도록 내버려두는 것이었다. 먼저 그는 시라크 대신에 중도우파를 수상으로 지명하라는 건의를 무시하였다. 국민들은 시라크에게 투표한 것이기 때문에 시라크가 수상이 되는 것은 당연하다는 생각 때문이었다. 다른 한편 시라크가 한 걸음 한 걸음 내걸을 때마다 그와 싸우자는 건의도 묵살하였다. 그건 솟구치는 기세에 기름을 붓는 격이었기 때문이었다.

대신에 시라크가 자신의 프로그램을 추진하고, 미테랑이 국유화했던 산업의 대부분을 민영화하도록 내버려두었다. 미테랑은 시라크에게 승리를 안겨다 준 국민적 불만(frustrations)이 빠른 시일 내에 해소되도록 하기 위해 시라크의 아젠다가 충분하게 실행되도록 협력하였다. 시라크가 방해 없이 일을 추진해 나가도록 도와줌으로써, 시라크에게 승리를 가져다준 이슈들에 대해 국민들이 더 이상 관심을 갖지 않도록 만들어 버렸다. 미테랑은 87년 대선에서 시라크에게 승리하였다.

깅리치 바람이 지나가도록 내버려 두라

클린턴은 모리스의 참뜻을 바로 이해했다. 사실 클린턴은 위험을 포착하는데 예민한 감각을 가지고 있다. 뭔가 잘못되고 있거나 방향을 바꾸어야 할 필요가 있다고 느낄 때면, 그는 곁에 있는 사람이 누구든지 막론하고 큰 소리로 불평을 늘어놓는다. 그는 언제나 이런 방식으로 위험을 예고하였는데, 이는 곧 해결책을 모색하는 클린턴만의 독특한 과정이기도 했다.

클린턴이 위험을 예고할 때는 거의 대부분 옳은 판단이었다. 사람들은 위험을 해결할 방법이 떠오르지 않으면 위험을 모른 채 하기가 쉽다. 또 탈출구가 잘 떠오르지 않으면 애써 위험하다는 상황 자체를 인정하지 않는다. 그러나 클린턴은 다르다. 그는 문제를 해결하기 위한 방법을 찾기도 전에 어렴풋이 다가오는 난관을 강조한다. 명확한 실체가 드러나지 않은 순간에 벌써 불평을 시작하는데 그러는 와중에 가끔 난관을 해결할 해답을 찾기도 한다. 그가 위험을 인식하는 데에 탁월한 재능을 갖고 있다 보니, 그의 주위에 있는 사람들은 늘 긴장하게 되고 문제를 해결할 방법을 찾고자 노심초사하게 된다. 그들은 또 클린턴의 생각을 발전시키기 위한 자극을 주기도 했다. 이런 과정을 통해 그 스스로 찾았거나 다른 사람으로부터 해결책을 얻는다. 일단 해결책을 찾고 나면 단호하고 대담하게 밀어 부친다. 모리스와의 대화 속에서는 그는 해결책에 대한 통찰력을 얻었다.

모리스의 해결책은 이런 것이었다. "우리가 반드시 해야 할 일은 공화당이 94년 중간선거에서 제기한 이슈들이 신속하게 추진되도록 도와줌으로써 공화당에게 승리를 안겨준 국민적 불만을 완화시키는 일이다. 파도가 해안을 휩쓸고 가도록 내버려두어야만 그 에너지가 자연스럽게 소진된다." 클린턴은 이해했지만, 당장 급한 구체적인 방책과 컨셉트에 모든 신경을 곤두세우고 있었기 때문에 100% 수용할 여유가 없었다. 모리스는 클린턴이 수용하도록 만들기 위해 자신의 전략적 원칙들을 메모로 작성하여 클린턴에게 수시로 읽어주었다. 메모의 내용은 이랬다.

① 깅리치 아젠다가 빨리 지나갈 수 있도록 함으로써 재정적자가 축소되고, 복지정책이 개혁되고, 정부의 규모가 축소되고, 규제가 줄어들도록 하라. 이렇게 되면 공화당의 이슈가 실현되고 있기 때문에 더 이상의 호소력은 없을 것이다.

② 이러한 아젠다를 달성하는 민주당式 대안을 제시하라. 공화당의 플랜처럼 국민들의 요구와 민주당이 지켜온 가치를 훼손하는 것이 아니라 다른 부분의 삭감을 통해 재정적자를 줄이는 방안, 또 게으른 복지 수혜자들을 응징하기보다는 일자리를 찾을 수 있도록 도와주는 복지개혁방안, 공화당의 주장처럼 송두리째 뒤 짚는 방식이 아니면서도 공공영역을 축소하는 고어 부통령의 정부개조방안 등을 대안으로 제시하라.

③ 건설적인(positive) 방향으로 나아가는 지도력을 보여주기 위해 행정부의 행정행위를 활용하라. 의회에 의존하지 않고 독자적으로 나라를 발전시킬 수 있는 행정명령전략(executive-order strategy)을 구사하라.

④ 대통령의 강력한 리더십과 확고함을 보여주기 위하여 외교를 활용하라. 의회의 통제에서 벗어나 대통령이 전권을 행사하는 외교에서 단호한 행동을 보여 주라.

⑤ 대통령이 오락가락 했다(flip-flop)[26]는 지적에 대해서는 절대로 대꾸하지 말라. 그것은 전혀 가치가 없는 일이다. 만약에 이전에 어떤

입장을 밝힌 바가 있다면, 끝까지 그 입장을 지켜야 한다. 바꾸어서는 안 된다. 국민들은 나약하고 우유부단함에 반대하는 것이지 결코 대통령의 견해에 반대하는 것이 아니다. 무슨 일이 있어도 절대로 견해를 바꾸지 마라.

클린턴은 점차 수용하기 시작했다. 이런 맥락에서 행정부가 중요한 행정행위를 백악관 차원에서 발표되도록 하는데 무척 소홀했다는 점을 지적했다. 그러면서 행정부의 정책들이 대통령의 정책으로 보여질 수 있도록 조정하는 일에 빌 커리를 배치하고자 하였다. 모리스도 그러한 일의 중요성에 대해 공감하였다.

힐러리를 대중 앞에 드러내자

클린턴의 大몰락에는 힐러리 요인도 작용하였다. 사실 퍼스트 레이디 문제는 가장 예민하고 다루기 어려운 난제였다. 퍼스트 레이디에 대한 여론조사는 클린턴과 힐러리가 일종의 제로섬 게임에 빠져 있음을 보여주었다. 힐러리가 강력해 보이면 보일수록, 대통령은 나약해 보였다. 힐러리의 파워에 대해 불만을 표시한 유권자들은 '도대체 누가 힐러리를 선출했느냐'고 하면서 동시에 대통령을 약하고, 우유부단하고, 무력한 인물로 생각하고 있었다.

'힐러리가 대중 앞에 나타나지 않는 것이 해결책이다.' 백악관 참모들은 이런 입장이었다. 반면 모리스의 해결책은 의표를 찌르는 것이었다. 먼저 힐러리가 백악관 참모회의나 정치영역에 나타나지 않음으로써 '은밀하게 숨겨진 권력'이라는 이미지가 형성되지 않도록 하고, 또 대통령의 이미지를 해치지 않도록 해야 한다고 주장했다. 그러나 힐러리가 침묵을 지키는 것에 대해선 반대했다. 그것은 오히려 대중의 오해만 증폭시킬 것이기 때문에 오히려 커다란 실책이 될 수 있다고 지적했다. 힐러리가 자신의 신념에 대해 보다 많이 이야기하는 것을 보면 볼수록 국민들은 힐러리를 좋아하게 될 것이라는 것이 모리스의 판단이었다. 국민들이 힐러리를 공개석상에서 볼 수 있게 되면 힐러리가 뒤에서 무엇을 하고 있는지를 상상하는 사람이 줄어들 것이다. 역할을 분명히 제시하고, 당당하게 나서라는 것이 모리스의 해결책이었다. 이것은 사실 힐러리가 좋아할 만한 방안이었다. 모리스가 이런 방안을 제기한 것은 힐러리와 동맹을 맺고자 하는 모리스의 전략적 고려도 작용했을 것이다. 하지만 뒤에서 수군거리지 않고 정면에서 문제점과 해결책을 거론한 것은 백악관 참모들에 비해 훨씬 호소력이 있는 자세였던 것만큼은 분명하다.

　모리스의 해결책이 클린턴을 통해 힐러리에게 전달된 이후 힐러리는 95년 1월 이후 전략모임에 단 한번도 나타나지 않았다. 그러나 힐러리는 클린턴을 통해 모리스가 건네주는 여론조사 결과 요약과 전략적 조언들이 들어 있는 '아젠다'를 매주 보았고, 또 한 글자도 빼놓지 않고 검토하였다. 그리고 대통령 부부는 둘만의 전략회의를 열었다. 클린턴은 부인을 100% 신뢰하였다. 사실 클린턴은 공사를 막론하고 힐러리에 대해 단 한 번도 불평한 적이 없다. 클린턴은 자신의 부인에 대해 단 한마디도 좋지 않은 이야기를 하지 않았다. 그것이 그의 강점이자 약점이었다.

3. 모리스의 행보와 전략

트렌트 로트와의 막후 거래

클린턴 몰락의 원인을 진단하고, 그 해결책의 가닥을 잡은 모리스는 드디어 움직이기 시작했다. 클린턴의 행보를 변화시키기 위한 활동뿐만 아니라 공화당 원내 부총무(Senate majority whip)인 트렌트 로트와의 막후 채널도 가동하였다. 모리스의 포석은 全방위에 걸쳐 진행되었다. 모리스와 트렌트 로트와의 관계는 1988년 로트가 처음 상원에 출마했을 때부터 시작되었다. 모리스는 95년 1월 의회의 새로운 임기가 시작되었을 때 로트를 방문했다. 이 자리에서 둘은 대통령의 동의와 대통령에게 모든 것을 알린다는 조건 하에서 로트와 클린턴 사이에 양당간 막후채널을 가동하기로 하였다. 92년 모리스는 클린턴에게 '운동장을 넓게 써라'고 건의한 적이 있었는데, 막후채널의 가동은 자신이 직접 이 전략을 실행에 옮기는 것이었다. 모리스에게는 왜 막후채널이 필요했을까? 공화당이 다수의석을 차지하고 있는 이상 대통령이 공화당 분파와의 접촉하는 것은 불가피했기 때문이었다. 또 클린턴의 중도노선을 위해서도 필요했다. 왜냐하면 공화당의 온건파들이 지지하는 정책을 제시함으로서 그들과 우파들간의 갈등을 부추기고, 온건파들과 연대하면 법안통과에 필요한 과반수를 확보할 수 있다는 계산을 했기 때문이었다.

한편 로트는 왜 막후채널의 가동에 동의했을까? 정치에서 권력과 정보는 모든 것이라고 할 수 있다. 따라서 로트가 대통령이 추진하고자 하는 정책들과 보조를 맞출 수 있다면, 그에게도 커다란 이익이 되기 때문이었다. 예를 들면, 환경과 소비자 보호관련 예산을 삭감하는 개혁법안이 통과될 것인지를 모리스에게 물었을 때, 모리스는 절대로 통과되지 않을 것이라고 알려 주었다. 반대로 복지개혁법안은 통과될 것이라고 알려 주었다. 또 전화와 유선방송에 대한 대규모 구조조정을 위한 통신법안에 대해서는 고어 부통령이 원하고 있기 때문에 가능성이 많다고 알려주었다. 이러한 정보를 바탕으로 로트는 통과될 가능성이 높은 복지개혁법안과 통신법안에 관심을 집중시킬 수 있었다.

모리스가 처음 로트와의 막후채널을 가동할 필요성에 대해 건의했을 때 클린턴은 별로 내켜하지 않았다. 로트가 공화당 보수파의 리더였기 때문이었다. 클린턴이 염두에 둔 파트너들은 공화당 중도파들이었다. 돌의 핵심 측근들인 빌 코언(Bill Cohen), 존 샤피(John Chafee), 밥 팩우드(Bob Packwood) 등 중도파에게 이념적 친화력을 느꼈기 때문에 이들과 거래하기를 원했다. 그러나 모리스의 생각은 달랐다. "공화당 중도파들은 품성상의 결함(character defects)이 있기 때문에, 대통령과 협력할 수 없습니다. 그들은 너무 부자이거나 자기도취가 심해 아무도 그들을 중요하게 여기지 않습니다. 그들은 돌이 압력을 넣으면 언제든지 굴복하고 맙니다. 그들은 하원에 아무런 연계도 없기 때문에, 그들이 만약 클린턴과 한편이라는 것이 알려지면 그들은 고립될 것입니다. 무엇보다 그들은 귀찮은 것을 싫어하고, 싸움을 싫어합니다."

협상에는 실질적인 권한이 있는 사람과 거래하는 것이 원칙이다. 협상 그 자체로는 의미가 없다. 결과를 산출하지 않는 협상은 무의미한 것이다. 따라서 이념적 친화력보다 책임을 질 수 있는 사람과 협상해야 한다. 모리스는 로트가 가지고 있는 장점을 설명했다. 로트는 상원에서 진행되고 있는 일에 직접적으로 관련이 있을 뿐만 아니라 그는 무엇인가 성취하기를 원하며, 약속을 지키는 사람이라는 점을 지적했다. 또 필요할 경우 자신의 부하였던 깅리치와 협조할 수도 있다는 점도 거론했다. 모리스는 기왕 공화당과 거래를 해야 한다면 로트와 해야 한다고 주장했다.

클린턴과 로트는 막후채널이 가동되면서 잘 협력했다. 사실 클린턴과 로트는 다른 점이 많았다. 로트는 클린턴과 달리 워싱턴정치의 산물이었다. 그는 하원의원 참모로 시작해 하원의원, 하원 원내총무, 상원의원, 상원 원내 부총무 등을 거친 주류정치인이었다. 둘간의 협력이 잘 진행된 것은 로트의 정치 스타일 때문이었다. 로트는 보수주의자였지만 맹목적 우파는 아니었다. 그는 이념이나 종교적 열정에 긴박되지 않았다. 정치가 우선이고 이념은 그 다음이라고 생각했다. 도그마를 충실히 지키기보다는 유연하게 법안을 통과시키기를 선호했다.

협상의 실무자는 언제나 조심하지 않으면 안 된다. 그렇지 않으면 양쪽으로부터 불신을 당하게 되어 결국 모든 탓을 뒤집어쓰기도 한다. 이러한 사정을 모리스는 잘 알고 있었다. 모리스는 언제나 로트와의 거래를 클린턴에게 알렸고, 클린턴의 충분한 사전인지 하에서 로트에게 클린턴의 생각을 알려주었다. 점차 클린턴은 이러한 막후채널의 가동을 장려했다. 공식적인 정보교환을 신뢰할 수 없었기 때문에 클린턴은 공화당의 의회활동을 파악하기 위해 새로운 차원의 정보교환 채널이 필요했다. 클린턴은 정보를 원했고, 공화당 의원들이 어떻게 생각하는지를 알고자 했다. 클린턴은 호언장담을 일삼기 일쑤고 지나치게 경직

된 깅리치나, 공화당 우파에 대해 겁을 먹고 있는 밥 돌(Bob Dole)보
다 이데올로기나 정당에 종속되지 않고 실제로 의회의 현장을 관리하
고 있는 로트와 거래하는 것에 대해 안도했다.

무엇보다도 클린턴은 로트가 약속을 지키고, 양자간의 거래를 계속
비밀로 하는 것 때문에 그를 신뢰했다. 로트는 93년 클린턴이 대통령
직에 취임했을 때, 다른 워싱턴 정치의 일원처럼 클린턴에게 의심을 품
고 있었다. 그는 클린턴의 순진함과 힐러리의 당당한 역할에 대해 비판
적이었다. 그러나 클린턴과의 거래가 시작되면서 클린턴을 이해하고,
좋아하게 되었다. 막후채널의 가동에 있어 모리스는 서로를 이해시키
는 거간꾼의 역할을 했다. 클린턴과 돌, 클린턴과 깅리치간의 관계가
서로 적대적인 것으로 악화되어 감에 따라 클린턴과 로트간의 막후채
널은 의회의 지도자와 대화를 할 수 있는 실질적인 통로가 되었다.

모리스 전략의 핵심 ; 3각 통합주의

94년 12월 중순 클린턴은 의회선거에서 大참패한 이후 처음으로 연
설을 하기로 되어 있었다. 여기에 모리스는 숨은 연설문 작성자(ghost-
writer)[27]로 참여하였다. 깅리치가 강력한 지도자로 부상한 이후 언론
에서는 '대통령이 과연 국정운영 능력을 가지고 있는가' 혹은 '대통령이
과연 재기할 수 있을까' 등 비판적인 논조가 대부분이던 상황이었다.
어떻게 하면 대통령이 국정주도권을 다시 회복할 수 있을까? 모리스는
민주당과 보조를 같이 하는 것은 잘못된 것이라고 비판했다. 그것은 공
화당의 주장이라면 무조건 반대하는 민주당 의원들의 논리를 앵무새처
럼 되풀이하는 것과 다름없다고 주장했다. 오히려 그는 공화당과 민주

3. 모리스의 행보와 전략 53

당의 전통적인 대립 구도에서 벗어나는 것에서 출발해야 한다고 생각했다.

모리스는 클린턴에게 중도노선(middle course)을 취하도록 권했다. 그렇다고 민주당과 공화당의 아젠다를 반반씩 취하는 것은 아니었다. 양 정당의 좋은 정책들을 조화롭게 뒤섞는 것뿐만 아니라 새롭게 가공함으로써 논쟁에서 '제3의 대안'을 형성하도록 하는 전략이었다. 이러한 전략을 모리스는 이른바 '3각 통합주의'(triangulation)라고 표현했다. 3각 통합주의란 무엇인가? 삼각형(△)을 연상하면 된다. 밑변 양쪽에 있는 꼭지점을 양 정당이라고 간주하면, 클린턴이 취해야 할 입장은 양 꼭지점 사이에 있는 밑변 위의 어느 지점이 아니라 상단의 꼭지점이라는 것이다. 밑변의 양 꼭지점에서 상단의 꼭지점으로 이어지는 옆변은 양 정당의 좋은 아젠다들을 조화롭게 뒤섞고, 제3의 것으로 승화시키는 과정을 나타낸다. 3각 통합주의의 핵심은 양대 정당의 전통적인 입장 사이에 끼지 않고, 그것을 넘어서는 제3의 입장을 창출하는 것이다. 공화당이 주장하는 이슈를 수용하되, 클린턴의 독창적인 것으로 만드는 新노선을 말한다.[28]

정치 활동가나 공직자들이 자신이 속한 정당의 경향이나 정책을 바꾸고자 할 경우 대개는 설득을 하든지 아니면 좀더 전투적으로 기존 견해를 신봉하고 있는 사람들에게 도전하는 방법을 취할 수밖에 없다. 그러나 대통령은 대통령이기 때문에 그냥 제시하기만 하면 그것으로 충분했다. 고루한 소속정당의 지도자들을 설득할 필요도 없었고, 옥신각신 다툴 필요도 없었다. 대통령은 행정명령 등 막강한 수단을 활용할 수 있었다.

클린턴도 3각 통합주의에 대해 동의하였다. 3각 통합주의에 입각해 클린턴은 먼저 공화당이 제기한 '미국과의 계약'에 포함되어 있는 주요 항목을 차용하기로 했다. 대통령은 감세(減稅)계획에 일차적으로 도전하기로 했다. 감세문제는 클린턴에게 예민한 문제였다. 눈에 보이는 가장 큰 약점이었다. 92년 선거에서 그는 중산층의 세금을 인하하기로 공약하였으나 나중에 오히려 세금을 올리고 말았기 때문이었다. 당시 클린턴은 재정적자 축소가 먼저라면서 경기가 부양되면 세수가 늘어나 세금을 인하할 수 있을 것이라고 주장했다. 전통적으로 민주당은 감세정책을 싫어했으며, 특히 정부지출의 삭감으로 이어질 경우 더욱 더 그랬다. 정통 리버럴에게 감세를 명분으로 주요 정책에 대한 정부지출을 줄여야 한다는 생각은 받아들일 수 없는 이단적 견해였다.

93~94년 민주당이 다수당이던 시절, 민주당 의회가 만들어준 은신처에서 편안하게 둥지를 틀고 있던 클린턴은 감세정책을 추진함으로써 민주당과 갈등을 일으킬 생각은 아예 꿈도 꿀 수 없었다. 그러나 이제 공화당이 다수당이 되었기 때문에 클린턴은 감세정책을 추진하고, 92년의 약속을 지킬 수 있을 것으로 판단했다. 그러나 그는 공화당 방식의 감세정책을 따르는 것이 아니라, '자기 방식'의 감세정책·비전·주도권을 원했다.

문제는 방법이었다. 클린턴은 자신의 감세정책과 깅리치 아젠다('미국과의 계약')에 들어 있는 감세정책이 다르다는 것을 보여주기 위해 계급적 차이에 기준을 둔 슬로건을 염두에 두었다. 민주당이 '감세 불가'를 외치고, 공화당이 '부자를 위한 감세'를 외칠 때 클린턴은 '중산층을 위한 감세'를 외치자는 것이었다. 그러나 모리스는 '계급'(class) 기준에 반대하면서 내용(substance)에 기초해야 한다고 주장했다. 민주당이나 공화당과 다르게 '당신이 대학을 간다면, 아이를 키운다면, 처음 집을 사는 것이라면, 노후를 위해 저축하고 있다면 세금감면의 혜택을 주겠다'는 것과 같은 등식에 따라야 한다고 주장했다. 그러나 클린턴은 계급전쟁의 관점을 포기하지 않았다. 그래서 이후 4개월 동안 그의 연설은 잡탕이 되고 말았다. 민주당의 전통을 답습해 '가진 자'에 대한 공격과 중산층에 대한 애정을 담은 부분이 있는가 하면, 개인적 책임감을 다하는 사람들에게 기회를 제공함으로써 도움을 주고자 하는 新민주당 주제를 담은 부분도 있었다. 이러한 뒤섞임은 95년까지 클린턴의 연설문을 지배했다. 참모들 간에도 이견이 갈렸다. 스테파노풀러스나 파네타가 계급적 기준에 기초한 문구를 연설에 집어넣으려 할 때마다 모리스는 기회-책임(opportunity-responsibility) 담론을 주장했다. 클린턴은 양쪽 모두를 만족시키려고 절충의 방식을 취했다. 하지만 언론은 계급전쟁에 관련된 부분만 이해하고 기회-책임 개념은 무시해 버렸다. 기자들은 언제나 부자를 공격하는 언급들만 기사화하였고, 새로운 주제는 무시하였다.

　감세계획을 발표하는 연설은 全국민을 상대로 하기로 결정되었다. 그러나 클린턴은 모리스에게 아무런 지시도 내리지 않았다. 모리스가 먼저 나섰다. 클린턴에게 전화를 걸어 아칸소에서 했던 방식으로 연설문을 준비하자고 제안했다. '아칸소방식'이란 클린턴이 먼저 연설하고 싶은 항목과 염두에 두고 있는 제안을 모리스에게 밝히면, 모리스가 여기에 관한 여론조사를 하고, 그 다음 둘이서 함께 여론조사 결과를 분석하고, 마지막으로 연설문을 작성하는 방식이었다. 클린턴도 동의했다.

　정치 지도자는 목표를 분명히 세우고, 이를 실현시킬 계획을 마련하고, 이러한 자신의 메시지를 국민들에게 제시해야 한다. 반면 정치 컨설턴트나 참모의 역할은 목표를 실현할 도해(圖解, course of action)를 마련하고, 그것을 개념화하고, 국민에게 설명하는 논지를 찾고, 나아가 이러한 것들을 일관된 전략 및 계획으로 통합시켜 내는 것이다. 클린턴

과 모리스는 이런 점에서 환상의 듀엣이었다. 둘의 작업은 항상 지도자
가 이루고 싶어하는 것에서부터 출발하였다. 클린턴은 감세정책을 원
했다. 그는 '미국과의 계약'을 살펴보면서, 어린이(18세 미만)가 있는 가
정의 경우 1인당 5백 불씩 세액공제를 해주는 방안에 주목했다. 좋은
아이디어였지만, 공화당의 제안을 그대로 따르면 정부의 부담이 너무
무거워 질 것이 분명했다. 재정적자를 증대시키지 않고, 또 주요 사업
들에 대한 재정지원을 삭감하지 않고서도 이 방안을 실현시킬 수 있는
방법을 찾기 위해 여론조사를 했다.

　유권자들은 년 소득 7만 불 이하의 가정만이 이 방안의 수혜자가 되
어야 한다고 생각하고 있었다. 더욱 흥미로운 점은 18살 이하의 어린
이가 있는 가정 중 85%는 동시에 13살 이하의 어린이를 키우고 있었다
는 사실이었다. 따라서 클린턴은 13살 이하의 어린이를 대상으로 세액
공제를 해주는 방안을 채택했는데, 이렇게 하면 어린이를 가진 가정의
85%를 포괄하면서도 비용은 1/3 정도 적게 들었다.

　세금에 관한 여론을 알아보기 위해 질문항목을 세밀히 검토하는 과
정에서 노동장관 로버트 라이히(Robert Reich)가 제안한 아이디어가 엄
청난 설득력이 있음을 모리스는 간파했다. 라이히의 아이디어는 대학
수업료를 과세 공제해 주자는 것이었다. 라이히의 대학 수업료 과세 공
제 아이디어는 감성적 차원에서 여론의 깊은 반향을 얻었다. 55%가 매
우 지지하고, 25%가 다소 지지하는 것으로 나타났는데, 이는 그 어떤
감세 제안보다 좋은 수치였다. 라이히는 끊임없이 새로운 아이디어를
쏟아내는 1인 싱크 탱크였다.

끊임없이 변하는 민심을 정확하게 파악하는 것이 위기탈출의 첫걸음이다

세금정책과 관련된 여론조사에서 중대한 사실이 포착되었다. 이 사실은 워싱턴의 고정관념과 정반대 되는 것이었다. 대개 정치의 중심지인 워싱턴은 대중의 생각과 완전히 동떨어지곤 한다. 워싱턴에서는 단지 2가지만을 문제로 간주하고 있었다. '감세규모가 얼마나 큰가'와 '어느 소득계층이 가장 이익을 보는가' 하는 것이었다.

그러나 국민들은 전혀 다른 관점을 가지고 있었다. '어떠한 감세방안이 나라에 가장 보탬이 되느냐' 하는 관점이다. 이러한 관점은 직접적으로 주머니를 채워주는 데에 관심을 기울이는 '지갑정치'(pocketbook politics)와 다른 것이다. 유권자들은 자신이 얼마나 혜택을 받을 것인가 하는 것보다 모든 국민을 위해 무엇이 진정으로 옳은 것인지를 생각했다.

정치권의 타성이 놓치고 있는 점이 바로 이것이었다. 통상적인 결론에 안주하였기 때문이다. 공화당은 광범위한 감세정책을 추진하면 모든 사람에게 혜택이 돌아갈 것이라는 고정관념을 가지고 있었다. 따라서 포괄적인 감세정책을 제시하면 국민 각자가 '자신에게 돌아오는 혜택' 때문에 공화당에 투표하도록 유도할 수 있다고 판단하고 있었다. 그러나 국민들은 정의와 진보의 관점에서 감세정책을 이해하고 있었다. 민주당은 세금을 인하하면 '가진 자'에게 혜택이 돌아간다는 고정관념 때문에 감세정책을 반대해왔다. 그러나 국민들은 이런 관념을 거부하고 있었다. 감세정책에 무조건 반대하기보다, 감세의 대상이 그런 혜택을 받을 만한 자격이 있는지에 관심을 기울였다. 국민들은 감세정책 그 자체보다 '왜'의 문제와 '어떻게'의 문제를 생각하고 있었다. 정치인들보다 한발 앞서가고 있었다.

이러한 사실을 밝혀낸 여론조사는 96년을 향한 클린턴의 대장정에 중요한 계기를 제공했다. 이 조사에서 두 가지 핵심적인 여론상태가 포착되었기 때문이었다. 첫째, 국민들의 태도가 자기이해로부터 공공정신으로 확연하게 바뀌고 있다는 점이다. 미국인들은 자신의 수중에 있는 돈에 집착하는 편협한 차원을 넘어서고 있었다. 대신 사회의 역기능에 의해 개인의 복지가 훼손되고 있다는 사실에 주목하고 있었다. 이런 측면에서 범죄, 젊은층의 무질서, TV에서의 폭력, 청소년의 흡연·음주·마약, 환경, 대학진학 기회 등 복지에 관련된 이슈들을 걱정하고 있었다. 80년대가 '나'(me)의 시대였다면, 90년대는 '우리'(we)의 시대였다. 클린턴의 승리에 결정적으로 기여한 가치 아젠다는 바로 여기에 착안한 발상이었다. 이러한 가치 아젠다는 96년 내내 클린턴 진영의 아젠다를 지배했다.

둘째, 자기이해에 기초한 감세정책이 잘못된 생각이라는 점이다. 국민들은 자녀를 기른다든지 혹은 대학에 간다든지 하는 것처럼 '혜택을 받을 만큼 가치 있는 일'을 하는 사람들에게 감세의 혜택이 돌아가야 한다고 생각하고 있었다. 96년 8월 밥 돌이 포괄적인 15%의 감세정책을 일대 승부수로 던졌을 때, 클린턴 진영의 대응은 이러한 사실에 기반을 두었다. 즉, 이 여론조사 결과에 기초하여 독자적인 감세정책을 제시함으로써 감세정책 경쟁에서 국민들로부터 압도적인 호응을 받을 수 있었다.

여론조사에 의해 밝혀진 감세계획은 새로운 접근법의 시작이었다. 새로운 접근법이란 클린턴이 공화당적 수단을 통해 민주당적 가치를 실현시키고자 하는 일련의 아이디어들을 계속 제기하는 것을 말한다. 예를 들면, 많은 사람이 대학교육을 받을 수 있도록 해주어야 한다는 민주당적 가치를 감세라는 공화당적 수단을 통해 실현시키는 것이다. 과거 큰 정부 시절 민주당은 보조금과 관료들이 통제하는 전국장학금 계획을 통해 실현시켰지만, 작은 정부 하에서는 감세라는 수단을 통해 실현시켜야 했다. 시대흐름에 맞는 정책변경이었다.

모리스는 대통령연설문에 들어갈 내용을 뽑으면서 여론조사 결과를 충분히 반영하였다. 클린턴의 지시에 따라 다른 참모들이 모르게 팩스로 보냈다. 연설내용을 하나로 묶는 제목은 '중산층 권리장전'(Middle-Class Bill of Rights)으로 결정했다. 밤 10시 초고를 보내자 클린턴은 개인연금(IRA)에 관한 새로운 제안을 포함시키고자 했다. 개인연금은 퇴직 후 의 노후자금에 대해서는 非과세하는 것이었다. 하지만 클린턴은 이 제도의 비과세 범위를 교육, 의료비, 내 집 장만 등으로 확대하고자 했다. 클린턴이 직접 손으로 수정해 팩스로 보내고, 다시 전화통화로 상의하는 등 여러 번 수정을 거쳐 최종본이 완성되었다. 이 원고는 연설 당일 날 아침 대통령의 수석 연설문 담당자인 돈 바에르(Don Baer)에게 전해졌다. 바에르는 누가 연설문을 작성했는지도 모른 채 대통령의 격식에 맞는 어법으로 수정하는 작업을 했다.[29]

모리스는 클린턴이 연설하는 것을 프랑스에서 CNN을 통해 보면서 성취감에 도취되었다. 뒤이은 여론조사 결과를 보고 승리감도 생겼다. 어찌됐든 대통령의 연설 직후 여론조사를 해보니, 40%가 시청하였고, 대통령에 대한 지지도 9% 올라갔다. 분명한 승리였다. 이날의 승리는 위기 탈출 대장정의 첫걸음이었다. 클린턴의 연설은 대통령에 대한 지지도를 94년 10월 중동에서 돌아왔을 때의 수준으로 회복시켜 주었다. 항상 수치가 올라간 것만은 아니지만, 최소한 상승 기류를 탄 것은 사실이었다. 이제 사태를 반전시킬 계기는 마련되었다.

4. 95년 대통령 시정연설과 참모간 내부투쟁

잠깐만!

클린턴과 모리스는 95년 대통령 시정연설(연두교서)[30]의 연설문 작성에 심혈을 기울였다. 그들은 컴퓨터를 사용할 경우 다른 사람들이 알까봐 온 방을 뒤져 타자기를 찾아내 그것으로 작업을 했다. 이처럼 은밀하게 작업하는 것에 대해 모리스는 클린턴이 자신을 보호하기 위한 것이라고 생각하고 있었다.

95년의 시정연설은 그 어느 때보다 중요했다. 1952년 이래 최초로 공화당이 상·하원을 지배하게 된 94년 중간선거의 大참패에 대한 대통령의 공식적인 첫 대응이라는 정치적 의미를 띄고 있었기 때문이었다. 95년 개원한 의회는 문자 그대로 공화당의 평천하였다. 공화당은 무기통제나 낙태와 같은 매우 견고한 이슈들을 우회하면서 허겁지겁 앞으로만 달려가고 있었다. 공화당의 제일 큰 목표는 뉴딜(New Deal) 시대로까지 거슬러 올라가는 60년간의 행정부 팽창을 일소하는 것이었다. 공화당은 환경보호, 육류안전검사, 식품 및 약물 규제 등에 대한 예산 삭감, 저소득층을 위한 의료보험의 축소, 요양원 설치기준의 완화, 무료 학교급식 및 식량 배급권 등 영양계획의 축소, 교육에서의 연방정부 역할 축소, 노약자를 위한 의료보험에 대한 중산층의 수혜 축소 등을 요구하고 있었다.

공화당의 공약 중에는 국민적 지지를 받고 있는 부분도 있었지만 그렇지 못한 부분도 있었다. 복지개혁이나 재정적자 축소가 대중의 지지를 받는 대표적인 이슈였다. 그러나 다른 이슈들은 대중의 정치적 지원을 못 받고 있었다. 전격작전에서 후방의 병참지원이 필요한 것처럼 정치에서도 국민적 뒷받침이 절대적으로 필요하다. 그러나 공화당은 병참지원에 전혀 신경을 쓰지 않고 일방적으로 세차게 휘몰아치고 있었다. '미국과의 계약' 전체가 대중의 지지를 받는 것으로 생각했기 때문이었다. 그러나 민주당도 대중의 지지에 무신경하기는 마찬가지였다. 민주당의 지도자들은 94년 선거가 주는 메시지를 읽지 못하고 구태의연하게 행동했다. 그들은 94년의 패배를 단순한 기술적 실수로 생각하고 있었다. 그들은 변화를 인식하지 못하고, 시간이 지나면 다시 '큰 정부'를 유지할 수 있는 힘을 부여받을 것으로 낙관하고 있었다. 여전히 민주당에게 '큰 정부'는 포기할 수 없는 교리였다. 따라서 공화당이 제안한 어떠한 삭감이나 축소에 대해서는 무조건 '안돼!'만 외쳤다.

유권자들은 공화당의 일사천리에 대해 '잠깐만'을 외치고 있었다. 즉, 공화당의 계획이 펼쳐지자 그것 또한 '하나의 보따리'로 국민에게 받아들여지기 어렵다는 것이 분명한 여론이었다. 클린턴은 그 이유를 공화당이 국민들의 '공통기반'을 철저하게 무시하기 때문이라고 파악했다. 국민들은 공화당의 쾌도난마에 대해 '잠깐만'을 외치고 있었으나 공화당은 무엇에 홀린 듯 '돌격 앞으로만' 외치고 있었다. 클린턴은 학교에서 따뜻한 점심을 먹지 못하는 어린이, 대학장학금이 깎여 대학에 못 가는 10대에 대해 언급하면서 공화당의 제안에 대해 강하게 반발하였다. 그의 이러한 반발은 합리적으로 검토된 뒤 나온 것이 아니었다.

그것은 가난했던 어린 시절 성장환경에서 비롯된 기초정서였다.

그러나 클린턴은 과거의 진보적 플랜이 잘못된 점에 대해 동의하고 있었다. 예컨대, 존슨 대통령의 '위대한 사회(great society) 플랜'은 많은 업적도 있었지만 동시에 많은 문제점도 낳았다는 점을 인정했다. 학생대출은 갚지 않는 것이 상식처럼 되어버렸고, 복지수혜는 자립을 자극하기보다 평생동안 종속의 덫이 되고 말았다. 가난은 아직 여전하고, 가난구제 계획을 담당하던 관료들이 여전히 남아 있긴 했지만 가난구제 계획은 직업훈련소와 마약치료시설로 전락하고 말았다.

'주되, 요구하는'(give but demand) 정치

클린턴과 모리스는 대안을 모색했다. 두 사람은 과거 클린턴이 주지사시절 둘이 같이 일할 때 합의했던 방안을 보다 발전시키기로 했다. 즉 '주되, 요구하는' 플랜이었다. 자식들을 위해 희생한 전쟁세대의 '극기'정신, 그 뒤에 등장한 베이비붐세대(baby boomer)[31]의 자기 성취윤리와 방종을 거쳐 이제는 새로운 '책임감'의 윤리가 등장하고 있다는 점에 착안한 방안이었다. 성적 무질서, 마약과 음주, 이혼율 등이 감소하는 것이 새로운 책임윤리 등장의 징표였다.

두 사람은 책임감의 윤리를 '기준이 있는 자유주의'(liberalism with standards)라는 새로운 정치흐름을 형성하는 기본요인으로 보았다. 필요한 사람에게 도움을 주되, 반드시 성취와 책임을 대가로 요구해야 한다는 논리였다. '(도움을) 주되, (책임을) 요구하는' 윤리는 자유주의의 관대함과 보수주의의 현실감각을 조화시키는 것이었다. 이러한 인식은 이미 91년 클린턴이 대통령 출마 선언할 때 제창한 '기회-책임-공동체'

테마에 반영되었고, 나중에는 92년 민주당 후보 수락연설인 '新사회계약'(new social covenant)에도 나타났었다.

클린턴은 흘러간 노래만 부르고 있는 민주당과 거리를 두고자 했다. 특히 민주당 좌파에게는 압박책을 구사했다. 즉, 민주당 좌파들의 비현실적 자세를 꺾기 위해 공화당 지도자들과 협력하는 모양새를 보여주었다. 또 민주당의 다른 지도자들이 공화당의 법안을 극단주의라고 공격할 때, 클린턴은 공화당이 입안한 계획의 좋은 부분들을 받아들이면서 비판할 것은 비판하는 태도를 취하였다.

시정연설을 준비하기 위해 대통령은 모리스에게 근원적인 여론조사를 지시했다. 공화당이 제기하고 있는 모든 공세에 대한 테스트를 통해서, 클린턴의 기회-책임 프로그램을 구체화시키고자 했다. 질문항목이 모두 259개나 되는 긴 것이었기 때문에 5개 부분으로 나누어 실시하였다. 모리스가 행한 여론조사 중에서 가장 긴 것이었다. 1995년 1월 19일 모리스는 대통령에게 여론조사 결과를 보고했다. 장장 5시간 동안 보고한 조사결과는 정책을 담금질하는 보루였다. 조사결과 등장한 전략의 핵심은 공화당이 주도하는 정책의 일부는 포용하고, 일부는 거부하는 것이었다. 조사결과에 따르면, 대통령은 재정적자를 줄이고, 복지정책을 손질하고, 세금을 줄이고, 연방정부의 공무원을 줄이는 노력을 할 필요가 있었다. 클린턴이 기존에 이룩한 업적, 즉 종합재정적자축소 대책을 통해 재정적자의 60%를 줄이고, 또 전체의 10%에 달하는 연방정부 공무원을 25만 명 감축한 업적에 만족해서는 안 되었다. 앞으로 더 나아가야 했다.

그러나 다른 한편으로는 노약자를 위한 의료보험 보조금을 줄이고, 저소득층을 위한 의료보험에 대한 정부보증을 없애고, 환경보호법안을 약화시키고, 학교에 대한 연방정부의 지원을 축소하려는 것 등에 대해서는 단호하게 거부하는 평소의 소신을 고수해야 하는 것으로 나타났다. 모리스는 대통령에게 주는 메모에서 이렇게 말했다. "노약자의료보험 삭감안은 공화당에 대항하는 최대의 단일 무기입니다. 노소를 불문하고 국민들은 이 삭감안을 반대하고 있습니다."

모리스와 클린턴은 95년 1월 23일 하루종일 연설문을 작성하는 데 땀을 쏟고 있었다. 클린턴은 자신의 입장을 30초 정도로 요약해서 언급할 수 있는 논리가 없다고 불평을 했다. 공화당은 자신들의 주장을 간략하게 표현하고 있었다. "우리는 작은 정부, 낮은 세금, 복지개혁, 脫규제, 이민억제, 핵심적 사회적 가치를 지향하고 있습니다. 우리는 국민의 시대에 정부의 역할을 재조정해야 한다고 봅니다. 정부는 해결의 주체가 아니라 오히려 그 자체가 문제입니다." 지도자라고 해서 위대한 인격자는 아니다. 클린턴은 어제 결정한 일도 오늘 거부하고, 내일 또 다시 원래의 결정대로 하는 사람이다. 클린턴의 불평은 자기확신의 방법이었다. 개인적으로 미심쩍게 생각하는 부분을 쏟아냄으로써 마음의 평정을 얻고자 했다.

클린턴의 시정연설은 크게 2가지 부분으로 구성되어 있었다. 첫째 부분은 체계적으로 작성되었을 뿐만 아니라 실제 연설도 40분 동안 매우 훌륭하게 이루어졌다. 이 부분에서 그는 공화당의 목적을 어떤 점에서 포용하는지, 어떤 점에서 받아들일 수 없는지를 훌륭하게 설명하였다. 이것은 공화당이 제기한 '非정부' 아젠다에 대한 대안으로써 기회-책임 독트린을 94년 패배이후 처음으로 발표하는 것이었다. 그는 이렇게 말했다. "우리는 우리 스스로를 위해 우리가 해야만 하는 일들을 정부에게 해달라고 요구해서는 안됩니다. 그러나 우리 스스로를 위해서나 서로를 위해서 정부가 좀 더 잘할 수 있도록 도와주는 파트너라는 사실에 대해서는 신뢰해야 합니다." 구체적이고, 당당하고, 훌륭한 연설이었다. 그러나 30분간의 두 번째 부분은 제 멋대로였고, 산만하였다. 이 부분에 대해선 모리스나 언론의 평가가 매우 나빴다. 지식인층들은 엉망이었다는 반응을 보였다. 통상적인 민주당 입장을 고수하고 있던 백악관 참모들도 마찬가지였다. 사실 백악관 참모들은 연설을 보고서야 내용이 바뀐 것을 알고 아연실색했다.

그러나 국민들은 좀 더 따뜻한 마음으로 받아 들였다. 선거에서 만신창이가 된 사람이 이제 다시 자신에게 집중되는 스포트라이트와 자신에게 쏟아지는 박수갈채 때문에 행복해 하는 모습이 오히려 편안하고 즐거운 모습으로 국민들에게 받아들여졌다. 국민들은 가식이나 겉치레가 없는 모습을 보면서, 그와 이야기를 나누고 있다는 분위기에 빠져들었다. 이제 국민들이 다시 클린턴의 이야기를 듣기 위해 클린턴과 마주보고 앉았다. 편안하고 친숙하게 이야기하는 스타일이 모리스에게는 지루하게 보였지만, 국민들에게 좋게 받아들여졌다.

어찌됐던 시정연설의 영향은 나타났다. 마침내 여론조사상의 수치가 움직이기 시작했다. 94년 11월 모리스가 처음 일을 시작할 때, 클린턴은 밥 돌에게 33 對 49로 뒤지고 있었다. 그러나 연두교서를 발표하는 시정연설이후 클린턴의 지지도가 조금씩 상승하였다. 약 2% 올라갔다. 충분하지는 않았지만 변화가 있었다는 것이 중요했다. 그의 인기도는 지난 4개월보다 높아졌다. 마침내 위기에서 벗어나는 길이 보이기 시작했다.

중도로 이동하라

그러나 다시 후퇴의 조짐이 보이기 시작했다. 클린턴은 다시 95년 2

월부터 3월까지 백악관 참모들 및 민주당 의회 지도부의 의견을 더 많이 수용했다. 그것은 민주당 본연의 강령과 원칙에 충실한 자세를 견지하는 것이었다. 그러나 문제는 인기도가 다시 떨어져 원래 상태로 되돌아가고 말았다는 점이었다.

95년 2~3월 동안 공화당의회는 깅리치의 주도하에 단일대오를 구축하고, '미국과의 계약'을 실천에 옮기는 법안들을 잇따라 통과시켰다. 민주당과 백악관은 수년이래 최악의 정쟁 하에서 거의 모든 조치에 대해 반대만 외치고 있었다. 분위기는 불꽃이 튀었고, 비난이 난무하는 가운데서도 입법 드라이브는 조금도 쉬지 않고 잇따라 진행되었다. 예를 들면, 범죄법안, 규제완화법안, 균형예산안, 환경과 교육에 대한 지출을 줄이는 세출예산안, 불법행위개혁안 등등이 통과되었다. 대통령은 공화당의회가 행정부를 몰아붙이는데 거의 속수무책이었다. 2월과 3월의 사실상 대통령은 깅리치였다.

상원을 이끌어 가는 원내총무인 밥 돌조차도 '공화당 혁명'(Republican revolution) 속에서 의회 동료들과 보조를 맞추느라 숨이 찰 지경이었다. 대통령은 국민들의 시야에서 아예 보이지도 않았다. 공화당의 드라이브가 얼마나 빨랐던지 국민들도 공화당의회가 자신의 아젠다를 열심히 실현시켜 나가는 것을 지켜보는 구경꾼이었다. 과유불급이라 했던가! 공화당의 쾌속항진은 국민들을 당혹케 했다. 이 기간 중에 모리스는 매주 열리는 전략모임에서 클린턴에게 '중도로 이동하라'는 똑같은 조언을 했다. 더그 선이 대통령의 신임을 얻어 2월 8일 모임부터 참석하기 시작했다. 모리스는 언제나 대통령에게 공화당의 예산삭감에 대해 공격만 하지 말고 긍정적인 대안을 제시하라고 요구했다. 민주당과 보조를 맞추고, 단지 학교급식과 노약자를 위한 의료보험의 삭감에 대해 반대로 일관하는 한 아무 것도 이룰 수 없을 것이라고 주장했다.

클린턴은 동의했다. 그는 공화당의 정책주도권에 대해 보다 균형 잡히고 덜 당파적인 비판의 입장으로 선회할 필요가 있다고 이야기했다. 그러나 그 후로도 수 주 동안 클린턴은 의회에서의 여야 예산싸움에 매몰되어 당파적 모습을 계속 보여주었다. 모리스가 계속 비판하자 클린턴은 자신이 행하고 있는 각종 연설에 들어 있는 초당파적 언급에 대해 언급하면서 방어하였다. 세금을 줄이고, 정부를 축소하고, 균형예산을 달성하는 등의 목표를 공화당과 다른 방법으로 성취하는 방안이 제시된 부분이었다. 실제로 연설문은 90%의 초당파적이고 긍정적인 내용과 10%의 부정적인 것들로 구성되어 있었다. 할 만큼 했다는 뜻이었다. 그러나 언론에서는 깅리치에 대한 부정적인 공격만 보도하였다. 이것이 중요했다.

2월에 클린턴의 인기는 시정연설 이전으로 떨어졌다. 민주당에 대한 지지도 역시 떨어졌다. 그런데 묘하게도 공화당에 대한 인기도 떨어지고 있었다. 왜 그랬을까? 공화당 인기의 하락은 당정에 있는 민주당 정치인들에게 용기를 주었다. 고비를 넘겼다고 생각했다. 하지만 모리스의 분석은 좀 달랐다. 국민들이 클린턴의 수동성과 공화당의 극단주의에 대해 공히 식상했기 때문이라고 분석했다. 백악관과 공화당 의회가 앞으로 나아가지 못하고 있는데 대한 불만에서 비롯된 것이었으나, 이러한 불만은 조만간 현직 대통령을 무력화시키는 요인으로 작용할 것이라는 점을 분명히 지적했다.

모리스는 3월 16일 대통령에게 강력하게 주장했다. "국민들이 보기에 나라가 잘못되어 간다고 생각하고 있다면 대통령께서는 결코 이길 수 없습니다. 대통령은 현직 대통령입니다. 따라서 공화당과 머리를 맞대놓고 협력을 해야 합니다. 국민들의 눈에 정부가 일을 하고 있다고 비쳐지느냐 아니면 그렇지 않느냐의 여부에 따라 우리가 상승하든지 몰락하든지 결정됩니다. 대통령은 민주당원이기 이전에 행정부의 일부입니다. 만약 정부가 당파적이고 아무 것도 이룬 업적이 없다면 어떤 대통령이든 그의 인기는 떨어질 것이 자명합니다."

대통령을 요리하는 참모들의 힘

대통령은 자신의 연설문이 너무 좌파 쪽에 기울었고, 지나치게 당파적이라고 불평했다. 모리스는 일순 혼란에 빠졌다. 대통령이 그렇게 생각한다면 연설문에 균형적인 내용들을 집어넣으면 될 것 아닌가? 클린턴이 주저하는 이유는 다른데 있었다. 사태의 진정한 원인은 클린턴이 그의 참모와 만성적인 갈등관계에 빠져 있었다는 점이었다. 클린턴은 백악관에서 있었던 사적 모임에서 모리스에게 말했다. "나는 취임하기 전에 내각인선을 하기 위해 많은 노력을 기울였다. 대통령史를 다루는 리차드 뉴스타트(Richard Neustadt)가 언젠가 제퍼슨 대통령 이후 최고라고 말하더라. 훌륭한 내각이지. 하지만 나는 내 참모들을 구성하는데 전혀 신경을 쓰지 않았어. 단지 당선되는데 도와준 사람들을 데려다 놨을 뿐이야. 그게 실수였어."

클린턴은 가끔 자신의 참모들을 '나를 당선시켜준 얘들'(children)이라고 조롱하듯이 표현했다. 그는 백악관에 '어른'(adults)이 필요하다고 주장했다. 그러면서 왜 사람을 바꾸지 않는가? 공화당 의회가 구성된 후에도 의회담당 참모를 교체하지 않았을 정도로 클린턴은 사람을 쫓아내지 않았다. 아마 클린턴은 해고된 사람이 그를 적대시하고, 공격하고, 위험한 정보를 유출시키지 않을까 걱정하기 때문이었을 것이다. 이런 사정 때문에 클린턴은 신문에 정보를 엄청나게 유출시킨 데이빗 드라이어(D. Dreyer)를 해고하는 데에도 몇 달이 걸렸다.

백악관 비서실은 레온 파네타실장에 의해 운영되었다. 18년 동안 하원의원을 지낸 파네타는 정부의 관례와 이미 확립된 절차를 존중하고 권모술수를 싫어했다. 그는 관료제를 신뢰했고, 자발성을 신뢰하지 않았다. 그는 민주당의 의회동료들에게 깊은 충성심을 가지고 있는 내부자(insider)였고, 기득권층이었다. 파네타 밑에는 두 명의 차장이 있었다. 해롤드 이케스와 어스킨 보울스였다. 해롤드 이케스는 뉴욕시절부터 모리스의 반대자였던 인물로, 거칠 뿐만 아니라 골수 리버럴 전사였다. 어스킨 보울스는 부자이고 상류집안 출신의 신사로서 정치에 입문한 '성공한 사업가'였다. 보울스는 대통령의 충직한 부하로서 대통령이 해야 할 일의 우선순위를 잘 가려 능숙하게 일을 처리했다. 이 세 사람의 배후에는 백악관의 정신적인 지주가 있었다. 즉, 조지 스테파노풀러스가 백악관 참모들에게 '힘을 불어 넣어주는 지성'의 역할을 하고 있었다. 그는 사교성이 있고, 싹싹하고, 매력적이고, 뛰어난 사람이었다. 조지의 아이디어나 제안은 모리스가 나타나기 前 백악관을 지배하고 있었다. 헌신적인 자유주의자로서 조지는 가끔씩 사납게 날뛰는 '고착된 이념'과 대단히 유동적이고 예민한 '전술적 접근'을 통합시키는데 탁월한 능력을 가지고 있었다.

대통령과 백악관 참모들간의 갈등에서 양쪽은 각자의 힘을 가지고 있었다. 참모들의 유력한 무기는 대통령에게 보고되는 정보를 취사선택하는 것이었다. 클린턴은 실제로 신문을 잘 읽지 않았다. 대신 The New York Times, The Washington Post, USA Today, The Wall Street Journal, The Washington Times, the Chicago Tribune, the Los Angeles Times, The Miami Herald, The Boston Glove, The Hartford

Courant, the Arkansas Democrat Gazette 등 12개 이상의 신문에서 취합된 기사모음을 참모들로부터 매일 보고 받았다. 기사모음집(clipping file)에는 전날 밤 방송의 주요 뉴스에 대한 요약도 담겨 있었다. 때문에 참모들은 클린턴이 특정 기사만 보도록 유도할 수 있었고, 조정이나 타협을 원하는 기사는 제외하고 공화당과 대결해야 한다고 주장하는 기사들만 제공하여 대통령을 흥분하도록 만들곤 했다. 그러나 사실 클린턴은 이 기사모음집조차도 제대로 읽지 않았다. 기사모음집의 앞장에 있는 〈The New York Times〉나 〈The Washington Post〉의 매우 중요한 일면 기사에 대해서도 대통령은 간혹 전혀 모르고 있었다. 그는 전날 저녁에 무슨 일이 벌어졌는지 전혀 모르고 있는 적도 있었다. 모리스는 주간 모임 때마다 25개 신문에 난 주제별 일면 게재 빈도와 방송 뉴스에 대해 짧게 요약해 주곤 했다. 믿기 어려운 사실이었지만, 신문에 난 기사가 클린턴에게는 새로운 정보였다. 그렇다고 해서 클린턴이 언론의 힘을 과소 평가하는 것은 아니었다. 그는 언론이 정부를 좌지우지한다는 사실을 국민들이 모르고 있다고 말하기도 했다. 그는 언론에 나는 기사를 기자나 칼럼리스트의 편견이 반영된 것으로 이해했다. 일종의 '언론 마피아'로 보는 관점이었다. 대통령도 시간 관계상 모든 신문을 보지 못한다는 점 때문에 참모들의 검열에 취약할 수밖에 없다는 사실을 알고 있었다. 클린턴은 다른 방식으로 대응했다. 잡지들과 서명기사 페이지(op-ed)는 규칙적으로 읽었다. 또 절친한 사이인 이른바 '클린턴의 친구들'(FOB ; Friends of Bill)과 자주 통화를 하였다. 그가 자주 찾는 인물들은 상원의원, 언론인, 전·현직 주지사, 중도적 입장의 민주당리더십회의(DLC)의 의장 등이었다.

참모들의 또 다른 힘은 대통령의 일정을 관리하는 데에 있었다. 대통령은 혼자 생각하고, 혼자 행동할 시간이 없었고, 불행하게도 수면시간조차 부족했다. 대통령은 지방정치인과의 회합이나 연설기회를 거부할 수 없었다. 지방 방문 중에는 지방정치의 지도자나 자금모집책 등과 만나는 등 이 모임 저 모임 쫓아다니기 바빴다. 아침 6시에 백악관을 나서면 다음날 새벽 1시나 되어야 돌아올 수 있었다. 클린턴도 사실은 먼저 새로운 회합이나 연설, 그리고 잠깐씩 방문할 수 있는 자리를 요구하는 스타일이었다. 그는 빡빡한 일정을 좋아했다. 그러면서도 가끔은 너무 일정이 빡빡하다고 불평도 했다. 95년 들어 클린턴의 요청에 따라 개입하게 된 보울스 차장의 노력에 의해 대통령은 생각할 수 있는 시간을 보다 많이 가질 수 있었다. 그래서 그는 많이 읽고, 자주 전화로 이야기할 수 있게 되었는데, 그 때야 비로소 그는 대통령직의 지휘권을 회복할 수 있었다.

참모들의 무기 중에는 대통령을 '정보의 바다'에 빠뜨리는 것도 있었다. 참모들은 대통령이 지나치게 많은 세부사항들에 매몰되게 함으로써 전체상황에 대한 조망을 흐렸다. 정보와 세부사항에 압도되어 자질구레한 결정들을 내리기에 급급했다. 대통령은 총괄개념(overall concept)부터 살펴보아야 할 상황에서조차 구체적인 문제로부터 출발하곤 했다. 이런 상황도 대통령이 빠져들기 쉬운 함정 중의 하나다. 조언자는 전체상황에 집중할 수 있지만, 대통령은 커다란 재난이나 커다란 위안을 줄 '구체적 사항'들에 대해 매일 매일 행동을 취해야만 한다. 따라서 대통령이 구체적인 사항에 초점을 맞출 수밖에 없는 사정을 이해하지 않으면 안 된다.

클린턴은 엄청난 양의 정보를 암호화하고, 축적하고, 되살려 내는데 뛰어난 재주를 가지고 있었다. 하지만 그는 수중에 있는 자료들의 우선순위를 가리고, 범주화하고, 개념화하고, 분석하는 데에는 익숙하지 못했다. 그래서 대통령은 자신이 소비하는 자료의 양에 의해 힘을 얻기보다는 오히려 무력화되었다. 대통령도 자신이 정보의 바다에 빠져 있다는 것을 깨닫고 있었기에, 그는 새로운 자료들을 조금씩 차례로 모리스에게 보냈다. 그러면 모리스는 전체 계획이나 목표에 합당한 것인지를 파악해 적절하게 평가해주었다.

참모들의 가장 치명적인 무기는 대통령의 선택권을 제한하는 기사를 유출함으로서 대통령을 속박하는 것이었다. 가끔씩 대통령이 어떻게 해야 할지를 심사숙고하고 있을 때, 갑자기 '소식통'에 의하면 대통령이 이미 행동방침을 결정했다는 기사가 게재되곤 한다. 그렇게 되면 언론에 의해 추정된 결정에 따를 것인지 따르지 않을 것인지가 대통령이 최종선택時 고려하지 않으면 안될 요소가 되고 만다. 일단 추정된 결정을 대통령이 뒤집으면 그는 왔다 갔다 한다는 비난을 듣게 된다. 무릇 참모들의 도움이 없다면 대통령이라도 무엇인가를 하기란 쉽지 않다. 정책을 입안하거나 주도권을 행사하기 위해서는 조정과 협력이 필요하다. 사실들도 한 곳에 모여져야만 한다. 항상 있기 마련인 행정부 안에서의 불협화음도 진정시켜야 한다. 거의 모든 제안이나 아이디어들은 백악관이나 내각의 참모들에 의해 합법적인지, 이치에 닿는지, 성공할 가능성이 있는지, 핵심 지지그룹을 화나게 하지는 않는지 등이 점검된다. '대통령이 가장 큰 발언권을 갖고 있지만 자신의 정부를 가지고 있는 것은 아니다.'

백악관에서 참모들의 운신공간이 넓은 것은 클린턴 대통령이 직접적인 명령이나 지시를 하지 않는 스타일이라는 점도 작용했다. 그는 때가 무르익을 때까지, 자연스럽게 자신이 원하는 방향으로 움직일 때까지 기다린다. 자신의 방침을 강요하기보다는 적절한 타이밍에 맞춰 움직인다. 기세와 때가 자신에게 있다고 느낄 때에는 자연스럽게 목표에 도달하도록 기다린다. 또 무언가 자신에게 반해서 움직이고 있을 때에는 자연스럽게 반전되기를 기다린다. 모든 것이 실패했을 때만 그는 직접적이고 개인적인 행동을 취한다. 그는 참모든, 내각이든, 부통령이든, 부인이든 사인만 보낸다. 그리고 나서는 그들이 뜻을 알아들을 때까지 기다린다. 때때로 이러한 방식이 매우 수동적인 것처럼 보이지만, 사실 그는 어디로 가야 하는지 또 언제가 적당한 때인지를 언제나 정확하게 알고 있다. 이런 스타일 때문에 클린턴은 모리스가 '참모들의 늪에서 헤어나라'고 세차게 요구할 때에도 때를 기다렸다.

95년 2월 모리스는 클린턴에게 프로 야구 선수단의 파업에 개입하는 것이 훌륭한 뉴스가 되므로, 선수와 구단간의 화해를 주선하도록 권했다. 클린턴이 양 쪽 대표를 모아 협상을 주선했지만, 분위기가 너무 험악하여 실패하고 말았다. 마침내 연방노동위원회(NLRB)는 일방적인 연봉상한선을 설정한 구단 측의 처사가 불법이라는 판결을 내리고 파업을 종식시켰다. 파업을 종식시킨 것은 대통령과 그가 임명한 NLRB의 윌리암 어서리(William Usery)가 적극적으로 노력한 결과였지만 국민들로부터는 제대로 인정을 받지 못했다. 이 시기에 클린턴은 되는 일이 없었다. 계속 리버럴 노선 때문에 비난을 받고 있었다. 참모들이 대통령을 리버럴 쪽으로 유도하는 것에 대한 불만 때문에 모리스는 참모들과 직접 접촉하는 쪽으로 해결책을 모색했다. 전략모임의 참석 범위를 넓힌 것이다. 이것이 모리스의 존재가 언론에 폭로된 계기였다.

2월부터 더그 선이, 3월부터는 레온 파네타 실장이, 조금 뒤에는 고어부통령과 그의 비서실장 잭 퀸(Jack Quinn)을 비롯해 2명의 비서실 차장(이케스와 보울스)이 모리스와 대통령간의 주간 전략모임에 참석하기 시작했다. 모리스는 참석자들에게 비밀을 당부했다. 하지만 백악관 참모들은 가만있지 않았다. '찰리'의 정체를 파악한 이상 참모들의 공세는 필연적이었다. 3월초 최초의 확대된 모임이 있고 난 직후〈The

New Yorker)의 제인 메이어(Jane Mayer) 기자가 모리스에게 전화로 사실을 확인하고자 했다. 이케스가 정보를 흘린 것이었다. 이 기자는 1년 뒤 이케스에게 아첨하는 기사를 써 주었다. 메이어의 기사는 4월 중순에 났다. 모리스의 역할이 처음으로 세상에 밝혀진 것이다. 얼마 뒤 〈The New York Times〉와 〈The Washington Post〉지에서 모리스의 존재를 알리는 일면 기사가 났다. 대통령은 공개적으로 밝혀진 것에 대해 기분이 좋지 않았지만, 모리스가 초래한 일이 아니고 또한 비밀을 지키는데 최선을 다했기 때문에 충분히 이해했다.

5. 모리스의 동맹정책과 클린턴의 중도노선

먼저 부통령과 연대하고, 연설문 작성자를 끌어들이다

모든 참모들간에는 보스의 '귀'를 장악하려고 치열하게 경쟁을 한다. 좋은 아이디어의 유무(有無)보다 아이디어를 지도자나 후보가 '받아들이도록' 하는 것이 절대적으로 중요하기 때문이다. 이런 점에서 모리스가 대통령의 '귀'를 장악해 가는 과정은 좋은 참고가 된다. 모리스가 참모들의 견제에 대응하면서 클린턴을 그들의 수렁에서 건져 낸 방식은 무엇일까?

대개 새로 들어온 참모들은 하루 빨리 보스의 신임을 받고자 하기 때문에 마음이 급해진다. 그러다 보면 종종 기존 참모들과 갈등을 일으킨다. 이러한 갈등은 대립으로 발전하게 되는데, 대립과 그에 따른 힘겨루기는 전략이나 메시지의 일관된 통제를 해치는 주범이다. 참모들 간의 경쟁과 반목, 신구 참모간의 '영토다툼'은 사실 불가피한 것이기 때문에 참모들을 다루는 내부정치는 지도자의 몫이다. 이런 측면에서 클린턴이 내부정치를 펼치는 모습을 유심히 지켜볼 필요가 있다.

모리스는 동맹자를 모색하였다. 클린턴이 고어를 만나 보라고 권했다. 3월 중순 만난 고어 부통령은 모리스와 여러 모로 생각이 같았다.

고어는 두 가지 조건을 달아서 모리스를 전적으로 지원하겠다고 약속
했다. 첫째, 모리스가 환경문제 등 고어의 우선관심 분야를 존중하고
모리스의 플랜에 포함시킬 것을 요구했다. 둘째, 캠페인과 관련된 사항
은 일체 막후협상 채널인 로트의원에게 발설하지 말 것을 당부했다. 모
리스는 조건을 즉각 수락했다. 로트와의 막후 거래에서 애당초 캠페인
플랜은 대상도 아니었으며 오직 정부이슈에 국한된 것이었기 때문에
새삼스럽게 고민할 필요가 없었다. 고어는 자신이 94년 大참패 이후
백악관의 분위기에 문제가 있다고 이미 판단하고 있었다. 고어는 '중
도'노선으로 바꾸려고 노력했지만, 백악관 참모들에 의해 봉쇄 당했다
고 말했다. 둘은 자연스럽게 커다란 변화를 일구어내기 위해 '동맹'을
맺었다.32)

　대통령을 참모로부터 구원하기 위한 일은 3월에 시작되었다. 3월 16
일 모리스는 대통령에게 '거부더미'(Pile of Vetoes)라고 이름 붙인 연
설문을 제안했다. 이것은 공화당의 아젠다에 대한 총체적 대응이었다.
또한 장작더미를 연상하는 거부더미라는 비유법을 통해 당파적 대결국
면을 종식시키고자 한다는 내용을 담고 있었다. 이 아이디어는 대통령
의 비토권(權)에 의해 사장될 아젠다에 더 이상 시간낭비하지 말도록
촉구하기 위한 것이었다. 이런 차원에서 공화당의 계획 중 대통령이 각
각의 항목에서 받아들일 수 있는 부분과 거부권을 행사할 항목을 나열
했다.

　모리스는 3월 23일과 4월 5일의 전략모임에서도 이 연설문을 강력하
게 주장했다. 특히 4월 5일의 전략모임은 대통령이 '중도'로 전환하는
데 결정적인 전환점이었다. 모리스는 백악관의 反의회, 反공화당의 입
장에 대해 비판하면서, 의회와 제로섬 게임에 빠지는 것은 매우 잘못된
생각이라고 지적했다. 공화당의회는 홍보전쟁에서 이기고 있었다. 공

화당의회는 초기 100일 동안 지지도가 58%에 육박했고, 49%의 유권자가 공화당이 예산삭감에서 지나치게 나가지 않을 것이라고 생각하고 있었다. 때문에 반대가 능사는 아니었다. 민주당과의 입장과 거리를 두는 제3의 방안을 개척하지 않고 민주당 對 공화당의 양자 대결에 빠져들어서는 안 된다는 것이 모리스의 주장이었다.

파네타실장은 4월 한달 동안 교육정책을 줄거리로 삼자고 제안했다. 이제 민주당이 깅리치의 이미지를 퇴색시키고, 공화당의 예봉을 무디게 하는데 성공하고 있기 때문에 민주당과의 대오를 파괴하는 것은 안 된다고 주장했다. 모리스는 교육에 대한 철학적인 주장이 대통령을 더욱 무기력하게 만들 뿐이기 때문에, 국민들의 피부에 와 닿는 확실한 정책들과 노선을 제시해야 한다고 주장했다. 그것은 제3의 길이었다. 클린턴이 고어의 의견을 물었다. 클린턴은 분명한 판단을 원할 때 언제나 고어에게 질문을 던진다. 그것은 고어가 얼마나 대통령에게 중요한 존재인지를 말해 주는 것이다. 고어는 세상에서 클린턴이 가장 비중을 두는 유일한 조언자였다. 그는 고어를 '小統領'(junior president)으로 여기고 있었다. 고어는 파네타의 노력과 제안에 대해 경의를 표하면서도, 최종적으로 모리스의 편에 동조하였다. 마침내 클린턴이 최종 결론을 내렸다. 파네타가 주장한 방법은 지난 두 달 동안 시도해 보았지만 실패했고, 지금은 전장에 다시 뛰어드는 것이 중요하기 때문에 모리스의 방식이 적절하다는 것이었다. 즉, 거부더미 연설을 하기로 했다. 파네타가 마지막 시도를 했다. 설사 연설을 하더라도 공화당의 의회장악 100일 기념식이 지난 뒤 하자고 제안했다. 그러나 모리스는 마지막 반격도 용서하지 않았다. 공화당의 축배 분위기에 찬물을 끼얹어야 하고, 또 깅리치와 맞대결함으로써 논쟁의 초점을 리더십으로 옮겨가야 하기 때문에 기념일 전에 하자고 주장했다. 대통령은 일어나 서재에서 책을 뒤적이고 있었다. 이미 결정을 내렸음을 뜻하는 행동이다. 클린턴은 '내일(화요일) 돈 바에르와 만나 금요일에 행할 연설문을 작성하라'고 지시했다.

이 날의 승리는 매우 중요한 의미가 있었다. 모리스가 백악관 내부로 진입한 것을 뜻했다. 그러나 더욱 중요한 것은 백악관 참모들과의 노선투쟁에서 이니셔티브를 쥐기 시작했다는 것이었다. 이제 모리스가 캠페인의 키를 손에 넣었다. 이후 다소 진퇴가 있긴 했지만 모리스의 주도권은 계속 유지되었다. 이날 모임의 부수적 결과는 모리스에게 또 다른 동맹자가 생겼다는 점이었다. 바로 돈 바에르라는 연설문 담당자였다. 고어와 동맹을 맺은 이후 새로운 동맹자를 모색하던 모리스에게는 확실한 전리품이었다.

돈 바에르는 수년 동안 클린턴의 연설문 담당자로 일하고 있었다.[33] 그의 연설문은 표현력이 풍부한 것이 장점이었다. 백악관 내에서 그의 입지는 이케스차장에게 강하게 반발하는 입장에 서 있었다. U.S. News & World Reporter에서 재직한 전직 언론인으로서 취임때부터 백악관에서 일했으며, 대통령의 트레이드마크가 된 고전적인 테제들[34]을 많이 만들어냈다. 그는 최근 몇 달 동안 대통령의 말을 변화시킨 '진원지'를 찾고자 했으나 모리스가 그 원인인 줄은 몰랐다. 서로 만나게 되자, 바에르는 대번에 모든 사정을 알게 되었다.

바에르는 "그 동안 외로운 싸움을 해왔기 때문에 몸과 마음이 지쳐 곧 떠날 생각이었다"며 모리스를 매우 환영하였다. 바에르에 따르면, 백악관을 떠난 데이빗 거겐(David Gergen)[35] 등도 내부의 좌파 지향적 기류 때문에 떠났다고 했다. 모리스, 바에르, 커리 등 3인은 대통령의 연설 작성팀으로 움직였다. 모리스에게는 중대한 진전이었다. 이즈음 빌 커리도 정식 채용되었다. 파네타가 질질 끌면서 커리를 백악관 외부의 일을 주려고 했으나 대통령은 모리스의 청을 받아 들였다. 이제 모리스, 바에르, 커리 이 3인이 대통령의 중도 이슈(centrist issues)를 만들어내는 주력군이었다.

이 팀은 밥 스퀴어(Bob Squier)의 워싱턴 사무실에 작업실을 마련하고 일을 시작했다. 스퀴어는 모리스가 클린턴 캠프의 매체 전문가로 등용하고자 했으나 아직 성사되지 못했던 인물이다. 바에르가 연설문을 작성하기 시작하면, 커리와 모리스가 옆에서 장단을 맞추는 식으로 작업은 진행되었다. 모리스는 이때까지 아직 대통령의 연설언어에 대해 모르고 있었기 때문에 억양과 리듬은 바에르가 맡았다. 완성된 연설문을 대통령에게 전달하면, 대통령은 뜻을 보다 분명하게 전달할 수 있도록 문장을 다듬고, 그가 추구하고자 하는 '제3의 길'에 정확하게 일치하도록 말을 바꾸었다.

대통령이 연설문 준비에 몰두할 때 고어 부통령이 아이디어를 하나 냈다. 대통령이 원고 없이 하는 연설에 매우 뛰어나기 때문에 원고를 없이 연설하는 것이 좋겠다는 뜻을 밝혔다. 모리스도 동의했다. 아칸소 시절부터 클린턴은 원고 없이 하는 연설에 통달한 위대한 연설가라는 사실을 모리스도 알고 있었기 때문이다. 클린턴도 받아들였다. 원고 없이 연설하도록 하는 것은 대통령이 스스로 자신감을 갖도록 하는 데에 매우 중요한 조치였다. 아데나위는 정치에서 가장 중요한 것은 '용기'라고 했다. 클린턴은 용기를 가지기 시작했다. 달라스에서 행한 연설은 매우 훌륭했다. 언론에서는 스타일과 내용에서 전혀 다른 새로운 클린턴을 보는 것 같다는 평을 내렸다. 이 연설소식은 깅리치의 하원의장 취임 100일 기념식과 같은 비중으로 다루어졌다. 언론의 반응은 마침내 클린턴이 '게임에 복귀'한 것을 뜻하는 중대사건이었다.

"백악관을 정치 컨설턴트에게 넘겨 줄 수는 없다"

이미 한 번 패배한 파네타는 중도노선으로 전환하는 것에 대해 결사적으로 반대했다. 얼굴에는 상냥한 미소로 가득 차 있었지만, 파네타는 기본적으로 영토권을 지키는 데 필사적이었고 외부인에 대한 의심을 버리지 못하고 있었다. 오랜 공직생활을 거친 워싱턴 인사이더로서 당연한 것이었고 또 비서실장으로 그렇게 해야 하는 측면도 있었다. 무릇 기존체제는 언제나 외압을 거부하게 마련이다.

고어의 천거에 의해 관리예산실(OMB)의 실장에서 백악관 비서실장으로 승진한 파네타는 백악관 참모들을 단결시키고, 대통령을 혼란에 빠뜨리고 대통령의 이미지를 손상시킨 정보유출(leaks)을 차단하는데 수완을 보여 대통령의 신임을 얻었다. 정보유출을 막기 위해 파네타는 유출방지활동을 펼쳤다. 정보가 유출되어 보도되면 파네타는, 누가 보도한 언론인과 친구인지, 보도된 내용과 같은 말을 다른 데서 말한 사람이 있는지, 보도한 언론인이 며칠 뒤 우호적으로 평가하는 백악관 참모가 누구인지 등을 조사하여 유출자를 찾아냈다. 유출자를 찾아내는 데에는 합리적인 추정만 있으면 되었지 분명한 증거는 필요 없었다. 그런 다음 파네타는 이 문제를 그의 언론담당 비서이자 백악관에서 '암살자'로 알려진 배리 토이브(Barry Toive)에게 넘겼다. 그러면 토이브는 기자, 특히 〈The Wall Street Journal〉 기자에게 무엇인가를 이야기한다. 그 뒤 곧 특정 참모가 쫓겨날 것이라거나 혹은 특정 참모가 몇 달 전에 무슨 잘못을 저질러 보호관찰 중이라는 식의 기사가 나왔다. 이렇게 해서 정보유출은 근절되었다. 파네타는 백악관에 결여되어 있던 질서를 확립하였다. 파네타는 훌륭한 관리자였다.

그러나 파네타는 독창성이나 혁신과는 거리가 멀었다. 그는 하원 예산위원회의 위원장을 지냈을 정도로 수년 동안 의회 지도부의 일원으로 지냈다. 그는 합의와 당의 단결에 우선순위를 두고 있었다. 그러나 당의 일체성은 위기 탈출구를 찾고 있는 클린턴에게 오히려 걸림돌이었다는 점이 문제였다. 모리스가 보기엔, 파네타가 일하는 방식이 문자 그대로 '교주고슬, 부지합변(膠柱鼓瑟, 不知合變)[36]이었다. 뿐만 아니라 클린턴에게 시급한 것은 민주당의 낡은 정통교리에 얽매이기보다는 독립적인 제3의 길을 찾는 것이었다. 점점 몰리기 시작하자 파네타는 백악관 직원들 중에서 누구든지 모리스를 보게 되면 신속하게 보고하라는 사발통문을 돌리고, 모리스를 멀리 하라는 명령을 내렸다. 그는 빌 커리가 백악관에 자리잡지 못하도록 최대한의 노력을 기울였고, 심지어 그의 비서들을 시켜서 커리가 백악관으로 들어오지 못하도록 몸으로 막은 적도 있었다. 파네타는 4월 초 모리스에게 패한 이후 모리스의 갖가지 제안을 저지하는 일을 지휘했다. 특히 모리스의 제안을 봉쇄하고 게파트 등 공화당 지도부의 예산 삭감을 공격하는 '찌꺼기 연설'을 대통령이 답습하도록 권했다. 모리스의 입장은 파네타와 달랐다. 살아있는 아이디어야말로 활로라고 생각하고 있었다. 아이디어가 있어야만 이슈가 살아난다는 것이 그의 소신이었다. 즉, 이슈가 바로 정치적 늪을 탈출할 때 힘이 되는 것이라고 믿고 있었다.

모리스와 파테타의 대립은 5월 16일 전략모임에서도 재연되었다. 모리스는 "지지도(vote share)가 40%도 안 되고, 인기도(approval)는 50%도 안 되는데 도대체 무엇을 믿고 서두르지 않느냐?"며 공격했다. 그러자 파네타는 화를 내면서 "자신은 결코 백악관을 정치 컨설턴트에게 넘겨주지 않을 것"이라고 반격했다. 다시 모리스는 "지금 이대로 가다가는 1년 반 뒤에 공화당에게 백악관을 넘겨줘야 할 것"이라고 받아쳤다. 더 이상 방치할 수 없는 대결국면이었다.

모리스는 고어에게 도움을 요청했다. 고어의 주선으로 클린턴과 고어 그리고 모리스의 3자 회동이 5월 16일 열렸다. 모리스와 고어의 압박에도 불구하고 대통령이 딴전을 피우자 모리스는 '모든 문제의 원인은 바로 당신'이라며 직격탄을 날렸다. 왜 모험을 하지 않으며, 왜 이슈를 전면에 내세우지 않는지를 따졌다. 훌륭한 적과 멋진 싸움을 벌이면서 자신의 정치기반을 만들어 가던 클린턴 본연의 자세를 찾으라고 목소리를 높였다. 고어가 목소리를 낮추라고 할 정도였다. 모리스는 한 치의 양보도 없이 단호하게 달려들었다. '지난날은 잊고, 용기를 가져야 합니다', '전투 없이 전쟁에서 이길 수 없습니다'는 요지의 발언을 했다. 직설어법, 고성은 모리스에게만 허용된 사실상의 특권이었다. 명쾌한 결론은 나지 않았으나 뜻은 충분하게 전달되었다.

클린턴이 기력을 회복하고, 분명한 입장을 갖게 된 것은 4월 중순부터 6월 중순까지 발생한 일들이 계기가 되었다. 이 기간 동안 클린턴에게는 많은 일들이 발생했다. 오클라호마 폭탄테러 현장에서 연설을 했고, 러시아의 옐친 대통령과 정상회담을 했다. 강력한 라이벌인 하원의장 깅리치의 인기는 떨어지고 있었다. 상황은 빠르게 변했고, 그러는 과정 속에서 클린턴은 점차 자신의 메시지를 가지게 되었다. 그는 균형예산 관련 연설을 하기로 했고, 「긍정적 조치」(affirmative action)[37]라는 어려운 이슈도 정면 대응했으며, 담배회사를 격렬하게 비난하고, 일련의 행정명령을 공표하기 시작했다. 또한 보스니아에 대한 폭격을 승인하고, 대규모 광고 캠페인을 하기로 결정했다. 또 공화당과의 예산전쟁에서 단호한 입장을 취하는 등 이전과는 다른 새로운 모습을 보여주었다.

전략가와 비서실장의 힘 겨루기

분위기가 호전되자 고어가 내부갈등 문제해결에 나섰다. 6월 4일 고어는 모리스와 파네타간의 화해를 주선하는 자리를 만들었다. 대통령을 비롯해 총 4명이 마주앉은 모임에서 클린턴과 미리 입을 맞춘 고어가 먼저 말문을 열었다. 고어는 모든 백악관 직원들이 선거정치팀과 통합성을 유지하는 데 많은 어려움을 겪고 있다는 점을 지적했다. 모리스와 파네타간의 다툼을 직접 거론하지 않고 보다 일반적인 문제로 접근했다. 이는 양인의 격앙된 감정을 누그러뜨리고, 화해의 토대를 놓기 위한 포석이었다. 그러면서 참모들과 모리스의 '정치 작업'이 서로 어떻게 협력해야 하는지에 대한 대통령의 구상을 분명히 하기 위해 모였다는 점을 지적했다.

모리스는 자신의 비서실장인 톰 프리드만(Tom Freedman)이 80년 카터, 84년 레이건, 92년 부시의 선거에서 백악관과 캠페인 활동간에 빚어진 갈등에 대해 정리해준 메모를 가지고 있었다. 이 메모는 사전에 고어에게 전달되었고, 이날 고어의 '일반론적 관점'은 이 메모를 참고한 것이었다.

클린턴은 자신이 모리스를 전략가로 선택했으며, 모리스에 대해서는 너무도 잘 알고 있다고 하면서 지금 할 일이 산적해 있기 때문에, 모리스와 같이 '멀리 보고 모험적인 시도를 하는' 사람이 필요하므로 파네타실장이 모리스를 도와주도록 설득했다. 파네타도 일단 수긍했다. 그러나 견제장치를 마련하고자 했다. 평생을 바쳐 경험을 쌓아온 전문가들에 의해 '설익은 아이디어들'이 점검되고, 현실에 맞게 조율되는 과정을 거치지 않는다면 자신은 사임할 수밖에 없다는 배수진을 쳤다. 클린턴은 이에 대해, 모리스가 밀어 부치는 형인 것은 사실이지만 자신은 그러한 스타일을 좋아하며, 거친 아이디어도 있지만 좋은 아이디어도 있다는 점, 그리고 모리스는 자신의 생각을 너무도 정확하게 알고 있다는 점 등을 들어 파네타를 재차 설득했다. 이제 공은 모리스에게로 넘어왔다. 완승이냐, 타협이냐? 모리스는 타협을 선택했다. 무릇 정치는 '전부가 아니면 전무'의 게임이 아닌 것이다. 혼자 다하겠다는 생각을 버리고 검증절차(vetting process)를 거치겠다는 점을 분명히 약속했다. 이러한 검증절차는 필수적이다. 검증절차가 생략될 경우 선거운동은 통제력이 상실된 채 중구난방으로 흐르고 만다.[38]

6월 4일 모임에서 대통령은 모리스가 원하는 이야기를 해주었고, 모리스는 파네타가 원하는 이야기를 해주었기 때문에 분위기는 좋아졌다. 사실 파네타는 백악관의 질서를 잡고, 정보유출을 막는 데 많은 노력을 기울였기 때문에 모리스가 새롭게 혼란을 조성하고 있는 것은 아닌지 노심초사하고 있었다. 그날 이후 파네타는 변했다. 모리스와 적당한 거리를 유지하면서, 서로 함께 일하는 규칙을 준수했다. 그러나 이날 모임으로 모든 문제가 해결된 것은 아니었다. 원인은 모리스가 제공했다. 또 다른 중간조정이 필요했다. 파네타는 4사람이 모였던 6월 4일의 모임에서 지나치게 많은 권력이 모리스에게 주어져 그가 참모들의 일에 일일이 간섭할 것이라는 판단을 하고 있었다. 그는 모리스가 협상의 한도를 지킬 것으로 보지 않았다. 사실 파네타의 모리스에 대한 생각은 한마디로 '검려지기'(黔驢之技)[39]라고 평가하는 것이었다. 모리스의 기술을 검려지기로 보는 것은 차지하고서라도, 모리스의 월권적 전횡에 대한 파네타의 판단은 정확했다.

모리스는 참모들이 일하고 있는 서관(West Wing)으로 가 모든 차원에서 대통령의 생각을 주입시키려 노력하였다. 그런 행동이 보기에 따라선 '감 놔라, 배 놔라'는 식의 간섭으로 비칠 수도 있었다. 이렇게 되자 파네타는 6월 4일의 4자 모임에 빗대어 자신도 공평하게 그에 상응하는 모임을 요구했고, 6월 28일에 자리가 마련되었다. 고어가 역시 분위기를 잡았다. 고어는 3주 전 모임에서 파네타가 모리스를 돕는 문제에 대해 논의했기 때문에 이제는 모리스가 파네타를 어떻게 도울 것인지에 대한 대통령의 구상을 분명히 하는 모임이라고 정리했다. 파네타는 모리스 때문에 참모들이 자신에게 충성하지 않고, 혼란이 생겨나고 있다고 점을 지적하면서, 그 예로 참모들이 누구의 명령을 들어야 할지, 누구와 상의를 해야 할지 갈피를 못 잡고 있다고 설명하였다. 파네타는 모리스가 서관의 이 방 저 방을 기웃거리면서 무엇을 하는지 묻거나 지시를 내리는 것을 그냥 두고 볼 수는 없다며 또 다시 사임의사를 표명했다. 요컨대, 모리스의 농단을 좌시할 수 없다는 뜻이었다. 파네타의 반격이었다. 그리고 그것은 효과적이었다. 워싱턴정치에 익숙하지 않고 정치적 위기에 빠져 있는 대통령에게 '사임'이라는 말은 심각한 위협이었다. 고어가 파네타의 손을 들어주는 결론을 내렸다. 조직의 지휘자는 한 명이어야 하며, 그 지도자는 파네타라는 점을 분명히 했다. 백악관통제권에 한해서는 파네타의 우위를 인정한 것이었다.

대통령은 침묵을 지켰다. 모리스는 내심 화가 났다. 하지만 대통령의 침묵은 고어의 결론이 옳다는 표시였다. 모리스는 대통령의 뜻을 알아차렸다. 또 다시 타협이냐, 완승을 위한 격돌이냐는 선택의 기로에 섰다. 대통령은 왕이나 다름없다. 따라서 왕의 핵심 정치고문은 왕과의 관계를 돈독하게 유지하는 것이 제일 중요하다. 또 앞으로는 선거가 예정되어 있기 때문에 정치참모의 역할이 중요할 수밖에 없는 형편이었다. 때문에 왕의 '귀'와 관련된 문제가 아니라면 참모들과의 대립은 아무런 소득이 없다. 모리스는 이러한 사실을 간파했다. 결국 모리스는 파네타의 지적에 밝은 표정으로 동의했다. 공식적인 직책을 경험해 보지 않아서 실수한 것이라면서 자세를 낮추었다. 현명한 선택이었다.

이날 이후 모리스는 초대받아서 가는 경우를 제외하고는 서관에 절대 가지 않았다. 정부관리들과 관련된 문제들은 파네타나 보울스가 조치를 취해 주었다. 파네타의 의도대로 전략모임이 열린 다음날에는 대통령이 참석한 가운데 실행그룹(implementation group)이 모여 모리스의 아이디어들 중에서 받아들일 것과 폐기할 것을 결정하였다. 모리스는 이 모임의 멤버가 아니었다.

우파에 발목 잡힌 밥 돌

통상 예비선거[40]는 문자 그대로 혈전이다. 때문에 승리하더라도 많은 상처를 입게 된다. 92년 부시가 클린턴에게 패배한 배경에는 패트릭 뷰캐넌(Patrick Buchanan)의 격렬한 수사와 가시 돋친 비판에 의해 크게 약화되었기 때문이었다. 이처럼 만신창이가 되는 혈전의 예비선거에서 클린턴에게 도전하는 사람이 없도록 하는데 공헌한 것은 분명히 이케스의 공이었다. 이케스의 공헌이 매우 중요한 것이라는 사실은 경쟁자인 밥 돌이 예비선거에서 얼마나 고투(苦鬪)를 벌이고 있는지를 보면 잘 알 수 있다. 특히 돌이 예비선거에서 우파(右派)에게 발목이 잡혀 우경화 노선을 취했던 점이 본선에서 무기력하게 패배한 하나의 원인이었다.

돌의 절친한 지지자인 前 상원의원 워렌 루드맨(Warren Rudman)이 이러한 점을 가장 날카롭게 지적했다. 루드맨은 돌에게 '우경화'가 너무 심하다는 점을 지적했다. 돌은 그램 때문이라고 했다. 즉, 보수 표가 그램에게 쏠리지 않도록 하는 전략 때문이라는 뜻이었다. 루드맨은 다시 그램을 극우(極右)로 모는 전략에 대해서는 이해하지만, 우경화 경쟁이 주된 측면이 되어서는 안 된다는 점을 지적했다. 루드맨의 주장에 따르면, 그램이 당의 강령항목(plank)을 벗어나 극우에 빠져들더라도 돌이 따라갈 필요가 없다는 것이었다.

돌 진영의 참모들이 우경화 노선을 취한 것은 기독교연합(Christian coalition)에 신경 쓰지 않을 수 없었기 때문이었다. 유명한 닉슨의 명제, 즉 "예비선거에서는 우경화 노선을 취하고, 본선에서는 중도노선을 취해야만 승리한다"는 테제를 따른 것이었다. 왜 우경화 노선이 필요한가? 강력한 보수주의자들이 전국적 차원에서 공화당을 장악하고 있기 때문이다. 그 중에서도 두 집단이 가장 강력했다. 첫째는 '분노한 백인 남자'(Angry White Males)를 지칭하는 아치 벙커(Archie Bunkers)[41]로서, 이들은 경제에 대한 위기의식을 가지고 있을 뿐만 아니라 「긍정적 조치」를 싫어하고, 다른 인종에 대해 관용적이지 않다. 둘째는 기독교 우파(Christian right)였다. 여론조사가들의 일반적인 관측은 이들 두 분파 중에서 최소한 하나를 잡지 않으면 후보 경선에서 이길 수 없다는 것이었다. 이러한 요인과 더불어 또한 예비선거에서 승리하기만 하면 본선에서 몰락한 클린턴을 꺾는 것은 식은 죽 먹기라는 정세 판단도 작용했기 때문이었다. 따라서 나중에 본선에서 부담으로 작용할 주장이라도 예비선거에서 이기기 위해서는 불가피한 것으로 취급되었다.

모든 전문가들이 클린턴이 패배할 것으로 전망하고 있었지만 루드맨은 그런 낙관을 거부한다고 했다. "클린턴이 이기는 것도 가능하다." 성패가 정해진 선거는 없기 때문에 루드맨의 지적은 옳은 것이었다. 무릇 선거결과가 나오기 전에는 우열만 있을 뿐 성패는 없다고 생각해야 한다. 더욱이 선거가 아직 1년도 넘게 남은 상황이었기 때문에 돌 진영은 낙관적 전망에 현혹되어서는 안될 형편이었다. "클린턴이 선거에 이길 수 있는 유일한 방안은 공화당이 지나치게 右 쪽으로 기울어져 국민을 위협하여 쫓아버리는 것이다." 루드맨의 통찰력이 정말 빛나는 대목이다. 루드맨의 지적이 곧 클린턴/모리스 전략의 핵심을 포착하는 것이다. 루드맨은 94년 중간선거는 깅리치의 '미국과의 계약'에 관한 찬성투표가 아니라 클린턴에 대한 반대투표라고 해석했다. 국민들은 급속한 변화에 대해 반대하고 있는 반면 미국과의 계약은 너무 방대하고, 깅리치는 너무 성급하다는 것이 루드맨의 생각이었다. 이 지적도 전적으로 옳은 것이었다. 돌도 94년 선거가 클린턴에 대한 신임투표였지 공화당에 대한 찬성투표는 아니었다는 지적에 동의했다.

　루드맨의 날카로운 비판은 계속되었다. 그는 「긍정적 조치」에 대해서도 돌이 지나치다고 지적했다. 돌의 주장은 긍정적 조치에 대해 전면 반대하는 인상을 주고 있다고 했다. 리드를 비롯해 캠페인 참모들에게 '좀더 중도온건으로 이동하라'고 이야기했다고 밝혔다. 루드맨은 닉슨의 명언, 즉 공화당의 예비선거에서는 우(右)쪽으로 가고, 일반선거에서는 중도로 가야 한다는 말도 틀렸다고 했다. 사실 돌 진영에서 참모나 지인을 막론하고 사태를 가장 정확하게 읽고 있었던 사람을 한 사람 꼽으라면 그것은 루드맨이었다. 그러나 루드맨의 통찰은 돌 진영의 총괄전략으로 받아들여지지 못했다. 그 이유는 돌의 리더십 스타일 때문이었다. 돌은 외부의 조언을 내부의 시스템을 통해 발전시키지 않았다. 대신 돌은 외부의 조언을 내부 시스템을 무시하는 도구로 활용하는 스타일이었다. 결과적으로 루드맨의 조언은 돌과 참모들간의 거리만 넓히는 역할을 하고 말았다. 무릇 '여러 사람이 모여 책략을 짜내고, 그 책략이 여러 사람의 힘을 하나로 모은다'(群策群力)고 했는데 …….

　밥 돌 진영은 아이오와 스트로폴(straw poll)[42]에 힘을 집중했다. 돌

진영의 대중조직가, 현장책임자(field manager)인 톰 사인호스트(Tom Synhost)는 자신만만했다. 3,000장의 티켓을 사는 계획을 세웠다. 이 정도면 전체 투표의 33%를 차지해 1등할 것으로 예상했다. 이것은 88년 아이오와 예비선거에서 37%를 얻어 승리한 것에 조금 못 미치는 것이었다. 행사는 아이오와 에임즈의 주립대 강당에서 열렸다. 만 명 이상이 모이는 대성황이었다. 대기실에서 돌은 무엇인가 잘못되고 있다는 것을 직감했다. 이날 행사에는 총 10명의 후보가 참여했다. 문제는 돌의 지지자들이 여기 저기 흩어져 있는 반면에 그램이나 뷰캐넌 등의 지지자들은 단상 바로 앞좌석에 모여 있다는 것이었다. 세 과시를 하고 있는 셈이었다. 그램은 1,000개의 좌석 중 600개를 구입했다. 알렉산더(Lama Alexander)는 보잉 727기를 여러 대 동원해 테네시에서 지지자들을 실어왔다. 뷰캐넌은 3만7천불 어치의 표를 매집했다. 이러한 움직임을 사전에 눈치챈 사인호스트가 캔사스와 미네소타 등에서 지지자들을 버스로 실어왔다. 그러나 접전은 불가피해 보였다.

이날 행사의 주관자인 댄 퀘일(Dan Quayle) 前부통령은 돌을 소개하면서 '평생을 공직에서 보낸 분'이라고 소개했다. 이것은 의도적으로 손해를 끼치려는 것이 분명했다. 소개되었을 때 나온 음악도 엉망이었다. 칠순잔치에서 할아버지가 등장할 때와 같은 음악이었다. 돌은 원고에 입각해 연설했다. 연설이 끝난 뒤 "우리 지지자들은 어디 있는 것이냐"며 불평을 했다. 그런 다음 디 모인즈(Des Moines)로 날아갔다. 사인호스트는 대학생들이 화장실 세면대 앞에서 줄을 서서 팔뚝에 찍힌 잉크를 지우느라 난리를 피우고 있는 장면을 보고 패배를 직감했다. 대학생들은 투표를 했다는 징표인 잉크를 지우고 또 다시 돈을 내고 투표권을 사려했던 것이다. 사인호스트는 화가 났다. 상대후보들이 부정한 방법을 동원한 것 때문에 화가 난 것은 아니었다. 자신이 준비를 제대로 하지 못한 것을 자책했기 때문에 화가 났던 것이다. 정치에서 때를 놓치는 것은 곧 패배를 의미하는 법이다.

『손자병법』에 승리는 세(勢)에서 나온다고 했던가? 아이오와 모의투표에서 돌은 대세를 장악하지 못하고 오히려 기세를 잃고 말았다. 돌의 밴드 왜건(band-wagon)[43] 전략은 냉담한 반응을 얻었다. 구세지술(勢之術)이란 말이 있다. 정치인은 여론을 창출하여 대세의 흐름에 영향을 줌으로써 대중을 자신이 생각하는 방향으로 이끄는 것을 말한다. 돌의 패인은 구세지술의 결여에 있었다. 또 공심위상(攻心爲上)이라고 했던가? 돌은 돌이 후보가 될 것이라는 심증을 굳히지 못하고 오히려 역효과를 낳고 말았다. 즉, 아이오와 모의투표의 결과는 돌이 공화당의 후보가 되는 것이 거부할 수 없는 필연적인 사실이 아니라는 평가를 낳고 말았다. 유권자들의 마음에 딴 생각이 깃들기 시작하면 걷잡을 수 없는데 …….

그러나 패배했다고 절망할 필요는 없다. 한번 전투에서 패배했다고 전쟁에서 지는 것은 아니다. 개개의 '전투'보다는 '전쟁'에서의 승리를 항상 염두에 두어야 한다. 또 '패배를 딛고 일어선 군대가 이긴다'(哀兵必勝)고 했다. 문제는 패배를 수습하고 전화위복의 기회로 삼는 지도자의 리더십이다. 지도자의 리더십이 패배를 승리를 위한 토대로 활용하지 못하면 그것이야말로 절망이다.

'전략가' 모리스가 '전술가' 스테파노풀러스와 협력체제를 구축하다

6월 28일 모임 이후 모리스는 동맹체제를 확대하기 위해 동분서주했다. 누구와 손을 잡을 것인가? 모리스 이전 백악관은 3두 마차(Troika)에 의해 움직이고 있었다. 파네타, 이케스, 스테파노풀러스로 구성된 3두 마차였다.

이케스는 뉴욕시절부터 모리스에게 적대해 왔고 계속 그렇게 할 사람이었기에 곤란했다. 모리스가 등장하기 이전, 선거캠페인은 전적으로 이케스가 관장하고 있었다. 94년 중간선거도 그의 책임 하에 치러졌다. 모리스의 등장 후에도 그는 계속 당과 노동계, 지방정치권, 후원그룹, 현장 조직화, 정치자금 모금, 참모들과의 관계를 관장하기로 되어 있었으나, 메시지와 미디어 업무는 모리스가 인수하였다. 이케스의 심기가 편할 리 없었다. 게다가 이케스는 중도노선에 대해 전면 반대의 입장이었다. 평생 동안 리버럴이었고, 루즈벨트(FDR, Franklin D. Roosevelt)의 국내담당 참모였던 사람의 아들이었기 때문에 이케스는 민주당의 노동-자유주의적 교조를 대변하고 있었다. 때문에 동맹을 맺기엔 부적합했다.

사실 이케스의 진가는 다른 데 있었다. 클린턴과 노동조합, 클린턴과 소수세력 대변자들 사이에 가교를 건설함으로써 당 예비선거에서 아무도 클린턴에게 도전하지 않도록 하는데 도움을 주었다. 그는 언제나 당의 좌파가 무엇을 필요로 하는지 눈여겨 살폈고, 또 능숙하게 처리했다. 이케스가 모리스와 동맹을 맺기는 어려웠지만, 본의 아니게 새로운 동맹자를 소개하는 역할을 했다. 모리스는 두 달 전인 지난 5월 17일 만난 조지 스테파노풀러스에 대한 기억을 떠올렸다. 이케스의 초대로 5월 17일 처음 만난 모리스와 조지는 정치이론과 전략에 관해 약 4시간도 넘게 토론을 나누었다. 생각 차이가 많았다. 예컨대, 균형예산안을 수용해야 한다는 것이 모리스의 생각이었지만 조지의 생각은 정반대였다. 조지는 중도주의가 대통령의 의회기반에 충격을 줄 것이라는 점을 경고했다. 그러나 서로 이야기를 나누면서 모리스는 조지에게 호감을 가졌다. 반면 조지의 회고에 따르면, 공감을 느끼지 못하였으며 자기과시가 심한 사람이라는 평가를 내렸다.[44]

스테파노풀러스는 식지 않는 않은 열정으로 유명한 사람이었다. 92년 선거의 일등공신이었다. 92년 선거는 스테파노풀러스, 제임스 카빌, 폴 베갈라의 작품이었다. 조지는 클린턴이 대선 출마를 공식선언하기 전인 91년 9월부터 클린턴과 일했다. 88년 大選에서는 듀카키스의 선거참모로서 신속한 대응과 필요한 언론대비책을 세우는 일, 청중을 웃기는 조크의 준비 등의 일을 했다. 그 후 수 년 동안 민주당 하원 원내총무인 리차드 게파트 밑에서 의회 대책을 담당했다. 스테파노풀러스는 모시는 사람의 환심을 사는 법을 알고 있었으며, 또 자신을 부각시킬 줄도 아는 사람이었다. 칼럼비아 대학을 최우등으로 졸업하고, 로즈장학생으로 선발되기도 했다. 학벌도 좋고, 조직에 대한 적응력이 뛰어나고, 사람을 설득하는 데에 능숙하고 참을성도 많았다. 인간적인 매력이 있었으며, 논쟁에서 끼어들 때와 빠질 때를 알았다. 원래 백악관 수석 공보보좌관이었으나 정치고문(senior adviser)으로 자리를 옮겼다. 클린턴이 모리스의 직관에 따르기 전에는 스테파노풀러스의 직관에 따랐었다. 대통령의 집무실(Oval Office) 옆에 있는 사무실에서 책상에 다리를 올린 채 의자에 구부리고 앉아, 단 하나의 뉴스라도 놓치지 않으려고 리모콘으로 TV를 여기 틀었다 저기 틀었다 하면서 동시에 전화통화를 하고 있는 모습이 그의 일반적인 모습이다. 그의 장기는 신속대응이었다. 그의 집요함은 모리스와 닮았을 뿐만 아니라 둘은 서로를 보완해주는 기술을 가지고 있었다. 스테파노풀러스는 워싱턴 언론과 민주당 의원들의 동향에 대해 매우 예민한 촉각을 가지고 있었으나, 모리스는 나라 전체의 차원에서 여론과 유권자의 태도를 분석하는 데 특징이 있었다. 모리스는 이러한 사실에 주목했다. 조지와 동맹을 맺기로 하고 움직였다.

파네타와 타협한 6월 28일의 며칠 뒤 7월 어느 날 모리스는 스테파노풀러스를 작은 방으로 데리고 가 백악관에서의 권력상황에 대해 어떻게 생각하고 있는지를 단도직입적으로 물었다. 그러자 조지는 '당신은 전부를 가지고 있는데 나는 하나도 없죠'라고 했다. 모리스는 자신의 컨설팅 직업을 하나의 실력경쟁으로 생각한다며, 같이 협력해서 일을 할 것으로 제안했다. 동맹체제의 제안이었다. 이날 둘은 같이 일하기로 약속하였다. 모리스와 스테파노풀러스 협력체제가 가동되는 순간이었다. 조지는 사실 백악관에서 밀리고 있는 형세였기 때문에 모리스와 연합하는 것은 그에게도 도움이 되는 것이었다. 조지가 밀리고 있는 이유는 클린턴과 고어로부터 받는 불신 때문이었다.

스테파노풀러스가 대통령으로 불신을 받는 이유는 클린턴이 30대 후반의 조지가 너무 어리다고 생각했을 뿐만 아니라 정보유출의 진원지로 의심하고 있었기 때문이었다. 특히 클린턴은 자신을 공격한 『The Agenda』를 쓴 밥 우드워드(Bob Woodward) 기자에게 조지가 정보를 제공하고 있다고 믿고 있었다. 때문에 대통령은 의도적으로 조지를 전략모임에서 배제하고 있었다. 조지와 고어와의 관계는 더욱 나빴다. 조지가 백악관에 들어오기 전에 2000년 민주당 후보 競選에서 최대의 라이벌로 간주되는 게파트의 주요 참모였기 때문이었다. 그러나 모두가 선거에서 이기기 위해서는 스페파노풀러스가 전략모임에 참석해야 한다는 사실을 알고 있었다.

모리스가 기민하게 움직였다. 모리스는 조지와 클린턴을 화해시키려 노력하면서 조지를 전략모임에 포함시키도록 설득했다. 고어에게도 부탁했다. 그러나 두 달이 지난 9월 초순이 되어도 대통령이 조지를 참석시키지 않자, 조지는 '더 이상 이런 식으로는 협력할 수 없다'며 참석시켜 줄 것을 다시 요구했다. 모리스가 다시 대통령을 압박한 결과 마침내 조지는 참석할 수 있었다. 스테파노풀러스와의 연합은 백악관 내에서 모리스가 확실한 키를 잡았다는 것을 뜻했다. 스테파노풀러스의 직함은 정책 및 전략담당 고문이었지만, 실제로 백악관 참모들을 지배하는 주도자(mastermind)라고 할 수 있었다. 때문에 스테파노풀러스와의 동맹은 또 다른 파급효과를 낳았다. 일단 조지가 모리스와 협력하기 시작하자 다른 백악관 참모들도 협조하기 시작했다. 모리스와 스테파노풀러스의 동맹은 매우 강력한 위력을 발휘했다. 둘의 역할분담은 절묘했다. 스테파노풀러스의 강점은 내일의 재난을 예방하기 위해 매일 매일의 전투를 관장하고, 좋은 쪽으로 보도가 나도록 하는데 있었다. 돌 진영의 어떠한 공격에도 즉각 반격하는 '신속대응(Rapid Response)팀'을 이끌고 기왕에 서툰 돌 캠페인을 혼란에 빠뜨렸다. 그는 돌 진영과의 교전이 절정에 이르렀을 때, 스테파노풀러스는 '매주 이겨야 하고, 매일 이겨야 하고, 매시간 이겨야 한다'며 열정과 집중력을 보여주었다.

조지는 전술에 대해서는 집착했으나 전략에는 관심이 거의 없었다. 이 부분은 모리스의 몫이었다. 모리스는 장기전략에 집중하고 전략에 맞춰 일상적인 과제들을 성취하고자 노력했다. 그러나 불행하게도 전략이라는 지평선만을 쳐다보고 걷다보니 길 위에 깔려 있는 조그만 돌에도 걸려 넘어지는 경향이 있었다. 모리스는 매일 매일 등장하는 난관의 엄혹함에 대해서는 잘 모르고 있었기에 탱크처럼 밀어 부치려는 습성이 있었다. 반면에 조지는 일상과제를 어떻게 처리해야 하는지 대해서는 통달해 있었다. 모리스가 전략가라면 조지는 전술가였다. 모리스가 플레이 메이커라면 조지는 골게터였다.

　모리스와 스테파노풀러스는 3번 충돌하였다. 95년 5~6월의 균형예산연설 관련 논쟁, 95년 11월 독자적인 '7년 균형예산안' 제안 여부를 둘러싼 의견 대립, 복지개혁안에 대해 사인 여부를 둘러싼 갈등이 있었지만 일에서만큼은 계속 협력하였다. 사실 조지는 모리스가 메이저리그 선수가 아니라는 생각도 한편으로 갖고 있었다. 이러한 일들을 제외하면 둘은 매우 잘 협력했다. 둘은 하루에 5~15번 정도 전화로 상의할 정도였다.

　모리스의 동맹체제에서 남은 문제는 빌 커리와 광고팀의 스퀘어를 안착시키는 것이었다. 커리는 모리스가 초기 은밀하게 일할 때의 업보 때문에 백악관 참모들로부터 제대로 평가를 받지 못하고 있었다. 커리는 모리스와 함께 클린턴이 정책 주도권(policy initiatives)을 행사할 수 있도록 준비하는 데 많은 기여를 했다. 그러나 끈질긴 노력에도 불구하고 커리는 전략모임이나 다른 중요한 회의에 참석할 수 없었다. 스퀘어는 여전히 대통령으로부터 불신을 받고 있었다.

　95년 가을부터 모리스의 역할은 제대로 굴러갔다. 모리스는 광고전쟁, 여론조사, 메시지 개발 등을 실질적으로 관장하기 시작했다. 또한 그날 그날의 각종 연설, 이슈, 제안들이 물처럼 흐르도록 만드는 백악관의 '메시지 팀'을 관장하는 스테파노풀러스의 일일 대응작업에도 간여했다. 공화당의 요지에 대한 전술적 대응이나 공화당 주장의 약점을 공략할 필요가 있을 때에는 조지가 대통령의 경제고문(adviser on economics)인 진 스펄링(Gene Sperling)으로부터 실질적인 도움을 받으면서 주도해 나갔다. 바에르와 모리스는 가을정국을 뒤흔든 진흙탕 예산싸움에서 '한발 물러나 높은 곳에서 내려다보는' 자세를 유지하도록 각종 연설문, 제안, 이니셔티브 관련 업무를 감독하였다. 조지 때문에 모리스는 워싱턴정치의 경험부족으로 간과할 뻔했던 많은 함정들로부터 벗어날 수 있었다. 그 날 그 날의 공식적인 언급이나 대통령의 연설문을 관리하기 위한 '메시지 모임'(message meeting)을 파네타가 매주 개최하였다. 파네타나 보울스가 주재하는 이 모임에서도 조지와 모리스가 주도적인 역할을 했다. 이 메시지 모임 덕분에 전략모임에 참석하지 않는 다른 참모들의 일을 효과적으로 조정할 수 있었다.

영부인 힐러리의 전폭적인 지원을 이끌어 내다

모리스의 '동맹 구도'는 영부인 힐러리팀과의 연대에도 성공함으로써 하나의 시스템으로 완비되었다. 힐러리는 대통령의 절대 신뢰를 받는 한편 정치적 감각도 매우 뛰어났다. 클린턴과 모리스의 관계에서 매치메이커 역할을 한 것도 힐러리였다. 모리스는 백악관 참모들에 대한 힐러리의 반감을 최대한 파고들었다. 95년 초여름 백악관의 공보담당(communications director) 자리가 비었다. 모리스는 바에르를 강력하게 천거했다. 메시지의 초점을 유지할 수 있고, 또 혼란 없이 관리할 수 있도록 하는데 매우 중요한 자리였기 때문이었다. 대통령은 의향이 있었으나 힐러리가 평생 친구이자 미국 가족계획연맹의 총재인 앤 루이스(Ann Lewis)를 밀었다. 이 때문에 힐러리가 모리스를 초대했다. 힐러리, 루이스, 힐러리의 비서실장 매기 윌리암스(Maggie Williams), 힐러리의 학교친구이자 이슈담당자(issues director)인 매기 윌리암스(Maggie Williams), 모리스가 자리를 함께 했다. 힐러리는 자신의 참모들이 대통령의 계획을 전혀 알 수 없다고 불평하면서, '아이들'이 일을 망쳐놨으며 정치감각이 없다고 비판했다.

파네타, 이케스, 스테파노풀러스는 힐러리의 참모들을 홀대해 백악관의 핵심에서 배제시켜버렸다. 이런 점들 때문에 힐러리팀은 이들을 '아이들'(boys)이라고 불렀다. 힐러리팀과의 모임은 모리스에게 적기에 찾아온 기회였다. '감나무 밑에 누워도 삿갓 미사리를 대어라'고 했던가? 모리스는 이 기회를 최대한 활용했다. 따라서 모리스는 '우리가 협력한다면 상황을 반전시킬 수 있고, 또 대통령에게 이길 수 있는 기회를 만들어 줄 수 있을 것'이라며 힐러리팀에게 동맹을 제안했다. 모리스는 이케스가 힐러리의 사람이라고 알고 있었다. 하지만 이 날 모임에서 잘못 알고 있었음을 확인했다. 힐러리의 사람이라고 할 수 있는 참모들은 마이크 맥커리(Mike McCurry)와 보울스였다. 그녀는 마이크 맥커리를 백악관 대변인으로, 중소기업청 장관이던 보울스를 비서실 차장으로 추천해 관철시켰기 때문이었다. 사실 매우 훌륭한 선택이었다는 평가를 듣고 있었다. 동맹은 성립되었다. 모리스는 힐러리의 참모들과 긴밀히 협력했다. 또 사적으로 힐러리를 매주 만나 무슨 일이 진행되고 있는지 알려주었고, 그녀의 관심사에 조언하고, 그녀의 견해를 들었다. 또 한 명의 보스로 생각했다. 힐러리팀의 핵심은 3명이었다. 루이스는 매우 빈틈없고, 권력에 대한 예민한 본능을 가지고 있었으며, 자신을 절제할 줄도 아는 여자였다. 루이스는 2년 전 화이트워터 사건이 터졌을 때, 힐러리를 보호하면서 당당하게 맞서 싸우는 역할을 했었다. 때문에 힐러리는 그녀에게 마음의 빚을 지고 있었다. 매기는 좋은 매너를 가진 상냥하고 온화한 사람이었으며, 자신의 보스가 새로운 아이디어를 접할 수 있도록 하는데 탁월한 재능을 가지고 있었다. 멜라니는 이슈와 정책에 대해 훌륭한 감각을 가지고 있었고, 많은 이슈들에 관해 모리스와 공동으로 작업하기도 했다.

모리스는 공보담당 자리에 대한 해결책도 제시했다. 이 백악관의 공식적인 언론담당이기 때문에 '정치적' 역할보다는 행정적 역할이 더 많다. 때문에 이 자리는 바에르가 맡는 대신 루이스는 언론을 다루는 기술과 대변인으로서의 능력을 발휘할 수 있는 '현장역할'[45]을 맡는 것이 모리스의 타협안이었다. 즉, 선거캠페인의 공보담당(director of communications)을 제안했다. 캠페인 대변인으로써 루이스는 정치적 비난과 역공의 일을 능숙하게 처리하고, 공격적인 기자들에게 한 치의 실수도 허용하지 않는 등 자신만의 장기를 발휘할 수 있었다. 모리스의 동맹 체제는 이원적이었다. 한편으로는 백악관 참모들 중에서 중요한 역할을 하는 주역들과 본질적인 동맹을 맺었다. 그리고 다른 한편으론 이들 주역들과 견해가 다르고, 노선이 다른 대통령·부통령·영부인과의 '동맹'도 맺었다. 이들 3인은 모리스가 주연들을 견제하는데 있어 핵심적인 동맹자들이었다. 이제 모리스가 대통령의 생각과 귀를 장악하는데 필요한 시스템은 완비되었다.

6. TV광고라는 비밀 무기

광고를 통해 유권자에게 직접 다가가는 전략

미국은 정치광고의 천국이다. 엄청난 물량이 쏟아진다. 클린턴 진영의 정치광고는 매우 중요한 역할을 했다. 클린턴 진영의 전략은 한마디로 '조기광고'전략이었다. 클린턴 진영은 역대 대통령 선거에서 유례가 없을 정도로 많은 돈을 광고에 지출했고, 또 일찍부터 광고를 내보냈다. 예비선거와 본선거를 포함해 92년 대선에서 클린턴과 부시는 각각 TV 광고에 약 4천만 불을 썼다. 96년에 클린턴 선거캠프와 클린턴의 명령에 따랐던 민주당전국위원회(DNC)가 TV광고에 쓴 돈을 합치면 거의 8천5백만 불을 상회하였다. 92년의 2배가 넘는다.

TV 광고는 그 외에 후보가 유권자에게 직접 다가갈 수 있는 방법이 거의 없다는 점 때문에 그 가치가 대단히 높다. 미국처럼 넓은 나라는 더욱 그렇지만 유권자와 직접 대면하는 '소매 정치'(retail politics)는 한계가 분명하다. 아무리 쫓아다녀도 만나는 사람의 숫자에 제약이 따른다. 과거 개리 하트(Gary Hart)가 소매정치의 방법을 통해 당내 경선에 도전했었다. 뉴햄프셔州 예비선거 과정에서 하트는 일하는 현장이나 쇼핑 센터를 찾아 하루에 1천 명의 사람과 악수하고, 그의 운동원들은

약 6만 가정을 방문했다고 한다. TV가 국민 생활의 구석구석에 영향을
미치는 시대에는 매체의 영향이 클 수밖에 없다. 따라서 미디어의 활용
이나 중앙에서의 정치활동에 집중하는 것이 더욱 중요하다. 이런 측면
에서 TV광고는 매스컴 시대의 소매정치라고 할 수 있다. 즉, 언론의 해
석이나 분석과 같은 매개를 거치지 않고 곧바로 유권자에게 메시지를
전달할 수 있기 때문이다.

　'광고만이 구세주다.' 이것이 모리스의 생각이었다. 94년 말 같이 일
하기로 한 그 순간부터 모리스는 모든 사람에게 광고의 중요성을 설득
시키고자 했다. 또 클린턴이 우선적으로 추진할 법률과 이슈가 국민적
관심사가 되기 위해서는 전통에 얽매이지 말고 '일찍'부터 광고를 시작
해야만 한다고 주장했다. '조기광고' 공세가 모리스 전략의 핵심이었다.
전략모임에서 이러한 주장을 집요할 때마다 이케스로부터 조롱을 들었
다. 이케스는 96년 선거 때가 되면 아무도 95년에 본 광고를 기억하지
못할 것이라는 주장을 폈다. 모리스는 이렇게 반격했다. "광고를 통해
미국인들의 가정에 입법이슈들을 배달해 놓으면, 공화당의 이슈는 본
격적인 선거전이 시작되기도 전에 사멸하게 될 것이다." 이후 전개된
실제 상황은 모리스가 말한 대로 되었다. 95년 7월 중순부터 선거 때까
지 16개월 동안 클린턴 진영은 광고로 국민들을 융단 폭격하였다. 광
고는 핵심 '부동州'(swing states)46)에 집중되었다. 이 기간 동안 이들
주에 거주하는 TV 시청자들은 1년 반 동안 3일에 한 번 꼴, 일인당 평
균 150번 내지 180번 광고를 볼 정도였다. 이와 같은 전례 없는 광고
캠페인이야말로 승리의 열쇠였다.

　광고는 일찍 시작해야 되고, 지속적이어야 하고, 동일한 주제를 계속
강조해야 하고, 무엇보다도 언론에 의해 방해받거나 공격당하지 않아
야 한다. 이것이 핵심이다. 대규모 광고공세가 언론에 의해 공격받지

않기 위해서는 일종의 '작전'이 필요했다. 즉, 클린턴 진영은 기자 등 언론인들이 상주하면서 일하는 도시인 뉴욕市나 워싱턴 DC에서는 광고를 하지 않았고, LA에서는 가끔씩만 광고를 내보냈다. 만약에 이들 도시에서도 광고를 내보냈다면 언론에서 광고의 엄청난 양을 알아채 가만있지 않았을 것이다. 이들 도시에서 광고를 방송하지 않은 것이 전국적인 영향력을 가진 언론이 전모를 눈치채지 못하도록 하는 요체였다.

〈The New York Times〉의 앨리슨 미첼(Alison Mitchell) 기자처럼 한두 명의 기자가 부분적으로 클린턴 진영이 무엇을 하고 있는지 알았으나 대부분은 전혀 몰랐다. 기자들은 클린턴, 돌, 깅리치의 일일 동향, 실수, 착오, 연설, 심지어 기침 같은 것을 보도하느라 바빴다. 클린턴의 광고가 유권자의 태도를 바꾸고, 클린턴에 대한 국민들의 평가를 새롭게 하고, 예산전쟁을 새롭게 인식하도록 만들고 있었음에도 극소수의 신문만이 이와 관련된 기사를 실었다. 설사 실었다고 하더라도 대부분은 1면이 아니었다. TV는 광고에 대해 거의 침묵을 지키고 있었다.

선거가 다가오자 언론에서 클린턴과 돌의 광고에 대해 많은 기사를 썼지만 때는 이미 늦었다. 그 때는 이미 조기 광고가 '기본틀'을 형성하고 난 뒤이기 때문에 돌의 광고는 거의 힘을 발휘하지 못했다. 선거에 임박한 광고는 여론조사 상에 약간의 변동을 만들어냈지만, 클린턴의 조기 광고가 정착시킨 기본틀을 바꾸지는 못했다. 언론에서는 이러한 사실을 놓치고 있었다. 조기 광고의 효과는 엄청났다. 여론조사 결과, 광고가 나간 유동州와 광고를 내지 않은 전통적으로 공화당이나 민주당을 확실하게 지지해오던 州간에 상당한 지지도의 차이가 발생했다. 96년 내내 클린턴이 평균 17% 정도 돌에 비해 앞서고 있었는데, 광고가 나간 주는 27% 앞서고 광고가 나가지 않은 주에서는 7% 앞서고 있었다. 광고가 나가기 전 이들 주간의 차이는 3%에 불과했었다. '반복해야만 유권자들이 수용한다.' 선거가 다가오자 광고가 나간 州의 인기도가 광고가 나가지 않은 州에게까지 영향을 미치고 있었다. 일종의 파급효과였다. 클린턴이 여론 지지도에서 앞서게 한 것도 조기광고였고, 리드를 계속 지킬 수 있도록 해준 것도 조기광고였다.

대통령은 효과적인 커뮤니케이션 수단이 있어야 성공한다

대통령은 국민들에게 메시지를 전달해야 하고 국민들을 설득하는 힘이 있어야 한다. 민주주의 하에서 대통령의 커뮤니케이션 능력은 승패를 좌우하는 기본요인이다. 일방적인 강요는 먹히지 않는 세상이다. 대개 큰 일을 해낸 대통령들에게는 효과적인 커뮤니케이션 수단이 있었다. 모리스가 광고에 주목한 것도 바로 이러한 측면 때문이었다. 클린턴은 특히 공화당의회, 기성체제, 언론이라는 버퍼(buffer)에 의해 차단당하고 있었기 때문에 더욱 절실한 것이었다. 따라서 모리스는 오랫동안 정치적 커뮤니케이션에 있어 획기적인 변화를 모색하고 있었다. 루즈벨트는 '노변정담'(fireside chats)47)에 의해 자신의 목소리를 안방으로 전달하였는데 그 효과는 엄청난 것이었다. 아이젠하워는 '전국방송'을 활용하여 압도적인 차이로 재선하였다. 케네디의 각본 없이 하는 '생생한 기자회견'과 존슨의 '흑색광고(negative ad)'는 정치적 의사소통의 효과 면에서 엄청난 변화를 몰고 왔다. 클린턴에게 광고는 그만의 커뮤니케이션 수단이었다. TV광고를 통해서 자신의 메시지를 능숙하게 전달하는 클린턴의 능력은 레이건 대통령의 숙련된 TV 이미지, 루즈벨트 대통령의 라디오에 적합한 퍼스낼러티, 윌슨 대통령의 고상한 수사

스타일, 링컨 대통령의 공개편지를 통한 논리적인 제안 등과 비교될 만한 것이다. 광고를 누구보다 능숙하게 활용할 줄 알 뿐만 아니라 감각적인 연기능력으로 인해 클린턴은 탁월한 커뮤니케이션 능력을 가진 대통령(great presidential communicator)의 반열에 오를 자격이 충분했다.

클린턴이나 모리스가 광고를 활용하는 방식은 독특했다. 이른바 이슈광고전략(issue-advocate ad strategy)이다. 모리스는 아칸소시절부터 클린턴에게 선거 몇 주 前에 광고하거나 후보에게만 집중된 메시지를 내보낼 것이 아니라 주지사 임기 내내 광고를 내보내야 한다는 관념을 주입시켰다. 단지 재선을 하기 위한 차원에서가 아니라 중요한 입법이슈에 대한 클린턴의 생각을 대중들에게 알리기 위한 통치수단의 차원이었다. 클린턴은 미디어를 이슈주장의 수단으로 삼았다. 듣기 좋은 소리만 나열하거나, 품성문제를 부정적으로 꼬집는 수단으로 활용하지 않았다. 공격은 다른 수단으로 하도록 하고, 미디어는 반박과 되받아치는 수단으로만 활용했다. 그 결과 클린턴을 싫어하던 사람도 이슈와 관련해서는 클린턴에 동의했고, 얼마 뒤 클린턴의 열렬한 지지자가 되었다. 조기 광고는 선거 그 자체가 별다른 의미가 없도록 만드는, 즉 선거 이전에 이미 승패가 결정나도록 해버렸다. 클린턴이나 모리스가 처음부터 이슈광고전략을 활용한 것은 아니었다. 그들도 70년대, 80년대엔 흑색광고를 애용하였다. 유권자의 정치불신을 이용하였고, 상대를 꺾기 위해 단일이슈 차별화전략을 구사하였다. 82년 주지사 선거에서 클린턴이 승리한 것도, 78년에 모리스와 클린턴이 도왔던 프라이어가 승리한 것도 모두 흑색광고 덕분이었다. 그러나 흑색광고가 범람하다 보니 유권자들이 흑색광고를 별로 믿지 않는다는 판단이 서자 방향을 전환했다. 대안으로 모색된 것이 이슈광고 혹은 반박광고였다. 이 광고에 대해서도 흑색광고(negative ad)라는 비판이 있기도 하다. 뭐라고 설명하든 중요한 것은 유권자에게 다가갈 수 있는 형태로 만들어야 한다는 점이다.

광고에서 관건은 개인의 후보능력(candidacy)을 신장하기 위해서가 아니라 입법이슈(legislative issues)에 초점을 맞추는 것이다. 그래야만 자신의 플랜이 통과되고, 광범위한 지지기반을 건설할 수 있다. 모리스는 공화당을 제압하고 대통령의 입법플랜을 실현시킬 수 있도록 하고, 국민적 지지를 창출하기 위한 목적에서 광고를 내보냈다. 통상 입법을 둘러싼 투쟁이 진행되는 기간에 대통령이 TV 광고를 내보낸 것은 역사상 유례가 없는 것이었다. 대개 로비단체들이 자신들의 뜻을 관철시키기 위해 광고를 하는 것이 보편적인 현상이었다. 그러나 96년 선거에서 클린턴이 광고를 통해 TV라는 매체를 활용하지 않았더라면 국민들에게 자신의 주장을 펼칠 기회조차 없었을 것이라는 것이 모리스의 생각이다.

백악관 내에서는 광고공세에 대해 대통령과 부통령만이 적극적으로 이해하고 있었다. 클린턴은 이미 오래 전부터 광고의 효과를 신뢰하고 있었다. 95년 중반에 시작한 광고의 포인트는 '입법과 예산안에 있어 민주당안과 공화당안의 차이를 국민들에게 확실하게 주입시키는 것'이었다. 유권자들이 공화당의 대규모 예산삭감에 대해 구체적으로 알고, 또 클린턴도 균형예산을 원하고 있다고 사실을 깨달아야만 공화당안을 거부할 것이기 때문이었다. 이런 식으로 해서 클린턴진영은 '정치적 중도세력'(political center)을 얻을 수 있었다. 입법전쟁에서 승리해야만 나중에 선거전쟁에서도 구체적인 전투를 펼칠 수 있다는 것이 모리스의 판단이었다.

대규모 광고공세 중간 모리스의 기지가 다시 한번 빛을 발했다. 즉,

교묘하게 법망을 피해 간 것이다. 모리스는 캠페인에 고용된 변호사와 민주당전국위원회의 변호사를 만나 상의한 결과 정당에 의한 '이슈를 주장하는' 광고는 법적으로 비용에 제한 없이 허용되고 있다는 사실을 알게 되었다. 때문에 전국위원회를 광고주체로 내세웠다. 선거가 끝날 때까지 이슈광고에 3천5백만 불을 들임으로써 공화당의 제안을 사장시키고, 핵심 이슈들에 있어 대통령을 지지하도록 하는 국민적 합의를 창출할 수 있었다. 이슈광고 외에 전통적인 후보광고에는 5천만 불을 썼다.

모리스의 광고팀

광고를 담당한 회사는 밥 스퀴어 광고대행사(Squier, Knapp, Ochs.) 였다. 스퀴어는 전에 허버트 험프리(Hubert Humphrey)의 광고를 맡아했던 적도 있는 베테랑이었는데 어린애 같은 열정을 가지고 있었다. 그는 고어 부통령과 매우 가까웠는데 모리스가 스퀴어를 선택한 것에 대해 고어는 매우 기뻐했다. 클린턴의 광고에서 평가를 받아야 할 사람은 스퀴어의 동료이자 광고제작자인 내프(Knapp)였다. 내프의 탁월한 독창성과 운영능력 덕분에 역사상 가장 효과적인 정치광고를 만들어낼 수 있었다. 내프가 유료매체 캠페인을 사실상 관장했다.

모리스는 또한 뉴욕으로부터 행크 샤인코프(Hank Sheinkopf), 멤피스(Memphis)로부터 마리우스 펜츠너(Marius Penczner)를 불러들였다. 전직 뉴욕주 경찰 출신인 행크는 공격광고 전문가(attack-ad specialist) 로써 광고에 통렬하고 날카로운 감성적 힘을 불어넣는 데 도움을 주었다. MTV출신인 펜츠너는 필름제작자로써 정치광고의 주류에서는 나오기 어려운 아이디어를 찾아냈다. 그러나 클린턴이 스퀘어를 신뢰하지 않은 것이 문제였다. 특히 그의 일하는 방식을 싫어했다. 힐러리도 스퀘어를 고용하는데 반대했다. 두 사람 다 스퀘어가 캠페인에서 성공한 일에는 사사건건 공을 내세우지만 뭔가 잘못되면 사라져 버린다는 평판을 제기했다.

모리스는 보울스를 내세워 보았지만 실패했다. 직접 담판을 지을 수밖에 없었다. 클린턴이 스퀘어를 반대한 이유는 마음속에 딴 사람을 염두에 두고 있었기 때문이었다. 즉, 92년 선거에서 미디어 담당이었던 프랭크 그리어(Frank Greer)였다. 클린턴은 프랭크에게 마음의 빚이 있었다. 과거 프랭크가 일한다는 것을 비밀로 했으나 광고팀의 동료들이 언론에 흘리는 바람에 골탕을 먹은 적이 있었다. 모리스는 단호하게 반대했다. 왜냐하면, 92년 선거에서 클린턴의 광고팀을 지배했던 혼란만큼은 재연하고 싶지 않았기 때문이었다. 당시 광고팀은 결정을 해야 할 순간에도 서로 싸우면서 논쟁을 벌이는 데 혈안이 돼있었다. 혼란은 상용 파국으로 치닫게 된다. 모리스는 광고팀 내 분파주의, 잡동사니와 같은 구성은 일사불란한 메시지의 전달에 가장 큰 적이라고 생각하는 사람이었다. 모리스가 반대한 이유는 그리어가 이념적으로 리버럴이고, 이케스와 매우 긴밀하게 연대하고 있었다는 점이었다. 모리스는 유료 매체 작업이 이케스의 통제 하에 들어가는 것을 용납할 수 없었다. 모리스는 프랭크의 과거 전력을 거론하지 않을 수 없었다. 그리어가 아칸소주지사 선거시절 클린턴과 모리스의 지시를 무시하고 엉뚱한 광고를 만들어 왔기 때문에 해고되었던 사실을 클린턴에게 지적했다. 그러나 클린턴도 완강했다. "나는 당신을 전적으로 신뢰하고 있다. 나는 나를 포함 모든 캠페인을 송두리째 당신 손에 넘겼다. 선도 받아들였고, 펜도 받아들였다. 스퀘어가 왜 그렇게 중요한 지 이해를 못하겠다." 사실 클린턴의 반대에는 근본적인 배경이 있었다. 즉, 본질은 대통령의 통제력 행사 방식에 있었다. 클린턴은 그리어를 미디어 팀을 통제하는 수단으로 활용하고자 했다. 미디어 팀이 모리스체제로 일사불란하게 편재되면 자신의 통제력이 끼어 들 여지가 없다는 판단을 했기 때문이었다.

클린턴은 사실 참모들의 편을 가르는 방식을 즐겨 사용했다. 참모들이 편을 가르고 의견차이로 격돌하는 틈이 발생하면 그 틈을 관찰함으로써 어떤 이슈가 진짜 중요한 것인지를 판단할 수 있었기 때문이었다. 또 이러한 틈을 이용해 통제권을 행사할 수 있기 때문이었다. 이런 스타일에다 오랜 습관대로 광고과정을 직접 챙기고자 하는 것이 클린턴이 반대한 이유였다. 모리스는 가려운 데를 긁어주는데 프로였다. 클린턴에게 모든 사항을 보고하고, 대통령이 전과정을 통제할 수 있도록 할 것이라고 약속했다. 그제야 대통령은 '임시'라는 조건을 달아 스퀘어를 고용했다. 말이 임시였지 스퀘어팀은 15개월 뒤 전당대회까지 계속 일했다. 여기 저기서 계속 불평이 새어 나왔지만, 스퀘어팀은 전문가의 솜씨로 불평을 잠재웠다. 스퀘어는 캠페인에서 자신이 했던 중추적 역할에 대해 내색하지 않으면서 자신이 필요한 곳이면 곧장 달려갔다.

이 날 이후 클린턴은 광고를 매일 매일 직접 챙기기 시작했다. 대본을 검토하고, 광고 시제품에 들어있는 영상들을 바꾸라고 지시하고, 언제 어디서 광고를 내 보낼 것인지 일일이 지시하였다. 광고는 광고 전문가들의 매끄러운 작품이 아니라 결국 대통령의 원맨쇼가 만들어낸 클린턴의 작품이었다. 첫 번째 광고는 공화당 의회에 굴복하지 않을 것이라는 결의와 살상무기 판매금지법안의 폐기에 반대한다는 것이었다. 이 광고는 한 사람의 경관이 자신의 동료가 어떻게 살상무기에 맞아 죽었는지 설명하고, 또 다른 경관이 나와서 자신이 순찰 중에 어떻게 총에 맞았는지 이야기하는 것이었다. 전직 경찰관 행크가 거의 다 만들

다시피 했던 이 광고의 효과는 엄청났다. 대통령의 직무 평가도와 지지
도가 수직 상승하였다.

95년 7월 '범죄와의 전쟁' 이슈에서 클린턴의 지지도는 공화당과 거
의 엇비슷해졌다. 범죄이슈는 전통적으로 공화당이 우위를 지키고 있
던 분야였기 때문에 대등한 지지도는 굉장한 발전이었다. 때 이른 광고
는 공화당의 전유물이었던 핵심이슈들에서조차 클린턴의 입장을 따르
는 광범위한 지지기반을 창출하는 성과를 거두었다. 범죄이슈를 '빼앗
아'오는데 광고만 동원된 것은 아니었다. 클린턴 진영은 세심한 노력을
기울여 각종 제안을 쏟아냈다. 범죄와의 전쟁이라는 큰 틀 하에서 청소
년통행금지안, 지역방범대원들에게 핸드폰을 나눠주는 방안 등이 제시
됐다. 對경찰 살상용 총알의 판매 금지, 성폭력범에 대한 전국적인 전
산망 구축 등의 방안도 거론되었다. TV와 신문에 클린턴이 교도소 증
설계획에 서명하는 모습이 나가도록 하고, 경찰들에 둘러싸여 살상무
기 판매금지안을 지지 받는 장면을 연출하기도 했다. 그 결과 전통적으
로 공화당을 지지해 온 전국경찰협회로부터 공식적인 지지를 받기까지
하였다. 범죄이슈를 '빼앗아'오는 과정에서 언론은 쇼나 스핀(spin)[48]
이라는 비판적인 입장을 가지고 있었으나 모리스는 개의치 않았다. 국
민들에게 다가가는 이슈라고 확신했기 때문이었다. 이 때 스테파노폴
러스는 "모리스보다 잘 하는 사람은 없다."고 할 정도로 극찬하였다.

예산전쟁에서 발휘된 광고의 위력

가을의 예산전쟁에서 클린턴이 자신의 주장을 얼마나 제대로 전달하
느냐에 모든 것이 달려있다는 것이 분명해져 갔다. 모리스가 보기에 93

년 예산전쟁에서 진 것도, 클린턴이 세금을 인상했다는 평가도, 의료보험개혁이 실패한 것도 모두 클린턴의 주장을 국민들에게 여과 없이 전달하는 데 실패했기 때문이었다. 클린턴의 주장을 국민들에게 분명하게 전달하는 것이 핵심과제였다. 광고의 중요성이 더욱 높아진 상황이었다.

95년 10월부터 광고는 예산전쟁의 주포였다. 클린턴 진영은 광고를 통해 공화당의 예산삭감을 공격하는 한편 독자적인 균형예산안을 제안하기 시작했다. 예산삭감에 대한 공격 포인트는 역시 여론조사를 통해 찾아졌다. 펜과 선은 유권자의 생각을 알아보기 위한 정밀한 여론조사를 실시했다. 이 조사를 통해 삭감안 중에서 가장 문제가 되는 부분을 찾아낼 수 있었다. 유권자들이 가장 싫어하는 부분은 노약자의료보험, 저소득층의료보험, 교육, 환경보호 등에서의 삭감이었다. 준비는 끝났다. 광고가 불을 뿜었다. 공화당안의 4가지 부분에 대한 삭감안에 화력을 집중시켰다. 공격과 동시에 대안이 모색되었다. 클린턴은 광고를 통해 공화당의 전유물이었던 균형예산 주장에 대항하는 독자적인 방안을 제시했다. 언론은 둔감했다. 여전히 삭감을 둘러싼 대립이나 투쟁만 보도하고 있었다. 그러는 동안 광고는 균형예산을 이루고, 세금을 줄이는 '더 나은 방법'이 있다는 사실을 끊임없이 설득하고 있었다. 그 결과 균형예산이슈에 대한 공화당의 독점은 깨져 버렸다. 전선은 균형예산을 이룰 것인가 하는 문제에서 어떻게 이룰 것인가로 바뀌었다.

클린턴 진영이 광고를 만드는 일련의 과정은 정교한 작업이었다. 모든 광고작업의 시작은 여론조사였다. 펜과 선, 모리스가 모여 질문항을 만들었다. 클린턴이 초기에는 간섭하였으나 나중에는 맡겨버렸다. 여론조사는 대통령과 공화당의 입법계획안이 담고 있는 모든 각각의 요소들에 대해 대중의 반응을 알아보는 것이었다. 여론조사 결과가 나오면, 세 사람은 광고팀에게 제반 이슈에 대해 국민들이 옳다고 생각하는 점이 무엇인지를 설명했다. 그 다음에는 광고작업이 진행되었다. 1주일에 두세 번 스퀘어, 내프, 스퀘어의 동료인 벳시 스타인버그(Betsy Steinberg), 행크, 펜츠너, 커리, 프리드만, 민주당전국위원회의 전속 변호사 조 샌들러(Joe Sandler), 모리스, 펜, 션이 모여 광고 문안을 정리하였다. 문안(wording)이 과연 정확한 것인지 분명히 하기 위해 백악관의 정책전문가들인 램 엠마뉴엘(Rahm Emaneul) 및 진 스펄링과 긴밀하게 연락하였다. 가끔 스테파노풀러스가 제안한 문구가 채택되기도 했다. 작가인 나오미 울프(Naomi Wolf)도 여성 유권자를 어떻게 다뤄야 하는지와 사회문화적 경향에 대한 예지적 분석을 제공해주었다.

　마지막 단계는 다시 여론조사를 거치는 것이었다. 즉, 거칠게 만든 여러 개 광고 판본(version)이 만들어지면 펜이 전국 15개 쇼핑몰에서 테스트를 하였다. 공화당이 클린턴을 공격하는 광고를 내기 시작한 후에는 상대방의 광고와 거기에 대한 대응광고를 보여줌으로써 영향력을 비교 평가하였다. 펜의 참모들은 쇼핑몰에 나가 쇼핑객들을 한 명씩 초청해 클린턴과 돌에 대한 평가나 쇼핑객들의 정치적 견해 등을 묻는 설문지에 답하도록 했다. 그런 다음 테스트하고자 하는 광고를 보여 주고 다시 동일한 설문지에 답하도록 함으로써 생각의 변화를 측정하였다.

　다음으로는 대통령의 검증과정이었다. 몰 테스트에 기초해 광고가 완성되면 클린턴의 승인을 받기 위해 처음에는 모리스가 직접 백악관으로 찾아갔으나 나중에는 백악관 정무담당(political directer)인 더그 소즈니크(Doug Sosnik)에게 전달했다. 광고를 본 대통령과 부통령은 수정 지시를 내렸다. 그런 다음 마지막으로 최종 마무리작업이 진행되었다. 특히 '말미에 효과를 극대화하는 장면이나 문구'를 포함시키는

데 주안점을 두었다. 예를 들면, 깅리치의 교육에 관한 삭감을 극대화
시키기 위해, 그가 '아니오'라고 손을 흔드는 화면(film clips)을 찾아내
어 활용하였다. 100여 번의 고위직 선거를 치러본 모리스가 보기에도
최고인 광고팀은 열정을 가지고 그 어느 때보다 능숙한 플레이를 펼쳤
다. 이렇게 해서 광고는 최종 완결판이 만들어졌다.

 '도덕'이라는 제목의 광고를 보면 클린턴 광고팀의 진가를 알수 있
다. 이 광고는 먼저 어린이들이 성조기를 일으켜 세우는 장면으로 시작
했다. 배경음악이 점점 커지면서 나래이터는 '우리 미국인들은 어떤 일
을 단지 옳고 바르다는 이유 때문에 합니다'고 말한다. 다음 장면은 흑
백으로 바뀐다. 깅리치와 돌이 의사당에 진을 치고 서있는 모습이 비친
다. 나래이터는 '돌과 깅리치는 …'하고 말을 한 뒤 말을 멈추면 '짠≈'
하는 배경음악과 함께 '의료보험 삭감'이라는 밝고 큰 글씨가 화면에
나온다. 다시 카메라는 백악관 집무실에 앉아 있는 클린턴을 클로즈업
시킨다. "클린턴 대통령은 어른들이 볼 때 도덕적으로 옳고 바른 일을
하고 있습니다."

 광고의 공격수위는 점차 높아졌다. '보장하라', '삭감', '자르다', '흐지
부지되다' 등의 자극적인 표현을 등장시켰다. 광고를 통해 공화당이 노
약자 및 저소득층 의료보험제도 자체를 없애려 한다고 비난했다. 공화
당은 부자들을 대변하는 냉혈한으로, 클린턴은 미국의 가치를 보호하
는 사람으로 대비시켰다.

광고는 왜 성공했는가?

 예산전쟁에서도 광고의 효력이 발생하기 시작했다. 광고가 나가자

유권자들이 공화당의 예산안을 거부하기 시작했다. 매우 느린 속도였지만 클린턴의 지지도가 조금씩 올라가기 시작했다. 여론조사결과 대통령의 직무수행도에 대한 지지도가 8월에는 54%, 9월에는 55%, 10월에는 56%로 상승했다. 상승 포인트는 모두 광고가 나간 지역에서 발생한 것이었다. 광고가 궤도에 오르자 유권자들이 2 對 1 정도로 공화당의 예산안보다 클린턴의 것을 선호하게 되었다. 공화당에 비해 클린턴이 '모두에게 공평한 방법으로' 균형예산을 이룩할 것으로 믿는 사람이 12~15% 더 높았다.

클린턴은 광고를 통해 균형예산이라는 공화당의 안방으로 밀고 들어가서 승리하고 있었다. 나이든 사람들은 클린턴의 예산안을 지지하는 토대를 형성했다. 특히 65세가 넘은 여성들은 노약자의료보험을 삭감한다는 데에 격분하고 있었다. 언론에서는 여전히 클린턴 진영의 광고를 무시하고 있었거나 기사를 싣더라도 눈에 띄지 않을 정도였다. 광고를 통해 국민들은 예산전쟁을 클린턴의 관점에서 바라보기 시작했고, 클린턴이 단호한 입장을 지키기 원하고 있었다. 정부가 문을 닫을 시점이 다가오고 있을 때 클린턴이 흔들리지 않은 것도 이러한 여론지표 때문이었다.

예산전쟁에서 왜 광고가 엄청난 효력을 발생했을까? 첫째, 국민들이 동의할 수 있는 입장을 광고에 담았기 때문이었다. 국민들이 그 사람의 기본전제를 받아들이지 않는다면 돈을 아무리 들여도 소용이 없고, 또 광고를 아무리 잘 만들어도 소용없었다. 클린턴의 광고가 성공한 이유는 그의 중도적(moderate) 예산안이 대중적 프로그램에 대한 삭감 없이도 균형예산을 달성할 수 있는 것으로 국민들에게 먹혀들었기 때문이었다.

둘째는 공화당의 반격 광고가 없었다는 점 때문이었다. 사실 광고공세를 취할 초기부터 클린턴 진영은 공화당의 반격에 대해 걱정하였다. 보울스는 자기들보다 몇 배 돈이 많은 공화당을 공격해서는 승산이 없다고 경고하기도 했다.[49] 그러나 믿을 수 없게도 공화당은 전혀 정치 광고를 내보내지 않았다. 일부 워싱턴에서나 유선으로 광고를 내긴 했지만 전국적으로는 전혀 없었다.

공화당이 반격하지 않은 이유는 무엇이었을까? 우선 목전에 다가오는 예비선거에 온통 신경을 빼앗기고 있었기 때문이었다. 다른 한편으로는 공화당의 실패경험이 작용했을 것이다. 공화당은 과거 상원 및 주지사 선거에서 광고를 일찍 내보냈다가 뜨거운 맛을 본 적이 있었다. 때문에 공화당의 전략가들은 조기 광고를 반대하고 있었다. 그들은 선거가 가까워지면 '총'을 쏘아야 한다고 생각하고 있었다. 그러나 그들이 놓친 점은 광고가 예산전쟁처럼 현재 진행 중인 싸움에 관련된 것이라면 유권자들은 관심을 쏟고 오랫동안 뇌리에 기억된다는 사실이었다. '유권자들은 언제나 주요한 대립에서 대통령이 취한 행동을 기억한다.'

공화당의 침묵에는 또 클린턴 진영의 의도를 오판한 것도 작용했다. 공화당은 클린턴 진영이 1년 반 동안 계속 광고를 할 의도는 아닐 것이라고 판단했다. 그들은 클린턴 진영이 멈추기만 하면 곧 유권자들의 뇌리에서 사라질 것이라는 생각에서 그 때를 기다렸을 것이다. 그러나 광고를 하지 않은 것이 96년 패배의 원인이 되었다. 클린턴 진영은 공화당의 반격이 없는 채로 95년 말까지 6개월 동안 광고를 내보내는 '단독비행'을 할 수 있었다.[50]

7. 예산전쟁(budget war)의 시작과 끝

공화당의 정책을 훔쳐라

클린턴이 예산전쟁에서 이긴 요인은 첫째, 대안을 제시하면서 공화당의 삭감안을 끊임없이 공격했기 때문이었다. 이를 위해 광고와 각종 제안을 담은 연설이 주도면밀하게 준비되었다. 둘째, 협상설이 공화당을 혼란에 빠뜨렸다는 점이다. 이렇게 된 데에는 모리스와 로트간의 막후채널이 심대한 영향을 미쳤다. 셋째, 깅리치의 실패 때문이었다. 깅리치는 몇 가지 중요한 실수를 범한 까닭에 '홍보전쟁'에서 패배하였다.[51]

모리스는 주요 이슈들의 유불리와 그 역사를 따져 보았다. 정치적으로 볼 때, 공화당이 민주당을 압도할 수 있는 5가지 이슈가 있었다. 첫째와 둘째는 유권자들로부터 특별히 신뢰받고 있는 재정과 범죄이슈였다. 긴축재정과 단호한 범죄대응을 통해 역사적으로 형성된 공화당의 고유한 강점이었다. 셋째는 닉슨 대통령 이래로 많은 관심을 기울여 온 것으로써 '긍정적 조치' 및 이민정책의 개혁과 같은 복지와 인종이슈였다. 민주당은 이런 이슈에서 지나치게 소수민족에게 편향되어 있었기 때문에 보수적인 백인 유권자들로부터 신뢰를 받지 못하고 있었다. 넷째는 외교와 국방이 연계된 이슈였다. 민주당은 베트남전에서 실패했고, 부시는 걸프전에서 성공한 것이 아이젠하워 대통령 시절부터 시작된 공화당의 우위를 강화시켰다. 클린턴이 군대를 가지 않은 것도 영향을 미쳤다. 다섯 번째는 경제이슈였다. 경제는 공화당의 우위라기보다 얼마나 실적을 쌓느냐, 누가 책임을 지고 있느냐에 달린 무주공산이었다. 모리스는 재정, 범죄, 복지, 외교 및 국방, 경제 등 5가지 이슈에서 이기지 못하면 공화당에게 패배할 것이라는 결론을 내렸다.

이런 분석에 입각해 모리스는 각각의 이슈에 대한 클린턴의 대안을 제시함으로써 이러한 이슈들을 클린턴 쪽으로 끌어오는 전략을 구사하고자 했다. 공화당의 정책을 '훔치는' 전략이었다. 동시에 공화당에 대한 견제책도 추진했다. 예를 들면, 공화당이 총기규제에 반대하도록 유도하여 범죄이슈에 대한 공화당의 우위를 불식시킬 수 있었다. 경제상황이 좋았기 때문에 '좋은 경제뉴스'를 집중 홍보하여 공화당이 경제를 자신들 쪽으로 끌어당기지 못하도록 봉쇄하였다.

모리스는 5가지 핵심이슈에서 클린턴의 우위를 창출하기 위해 균형예산이슈에 집중하기로 했다. 균형예산을 클린턴의 이슈로 만들어 버림으로써 재정책임성에 대한 공화당의 독점권을 빼앗아오는 것으로부터 시작해야 한다는 것이 모리스의 판단이었다. 균형예산이란 재정적자를 제로로 만드는 것이다. 재정적자의 축소에 관해선 클린턴도 큰소리칠 만했다. 93년에 취임하자마자 기념비적인 종합재정적자축소방안을 추진했기 때문이었다. 그러나 약점이 있었다. 그 방법이 지출을 줄이는 것이 아니라 주로 세금인상을 통한 것이었다는 점이 문제였다. 또 여전히 1억 달러의 재정적자가 남아 있는 것도 문제였다.

따라서 업적만 되풀이해서는 안될 상황이었다. 그렇다고 다른 이슈로 대체하기도 곤란했다. 재정적자를 0으로 줄이는 것은 국민들에게

시대윤리의 문제로 인식되고 있었기 때문에 피해갈 수도 없었다. 방법
은 공화당의 방안과 다른 독자적인 대안을 제시하는 것뿐이었다. 공화
당이 주장하고 있는 방법, 즉 의료보험을 깎고, 헤드 스타트(Head
Start)52)나 대학장학금을 줄이고, 환경보호법안을 유명무실한 명목상의
정책으로 만드는 등의 방법을 통하지 않고서도 균형예산을 이룰 수 있
다는 대안을 제시하기만 하면 공화당을 완패시킬 수 있었다. 이런 차원
에서 모리스는 독자적인 균형예산안을 제안해야 한다고 시종일관 주장
하였다. 그러나 대통령은 그렇게 하면 공화당이 더욱 더 많은 삭감을
요구하게 되는 정치적 구실을 주게 된다며 꺼려했다. 백악관 참모들도
대안을 제시할 필요 없이 공화당의 삭감방안을 공격하면서 기다리기만
하면 된다는 입장이었다. 그러나 모리스는 대안이 없으면 고립무원의
상태에 빠지게 될 것이라는 점을 지적했다. 왜냐하면 대안을 제시하지
않는 한 언론에서는 클린턴의 비판을 무게 있게 다루지 않을 것이고,
또 국민들도 대안을 통해 '더 옳고 나은 방법'이 있다는 점을 알게 되지
않는 한 공화당의 예산삭감안을 받아들일 것이기 때문이었다.

예산전쟁의 본질은 정치적 기반 확보 전쟁

공화당이 균형예산에 집착하고, 또 민주당은 그것을 한사코 반대하
는 이유가 무엇이었을까? 그것은 두 당의 정치적 기반을 둘러싼 전쟁
이라는 점에 있다. 공화당에게 균형예산은 노약자의료보험, 저소득층의
료보험, 교육, 환경보호 예산을 삭감하기 위한 정치적 명분이었다. 클
린턴도 이 점을 꿰뚫어 보고 있었다.

사실 공화당은 노약자 의료보험이 처음 통과될 때부터 '필요한 사람

에게 혜택이 돌아가는 계획'이 아니라는 이유로 반대했다. 또 학교에 대한 연방정부의 지원에 대해서도 연방정부가 교육을 지배하려는 속셈이라며 반대했다. 공화당의 우파는 환경보호는 州정부가 해야 한다며 연방정부의 역할을 줄곧 부정해왔다. 공화당은 이와 같은 연방정부의 복지관련 프로그램들53)을 축소하기 위한 수단으로써 균형예산과 감세(減稅)를 내세웠다. 균형예산을 통한 재정적자의 축소와 감세는 경기를 부양시키고, 그럼으로써 공화당의 기반인 부자들에게 혜택이 돌아가도록 하는 것이 공화당의 진정한 속셈이었다. 즉, 균형예산과 감세를 통해 자신들의 기반을 보호하고, 엔타이틀먼트를 축소해 민주당의 기반을 깎으려는 것이었다.

한편 민주당은 이러한 엔타이틀먼트를 지키기 위해 균형예산을 거부했다. 민주당이 엔타이틀먼트를 보호하려는 이유는 엔타이틀먼트의 이면에 자신의 정치적 기반이 있었기 때문이었다. 엔타이틀먼트의 이면에는 정부의 일자리가 있었다. 다시 정부 일자리 뒤에는 공공노조가 있었다. 모든 공공노조는 민주당의 자금줄이었다. 이러한 자금줄의 뒤에는 노조 지도자들이 있었는데, 예산이 깎여 유급 노조전임자들의 자리가 줄어들게 되는 것을 싫어했다.

모든 정당들은 충실한 지지자들을 가지고 있다. 하지만 민주당은 노동계가 없으면 존립할 수가 없고, 공화당은 '돈 많은 단체'의 헌금이 없으면 존립할 수 없다. 공화당은 자유시장주의를 외치지만 사실은 부자를 보호하기 위한 것이고, 민주당은 없는 사람에 대해 배려하는 수사를 구사하지만 실제로는 노조전임자를 보호하려는 것이다. 정치는 지지기반 싸움이다. 때문에 자신의 정치적 기반을 보호하면서 상대의 기반을 무력화시키는 것이 언제나 主전략이다. 균형예산안 전쟁의 목적도 여기에 있었다.

두 당의 논리에는 각각 약점이 있었다. 노약자의료보험, 저소득층의 료보험, 교육, 환경보호 예산을 축소하는 공화당안은, 이들 프로그램이 국민적 인기를 받고 있는 것이기 때문에 자칫 가난한 사람들을 죽이려 한다는 비난을 받을 소지가 있었다. 반면 민주당의 무조건 반대는 균형예산을 이룰 의지가 없는 것으로 비춰지는 약점이 있었다. 민주당은 사실 자신들의 필수불가결한 정치적 기반이지만 정치적으로 인기가 없는 프로그램들—주택 및 에너지, 민간사업에 대한 정부보조금, 공동체 발전, 법률구조, 여름 일자리, 직업훈련—조차도 고수하려 했다.

유권자들은 먼저 공화당의 손을 들어주었다. 민주당이 균형예산을 이룰 의지가 없다고 보았다. 95년 5월 16일 전략모임에서 모리스는 '클린턴이 균형예산에 반대하고 있다'고 믿는 국민여론을 보고했다. 적자예산을 편성하고, 균형예산안에 반대하는 것도 모자라 적반하장격으로 공화당의 균형예산안을 공격하는 것이 클린턴의 이미지였다. '세금을 올리고, 정부지출을 늘리는' 전형적인 자유주의자 이미지였다.

이러한 여론을 파악한 모리스는 클린턴이 독자적인 균형예산안을 제시해야 한다고 주장했다. 보울스, 빌 커리, 바에르, 국내담당 부르스 리드(Bruice Reed)를 제외한 백악관 참모들은 일치된 목소리로 '균형예산 연설'(독자적인 균형예산안을 제안하는 연설)을 하면 안 된다는 주장을 폈다. 스테파노풀러스는 균형예산연설을 하면 클린턴이 도덕적 우위를 잃게 될 것이라고 말했다. 모리스가 균형예산연설을 해야 한다고 주장한 것은 공화당의 예산삭감 방안과 클린턴의 방안이 서로 다르다는 점을 부각시키는 것이 필수적이라고 보았기 때문이었다. 당파싸움에 몰두하고 있는 교조적인 정통민주당 및 공화당과 거리를 두기 위한 '3각 통합주의적' 발상이었다.

지루한 입씨름이 이어졌다. 그러나 대통령은 연설하는 쪽으로 마음이 기울었다. 대안을 제시하지 않으면 무기력해질 것이라는 점을 예리하게 포착하고 있었다. 고어도 연설하는 쪽을 지지했다. 그는 독자적인 대안을 제시하지 않으면 현재 진행되고 있는 主논쟁에서 빠지게 된다는 점을 중시했다. 대통령이 主논쟁에서 소외되면 유동층 유권자들에게 다가갈 방법이 없다는 점에 착안한 것이다. '대통령이 정국의 주논쟁에서 해결책을 제시하지 않으면 그것 자체가 치명적 상처다.'

모리스는 동맹체제를 풀 가동했다. 힐러리에게 도움을 요청했다. 그녀는 민주당 좌파와 결별하는 상황이 초래할 위험성을 걱정하면서도 균형예산을 주장해야 한다는 입장이었다. 힐러리가 참으로 명언을 했다. "논쟁의 밖에서 서성거려는 안 된다. 논쟁 속으로 뛰어 들어야 한다. 선택의 기로에서 입장을 분명하게 밝혀야 한다."

세부사항을 직접 챙기는 클린턴의 스타일

그러나 정작 결정권자인 대통령은 여전히 주저하고 있었다. 하는 쪽으로 마음이 기울었으나, 꼼꼼한 종합계획(full plan)이 있어야 한다고 고집했다. 반면 모리스는 언제까지 균형예산을 달성하겠다는 입장을 천명하고, 일반적인 숫자만 나열하면 된다는 입장이었다. 선언의 정치적 효과에 치중한 생각이었다. 또 연설을 하기도 전에 '정보가 유출되어 쓸모 없게 되는' 위험을 경계하고 있었다. 그러나 클린턴은 정치적 효과에만 치중하는 접근을 취하는 스타일이 아니었다. 스스로 자부할 수 있는 정교한 플랜이 있어야 움직이는 스타일이었다. 클린턴이 연설하기 전에 전체 예산항목을 하나하나 정교하게 맞춘 예산안을 원하는 것도 이런 맥락이었다.

클린턴의 스타일은 개념이나 전체에 만족하지 않는다. 모든 세부사항들이 정확하게 제자리에 배치되어 있지 않으면 일반적인 주장을 멀리한다. 사실(facts)을 선호했다. 클린턴은 믿을 수 없을 정도로 신속하게, 그리고 정확하게 데이터를 흡수하고 기억한다. 그는 끝없이 많은 사실을 알고 있고, 다른 곳으로부터 얻는 적절한 조언을 작은 뉘앙스까지 완벽하게 소화한다. 이러한 '구체적인 사실'들을 기억해 두었다가 결정할 때에 참고한다.

클린턴은 혼자 균형예산안을 짜기 위한 일을 시작했다. 거의 매일 관리예산처의 참모들, 백악관의 참모들을 만나 상의했다. 예산의 모든 사항을 하나하나 검토했다. 그의 노란 메모판에는 균형예산을 달성하기 위해 필요한 결정들이 연필로 적혀 있었다. 클린턴은 관리예산처(OMB)의 그 누구에도 못지 않을 정도로 예산의 모든 항목을 파악하고 있는 대통령이었다. 참모들에게 이것저것 질문을 퍼부었다. 그의 예산에 대한 지식과 꼼꼼한 이해는 40여 년만에 최초로, 행동적이고, '없는 사람'을 배려하는 균형예산을 작성할 정도로 뛰어난 것이었다.

항상 그랬듯이, 클린턴이 예산안을 짜는 동안 모리스는 검증의 역할을 맡았다. 모리스는 예산안이 어디로 가는지를 지켜보면서 여론조사를 통해 정치적으로 검증했다. 클린턴이 7년 안에 균형예산을 달성한다는 공화당의 제안을 받아들이지 않을 것임을 알게 되자, 균형예산을 달성하는 적절한 기한이 몇 년인지를 알기 위해 여론조사를 했다. 대다수 사람들은 몇 년 기한을 정해놓고 연차적으로 목표에 접근해 가는 것을 선호했지만, 그것이 7년이든 8년이든 혹은 10년이든 상관하지 않는 것으로 나타났다. 문제는 옳은 방향으로 나아가고 있느냐 하는 것이었다. 재정적자 0을 향해 연차적으로 접근해야 한다는 것은 대통령에게 매년 엄청난 액수를 삭감하지 않아도 되도록 허용해주는 것이었다.

클린턴은 여유가 생겼다고 좋아하면서 처음에는 10년을 제시했다.

여론조사 결과 드러난 또 다른 본질적인 문제는 경제성장률과 의료비 상승률에 관한 것이었다. 물가인상과 높은 공공 서비스 비용의 문제였다. 의회 소속의 의회예산국(CBO)보다 백악관의 관리예산처(OMB)가 낙관적인 전망을 하고 있었다. 대통령은 역사적으로 정확한 예측을 더 많이 해온 OMB의 전망을 따르기로 했다. 게다가 OMB의 전망에 따르면, 높은 경제성장률이 세수증대를 가져오고 물가인상률이 떨어져 의료보험에 대한 정부지출이 자연적으로 줄어들 것이기 때문에 대규모의 예산삭감을 하지 않아도 되기 때문이었다. 모리스의 여론조사 결과도 역시 경제가 지속적으로 성장하고 있다는 국민적 낙관주의와 일치하는 것이라면 좀더 낙관적인 가정을 해도 좋다는 것이었다.

모리스가 여론조사를 통해 확인한 사실들은 대통령에게 매우 유용한 것이었다. 대통령이 당장 활용할 수 있는 조언이었다. 대통령은 단순히 균형예산을 이룰 것이라는 것으로는 부족하며, 정치적으로 곤경에 빠뜨리는 삭감부분이 무엇인지, 그 반대효과의 삭감부분은 무엇인지를 알고자 했다. 모리스의 여론조사는 대통령에게 해답을 주었다. 그렇다고 클린턴이 정치적 판단 때문에 본질적인 견해를 바꾸려 했던 것은 아니었다. 그는 자신이 받아들일 수 있고 또 재정적자를 줄일 수 있는 선택을 하고자 했으며, 그런 다음 선택의 정치적 의미가 어떻게 되는지를 알고자 했다. '정책과 수치가 우선이고, 여론과 정치는 그 다음이다.'

모리스와 클린턴간의 작업이 계속 진척되어 갔다. 스테파노폴러스도 참여했다. 그는 균형예산연설에 반대했지만 협력하기로 했기 때문이었다. 스테파노폴러스는 자신이 어떤 조언을 하더라도 대통령이 자신의 결정을 밀고 나갈 것임을 알고 있었다. 따라서 반대만 하기보다는 리버릴, 노조, 노년 그룹, 소수인종 등 핵심적인 지지계층의 불만을 최소화시킬 예산삭감 방안을 찾는 것이 더 유익하다고 생각했다. 두 사람은 균형예산의 정치적 요소들을 검토하였다. 스테파노폴러스의 참여가 없었더라면 훌륭한 균형예산안은 만들어지지 않았을 것이다. 두 사람은 세 번 정도 만나 대통령이 건네준 수치의 정치적 선택대안을 만들어냈다. 확신이 서지 않을 때에는 여론조사를 실시했다. 교육에 대한 삭감이 잘못되었다는 것을 알게 되어 오히려 증액을 제안했다. 그 결과 대통령이 우선순위를 두고 있는 부분이 지켜지도록 했다. 환경보호 계획에 대해서는 손대지 않을 것을 제안했는데, 이는 고어가 개인적·정치적 열정을 쏟고 있는 부분이었다. 이런 과정을 통해 삭감하더라도 국민들이 전혀 개의치 않는 부분을 찾아냈다. 유권자들은 주택 및 도시계획부(HUD)의 주택보조금이 삭감되고, 에너지생산 장려금이 철폐되고, 상무부의 각종 프로그램이 없어져야 하고, 국방부의 민간 일자리가 축소되어야 한다고 생각하고 있었다.

문제는 타이밍이다

닉슨은 "시기선택(timing)이 모든 것이다."라고 했다. 타이밍 선택의 귀재는 루즈벨트였다. 그는 여론형성 과정에서 타이밍이 차지하는 중요성에 대해 본능적인 감각을 가지고 있었다. 루즈벨트는 이렇게 말했다. "나는 고양이와 비슷합니다. 나는 멋지게 점프를 하고 나서 이내 곧 몸을 사립니다." 모든 지도자가 가슴 깊이 새겨야 할 경구다. 루즈벨트는 늘 정치적 반대자들이 왕성하게 움직일 때에는 그들과 대치하지 않으려고 애를 썼다. 그는 그들의 활동이 잠잠해질 때까지 기다리고

있다가 단숨에 행동했다.[54]

대통령이 균형예산연설을 하기로 결단을 내린 이상 이제 남은 것은 시기문제였다. 모리스가 바에르, 커리, 리드, 프리드만의 도움을 받아 초고를 완성했다. 이어 대통령과 부통령이 참석한 가운데 한 문장 한 문장 검토하였다. 대통령은 의회의 민주당 지도부로부터 잡아먹을 듯 한 전화를 끊임없이 받고 있었고, 그들의 분노와 배신감이 너무나 격렬해 마음이 흔들렸다. 그러나 구원의 천사가 나타났다. 상원의원 존 브룩스(John Breaux)와 조 리버만(Joe Lieberman)이 전화를 한 것이었다. 그들은 대통령의 결정을 지지했다. 특히 리버만의 전화는 민주당 의원들의 일제공격이 있은 직후에 걸려온 것이었기에 대통령에게 큰 위안이 되었다. 리버만의 말은 대통령직을 건 최대의 정치적 도박을 감행하도록 용기를 불어넣었다.

연설은 6월 13일로 결정되었다. 시간은 얼마 남지 않았는데 클린턴은 원고수정작업을 멈추지 않았다. 분초를 다투는 수정과정에서 갑자기 힐러리의 제안도 끼어 들었다. 모리스는 힐러리의 제안을 수용함으로써 그녀와의 동맹을 보다 굳건히 했다. 클린턴은 참모들의 간청에 의해 7분 전에야 집무실에 도착해 연설할 수 있었다. 클린턴은 언제나 그렇듯이 준비가 덜 된 상태에서도 카메라 앞에선 완벽하게 해냈다. 대성공이었다. 이날 연설은 승부를 결정짓는 최종판세로 가는데 중요한 승리였다. 공화당 쪽에서는 별다른 반격이 없었다. 언론도 호의적이었다. 여론은 압도적인 지지였다. 민주당 의회 지도부만 불쾌하게 생각하고 있었다. 3일 동안 CNN에서는 민주당이 대통령을 이단으로 선언했다는 점을 보도했지만 아무도 주목하지 않았다. 여론조사에서 민주당 지지자, 리버럴, 소수인종 등 모두가 대통령의 연설에 대해 확고한 지지를 보내고 있었다.

클린턴이 균형예산안을 독자적으로 제안함으로써 예산전쟁의 뇌관은 사실상 제거되었다. 그런데도 예산전쟁은 더욱 격화되었다. 95년 9월부터 12월까지 계속된 본격적인 예산전쟁을 보면 놀랍게도 공화당안과 클린턴안 간에는 거의 큰 차이가 없었다. 막후협상이 계속되면서 공화당은 '광범위한 삭감'을 포기하고 대통령의 주장보다 약간 많이 삭감하는 쪽으로 방향을 수정하였다. 두 당의 최종 입장은 상당히 근접하였다. 노약자의료보험에서는 두 당의 차이가 330억불에 불과했고, 저소득층의료보험에서는 그보다 작은 180억불의 차이밖에 없었다.

왜 싸움은 오히려 확전(擴戰)으로 치달았을까? 상황을 읽는 판단이 서로 달랐기 때문이었다. 클린턴은 균형예산안을 제안함으로써 이제 아무런 위험 없이 여론지지의 우위를 누릴 수 있을 것으로 판단했다. 반면 공화당은 클린턴의 균형예산연설을 항복의 시작으로 오판했다. 사실 공화당은 민주당이 대안을 제시하는 전략을 구사할 줄은 예상하지 못했다. 실제로 클린턴이 균형예산안을 제안하자 전선이 바뀌었다는 점을 무시하고 승리가 눈앞에 있는 것으로 판단했다. 계속 밀어부치면 클린턴이 굴복할 것으로 낙관했다. 클린턴이 균형예산 연설을 하자 전선(front)은 균형예산 여부가 아니라 어떻게 균형을 달성할 것인가로 바뀌어 버렸다. 세금문제도 인하 여부가 아니라 얼마나, 어떤 부분을 인하할 것인지로 바뀌었다. 새로운 전선의 본질은 홍보전쟁, 여론 획득전이었다. 그러나 공화당은 이 싸움에 전혀 대응하지 못했다. 이것이 패착이었다.

공화당에서도 상황을 직시한 사람은 있었다. 모리스와 막후채널을 가동하고 있던 로트의원 같은 사람은 공화당의 문제점을 정확하게 진단하고 있었다. 그러나 정치적 타이밍에 대한 예민한 감각을 가지고 있는 그는 기다렸다. 오히려 나서면 날이 잔뜩 선 칼날에 상처만 입을 뿐이라는 사실을 알고 있었기 때문이었다. 그는 다 끝난 뒤에 지도부를 계승한 다음 다시 시작하려는 생각이었다.

클린턴이 예산전쟁에서 승리한 것은 바로 이 홍보전쟁에서 승리했기 때문이었다. 클린턴 진영은 여론획득전에서 승리하기 위해 끊임없이 민심을 체크하였다. 여론에 입각한 토대를 계속 구축해 나갔다. 사실 대통령이 확고한 입장을 견지할 수 있었던 것은 정치적으로 정당한 토대에 기초하고 있다는 자신감 때문이었다. 그 자신감은 여론싸움에서의 우위에서 비롯된 것이었다. 예산전쟁 중 백악관의 대응은 조직적이었다. 보울스는 예산전담팀(Budget Response Team)을 구성해 스펄링에게 책임을 맡겼다. 이 팀은 클린턴의 예산안과 공화당의 예산안을 비교하면서 공화당안의 문제점을 발굴해 내는 것이었다. 92년 선거부터 클린턴과 함께 일해 온 스펄링은 광범위한 경제 데이터를 가지고 힘있게 그러나 주도면밀하게 문제를 풀어나갔다. 매일 매일 스펄링은 공화당 예산안이 초래할 결과가 치명적이라는 정보를 내보냈다. 신문기사와 방송뉴스는 연일 공화당의 예산삭감이 가져올 영향에 대한 기사를 내보내고 있었다. 스펄링이 채 알려지지 않은 공화당의 섬뜩한 삭감 부분을 찾아내면 광고의 소재로 반영했다.

대통령의 허약성 이미지를 극복하라

방안 1 – 원칙(예산전쟁에서 확고함)을 견지하라

균형예산연설로 중대한 전기를 성공적으로 넘겼지만, 대통령에게는 아직 부족한 것이 있었다. 여론조사에 응답한 사람들은 클린턴이 허약하고 무기력하다는 점을 지적했다. 대통령의 균형예산연설은 그의 리버릴 이미지를 교정했으나, 허약하다는 이미지는 극복하지 못했다. 예산전쟁은 여전히 확전일로였고, 보스니아 문제도 해결되지 못하고 있었다. 모리스는 예산전쟁에서 확고한 자세를 유지하는 것과 보스니아 문제의 해결 등 2가지가 대통령의 허약 이미지를 바꿀 수 있는 핵심적인 열쇠라고 생각했다. 대통령은 예산전쟁에서 단호한 입장을 취하고 있었다. 파네타와 조지는 예산전쟁에서 대통령이 절대적으로 확고한 입장을 견지해야 한다는 생각이었다. 그러나 그들은 혹시 대통령이 공화당의 기대대로 겁을 먹고 물러서지 않을까 걱정했다.

모리스는 클린턴이 굴복하지도, 회피하지도 않을 것이라고 장담했다. 왜냐하면 대통령은 이러한 토대를 만들기 위해 1년 동안 준비했기 때문이었다. 돌이켜 보면, 94년 말 연설에서 자신만의 감세계획을 제시했다. 초당파적 협력을 촉구한 95년 시정연설은 무참하게 일축 당했다. 그는 이에 대해 비토더미(Pile of Vetoes) 연설에서 어떤 부분에서 타협하고 또 어떤 부분에서 거부할 것인지를 분명하게 밝히는 것으로 대응했다. 마침내 균형예산연설에서 그가 서있는 위치를 정확하게 제시했다. '이렇게 주도면밀하게 여기까지 왔는데 왜 포기하겠는가'하는 것이 모리스의 판단이었다. 그는 모든 프로그램과 지출을 세밀하게 검토하여 무엇이 실질적이고 정치적인 효과가 있는 것인지, 무엇이 삭감 가능한 것인지를 파악했다. 그는 치밀하게 준비했고, 공화당은 94년 승리에 도취해 유권자들에게 어떤 영향을 미칠지에 대한 조사도 해보지 않고 이념적으로 자신들에게 들어맞는 예산안을 제시하는 것에 그치고 있었다. '실용성 없는 정책을 이념에 의존해서는 결코 승리할 수 없는 법이다.' 모리스는 파네타에게 클린턴이 양보하지 않을 것임을 이렇게 설명했다. "그는 자신의 세력권에 대해 알고 있다. 자신의 위치에 대해 만족해하고 있다. 그는 광고라는 공중 엄호대를 갖고 있다. 또 거부권

(veto)이라는 무기를 갖고 있다. 그는 절대로 물러서지 않을 것이다."
파네타와 조지는 반신반의했다.

시시각각 정부폐쇄의 날짜가 다가오고 있었다. 대통령은 단호한 입장을 취하면서도 타협을 모색했다. 대통령은 예산전쟁이 진행되어가도 계속 확고한 입장을 지켰다. 대통령은 자신이 정치적으로 압도적인 우위에 있음을 알고 있었다. 그럼에도 불구하고 그는 자신의 우선순위에 매우 근접한 타협안을 협상하기로 했다. 클린턴은 실적(accomplishment)을 원했다. 반면에 민주당은 이슈를 원했다. 大選과 동시에 치르는 의회선거 때문에 입장이 달랐던 것이다. 백악관 안에서는 스테파노 풀러스가 타협을 거부했다. 그는 노약자의료보험 이슈가 살아있기를 원했는데, 그것이 96년 의회선거에 도움이 되기 때문이었다. 자신의 동지인 하원원내총무 게파트의 입장을 고려했을 것이다. 파네타는 반대로 타협을 원했는데, 그는 정부가 문을 닫지 않고 계속 운영되기를 바라기 때문이었다. 모리스는 대통령이 단호한 입장을 고수하되 궁극적으로는 타협해야 한다는 입장이었다. 클린턴진영의 공통된 생각은 CBO의 전망에 따른 공화당안은 결코 수용할 수 없다는 것이었다.

공화당의 형편은 어땠을까? 공화당이 깅리치가 이끄는 대규모 예산삭감에서 일사분란한 입장을 취한 것은 아니었다. 공화당에서는 초선(freshman)들이 타협을 거부했다. 타협을 이단으로 여겼다. 클린턴이 백기들고 항복하기를 원했다. 급진적 순수주의자(radical purist)였다. 이들은 클린턴이 정부의 문을 닫게 하는 위험을 감수하기보다는 굴복할 것이라는 순진한 생각을 하고 있었다. 그러나 반대의견도 있었다. 일부 공화당 의원들도 마구잡이 예산삭감에 반대했다. 다음 선거를 의식하지 않을 수 없는 의원의 입장에서 삭감만이 능사는 아니었기 때문이다. 특히 의료보험비의 삭감은 저소득층이나 노년층이 피해를 보는 것이기 때문에 선거에 좋지 않은 영향을 미칠 것이 분명했다. 클린턴 측이 공화당의 의료보험 삭감을 공격하는 대대적인 광고공세를 벌이고 있었기 때문에 이런 우려는 더욱 증폭되었다. 그러나 깅리치는 이런 지적을 전혀 수용하지 않았다. "하나 둘씩 봐주다 보면 예산균형을 이룰 수 없다." 설사 깅리치가 예산전쟁을 타협으로 가져가려 해도 초선들의 등에 업혀 있었기 때문에 쉽지 않았을 것이다.

모리스가 타협을 위해 움직였다. 대통령의 통제하에서 모리스와 로트간 막후채널을 가동했다. 로트는 공화당의 정치적 열세를 알고 있었고, 무익한 대치상태를 끝내야 한다는 생각을 하고 있었다. 모리스는 로트에게 클린턴이 절대로 굴복하지 않을 것임을 밝혔다. 여론에서 이기고 있기 때문에 굴복할 필요가 없다는 점을 설명했다. 그러면서도 협상이 필요하다는 점을 계속 주장했다. 이것이 소위 마키아벨리式 음모라는 협상說의 시작이었다. 협상설의 실체는 모리스가 의도적으로 협상설을 흘려 교란작전을 편 것이 아니었다. 모리스는 물론 협상론자였다. 그 협상은 클린턴의 입장이 관철되는 협상이었다. 공화당의 양보를 전제로 한 것이었다. 모리스가 로트에게 주고자 했던 메시지는 여론에서 밀리고 있는 공화당이 양보하고 협상에 나서야 한다는 것이었다.

그러나 로트는 깅리치에게 클린턴이 협상을 원하고 있다는 메시지를 전달했다. 왜 그랬을까? 로트의 단순한 실수는 아니었다. 또 모리스가 거짓말을 한 것도 아니었다. 이유는 공화당 내부사정에 있었다. 즉, 공화당 내에 존재하는 협상론의 구조적 토대들이 움직였기 때문이었다. 즉, 공화당 내부에서 다음 선거를 걱정하던 일부 의원들이 백악관의 협상을 원하고 있었다. 타협을 원하는 사람들은 클린턴이 협상을 할 것이라는 '협상설'을 믿고자 했다. 즉, 클린턴이 사실상 굴복하는 타협이 이루어질 것으로 판단했다. 때문에 깅리치의 강공을 방관하였다. 깅리치는 다른 측면에서 협상설을 믿었다. 즉, 대통령이 설마 정부의 문을 닫지는 않을 것이기 때문에 협상에 임할 것이라는 기본인식을 갖고 있었다. 로트가 '협상 가능성'을 이야기하자 더욱 그렇게 생각했다. 공화당은 모리스의 협상론이 무슨 뜻인지도 생각지 않고 기존의 낙관적 인식에 비추어 견강부회했다. 강온파를 막론하고 공화당에게 협상설은 클린턴의 굴복 메시지로 받아들여졌다. 때문에 강공 일변도로 나갔다. 그러나 여론이 클린턴의 편을 들고 있다는 사실을 파악하지 못했다. 하기야 승리가 눈앞에 있는데 누가 여론에 신경을 쓰겠는가? 이것이 협상설이 예산전쟁에 끼친 영향이었다. 협상설 때문에 공화당이 오판한 것이 아니라 공화당의 기본인식 때문에 협상설을 믿은 것이었다.

로트와 모리스간에 채널이 가동되면서 협상을 위한 하나의 방법이 떠올랐다. 로트는 깅리치가 우파의 덫에 빠져 CBO의 수치를 고집하고 있다며, 깅리치의 체면을 살려줄 필요가 있다는 제안을 했다. 그래서 깅리치에게 출구를 만들어주기 위해 경제학자를 지명해 6개월 전의 CBO 전망이 과연 타당한지를 평가하는 문제를 검토했다. 왜 CBO의 수치가 중요했을까? 그것은 클린턴 방안과 공화당 방안이 각각 OMB와 CBO의 경제전망에 기초해 있었기 때문이었다. CBO와 OMB간의 기본적인 차이는 경기 전망이었다. OMB는 경기가 좋아질 것이기 때문에 자연스럽게 세금이 늘어나고, 또 재정적자도 줄어들 것이라는 전망이었다. 이 전망에 따르면, 재정적자를 줄이기 위한 세금삭감을 무리하게 추진하지 않아도 되었다. 그러나 CBO는 낙관적 경기전망을 거부하였다. 로트의 방안은 깅리치가 CBO의 수치에서 벗어나는 합리적인 탈출구를 주자는 것이었다. 그러나 불행하게도 공화당 지도부가 CBO 전망을 '날조'하려 한다는 정보가 유출되었다. 의회의 도덕적 순수주의자들이 깅리치 및 돌과 대결하면서 야단법석을 떨었다. 잇따른 숙청에서 합리적인 요소들은 모두 추방되었다. 깅리치는 로트에게 모리스와 막후 협상하는 것을 중지토록 요구했다. 충돌은 불가피해 보였다.

협상설의 마지막은 모리스의 어처구니없는 실수로 끝났다. 공화당이 1차 정부폐쇄를 끝내는 제안을 하기 며칠 전, 모리스는 여론조사에서 다수의 국민들이 계속된 교착상태에 싫증을 내기 시작했다는 사실을 포착했다. 모리스는 급했다. 다시 협상을 강력하게 주장했다. 모리스는 협상을 주장하는 것에 그치지 않고 너무 나가버렸다. 그는 이러한 여론조사 결과를 로트에게 이야기함으로써 공화당의 버티기를 사주한 꼴이 되고 말았다. 모리스는 실수에 대해 대통령에게 사과했다. 그러나 결과적으로 공화당을 오판으로 이끄는 효과를 낳았다.

방안 2 – 외교현안(보스니아문제)을 해결하라

타협이 이루어지지 않자 대통령은 점점 더 의회의 원내총무, 회계사의 모습으로 비쳐지기 시작했다. 다시 대통령답게 행동하는 것이 필요한 시점이었다. 클린턴도 이 점에 동의하자, 모리스는 '한발 떨어져 높은 곳에서 내려다보는' 전략을 제안했다. "다른 사람들이 옥신각신할 때 대통령 본연의 자세로 돌아가야 합니다."

대통령의 외교적 업적은 이러한 과정에서 중요한 역할을 했다. 보스니아에 대한 폭격과 그에 따른 정전, 이스라엘과 팔레스타인간의 평화협정 체결, 10월 4일 교황(Pope)의 미국 방문 등이 예산전쟁을 둘러싼 치고 받기를 넘어서 대통령답게 보이게 하는데 많은 도움이 되었다. 클린턴의 허약함을 불식시키는 작업은 캠페인의 지속적인 전략이었다. 94년 9월의 아이티 문제해결을 전례로 삼아 시종일관 단호한 자세를 유지하고자 했다. 고어는 아이티 문제에 임할 때 클린턴의 모습이 정말 대통령다웠다는 평가를 내리면서, 이러한 자세가 중요하다는 점을 지적했다.

　아이티 문제의 해결이 왜 전례가 되었을까? 94년 9월 13일 아이티에 2만 명의 특공대 및 해병대 병력을 파병하기로 하는 결정을 내렸다. 많은 상원의원들과 국민들이 반대했지만 클린턴은 진격명령을 내렸다. 특공대는 비행기에 올랐고 아이티의 침공작전은 시작됐다. 그러나 아이티의 장군들이 마지막 순간 미국의 요구에 응하기로 함으로써 아무 저항 없이 아이티에 상륙할 수 있었다. 전사자 한 명 없이 문제를 해결한 것이다. 그 1년 뒤 아이티는 자유총선을 실시했다. 여론은 클린턴의 공으로 치하했다. 대통령의 '군 최고 통수권자' 모습과 단호함 때문에 인기도 상승하였다. 이 전례는 95년 5월 오클라호마 폭탄 테러사건 때에 그대로 연결되었다. 클린턴은 단호함을 보여 주었다. 全국민이 분노하고 있을 때 클린턴은 오클라호마市에 나타나 희생자에 대한 넋을 기리는 동시에 범인들을 반드시 붙잡아 대가를 치르도록 하겠다고 국민들에게 약속했다. 때론 눈물을 흘리기도 하면서 시종 숙연한 모습을 보여 주었다. 당파의 수장이라는 이미지에서 벗어나 국민의 대통령이라는 이미지를 만들었다.

　예산전쟁이 한창이던 95년 12월 보스니아 사태의 해결에도 대통령은 아이티의 전례를 따랐다. 역시 2만 명의 병력을 파견하기로 했다. 여론은 반대했지만 강력한 리더십을 보여 주었다. 불투명했던 미군 파병이 결정되자 보스니아 내전은 일시에 멈췄고 미국의 지도력은 다시 입증됐다. 특히 보스니아문제의 해결은 대통령이 대통령답게 보이게 하여 예산전쟁에서 클린턴의 승리에 매우 중요한 영향을 미쳤다. 이 사건의 영향으로 광고가 구축해 놓은 '초당파적 지도자'의 이미지가 굳어졌고, 반대로 공화당은 정치적 이해만을 추구하는 집단으로 비쳐졌다.

　대통령의 '초당파적 지도자'의 이미지를 강화하기 위해 모리스는 95

년 10월 11월 전략모임이 끝난 후에 클린턴에게 이미지에 대해 이야기했다. 모리스는 '좋은 아버지'(good-father)의 이미지를 구축해야 한다고 주장했다. 이런 차원에서 가족 이슈(family issues)를 보다 강조하라고 주문했다. 아이들 양육에 대한 자금지원을 강화하고, TV 폭력물의 등급을 매기도록 하고, 교육환경을 개선하는 일 등을 제시했다. 아이들이 통제할 수 없는 지경에 이르렀다는 걱정이 늘어난 까닭에 낮에 아이들을 돌볼 수 없는 맞벌이 가정은 한계점에 도달해 있었다. 때문에 가족이슈를 주장하는 것은 아이들의 문제에 관심을 기울이는 아버지의 이미지에 부합되는 것이었다.

아버지 이미지를 위해 클린턴의 말하는 태도도 고쳤다. 너무 말을 많이 하며, 다른 사람이 어떻게 생각하는지에 지나치게 관심을 기울이고, 이야기를 듣는 사람들과 대화를 하지 않고 일방적으로 떠들고, 업적을 몰라준다고 공개적으로 불평하고, 스스로를 비하시키는 모습은 안 된다고 했다. 모리스는 스퀘어, 내프와 더불어 대통령에게 과거 연설의 필름들 중에서 잘된 것과 잘못된 장면을 비교해서 보여 주었다. 클린턴은 두 번 다시 똑같은 실수를 되풀이하지 않았다.

대통령의 의상도 손질했다. 밝은 색은 대통령답지 못하므로 빨간색 넥타이와 짙은 감색 정장을 표준으로 삼도록 했다. 연설문 어법도 수정했다. 업적만을 나열하는 것은 언제나 좋은 메시지가 못된다. 미래의 과제에 연결되지 못한 채 지난 업적을 자랑스럽게 되풀이하는 것은 '초라한' 자기 만족일 뿐이다. 클린턴에게도 이미 성취해 놓은 업적은 걸림돌로 작용하고 있었다. 연설문에서 업적들이 어색하게 언급되고 있었다.

여론조사 결과, 듣는 사람들이 이미 알고 있거나 믿지 않는다는 사실을 클린턴에게 알렸다. 스퀘어의 제안으로 '어법'을 바꾸기로 했다.

예를 들면, "10만 명의 경찰을 늘렸지만 범죄문제를 해결하기에는 아직 부족합니다"라는 식으로 '하고자 하는 일'을 제시하는 가운데 업적을 언급하는 방식이었다. 이러한 변화가 피상적인 것처럼 보일지 모르지만, 클린턴이 '미국인의 아버지'로 보이도록 하는데는 매우 중요한 것이었다.

마침내 정부가 문을 닫다

정부가 문을 닫기 직전 클린턴과 공화당 지도부가 만났다. 이 때 클린턴은 매우 강경한 입장을 고수하였다. "하늘이 무너져도 이 법안만큼은 서명하지 않을 것입니다. 서명을 받아 내고 싶으면 다른 사람을 이 자리에 앉혀야 할 것입니다." 깅리치가 깜짝 놀랄 정도의 강경 자세였다.

여기서 정부폐쇄에 이르기까지의 10월, 11월 예산전쟁을 간략하게 정리해 보자. 10월 말, 돌과 깅리치는 노약자의료보험과 관련해 클린턴에게 정치적 행운을 헌납하고 말았다. 노약자의료보험은 여론조사 상으로 최고로 인기 있는 정부 프로그램이었다. 이 의료보험에 관련해서 실언 아닌 실언을 한 것이다. 10월 24일 돌은 30년 전 노약자의료보험을 처음 제정할 때 반대했던 12명의 하원의원 중의 하나였다고 말했다. "1965년 노약자의료보험이 제대로 작동하지 않을 것을 알고 있었기 때문에 반대하여 싸웠고, 반대표를 던졌습니다." 노약자의료보험의 재정상태가 파산에 이를 것이 분명하였기 때문에 대체입법으로 건강법을 주장한 사실을 이야기한 것이었다. 재정상태가 파산에 이른 현실에 착목한 발언이었다. 그러나 클린턴팀이 의도적으로 일부만 따로 떼어내어 만든 인용구는 돌이 노약자의료보험에 자체에 대해 반대하는 것처럼 비치게 만들었다.

공교롭게도 같은 날 깅리치도 노약자의료보험에 대해 이야기했다. 노약자의료보험에 대해 직접 이야기하지 않고 이 의료보험을 관장하고 있는 기관(Health Care Financing Administration)을 공격하는 말을 했다. 이 기관은 명령만 일삼는 중앙집중화된 관료조직이라고 규정하면서, 이 기관은 '포도밭에서 말라죽게' 될 것이라고 했다. 깅리치의 뜻은 노약자의료보험 그 자체가 아니라 담당 기관에 대한 언급이었다. 그러나 일부만 따로 떼어낸 인용구는 돌과 마찬가지로 노약자의료보험에 반대하는 것처럼 보이게 만들었다. 클린턴 측에서 이를 놓치지 않고 광고에 실어 대대적으로 공격하였다. 모리스의 순발력이 돋보이는 대목이었다. 사실 돌이나 깅리치가 실수한 측면보다는 클린턴 진영이 틈을 놓치지 않고 적절하게 파고든 능력 때문에 발생한 결과였다. 문제는 공화당이 싸움의 맥을 잃고 있었을 뿐만 아니라 안이한 자세로 임해 공격빌미를 제공했다는 점이다.

가을 초 돌은 점차 연방예산에 대해 걱정하게 되었다. 상하원의 공화당은 일치 단결해 7년 균형예산안(7년 안에 균형예산을 달성한다는 안)을 막 법률화할 순간에 있었다. 비록 클린턴이 10년간의 균형예산안을 제안해 놓은 상태였지만 공화당과 백악관 사이의 간격은 여전히 커 보였다. 돌은 모임을 원했다. 파네타 비서실장에게 전화로 협상모임을 제의했다. 11월 1일 모임을 백악관에서 갖기도 했다. 그러나 깅리치가 백악관 대변인 맥커리의 발언 때문에 화가 나서 가지 않겠다고 했다. 맥커리는 "공화당이 노약자의료보험이 죽어 없어지기를 바라고, 나이 드신 분들을 거리로 내몰고 있다"는 논평을 낸 것을 문제삼은 것이었다. 맥커리는 곧 논평을 취소했으나 이번에는 협상모임이 공화당의 요청에 의한 것이라고 브리핑했기 때문에 깅리치가 자극을 받은 것이었다. 돌이 깅리치를 설득해서 모임에 데리고 갔다.

대통령, 고어, 돌, 깅리치, 민주당 상원 원내총무 톰 대슐(Tom Daschle), 민주당 하원 원내총무 리차드 게파트가 만났다. 초장부터 고어와 깅리치의 격돌이 있었다. 예산문제에 있어 클린턴은 삭감하기로 되어 있는 몇 가지 프로그램은 보호하겠다는 의지를 천명했다. 즉, 노약자의료보험, 저소득층의료보험, 교육, 환경 등에 대한 예산은 삭감할 수 없다는 것이었다. 공화당의 계획은 프로그램을 州정부로 넘기고, 가난한 사람에게 자동적인 혜택을 보장해주는 연방법률을 폐지하자는 것이었다. 깅리치가 강하게 압박했다. 공화당이 94년 선거에서 다수당이 되었고, 그것은 이러한 정부 프로그램을 삭감하고, 예산균형을 이루라는 다수결이라고 주장했다.

여기에 대한 대응이 전술한 바대로 '대통령이 법에 서명하기를 원한다면 다른 대통령을 뽑아야 할 것'이라는 클린턴의 말이었다. 클린턴은 거부권을 행사하겠다고 분명하게 밝혔다. 돌은 이날 거의 말을 하지 않았다. 돌이 보기엔, 나머지 사람들이 포즈만 취하고 있을 뿐 해결의사가 없었다. 반면 그는 진정 일을 해결하고자 했다. 그러나 사태의 칼끝은 大選에 출마한 자신에게 겨누어져 있음을 돌은 정확하게 직시하지 못했다. 그의 수동적 대응이 결국 그를 파국의 늪으로 빠져들게 했음에도 불구하고.

11월 13일 클린턴과 공화당이 예산안의 타협을 이루지 못하면 연방정부(federal government)[55]가 문 닫을 운명에 처했다. 10개월 동안 계속됐던 당파적 전쟁과 '미국과의 계약'에 대한 논쟁이 드디어 폭발할 것 같았다. 백악관에서의 협상이 실패한 이후 돌과 깅리치는 '우리들은 언제나 협상 테이블에 앉을 준비가 되어 있는데 클린턴이 거부하고 있다'는 공식적인 입장을 취하고 있었다.

사실 예산전쟁의 본질은 타협여부가 아니었다. 그것은 홍보전쟁이었다. 누가 더 많은 국민적 지지를 끌어내느냐의 싸움이었다. 백악관은 여기에 총력을 기울였다. 대규모 광고공세가 연일 계속되었다. 하지만 공화당은 실패하고 있었다. 깅리치를 비롯한 강경파는 클린턴의 굴복을 믿고 있었다. 돌은 예비선거라는 수렁에 빠져 보수파의 입맛에 맞추느라 정신이 없었다. 더욱 중요한 것은 클린턴 진영이 '판'을 자신들에게 유리하게 만들고 있는 점이었다. 한번 짜여진 판은 쉽게 깰 수 없는 법이다.

파네타가 앞장서 백악관과 공화당의 협상이 다시 시작되었다. 깅리치가 다시 반대했으나 돌이 설득하였다. 그들은 하원 원내총무 딕 아미(Dick Armey)를 데리고 가기로 했다. 아미는 전(前)대학교수로서 깅리치 혁명의 실질적인 조직가였다. 아미는 깅리치의 자기를 과신하는 수사적 기술에 대해 경외감을 갖고 있었지만, 개인적으로는 깅리치가 전면에 나서 새로운 공화당의 행진을 이끌고, 개인적 명성을 독식하는 것에 대해 분개하고 있었다. 아미는 94년 공화당이 하원을 장악하게 된 것에 대한 공헌으로 치자면 자신도 깅리치에 못지 않다고 믿고 있었다. 그러나 깅리치가 관심을 독차지하고, 아미는 그늘에서 지내야만 했다. 정치에서 과실을 차지하고, 대중의 주목을 잡아채는 능력이야말로 지도력의 중요한 측면이다. 이른바 '미디어 장악력'의 일부다. 다른 사람의 독식을 탓하는 것은 패자의 변명일 뿐이다. 아미는 클린턴이 매우 약한 인물이라고 확신하였다. 그는 클린턴이 모험을 하지 않을 것이라고 믿었고, 클린턴이 공화당의 예산안에 사인할 것으로 전망했다. 지난 2년 동안 아미는 보건의료 개혁안을 주장하는 힐러리에 대해 칼 마르크스의 생각을 닮았다고 공개적으로 공격하였다.

13일 밤 10시 돌, 깅리치, 아미(Dick Armey), 그들의 참모들이 백악관에 도착하였다. 파네타와 핵심 참모들은 클린턴이 중요한 이슈에서 타협하지 않을까 걱정하였다. 그들은 광고를 통해서나 공식석상에서 밝힌 대로 '클린턴이 노약자의료보험, 저소득층의료보험, 교육, 환경의 수호자'라는 입장을 견지하라고 밀어 부쳤다. 이번에도 초장부터 총격전이 벌어졌다. 주역은 클린턴과 아미였다. 클린턴은 맞은 편에 앉은 아미에게 손가락질하는 제스처를 취하면서 자신의 입장을 설명했다. 이에 대해 아미는 클린턴이 연설을 무대연습(dress rehearsal)하는 것으로 받아들이고 곧바로 반격하였다. 노약자의료보험에 대해 공화당을 공격하는 클린턴 측의 광고는 사기(詐欺)라고 공격했다. 공화당이 열심히 노력해서 만든 방안을 일거에 거부하는 것은 잘못된 것이라고 했다.

클린턴도 지지 않았다. 자신들도 93년의 경제 및 예산계획이나 보건의료개혁안을 고생해서 만들었지만 공화당의 표는 하나도 얻지 못했다고 받아쳤다. 급기야 아미가 힐러리를 공격한 사실까지 거론하는 지경까지 갔다. 협상은 당연히 실패로 끝날 수밖에 없었다. 돌은 균형예산을 원했다. 그것이 자신에게 도움이 될 것으로 생각했다. 그는 서로 손가락질하고, 소리치고, 부인에 대해 이야기하는 것은 어린애 같다고 생각했다. 클린턴이나 아미나 애들처럼 엉덩이를 맞아야 할 필요가 있다고 느꼈다. 정치를 승부의 관점에서 보기엔 돌은 너무 순진했고, 너무 애국적이었다. 클린턴은 정부가 문을 닫게 된 데 대해 걱정했다. 백악관에게 재앙으로 닥쳐오지 않을까 하는 우려 때문이었다. 대통령으로서 정부의 문을 닫게 된데 대해서는 책임을 면할 수가 없었다. 정치적 대가는 매우 커 보였다. 공개석상에서 클린턴은 정부의 문을 다시 열 수 있다면 깅리치에게 사과할 용의가 있다고 밝혔다. 클린턴은 예산전쟁이 홍보전쟁이라는 핵심을 파악하고 있었다.

협상이 실패로 돌아간 이날 자정부터 정부의 일부기관이 문을 닫기 시작했다. 대통령이 11월 13일 공화당의 예산안에 대해 거부권을 행사하고 공화당이 반발함으로써 행정부는 잠정폐쇄된 것이었다. 14일부터 19일까지 정부가 문을 닫는 초유의 사태가 발생했다. 여권국, 국립공원, 박물관, 사회보장국, 행정부가 문을 닫았다. 예산이 통과되지 않아 잠정 폐쇄(shut down)된 것이었다. 정부가 문을 닫자 클린턴은 결국 워싱턴 전체가 이러한 혼란에 대해 비난을 퍼붓지 않을까 우려하고 있었다. 동반추락하지 않을까 걱정했다. 모리스는 여론조사를 활용해 대통령에게 확신을 심어주고자 노력하였다. 사실 위대한 전략적 통찰력은 없었다. 단지 오랫동안 전해내려 오던 목표고수 노선을 준수할 뿐이었다. 유일한 전략은 단호함이었다.

이 공방 동안 백악관은 일일 전투부대로 편성되었다. 매일 밤 TV뉴스를 유리하게 이끌기 위해 다음과 같은 노력을 필사적으로 기울였다. ① 균형예산을 달성하겠다는 대통령의 확약, ② 뜨거운 논쟁을 불러일으키는 핵심쟁점인 공화당의 노약자의료보험, 저소득층의료보험, 교육, 환경보호 예산 대규모 삭감, ③ 자신들의 삭감안을 받아들이라는 공화당의 협박과 대통령의 확고한 반대. 스테파노풀러스가 총괄하고, 스펄링, 파네타, 바에르, 펜, 모리스가 참여하는 신속대응팀이 구성되었다.

모리스는 메시지 조정을 위해 하루에도 서너 번씩 대통령과 교감하였다. 정부 폐쇄의 책임을 둘러싼 당파적 대립 속에서 균형예산을 달성하겠다는 대통령의 공언이 실종되고 있다는 문제가 제기되었다. 이에 대응하여 그 날 연설에서 대통령은 '균형예산을 달성하겠다'는 문구를 14번이나 반복하였다. 노약자의보험에 대한 삭감부분이 주의를 끌지 못하고 있다는 등의 문제가 제기되면 신속하게 대응하여 대통령의 메시지를 조정하였다.

예산위기가 절정에 다다른 기간 내내 매일 밤 여론조사를 실시해 국민들의 반응을 점검했다. 저녁 7시부터 밤새 여론조사를 해, 다음날 4시면 결과가 나왔다. 이 결과를 아침 7시 20분 스테파노풀러스에게 전달하면, 그는 파네타가 7시 30분에 주재하는 고위참모회의에 들고 들어가 보고했다. 대통령도 모리스로부터 보고를 받고 최근 여론조사 정보를 가지고 하루를 시작할 수 있었다. 여론조사에서 클린턴에 대한 지지는 계속 올라가 재임 3년 동안 한 번도 달성해보지 못한 고지까지 치솟았다. 유권자들은 클린턴의 메시지를 정확하게 이해하고, 확실하게 지지하고 있었다. 노심초사하던 클린턴도 싸움에서 승리하고 있다는 조사결과가 나오자 안정을 찾았다. 사실상 전쟁을 지휘하면서 대통령으로서의 직무를 계속했다.

깅리치의 패착

클린턴 진영은 일관되게 깅리치를 표적으로 삼아 집요한 공세를 펼쳤다. 혁명을 외치는 극단주의자로 비치고 있는 깅리치와 중도주의자인 돌을 하나로 묶는 '패키지전략'(package strategy)은 클린턴 진영의 중요한 원칙 중 하나였다. 깅리치와 돌을 하나로 묶는 '팀 플레이'는 돌진영의 핵심전략이기도 했다. 특히 리드가 이런 입장이었다. 그는 돌과 깅리치의 팀 플레이가 깅리치의 기반인 보수주의 활동가들에게 중대한 메시지를 던지는 것이라고 판단했다. 돌 진영의 선거책임자로 영입된 리드는 돌과 처음 대면한 날 '돌의 성공여부는 깅리치의 성공여부에 달려 있다.'고 밝혔다. 돌과 깅리치간 협력의 채널은 리드와 조 게일로드(Joe Gaylord)였다. 리드와 깅리치의 수석 정치고문(chief political adviser)인 게일로드는 절친한 친구 사이였다. 돌과 깅리치를 연대시키기 위해 두 사람은 긴밀히 협력했다.

돌과 깅리치는 한편으론 협력하면서 다른 한편으론 대립하였다. 돌과 깅리치는 다수당이 된 공화당의 입법전략을 모색하기 위해 레이건 행정부의 마지막 해에 백악관 비서실장을 지낸 케네스 두버스타인(Kenneth Duberstein), 백악관 근무 경험이 있는 인사들로 작업팀(working group)을 구성해 놓고 있었다. 목적은 80년대에 다수당이던 민주당이 매년 13개의 세출법안과 관련해 공화당 대통령을 어떻게 괴롭혔는지를 조사하는 것이었다. 당시 민주당의 전략을 교훈 삼아 돌과 깅리치는 클린턴을 괴롭힐 생각이었다. 그들은 클린턴에게 문자 그대로 치명상을 입히고자 했다.

깅리치는 본인 스스로도 대권출마를 숙고 중이었기 때문에 끊임없이 돌을 괴롭혔다. 아이오와 모의투표 후에는 당내 경선이 '선두주자 없는 대등한 경쟁'(open race)이라고 밝혀 돌의 선두 프리미엄을 없애 버렸다. 이런 사례는 95년 8월에도 있었다. 8월 1일 방송에 출연한 돌은 예산전쟁에 관한 질문에서 7년 동안 2,450억불의 세금인하에 대해서는 확신하지 못하고 있다고 밝혔다. 그러자 깅리치가 발끈했다. 깅리치는 배신으로 받아 들였다. 뉴햄프셔, 미시건, 메사추세츠의 공화당 주지사들에게 전화해 돌을 신뢰할 수 없다고 말했다. 출마를 심각하게 고려하고 있다는 말도 했다.

돌은 화해의 손을 내밀었다. 기자회견을 갖고 2,450억불은 '중요한 징표'라고 선언했다. 해외에 나가있던 게일로드가 돌아온 후 돌과 깅리치는 다시 결속했다. 매일 아침 만났기 때문에 한 목소리를 낼 수 있었다. 공화당의 입법 아젠다, 당의 평판, 돌의 대통령후보 능력 등 모든 것이 양자간의 협력여부에 달려 있는 구도였다. 그러나 깅리치가 주지사들에게 전화한 사실은 곧 언론에 유출되었고, 그 결과 깅리치가 출마를 고려 중이라는 새로운 보도가 터져 나왔다. 구도와 행위간에 부조화가 발생하고 있는 것은 위험한 적신호였다.

깅리치의 이미지는 어떠했을까? 95년 1월 이미 비호감도가 호감도를 능가하기 시작했다. 95년 9월 깅리치의 여론조사가인 프레드 스티퍼(Fred Steeper)가 행한 깅리치에 대한 국민적 인식조사를 보면, 깅리치의 이미지를 가늠해 볼 수 있다. 스티퍼의 조사결과, 31%는 우호적인 인상을 가지고 있고, 52%는 비우호적인 인상을 갖고 있는 것으로 조사되었다. 조잡하고, 거만하고, 입이 거칠고, 상대를 깎아 내리는 등의 단어가 깅리치에 대한 평가로 나타났다. 그러나 깅리치는 스피퍼의 조사결과를 믿지 않았다. 깅리치와 그의 대변인인 토니 브랭클리(Tony Blankley)는 백악관에서 만약 깅리치가 예산싸움에서 타협을 원하는 것으로 생각하고 있다면 그것은 전적으로 오해라는 입장을 공개적으로 천명했다. "혁명가는 타협하지 않는다." 굽히기보다는 부러지는 쪽을 택하는 깅리치는 혁명가였다.

깅리치는 이미 돌에게 부담이 되고 있었다. 돌진영의 리드도 이 사실을 깨달았다. 리드는 예산전쟁의 막바지 국면에서 깅리치가 전면에 나서지 않도록 요구했다. 그러나 깅리치는 결코 뒷전으로 물러나지 않았다. 특히 〈Time〉에 의해 올해의 인물로 선정되자 더욱 기고만장했다. 예산전쟁에서 깅리치는 연속 실수를 저질렀고, 클린턴진영은 깅리치의 실수를 기민하게 포착해 최대한 활용했다. 결과만 놓고 볼 때, 깅리치는 돌의 구세주가 아니라 최악의 파트너였다.

예산전쟁에서 깅리치가 범한 최대의 실수는 클린턴의 선택을 오판한 것이었다. 즉, 클린턴이 협상에 나설 것이고, 공화당의 안을 거의 대부분 받아들이지 않을 수 없다는 판단이었다. 그러나 그것은 결과적으로 오판이 되고 말았다. 사실 클린턴도 명확한 전략방침이 있었던 것도 아니었다. 단호한 입장과 타협을 동시에 추구하고 있었다. 만약 여론이 클린턴을 압박하는 것이라면 깅리치의 판단이 맞았을 것이다.

예산전쟁 중 깅리치가 때마침 실수를 저질렀다. 대통령 전용기(Air Force One)를 타고 대통령, 정부관리들, 의원들, 하원의장 깅리치 등이 이스라엘의 암살된 前총리 라빈(Yitzhak Rabin)의 장례식에 참석했다가 돌아오는 길에 대통령으로부터 수모를 겪었다는 불평을 했다. 깅리치가 기자들과 식사를 나누면서 한 이야기였다. 자신은 비행기 뒤쪽에 앉아 25시간 동안 한 번도 대통령과 이야기를 나눌 기회가 없었다고 했다. 내릴 때에도 대통령 전용기 후문을 이용하도록 했다는 이야기도 했다. 그러면서 이런 수모 때문에서라도 예산협상에서 보다 단호하게 대응할 것이고 말했다.

언론에서는 이 사실을 '울보 뉴트'(Cry Newt)로 다루었다. 백악관에서는 재빠르게 대통령과 깅리치가 다정스럽게 담소하는 사진을 언론에 배포했다. 깅리치는 졸지에 거짓말쟁이가 되고 말았다. 깅리치의 인기도는 곤두박질쳤다. 정부 폐쇄, 노약자의료보험에 대한 깅리치의 발언을 담은 광고, 비행기에서 있었던 일을 둘러싼 깅리치의 실수 등으로 인해 깅리치는 침묵할 수밖에 없었고, 전국적 차원에서 자신의 권위를 빼앗기고 말았다. 때문에 이케스는 깅리치가 백악관 승리의 일등공신이라고 평했다.

예산전쟁에서 승리하다

6일 동안의 정부폐쇄 이후 공화당이 굴복했다. 그들은 '조건만 들어주면' 한달 동안 정부의 문을 다시 열도록 할 계획이라고 밝혔다. 조건이란 클린턴 측이 7년 안에 균형예산을 달성한다는 원칙에 동의하고, 협상의 토대로 CBO의 세수 및 물가인상 전망을 받아들이라는 것이었다. 사실 클린턴 측은 처음 10년 안에 균형예산을 달성하겠다는 제안을 했으나, 나중에는 9년도 가능하다는 입장이었다.

또 2달 전에는 CBO의 부정적 전망이 협상을 깨는 역할을 했지만, CBO도 후에 전망을 수정했었다. OMB가 예측한 대로 경제상황이 확실하게 좋아졌기 때문에 초기에는 계산하지 않았던 추가 세수 증가분을 포함시켰다. 이제 CBO의 수치를 갖고서도 균형예산을 이룰 수 있기 때문에 클린턴의 우선순위 정책들을 희생시키지 않고서도 협상을 이룰 수 있겠다고 모리스는 생각했다. 공화당의 굴복은 분명했다. 그러나 언론에서 그렇게 해석하도록 만들기 위해 클린턴측은 노약자의료보험, 저소득층의료보험, 교육, 환경에 대해선 공화당이 분명하게 보호약속을 해야 한다고 요구했다. 대통령은 협상을 받아들임으로써 여론조사상의 승리를 분명히 하고자 했다. 더 이상 정부폐쇄를 질질 끄는 것은 역공을 받을 우려가 있었다.

모리스는 CBO의 전망을 가지고 7년 안에 균형예산을 달성하는 제안을 하자고 주장했다. 모두가 반대했다. 협상카드를 포기하는 것이기 때문에 그러한 제안은 협상을 위해 남겨 두어야 한다는 주장이었다. 모리스는 7년이라는 기한을 정해 놓고, 또 CBO의 수치를 받아들여도 결코 핵심적 우선순위 정책들이 삭감될 필요가 없다는 점을 증명하면 도덕적인 우위를 얻을 수 있을 것이라는 논리를 폈다. 스테파노풀러스에게 그렇게 하는 것은 불가능한 것으로 비쳤다. 모리스의 수치가 엉터리라고 반박했다. 이케스는 협상과정에 대한 무지라고 반박했고, 파네타는 민주당으로부터 엄청난 탄핵을 받을 것이라고 했다. 침묵을 지키고 있

던 클린턴이 마침내 모리스의 견해가 옳다는 결론을 내렸다. CBO의
수치를 통해서도 7년 안에 균형예산을 달성할 수 있다는 점을 보여주
지 않으면 지난 6월 균형예산연설을 통해 얻었던 '우위'를 잃게 될 것
이라는 판단을 했기 때문이었다. 대통령은 이러한 내용을 담은 새로운
제안을 했고, 그가 원하는 '우위'를 확고하게 할 수 있었다.

　공화당이 예산전쟁에서 제 갈 길을 고집하려는 두 번째 시도는 정부
의 두 번째 폐쇄로 이어졌다. 12월 17일부터 1월 6일까지의 정부폐쇄
는 공화당이 주범으로 몰렸다. 마침내 밥 돌이 당의 노선에서 이탈해
상원에서 정부의 문을 다시 여는 결의안(resolution)을 통과시킴으로써
정부폐쇄는 종식되었다. 공화당 초선들도 날개를 접을 때가 되었음을
깨닫고 있었다. 깅리치도 1월 2일 패배를 인정하였다. 깅리치는 "너무
순진했다."

　예산전쟁은 클린턴에게 많은 이익을 남겼다. 그는 중도온건 입장을
취하면서도 강하다는 이미지를 보여주었다. 여론조사 결과 클린턴은
공화당의 이슈인 균형예산 및 범죄와의 전쟁에서조차 공화당을 앞지르
고 있었다. 95년을 마감하면서 '공화당의 이슈를 빼앗고, 정치적 중도
세력을 잡는' 임무를 완수할 수 있었다. 이러한 이득은 96년 1월 31일
시정연설 이후 클린턴이 기록적인 인기상승을 이룩하는데 밑거름이 되
었다. 예산전쟁은 공화당을 완전히 무력화시켰다. 여론조사 상으로 8%
정도 앞서는 우위였지만, 게임에 복귀하고 우위를 잡고 있다는 것이 중
요했다.

8. 참모간 '최후의 전쟁'과 공화당의 당내 전쟁

당신이 모든 분파주의의 원흉이다

95년 후반 모리스는 광고공세를 진두지휘하면서도 다른 한편 이케스를 비롯한 백악관 내부참모들의 동향에 신경을 곤두세우고 있었다. 모리스는 자기보호를 위한 파워게임을 불가피하게 할 수밖에 없었기 때문에 내부싸움의 기술을 개발해야만 했다. 모리스의 기술은 '포용정책'이었다. 즉, 대통령과의 관계를 견고히 하고, 참모들과의 관계에서 채찍보다 당근을 사용하는 것이었다. 이런 차원에서 스테파노풀러스를 비롯해 95년에 적대시했던 참모들에게 자신의 비밀도 털어놓았다. 자신에게 반대했던 엠마뉴엘에게도 '원한 같은 것은 없으니 같이 협력해서 일하자'고 제안했다. 엠마뉴엘은 92년 클린턴의 핵심적인 정치자금 모집책(fund-raiser)이었고 이후 범죄, 마약, 이민이슈를 다루고 있었다. 전직 발레 무용가였던 엠마뉴엘은 백악관 참모들 중에서 유일하게 새로운 아이디어를 가진 인물이었다. 그는 공화당의 전유물이었던 범죄이슈에서 클린턴이 反범죄 입장을 확고하게 견지하도록 하는데 많은 기여를 했다.

모리스의 컨설팅팀 구성원들은 모리스의 전략을 제대로 이해하지 못했다. 그러나 많은 사람들이 참여할 수 있도록 문을 열어 놓으면 그만큼 반대도 줄어들게 된다는 모리스의 전략은 정확한 노선이었다. 그러나 이 전략의 전제는 모리스팀의 '대오'가 흐트러져서는 안 된다는 점이다. 방문을 열어 놓았는데 밖에서 사람이 들어오지 않고 오히려 방안에 있던 참모들이 밖으로 나가버리면 아무 소용이 없게 되는 이치다. 때문에 모리스는 자신의 팀을 관리하는데 주의하지 않을 수 없었다. 간혹 통제는 거친 방법을 동원할 수밖에 없을 때도 있다. 모리스에게도 이런 방법을 취할 수밖에 없는 사례가 있었다. 이 사례는 구조적인 요인과 의도적인 음모가 결합되어 발생한 것이었다. 먼저 구조적인 요인이다. 모리스팀의 팀원들은 모리스에게 복종해야 한다는 사실을 알고 있었지만 대통령에게 가까이 다가가고 또 대통령도 모리스의 팀원이 아니라 개인으로 대하기 시작하자 경계선이 무너지기 시작했다. 이것을 막을 방법은 구조적으로 불가능했다. 특히 마크 펜이 그랬다. 그는 대통령의 조언자라는 새로운 위상 때문에 정신이 흐려졌다.

그는 워싱턴의 권력무대에 매료되어 소즈니크의 백악관 사무실에 작은 방을 마련했다. 백악관 정치담당 소즈니크는 모리스가 이케스를 다루는데 있어 높은 비중을 차지하고 있었다. 이케스의 보좌관격인 소즈니크를 활용함으로써 이케스를 통제할 수 있었다. 소즈니크는 똑똑하고 합리적인 인물이었으며, 모리스가 이케스와 직접 부딪치지 않고서도 일을 처리할 수 있도록 도와주었다.

다음으로 의도적인 요인이다. 백악관 참모들은 모리스를 견제하기 위해 모리스와 펜을 따로 떼어놓으려는 방법을 썼다. 펜에게 사무실이 주어진 것도 이런 맥락에서였다. 더욱 심각한 것은 소즈니크와 펜이 서로 친해지면서 이케스와 모리스 사이에서 실무자연합(coalition of technocrats)을 형성하려 했던 것이었다. 그들은 이케스와 모리스가 싸우는 사이에 그들이 직접 '배'를 조종할 수 있을 것으로 판단했다. 결국 백악관 참모들의 의도, 펜의 의도, 소즈니크의 의도가 한데 뭉쳐졌다. 백악관 참모들이 펜을 모리스도 참석하지 않은 백악관 모임에 참석시키자 모리스는 단호하게 칼을 뽑았다. 모리스는 직접 대통령을 겨냥했다. 그는 대통령에게 '정치적인 이유'를 들어 펜이 백악관에 사무실을 가져서는 안 된다는 점을 지적했다. 통신법과 관련해 예민한 협상이 진행되고 있는 상황에서 AT&T(미국의 전신전화회사)의 컨설턴트를 맡고 있는 펜이 백악관에 사무실이 있다는 사실이 알려지면 협상에 분란이 일어날 것이라는 점을 지적했다. 또 외국선거에서 일했던 경험도 잠재적인 분쟁요인이 될 것이라는 점도 지적했다. 모리스를 위해 여론조사를 돕는 것은 좋으나, 백악관에 사무실을 갖는 것은 위험하다는 논리였다.

대통령은 모리스의 판단을 수용하여 펜의 문제를 모리스에게 일임하였다. 모리스의 승리였다. 모리스는 펜에게 백악관에서 철수할 것과 소즈니크를 비롯해 백악관 참모들과의 거래를 중지할 것을 요구했다. 펜은 자신의 곁에 머물러야 한다는 점을 분명히 했다. 또 펜이 모든 모임에 참석하는 등 중심역할을 계속할 수 있도록 지원하겠다는 점을 약속했다. 펜은 그후 모리스와 함께 더욱 열심히 일했다. 이처럼 95년 6월 대통령, 부통령, 파네타실장, 모리스의 4자 회동이 있은 이후 모리스와 백악관 참모들간의 협력체제는 제대로 굴러갔다. 참모들은 일치된 주문을 하고 있었다. 그러나 10월, 11월 예산전쟁에서의 승기는 단결의 미덕을 강화시키기보다는 백악관 참모들에게 모리스를 제거하는 기회를 주었다.

참모들이 보기에 대통령이 공화당의 예산안에 반대하는 입장을 갖도록 하는데 모리스의 도움은 더 이상 필요 없었다. 같이 협력해서 일이 잘되게 했지만, 결국 모리스는 거겐이나 맥라티, 미키 캔터(Mickey Kanter)처럼 자신들의 세계에 뛰어든 침입자였다. 그들의 마지막 공세가 시작되었다. 이케스는 '모리스가 크리스마스 전에 쫓겨날 것이다.'라는 말을 여기 저기서 하고 다녔다. 또 기자들에게 모리스가 제퍼슨 호텔의 미니바 영수증을 캠프에서 지불하도록 요구했다는 등의 허위정보를 유출하기도 했다. 갑자기 언론에서 모리스가 외부 수입원에 대해 설명해야 한다고 외치기 시작했다. 모리스는 공식적인 급여대상자가 아니었고, 백악관을 출입하는 정규출입증도 없었기 때문에 이러한 것을 밝힐 의무가 없었다. 그러나 모리스에 앞서 비슷한 역할을 했던 카빌56)이 재정진술서(financial-disclosure form)를 제출했다는 전례에 비추어 백악관 법률고문이 이것을 제출하도록 명령했다. 처음에는 모리스의 부인에게도 요구했으나 반대에 직면하자 철회했다. 진술서의 정식명칭이 '비밀자술서'였음에도 불구하고 곧바로 언론에 공개되었다. 모리스를 제외한 어느 누구의 진술서도 공개된 적이 없었다. 모리스가 처음이었다.

진술서의 일부 내용 때문에 모리스가 강간범을 변호한다는 비난이 일어났다. 또 다른 공격은 모리스가 음란 비디오를 빌려 보고, 그 비용을 캠프에서 내도록 청구했다는 허위정보가 언론에 유출된 것이었다. 모리스는 이러한 허위정보 유출이 이케스, 카빌에 의해 저질러졌다고 생각했다. 모리스에 따르면, 카빌은 모리스가 클린턴에게 추천했는데 클린턴의 재임 초기 2년 동안에는 두 사람의 사이가 좋았다고 한다. 95년 가을 두 서너 달 동안 모리스는 카빌과 상의하면서 일했다. 그는 대통령을 위해서는 무엇이든 할 것이며, 캠프의 핵심이 될 생각은 없다고 자신의 입장을 밝혔다.

모리스는 카빌의 조언이 유용하다고 생각했다. 그러나 언론에서 모리스에 대한 부정적 기사를 쓰도록 부추긴다는 의심이 들자 정기적 모임을 취소해버렸다. 〈The Washington Post〉에서 모리스에 대한 부정적 기사가 나가기 전 카빌이 그 신문사의 드브로이(Devroy) 기자와 식사하는 것이 목격되기도 했다. 공화당원인 카빌의 부인 매리 매털린(Mary Matalin)은 방송에서 모리스가 음란 비디오를 빌려본다는 비난을 퍼부었다. 카빌은 항상 마누라와 함께 양동작전을 폈다.57) 끊임없는 공격이 이어졌다. 공화당도 모리스를 해고하라고 요구했다. 공화당의 미디어 기술자인 알렉스 카스텔라노스(Allex Castellanos)가 '클린턴이 주지사이던 시절 클린턴이 어디를 가든 그에게 여자를 주선해주는 채홍사 역할을 했다'는 말을 공식적으로 했다면서 데브로이 기자가 전화로 사실확인을 요청하기도 했다.

보울스가 떠날 시점이 되자 상황은 더욱 악화되었다. 보울스는 모리스가 백악관 내부투쟁을 피해갈 수 있도록 도와주었으나, 그마저도 95년말 사임할 준비를 하고 있었다. 모리스는 보울스의 후임에 자신에게 우호적인 인물을 기용되기를 기대했으나 어려워 보였다. 이케스는 차장 자리 하나를 아예 없애버리려 했다. 또 스테파노풀러스가 이 자리를 원했다. 스테파노풀러스가 도와달라고 했을 때 모리스는 거절했다. 왜냐하면 그는 동료(colleague)이긴 하지만 동지(ally)는 아니라고 여겼기 때문이었다. 대통령은 前부대변인 에벌린 리버맨(Evelyn Lieberman)을 보울스의 후임으로 지명했다. 모리스는 그녀가 이케스의 사람인 줄 알고 경악했다. 사실 그녀는 힐러리와 가까웠다. 그러나 모리스는 그 사실을 몰랐다. 또 선거운동 책임자로 이케스의 부하이자 스테파노풀러스의 대학 룸메이트인 케빈 썸(Kevin Thurm)을 지명할 계획이 진행 중이라고 듣고는 '고립화'가 이제 완벽해졌다는 생각을 했다.

리버맨의 임명이 공식 발표된 직후 열린 12월 7일 전략모임에서 모리스는 클린턴에게 따졌다. "생각과 전략이 다른 사람들을 중요한 자리에 임명해 놓고 어떻게 일을 하라는 것이냐?" 이것이 대통령의 분노를 촉발시켰다. 대통령은 "당신이 모든 분파주의의 원인이며, 부통령을 당신의 하수인으로 만들었다"며 모리스를 몰아세웠다. 이에 대해 모리스는 이렇게 생각했다. "맞다. 백악관에서 내가 분파주의의 원인이다. 그러나 그 분파는 대통령이 만든 것이다. 대통령이 일을 망친 참모들을 견제하고, 노선을 바꾸기 위해 나를 백악관에 데려왔기 때문에 생긴 것이다. 따라서 분파를 형성하는 것은 선거에 이기기 위한 것이다." 모리스는 떠나야 할 시간이라고 판단했다. 대통령에게 사임한다는 말을 하고 펜, 션, 바에르와 인사를 나눈 뒤 코넷티킷으로 떠났다.

쫓겨나기 전에 먼저 떠나라

집에 돌아와 있는 모리스에게 클린턴이 전화로 사과했다. 이 때 모리스는 거겐이 조언한 대로 했다. 클린턴 행정부를 중도노선으로 바꾸려다 참모들에 의해 쫓겨난 거겐은 모리스에게 '처신의 정치'(politics of the place)에 대해 조언한 바 있었다. 거겐은 백악관 참모들이 자신을 공격한 것에 대해 클린턴에게 직접 이야기하지 않은 것을 후회하면서, 클리턴에게 직접 이야기하는 것이 옳은 판단이라는 조언을 했다. 모리스는 대통령과 통화하면서 거겐의 충고에 따랐다. 모리스는 클린턴이 백악관내 분파주의를 해소하겠다는 약속을 한 후에 돌아가기로 동의했다.

대통령의 지시로 리버맨은 열심히 도와주었다. 그러나 그녀의 말대로 그녀는 힘이 없었다. 대통령과의 사이는 어느 정도 좋아졌다. 케빈 썸은 지명되지 못했다. 그러나 그것뿐이었다. 이 때 모리스는 드골 (Charles de Gaulle)처럼 행동하기로 했다. "상황이 참을 수 없을 때에는 불가피하게 떠나야 하기 전에 먼저 제 발로 떠나라." 드골에게 사임은 권력을 얻는 하나의 방법이었다. 사임 압력을 통해 일이 잘되면 좋고, 잘못되면 명성을 유지하면서 떠남으로써 훗날 다시 싸울 수 있는 여지를 남긴다는 전략이었다.

96년 1월 초순 모리스는 클린턴에게 전화해 사임할 뜻을 전했다. 모리스는 자신의 동료 컨설턴트에게도 동반사임할 것을 요청했고 모두들 동의했다. 모리스로서는 총력전이었다. 이런 모리스에게 아내가 대통령의 뜻을 '해석'주었다. 즉, 모리스가 대통령하고 직접 그리고 조용히 일하는 것이 대통령의 뜻이라는 지적이었다. 대통령은 모리스가 자신의 참모들과 일하고 언론에 알려지는 것을 원치 않는다는 것이었다. 참모회의에 나가지 말 것을 권유했다. 96년 1월 중순 모리스는 대통령과의 만남에서 아내의 '해석'을 사실로 확인할 수 있었다. 클린턴과 모리스는 타협했다. 클린턴은 모리스가 자신의 어깨 위에 앉아 귀에다 대고 속삭이는 새가 되기를 원했다. 이것이 그가 이케스에게 힘을 실어주고, 이케스의 사람들로 참모를 구성하면서까지 모리스에게 전하고자 했던 메시지였다. 클린턴은 더 이상 모리스가 참모들을 장악하거나 혹은 참모의 일부가 되는 것을 원치 않았다. 상황은 충분히 반전되었기 때문에 그럴 필요가 없었다. 곳곳에서 오만불손한 처신을 하는 모리스의 행태도 부담스러웠을 것이다.

클린턴은 참모들과 거리를 두는 사람이었다. 그는 혼자 결정했다. 그는 외향적이고 말이 많은 사람인 것으로 알려졌지만, 백악관에서는 내성적이었고 말수가 적었다. 그는 스스로를 잘 드러내 보이지 않았다. 모임에서 그는 거의 말이 없었다. 표정 없는 얼굴로 다른 사람의 의견을 듣고는 결심에 대해서는 아무런 언질도 주지 않았다. 그는 아무도 신뢰하지 않았다. 클린턴은 루즈벨트처럼 같이 일하고 싶지 않은 사람들도 함께 참모로 지명함으로써 통제력을 행사하였다. 양 대통령에게 참모들간의 갈등은 선택대안을 보다 분명하게 해주는 것이었다. '일사불란한 참모진은 곧 관료화되고, 모든 사람을 한 방향으로 그러나 잘못된 방향으로 이끈다'는 생각을 하고 있었다.

모리스의 새로운 활동방식에 대해 파네타도 만족했다. 모리스는 주간 전략모임을 제외한 모든 모임에서 철수했다. 오로지 대통령의 귀에만 대고 속삭였다. 모든 일이 잘되어 갔다. 파네타, 이케스 등은 모리스를 제거했다고 생각했지만, 곧 클린턴과 모리스가 한 팀이 되었다는 것을 깨달았다. 이후 참모들과 모리스간의 싸움은 잠정적인 소강상태에 빠졌다.

모리스의 새로운 활동방식

모리스는 이제 연설문이 마음에 들지 않으면 자신의 원고를 대통령에게 전하면 되었다. 대통령의 일정이 틀렸다고 판단되면 자신의 안을 대통령에게 올리면 그만이었다. 점차 참모들이 이러한 형편을 알게 되었고, 먼저 상의하곤 했다. 의견 차가 생겨도 논쟁하지 않고, 그냥 대통령에게 가서 자신의 생각을 말하면 그것으로 족했다.

단 한순간의 예외도 없이 언제나 클린턴은 고어가 2000년에 경쟁자 없이 민주당의 후보가 되어야 한다고 말하곤 했다. 그래서 모리스에 대해 배려도 할 겸해서 고어에게 선거책임자(campaign manager) 역할을 부여하고 캠프 운영의 통제권도 주었다. 모리스는 클린턴에게 자신의 메시지를 대통령에게 전달해줄 한 사람이 대통령을 수행할 수 있도록 해달라고 요청했다. 백악관을 떠나 지방 방문 중에는 빡빡한 일정 때문에 서로 의사소통이 잘 안되기 때문이었다. 모리스는 자신의 비서실장인 톰 프리드만(Tom Freedman)을 추천했다. 프리드만은 대통령과 일을 썩 잘했다. 그는 최신 정보를 모리스에게 알려줌으로써 필요한 경우 모리스가 행동을 취할 수 있도록 해주었다. 톰은 영리하고 충성심이 강한 사람이었다. 버클리대학 법률평론의 편집장을 지낸 그는 미묘한 사인을 금방 이해하고, 가면 뒤에 숨어 있는 진면목을 파악하는 데 뛰어났다. 그는 뛰어난 아이디어를 갖고 있었다.

대통령을 수행하면서 톰은 대통령이 연설에서 무엇을 말하는지를 모리스에게 알렸다. 대통령이 새로운 주장이나 제안을 하면 모리스에게 알리고, 그러면 모리스가 여론조사를 해 검증하고, 다시 대통령에게 보고하였다. 대통령이 재차 더 다듬어 보라고 지시하면 완벽해질 때까지 조사를 거듭하였다. 때때로 톰은 연설에서 실수를 발견하곤 했는데, 그때마다 모리스에게 연락해서 모리스가 대통령에게 주의를 주도록 했다. 그러나 공화당은 예비선거에 정신이 팔려 대통령의 실수에 신경 쓸 겨를이 없었다. 운이 좋았다.

대통령이 모리스에게 원하는 것은 선택대안이었다. 대통령이 백악관 집무실에 앉아 있다보면, 쉽게 그날 그날의 구체적인 일들에 의해 압도된다. 그러므로 행동방침을 알려주는 참모들에게 의존할 수밖에 없다. 스스로 생각할 겨를이 없다. 이런 차원에서 톰은 4명의 사람을 구했다. 그들은 매일 저녁 뉴스를 모니터하고, TV 대담프로, 25개 지역의 신문, 여러 개의 정기간행물 등을 점검해 가치가 있는 아이디어면 무엇이든지 모리스에게 보고하도록 했다. 모리스는 언론에서 제기하는 이슈들에 대한 대통령의 정책 대안을 마련하고자 노력하였다.

모리스는 또한 정책전문가 네트워크도 활용하였다. 행정부 내에서는 딕 릴리(Dick Riley) 교육장관, 헨리 시즈네로스(Henry Cisneros) HUD 장관, 라이히 노동장관, 미키 캔터 무역대표부(Trade Representative) 의장 등과 정기적으로 상의했다. 뉴욕에서 온 엘리자베스 홀츠만(Elizabeth Holtzman)과 엘리어트 스피처(Eliott Spitzer)는 범죄와 여성이슈에 대해 조언했다. 백악관 내에서는 범죄이슈에 대해서는 엠마뉴엘, 복지에 대해서는 리드, 환경에 대해서는 게이티 맥긴티(Katie McGinty), 세금 및 재정정책에서는 스펄링과 정기적으로 만났고, 커리는 10대 폭력조직 등과 관련된 아이디어를 제공했다. 나오미 울프는 학생 교복, 양자입양에 대한 세제특혜, 보다 간편한 이인종간 입양법, 작업장의 유연성 제고 등의 아이디어를 고안하는데 많은 도움을 주었다. 그녀는 종종 여성의 노고를 가장 잘 이해하는 후보가 이길 것이라고 했다. 모리스는 이러한 아이디어들을 대통령에게 전달했다. 물론 내각에 있는 사람들은 독자적으로 대통령에게 보고하기도 했지만, 모리스의 중재가 대통령으로 하여금 자신들의 이슈에 보다 관심을 갖도록 하는데 도움이 되었기 때문에 모리스의 중재를 환영하였다.

96년 1월 중순 클린턴은 백악관 내 분파주의를 불식시키겠다는 모리스와의 약속을 지켰다. 참모들을 모아놓고 이케스에게 경고했다. "참모들이 나에게 자신과 모리스 중 한 사람을 선택하라고 하는데, 나는 아마 여러분들이 좋아하지 않을 결정을 할 것이다. 고어와 나를 제외하고 캠페인의 방향을 돌려놓는데 가장 공헌한 사람은 맥올리페(McAuliffe) 58)와 모리스다. 그러니 선택하라고 요구하지 마라." 선택을 해야 한다면 맥올리페와 모리스를 선택할 수밖에 없으니, 선택을 강요하지 말고 자중하라는 뜻이었다. 그 후 내부 싸움들이 잠잠해졌다.

파월은 미국 언론의 산물

이 대목에서 공화당의 경선에 눈을 돌려보자. 클린턴이 공화당의 후보 중에서 제일 걱정한 사람은 걸프전의 영웅이고 전(前)합참의장이자 흑인의 우상인 콜린 파월(Colin Powel)이었다. 92년 클린턴은 부통령을 선택하는 문제로 모리스와 오랜 시간 이야기한 적이 있었다. 당시 모리스는 고어를 추천했다. 전통적인 관념으로는 자신과 다른 부통령 후보를 뽑아 균형을 맞추는 것이었다. 하지만 모리스는 고어의 명쾌함이 아직 클린턴의 진면목을 모르고 있는 대중들에게 클린턴을 알리는 데 큰 도움이 될 것이라는 논리를 폈다. 당시 이야기 중에 파월의 이름도 나왔다. 클린턴은 파월을 좋아했다. 시간이 흐른 95년 클린턴은 파월을 여전히 좋아하면서도 두려워했다.

95년 9월 16일 파월이 자신의 책 홍보여행을 시작했다. 자서전 『My American Journey』는 엄청난 반향을 불러 일으켰다. 25개 시(市)에서 열린 홍보 사인회에서 수많은 인파가 몰렸다. 이것은 많은 사람들, 특히 정치권과 언론계 인사들에게는 대통령직 출마의 서막으로 받아들여졌다. Time과 CNN의 여론조사에서는 파월이 공화당으로 출마할 경우 46% 대 38%로 클린턴에게 이기는 것으로 나타났다. 여론은 파월의 출마를 부추기고 있었다. 그러나 파월은 명성이란 '하루아침에 소멸될 수 있다'는 사실을 잘 알고 있었다. 자신이 생각하기에 훌륭한 인물인 부시도 하루 저녁에 사라졌다. 파월은 가능한 대안은 거의 전부 다 검토하기로 했다. 파월은 지능게임(intellectual game)59)보다는 모든 합리적 대안들을 타산해보는 습관이 있었다. 그는 큰 문제들에 대해서도 모든 각도에서 접근하는 자세를 갖고 있었다. 그가 군(軍)에서 한 일도 주로 선택대안들을 분석하는 업무였다.

파월의 출마에 앞장 선 사람은 세 명이었다. 세 사람 모두 아이젠하워나 정치를 초월하는 '시민대통령'(citizen president)의 개념을 추종하는 사람들이었다. 첫째는 뉴욕의 홍보전문가인 매크래리(McCrary)였다. 그는 52년 아이젠하워의 출마를 독촉하는 일련의 국민청원을 조직함으로써 아이젠하워의 출마를 설득하는데 도움을 주었던 전력이 있었다. 이 사람은 파월을 아이젠하워에 비교하면서 출마를 권유했다. 또한 사람은 역사가이자 아이젠하워의 전기작가인 스테판 암브로즈(Stephen Ambrose)였다. 이 사람은 파월의 출마가 의무라고 하면서, 파월의 연설문 작성자라고 자임할 정도로 구체적이었다. 셋째는 은퇴한 투자 은행가인 찰스 켈리(Charles Kelly)였다. 이 사람은 콜린 파월을 위한 시민모임을 이끌고 있었다. 예일대에 다닐 때인 52년 아이젠하워를 위한 시민모임을 이끌었던 전력이 있는 사람이었다. 그러나 이 사람들은 선거전문가로선 결코 최고가 아니었다.

파월의 출마여부는 클린턴 진영과 돌 진영 모두에게 초미의 관심사였다. 클린턴은 10월부터 11월 초순까지 파월의 출마라는 '망령' 때문에 잠을 제대로 못잘 정도로 신경을 쓰고 있었다. 대통령은 파월을 꺾을 수 없다고 판단했기 때문이었다. 파월이 출마하면 흑인표를 빼앗아 갈 것이고, 또 파월이 공화당과의 차별화도 가능하기 때문에 꺾기 어렵다는 예상을 하고 있었다. 이즈음 파월 숭배자(Powell-mania)들은 파월의 책이 출간되자 일대 붐을 조성함으로써 파월을 전국적인 인물로 만들고 있었다.

클린턴은 파월에 대한 아첨분위기 때문에 화가 났다. '언론이 파월에게 무임승차 기회를 주고 있다'며 불평했다. 사실 파월은 미국 기성언론(media establishment)이 만들어낸 후보였다. 언론의 관심거리 찾기로 인해 과열된 스포트라이트를 받고 있었다. 이 문제에 대해 모리스는 해결책을 제시해야만 했다. 파월문제에 대해 여러 차례 여론조사를 해오고 있던 펜, 선과 더불어 해결책을 상의했다. 11월 초순 전략모임에서 그들은 대통령에게 '공화당후보로서' 파월은 클린턴에게 승리할 것이나, 파월은 결코 공화당후보가 될 수 없다는 사실을 보고를 했다. 만약 파월이 무소속으로 출마한다면 클린턴에게 질 것이라는 점도 보고했다. 상황 끝!

왜 파월은 공화당후보가 될 수 없는 것으로 판단했을까? 여러 후보가 각축하는 공화당 예비선거에서 돌은 파월에 비해 근소한 우위를 지키고 있었다. 문제는 만약 타후보들이 도중하차하는 경우에 발생하는 것이었다. 돌과 파월 두 사람이 남아 최종 경쟁할 경우에는 돌이 2 對 1 이상으로 승리한다는 것이 여론조사 상으로 나타났다. 그램(Gram), 뷰캐넌(Buchanan), 포브스(Forbes), 알렉산더(Alexander)를 지지했던 표들이 파월보다는 돌에게 쏠리기 때문이었다. 파월이 '긍정적 조치'와 무기통제를 지지하고, 낙태에 찬성하는 입장이었는데, 이는 종교적 우파가 지배하고 있는 예비선거에서 파문에 해당하는 것이었다. 파월이 공화당의 후보가 될 수 없다는 여론조사 결과를 보면서, 모리스는 이제 클린턴의 재선을 가로막고 있는 마지막 장애물이 제거되었다는 판단을 했다. 11월 초순 전략모임에서 모리스는 "선거는 이제 끝났다"고 선언했다. "클린턴, 당신이 이겼습니다. 축하합니다." 다른 사람들은 비웃었지만, 대통령은 아무 말이 없었다.

파월의 출마에 대해 걱정하기는 돌진영도 마찬가지였다. 파월의 인기가 치솟자 리드의 고민은 커져만 갔기 때문에 움직이지 않을 수 없었다. 리드는 파월 쪽에 개인적인 선(線)을 갖고 있었다. 레이건 행정부 시절 마지막 백악관 비서실장을 지냈고, 파월의 오랜 친구이자 핵심적인 정치고문인 케네스 두버스타인이었다. 리드와 두버스타인은 서로 전화하면서 정보를 나누기도 하고, 상대 진영을 탐색하기도 했다.

리드가 보기엔, 파월은 언론으로부터 엄청난 취재공세를 받으면서 출마를 권유받는 형국이었다. 돌이 인터뷰에서 머리 염색이나 이혼경력에 대해 질문 받는 홀대에 비하면 파월에 대한 대우는 가히 파격이라고 할만했다. 이런 생각을 하며 리드는 투덜거렸다. 언론의 '호들갑'을 불가항력이라고 보고, 리드는 파월의 출마에 대비한 3가지 포인트의 전략을 수립하였다. 첫째, 돌은 파월을 환영하고 비판하지 않는다. 둘째, 원래의 게임 플랜(game plan)[60]을 고수한다. 셋째, 돌을 지지하는 유명한 상원의원, 주지사, 기타 지역 공직자들의 배신적 이탈을 차단한다.

10월 중순 워필드가 리드에게 흥미 있는 소식을 전했다. 워필드가 전에 모셨던 화장품업 상속자이자 뉴욕시장에 출마했다가 낙선한 로날드 로이더(Ronald Lauder)로부터 들은 말이었다. 파월이 로이더에게 전화해 선거자금을 모으는 역할을 할 수 있는지 물었다는 것이었다. 리드는 로이더를 하찮은 사람으로 폄하하고 있었지만, 로이더의 말은 매우 유용한 공격재료였다. 리드는 이 사실을 2명의 기자에게 흘렸다. 리드는 정보유출을 통해 파월이 다시 생각하기를 기대했다. 즉, 파월이 출마한다면 사적인 것은 없게 된다는 사실을 보여주고, 또 선거자금 모금을 위해 전화하라고 독촉한 두버스타인을 의심하도록 만들고자 했다. 우회적인 협박용이자 이간책으로 활용할 생각이었다. 언론에 기사가 났을 때 리드는 환호했다.

리드는 계속해서 파월에게 압력을 가했다. 레이시는 돌과 파월이 경쟁하는 2파전 구도에서는 돌이 42% 대(對) 29%로 이긴다는 비밀 여론조사 결과를 가지고 있었다. 게다가 절반 이상의 공화당원들이 돌은 보수적이라고 생각하고, 파월은 중도이거나 리버벌이라고 생각하고 있었다. 레이시는 이 여론조사 결과를 교란용으로 활용했다. 루드맨을 통해 파월진영에 알려 파월이 겁을 먹도록 유도할 생각이었다. 그러나 실현되지는 못했다. 루드맨이 두버스타인에게 전화를 하자 두버스타인은 고마워하면서도 자신의 여론조사 자료가 있으니 필요 없다며 거절했기 때문이었다.

파월의 비서실장 빌 스물렌(Bill Smullen)은 30년을 군에서 봉직한 사람이었다. 그는 말을 삼가는(low key) 스타일이었지만 세심한 사람이었다. 이 사람은 파월에게 가해질 언론의 무자비함에 대해 이야기하면서 이렇게 말했다. "핵심은 일부 뉴스 취재에서 진실이 간혹 하찮게 취급되고, 가장 의미가 없는 요소가 된다는 점이다." 스물렌은 파월의 출마를 말렸다. 파월의 출마를 반대하는 위협도 점점 거세졌다. 공화당내 반(反)증세, 반(反)낙태 우파의 몇몇 지도자들이 기자회견을 열고 파월이 출마하지 말라고 협박했다. 그들은 파월을 워싱턴의 저명한 내부인사(insider Washington celebrity)로, 자유주의자로, 혁명적인 정당에 속해 본 적이 없는 기득권층의 일부로 간주했다. 깅리치는 파월을 비밀리에 만나 출마하면 환영받게 될 것이라면서도 본심을 드러내는 말을 남겼다. "당신은 이 문제에 대해 인간적인 측면에서 생각해야만 합니다." 파월의 부인은 출마에 대해 한사코 반대했다.

이처럼 상황이 혼란스러워지자 파월은 원점에서 다시 생각했다. 그리고 다음과 같이 정리했다. 언론에서 자신을 부추기는 것은 관심을 자극하는 사람이 없는 데서 비롯된 것이다. 언론에서 집중적인 관심을 보인 저 유명한 심슨 재판도 끝났다. 공화당의 후보경쟁은 정체되어 있다. 따라서 언론에서 흥미를 끌 만한 새로운 인물을 찾고 있다. 때문에 자신을 주목했고, 몇 달 동안 우려먹었다. 이처럼 파월은 사태의 본질을 꿰뚫고 있었다. 또한 전쟁이 시작되거나, 장막이 걷혀 전모가 드러나기 전에 결정을 해야만 한다는 사실도 알고 있었다.

마침내 파월은 불출마를 결심했다. 이 결심을 스몰렌 등에게 알렸다. 하지만 그는 '장애에 부딪히면 곧 포기하고 마는 겁쟁이'로 비쳐지고 싶지는 않았다. 또 국가나 정치에 대해 냉소적인 태도를 갖고 있는 것으로 보이고 싶지도 않았다. 11월 8일 파월은 불출마를 공식 발표했다. 언론에서는 파월의 불출마 선언 뒤에도 계속 불출마의 '진짜 이유'를 찾기 위해 노력하였다. 그러나 파월의 불출마 선언은 문자 그대로 최종 불출마 선언이었다. 언론에서 사실대로 믿지 않고 추적한 것은 열쇠구멍 저널리즘(Keyhole journalism)[61]의 산물이었다. 또 그것은 정치 세계의 관행이기도 했다.[62]

파월 다음으로 공화당의 후보 중에서 클린턴과 고어가 두려워한 사람은 라마 알렉산더(Lama Alexander)였다. 그의 구호는 ABC이었다. '알렉산더는 클린턴에게 이긴다'(Alexander Beats Clinton)는 의미였다. 클린턴은 알렉산더가 자신과 너무 많은 점에서 닮은꼴이라는 점을 우려했다. 그러나 모리스는 알렉산더가 공화당의 후보가 될 가능성은 없다고 잘라 말했다.

공화당의 당내 경선 레이스

공화당의 당내 경선주자들이 어떠했기에 클린턴은 그 중에서도 특히 알렉산더를 두려워했을까? 공화당의 당내 경선에 출마한 주요후보들의 면면과 그 참모들을 살펴보자. 돌에게 가장 강력하게 도전한 후보들은 알렉산더, 뷰캐넌, 포브스 등이었다. 테네시 주지사를 두 번 역임한 알렉산더는 95년 2월 28일 대선(大選) 출마를 공식 선언했다. 사실 그는 부시가 클린턴에게 패배할 때부터 출마를 준비했다. 자신보다 여섯 살이나 어린 클린턴이 대통령이 되고, 테네시 출신인 7살 연하의 고어가 부통령이 되었다면 자신도 할 수 있다고 생각했다. 자신의 정치적 스승인 前테네시 상원의원 하워드 베이커(Howard Baker, Jr.)가 88년 여러 난관을 계산하면서 출마에 대해 머뭇거릴 때, 알렉산더는 '대통령에 대한 도전의 대가로서는 결코 비싼 것이 아니다'며 출마를 권할 정도로 강한 출세지상주의자였다.

알렉산더는 부시정권에서 교육장관을 지냈다. 그는 부시가 패배했다는 기사의 잉크가 채 마르기도 전인 92년 11월 6-8일 동안 다섯 명의 측근들과 함께 출마계획을 세웠다. 96년을 생각하고 있던 공화당 후보들 중에서는 가장 빠른 것이었다. 준비된 후보였다. 그러나 참모들의 눈에서조차 알렉산더는 단순히 야심과 자리욕심 때문에 출마하는 것이었다. 그 후 2년 동안 알렉산더는 '신뢰할 수 있는 인물의 이미지'(credentials)를 구축하고, 강력한 반(反)워싱턴 메시지를 제시하고자 노력했다. 그는 공화당의 가장 전도양양한 컨설턴트인 마이크 머피(Mike Murphy)를 수석전략가로 고용했다. 말을 빨리 하는 버릇이 있는 머피는 보수적인 성향의 미디어귀재(media wizard)였다. 그는 미시간과 뉴저지를 포함해 큰 주(州)들의 주지사선거를 도왔다. 머피는 윌슨의 전략가인 시플과 함께 미디어 회사를 공동 운영하는 파트너였다.

머피의 주장은 2가지가 핵심이었다. 첫째, 워싱턴과 뉴욕의 정치·언론 엘리트들이 '인기 없는' 것이라고 여기는 일들을 해야 한다고 했다. "사실은 인기에 연연하지 않는 이야기들이 공화당의 경선에서 이긴다." 둘째, 알렉산더가 여론조사에서 명망성과 지지도가 낮은 것에 대해 전혀 신경 쓸 필요가 없다고 했다. 머피는 광고를 통해 '우리는 새롭다. 새로움은 좋은 것이다. 그 무엇도 새로움을 꺾을 수 없다'는 식

(式)의 메시지를 던져야 한다고 했다. 일종의 '新'주의(new-ism)이다. 머피는 후보자리를 '훔쳐야' 한다는 생각을 갖고 있었다. 머피의 전략은 만약 앞서가는 주자들이 대세를 장악하지 못하거나 중도탈락하면, 돌이나 그램을 대체하는 대안으로써 부상하는 틈새전략이었다. 알렉산더는 '보통사람 대중주의'(regular -guy populism)를 표방하면서, 대통령이 되면 권력을 워싱턴에서 빼앗아 각 州로 되돌려 주겠다는 점을 약속했다. 그는 뉴햄프서로 달려갔다.

95년 3월 20일 패트릭 뷰캐넌(Patrick Buchanan)이 출마를 공식 선언했다. 칼럼리스트이자 TV 평론가인 뷰캐넌은 뉴햄프서에서 200여 명의 지지자들에게 둘러싸인 이벤트를 통해 출마를 선언했다. 56세의 뷰캐넌은 공화당에서 질풍 같은 존재였다. 92년 대통령후보 경선에서 현직대통령인 부시에게 도전했었다. 뷰캐넌의 격렬한 수사와 가시 돋친 비판은 부시를 약화시켰고, 그 결과 부시가 클린턴에게 패배하는 데 일조하였다. 이적(利敵)행위를 했다는 비난에도 불구하고 뷰캐넌은 오히려 92년에 대해 '경선에서는 졌지만 당의 정신과 마음을 지키는 싸움에서는 승리했다'고 주장했다.

뷰캐넌의 슬로건은 극단적인 미국제일주의(Americam first)라고 할 수 있었다. 허약한 방위체계를 비판했고, 외국과의 무역협상을 '미국 노동자에 대한 배신'이라며 성토했다. 월스트리트와 은행가들, 자유주의자들을 적(敵)으로 규정했다. 언론이나 정치 인사들은 뷰캐넌을 '주변후보'로 묘사하거나, 국민들 사이에서 점점 발흥하고 있는 '항의투표'(protest vote)의 흐름에 편승한 인물로 취급했다. 뷰캐넌은 닉슨 대통령의 일급 참모였고, 연설문 작성자였다. 닉슨의 워터게이트 스캔들 시절, '문제의 녹음 테이프를 태워 버리자'는 '모닥불 해결책'(bonfire approach)을 제안한 것으로 유명한 뷰캐넌은 이런 말을 했다. "문제는 워터게이트도 아니고 은폐도 아니다. 문제는 닉슨이 미국 국민들에게 진실을 말하지 않았다는 것이다."

뷰캐넌은 인종주의자, 성(性)차별주의자였고, 고집불통이었다. 그는 히틀러에 대해서도 위대한 용기를 가진 사람, 최고의 정치조직가, 유럽의 역사에 뛰어든 지도자, 탁월한 웅변능력을 가진 사람으로 평가했다. 또한 그는 정부관리들이 공산주의자라는 파괴적이고 터무니없는 비난을 통해 정치명성을 얻은 조셉 매카시(Joseph McCarthy)에게 끝없는 존경심을 품고 있었다. 국민들은 "매카시가 말한 내용이 옳았기 때문이 아니라 그가 무엇을 말하고자 하는지를 이해했기 때문에 지지했다"는 것이 뷰캐넌의 해석이었다. 사실 뷰캐넌은 후보경선 과정에서 이른바 '매카시 도정'(McCarthy road)을 그대로 따랐다. 뷰캐넌은 통치하고 있는 기성체제(establishment)를 날려버리는 것에 자신의 정치적 목표를 두고 있었다. 돌을 당의 지도자로 인정했지만, 당의 심장인 '운동'(movement)을 이끄는 지도자는 아니라고 평가했다. 뷰캐넌의 돌에 대한 평가는 옳은 것이다. 당을 관리하는 책임자가 아니라 나라가 가야 할 비전을 실현하는 운동의 지도자가 되어야만 현실의 승자, 나아가 역사의 승자가 될 수 있다. 돌은 '관리(管理)대통령'을 지향했기 때문에 메시지가 없는 것이 큰 약점이었다.

47세의 포브스(Steve Forbes)는 사실 본인의 출마보다 잭 켐프의 출마를 강력하게 권유하던 사람이었다. 포브스가 경제를 고양시킬 것으로 여기고 있는 경제 아이디어를 가진 사람은 켐프 뿐이었다. 아이디어의 핵심은 낮은 세율이었다. 94년 클린턴의 보건의료개혁안이 실패했을 때, 포브스는 '큰 정부'(big government), 높은 정부지출의 구질서는 이미 수명을 다하고 있다고 보았다. 그는 94년 공화당이 상·하원을 장악하게 된 이유도 이런 측면에서 찾았다. 그가 보기엔 공화당이나 민주당이나 모두 냉정 종식의 의미를 파악하는 데 실패하고 있었다. 냉전 체제 하에서는 정부가 모든 것을 정했다. 그러나 외부의 적이 없어진 이상 모든 것이 바뀌었다. 새로운 경제, 정보화시대는 중앙집중과 정반 대다. 경제가 이미 세계시장으로 옮겨가고 있으므로 정부는 대폭 축소 되어야 한다. 미국은 평화의 신(新)세기를 준비해야 한다. 세금체계는 낡은 정치질서, 중앙집중화되고 시대에 뒤떨어진 기업 이윤을 보장하 는 것이기 때문에 뿌리채 바꾸지 않으면 안 된다. 돌은 기껏해야 이러 한 아이디어에 표피적으로 접근할 뿐이다. 이것이 포브스의 요지였다.

포브스는 17% 정도의 단일세를 포함하는 근본적인 세제개편을 원했 다. 그램의 동료인 하원원내총무인 딕 아미가 비슷한 단일세안을 추진 하고 있었다. 아미는 그램이 정교수로 재직할 때 학부 재학생이던 '어 린애'에 불과했다. 이런 측면에서 그램은 포브스의 우상이자 희망이었 다. 둘 간의 차이도 있었다. 그램은 재정적자를 줄이는 것이 전부라고 생각했다. 여기에 모든 것을 걸고 있었다. 반면 포브스는 비용을 줄이 는 것만으로는 부족하다고 보았다. 투자, 새로운 기회, 근본적인 재편 이 필요하다는 입장이었다.

처음 주위에서 출마를 권했을 땐 웃어 넘겼다. 그러나 켐프의 불출 마 선언 이후 차츰 포브스도 자신이 출마하는 방안을 검토하기 시작했 다. 자신이 회장으로 있는 워싱턴의 씽크 탱크인 '엠파워 아메리카' (Empower America)의 빌 달 콜(Bill Dal Col) 소장에게 출마 건을 상 의했다. 84년 뉴욕에서 레이건 캠페인을 도왔고, 88년 워싱턴에서 부시 캠페인을 도왔던 경력이 있는 달 콜은 출마하면 '발가벗겨지는 신세'가 될 것이라고 했다. 본인, 부모, 형제, 딸, 조카, 질녀, 삼촌 등 모두가 기사의 대상이 될 것이라고 설명했다. 비용은 약 2천만 불에서 2천5백 만 불 정도 들 것이라고 계산했다.

포브스는 정치 캠페인이 다른 형태의 '세일즈'라고 생각했다. 그는 퍼스낼러티에서 클린턴에 못 미친다는 것을 알고 있었다. 세 번 클린턴을 만났는데, 그는 사람들에게 친근하게 대하는 기술, 카리스마, 감정이입, 따뜻함, 사람들과의 의미 있는 교감 등 탁월한 퍼스낼러티를 가지고 있었다. 그러나 포브스가 보기엔, 클린턴이 한 시대를 경영하고 있지 못하고 있었다. 시대를 경영하는 것은 대통령의 주요 임무 중의 하나인데, 클린턴은 그것을 깨닫지 못한 채 그 방향이나 명확한 경로조차도 제시하지 못하고 있었다. 포브스는 CNN에 출연해 이렇게 말했다. "밥 돌만을 지적하는 것은 아니지만, 불행하게도 후보들이 '숫자로 그림을 그리는 것'과 같은 정치를 하고 있다는 인상을 주고 있다. 그것은 예술도 아니고, 리더십도 아니다." 그리고 나서 자신의 대안으로 세금 체계의 개편, 단일세를 제시했다. 그는 TV 출연을 시운전 해보는 기회로 삼고자 했다.

8월말 포브스는 최종 결심을 하고 달 콜을 연봉 21만 불의 선거책임자로 임명했다. 출마선언문을 준비하면서 포브스는 2개의 전선(戰線)을 가진 전쟁을 치러야 한다는 점을 깨달았다. 즉, 공화당의 기득권층 및 언론 기득권층에 대항하는 두 개의 전선에서 동시에 전쟁을 치러야 했다. 9월 22일 포브스는 NPC(National Press Club)에서 출마를 공식 선언했다. 17%의 단일세 플랜을 제시하면서 워싱턴의 문화를 바꾸겠다고 공약했다. 포브스와 달 콜은 즉각 예비선거를 일찍 치르는 주(州)에서 수백만 불의 비용을 들여 광고를 내보내기 시작했다. 단일세 주장, 다른 후보 특히 돌의 약점과 말 바꾸기에 대한 공격으로 일관된 광고였다. 선언후 한 달 동안에만 포브스는 150만 달러를 쏟아 부어 뉴햄프셔와 아이오와를 광고로 융단 폭격하였다.

포브스의 광고는 흑색광고 일색이었다. 달 콜은 흑색선전의 대부인

핀켈스타인에 의해 단련된 흑색선전의 대가였다. 핀켈스타인의 측근인
존 맥라린(John McLauhlin)도 여론조사가로 참여했다. 뿐만 아니라 찰
리 블랙의 오랜 친구인 카터 렌(Cater Wrenn)도 가담했다. 렌도 흑색
선전에서는 일가견이 있는 사람이었다. 렌은 상원의원 제시 헬름스의
선거에서 위험한 고비에 처할 때마다 집중적으로 상대 후보에 대한 비
방 광고 세례를 퍼부어 당선시킨 경력을 갖고 있었다. 광고의 내용은
이랬다. 돌이 워싱턴시의 지하철 공사비로 국고에서 1,800만 불을 지급
하는데 찬성표를 던졌다는 사실을 침소봉대했다. 마치 돌이 집에서 의
사당까지 지하철로 출퇴근하기 위해 찬성한 것처럼 포장한 것이었다.
렌은 이 밖에도 돌의 사소한 부분을 과장해 흑색선전으로 밀어 부쳤다.
계속되는 흑색광고에 2천2백만 불이나 들었다. 광고는 효과를 발휘하
기 시작했다.

공화당의 후보선출 구도에 대한 모리스의 생각은 무엇이며, 왜 알렉
산더를 걱정할 필요가 없다고 했을까? 모리스에 따르면, 공화당은 왕조
와 같은 조직이었다. 공화당에서 가장 중요한 단어는 보수, 낙태반대,
총기소유 허가 등이 아니라 법통이다. 따라서 선거에서 중요한 것은
'이번엔 누구 차례냐'하는 것이다. 따라서 이번에 돌 차례다. 이것이 모
리스의 논리였다. 모리스는 결국 돌이 승리할 것으로 생각했다. 다른
한편으로는 걱정도 되었는데, 그것은 많은 선두주자들이 예비선거가
시작도 하기 전에 이미 후보로 선출되었다고 생각함으로써 낭패를 당
하는 경우를 보았기 때문이었다. 즉, 과도한 확신 때문에 오판하는 경
우였다. 과도한 확신 때문에 선거운동을 하지 않는다는 것이 아니라 모
험을 하지 않는다는 것이 문제다. 자기 정체성을 분명하게 제시하지 않
고 그냥 모든 사람에게 인기가 있도록 하는 것이다.

이런 식이다. 점점 많은 지지를 받게 되면, 반드시 이길 것처럼 생각

한다. 그러나 지지의 모든 요소가 곧 후보의 향후 행보에는 적지 않은 속박이 된다. 각 집단의 지지 때문에 그 집단이 안고 있는 문제에 대해 이야기하지 않는다. 결국 지지집단이 곧 감시인이 되고, 결국 아무 말도 할 수 없게 된다. 지지도 높고, 정치자금도 늘어나지만 메시지가 없어진다. 유권자들은 메시지가 없다는 점을 금방 알아낸다. 따라서 유권자들은 여론조사에 응해 선명한 메시지가 있는 후보를 지지해 버린다. 이것이 바로 선두주자가 몰락하게 되는 과정이다. 공화당의 예비선거에서 포브스와 뷰캐넌이 초반전에 승리할 수 있었던 것은 독창적인 생각이 있었기 때문이었다.

클린턴 진영이 선두주자 돌을 더욱 어렵게 만들었다. 왜냐하면 돌의 핵심 이슈였던 균형예산, 범죄, 복지개혁, 외교문제에서의 단호함, 감세 등을 클린턴이 빼앗아 가버렸기 때문이었다. 돌의 아젠다에서 클린턴이 업적을 이룩하는 것이 모리스의 핵심 전략이었다. 재정적자는 줄었고, 복지개혁은 곧 이루어질 것이고, 보스니아문제는 해결되었고, 범죄는 줄었다. 특히 대통령이 감세정책을 제안해 버림으로써 돌에게 필요한 국민적 좌절감이나 분노는 클린턴에 의해 진정되고 말았다.

돌, 상처뿐인 승리를 거두다

돌이 예비선거에서 후보직을 쟁취한 것은 그야말로 가시밭길이었다. 아이오와, 뉴햄프셔에서는 사실상 패배하였다. 아리조나 예비선거 직후 방송에서는 돌의 승리 전망을 어둡게 보았다. ABC기자인 제프 그린필드(Jeff Greenfield)는 이렇게 말했다. "돌은 오늘밤 3등 했다. 최고 참모들을 해고했다. 심각한 자금위기에 직면해 있다. 아직 왜 대통령이

되어야 하는지에 대해 설명하지 못하고 있다." 최종결과에 따르면, 포
브스가 33%로 승리했고, 돌은 30%로 2등이었다. 그러나 아리조나는
39명의 대의원을 선출하는 승자독식의 州였기 때문에 2등은 무의미한
것이었다. 반면 북부 다코타와 남부 다코타에서는 돌이 승리했다.

사우스 캘로리나에서의 여론조사 결과는 돌이 40%를 상회하고 있었
다. 호감도는 70%를 넘기고 있었다. 그러나 리드는 경험에 비추어 추
적조사에서 드러난 수치를 낮추어 돌에게 보고했다. 약 38% 내지 39%
정도라고 했다. 사우스캐롤라이나의 출구조사는 돌이 42%, 뷰캐넌이
29%이었다. 최종결과는 더 높은 45%이었다. 리드는 환호하면서도, 자
신에게 이렇게 말했다. "들뜨지 마라. 이 바닥에서 감정은 금물이다."
승리했지만 새로운 문제가 대두되었다. 자금이 부족했다. 선거자금 잔
고는 약 5백만불 정도에 불과했다. 리드는 비용을 최대한 줄였다. 사무
실을 돌아다니며 불필요한 팩스 코드를 뽑기도 했다.

이제 다음은 3월 5일 '작은 화요일'(Junior Tuesday)이 다가왔다. 돌
의 연설은 점점 좋아지고 있었다. 데이빗 브로더(David Broder) 기자
는 돌이 점차 연단에서 확신에 차 보이고 있다고 평했다. 작은 화요일
의 초기 출구조사는 돌이 8개 주에서 모두 선두였다. 작은 화요일의 최
종 결과도 8개 주에서 모두 돌의 승리였다. 작은 화요일의 승리는 리드
에게도 매우 중요한 승리였다. 돌의 상원 동료들이 그동안 리드에 대해
회의를 표시할 때에도 회의를 불식시킬 승리가 없었다. 이제 그토록 갈
망해온 승리가 찾아온 것이다. 또 팀을 개편한 후 찾아온 '꿀맛 같은'
승리는 리드의 결정이 옳았다는 것을 내외에 과시하는 증거였다. 야호!
3월 6일 알렉산더가 경선포기를 선언하면서 돌을 지지한다고 표명했
다. "공화당 예비선거에서 유권자들은 돌의 경험을 부채로 보지 않고
자산으로 보고 있다. 그의 완숙함도 부채가 아니라 자산으로 보고 있

다."

승기를 잡자 깅리치가 적극적으로 돌을 돕는다고 나섰다. 주제와 이슈를 다룰 강력한 정책집단을 만들고자 했다. 그러나 돌은 깅리치와 자신을 하나로 묶는 클린턴의 전략을 알고 있었기 때문에 미지근한 반응을 보였다. 리드가 움직였다. 리드는 게일로드에게 돕되 '깅리치가 절대로 돌 앞에 나서서는 안 된다'고 못을 박았다. 깅리치가 캠페인을 좌우하고 있다고 보이는 그 순간 모든 것이 끝날 것이라고 했다. 이미 깅리치는 돌에게 부담으로 작용하고 있었다.

3월 12일 수퍼 화요일의 7개 주에서도 돌은 압승했다. 3월 14일 포브스가 중도포기를 선언했다. 그리고 돌을 지지한다고 밝혔다. 그는 후보경선을 통해 워싱턴 언론권의 실체를 파악했다고 생각했다. 포브스에 따르면, 그것은 '닫혀진 체제'였다. 즉, 검열하고 인터뷰하고, 뒷조사를 하는 인사부서였다. 3월 19일 돌의 승리가 확실해졌다. 이미 전체 대의원의 과반수가 넘는 996명을 확보했다. 그러나 돌은 승리를 공식 선언하지 않았다. 캘리포니아에서 66%를 얻어 전체 대의원 165명을 확보하자, 마침내 돌은 자신이 공화당 후보임을 선언했다.

돌 진영의 쿠데타 및 내부투쟁

이제 모리스의 동맹정책 및 내부투쟁과 돌 진영의 '내부투쟁'을 비교해 보자. 돌 진영에서 내부투쟁의 단초가 보인 것은 돌의 이념적 포지셔닝(positioning) 문제였다. 돌이 출마를 선언하기 전 참모회의에서 레이시는 돌을 중도주의자(centrist)로, 윌은 보수주의자(conservative)로 설정하는 전략적 차이를 보였다. 이러한 노선차이는 얼마든지 있을 수 있는 일이었다.

그러나 이른바 제1차 버크파동 이후부터 내부투쟁은 '죽느냐, 사느냐'의 생존게임으로 전락했다. 제1차 버크파동은 리드가 뉴햄프셔에서의 '反증세공약'으로 대성공을 이룬 후, 돌을 중도주의자로 만들려는 비서실장 쉴라 버크를 제거하려 한 것에서 비롯되었다. 사실 리드가 뉴햄프셔에서 성공을 일구어낸 것은 칭찬할 만한 것이었다. 뉴햄프셔는 88년 돌의 '워털루'(Waterloo; 벨기에의 한 촌락이름인데, 나폴레옹이 1815년 참패하여 권좌에서 쫓겨난 데서 유래하여, 전체 승패를 좌우하는 결정적인 패배를 뜻함)였다.

리드는 뉴햄프셔에서의 성공에 환호했다. 야호! 언론에서 의례 있기 마련인 사소한 비난은 있었지만, 돌의 조직이나 메시지에 대한 불평은 없었다. 리드는 돌의 새로운 성장을 최대한 활용하고자 했다. 즉, 자신에 대한 신임이 증대되자 쉴라 버크를 교체할 생각을 했다. 이것이 이른바 1차 버크파동이다. 리드는 돌에게 버크의 교체件을 제기했다. 돌은 버크의 선택에 맡기고자 했다. 돌의 반응이 시원치 않자 리드는 버크에게 직접 이야기했다. 리드는 버크에게 상원 사무총장 자리를 제안했다. 사실 버크는 비서실장의 역할 외에도 임시로 사무총장의 역할을 맡고 있었다. 상원 사무총장은 35만 불의 보수에 일도 적고, 직원도 220명이 되는 점이 매력이었다. 돌의 상원 사무실에는 20명이 있는 것에 비하면 확실히 그랬다. 그러나 명칭은 그럴싸하지만 사무총장 자리는 중요한 내막에 관련된 일과는 동떨어진 자리였다. 버크는 비서실장직에 남기로 했다. 물론 남는다고 해도 핵심적인 일에서 멀어질 것이라는 사실을 그녀는 잘 알고 있었다. 리드는 버크를 제거하는데 실패했다. 리드는 방향을 180도 선회했다. 그녀를 가까이 붙잡기로 했다. 버크의 관심이나 계획에 영향을 미치고, 상원 업무의 핵심 울타리에 접근하는 방법을 취하기로 했다. 배제전략을 버리고, 포섭전략을 구사하기로 한 것이었다. 과유불급(過猶不及)이라 했던가? 더 밀어 부쳤다면 오히려 리드가 다쳤을 것이다.

제2차 버크파동은 외부의 도전이었다. 자유주의자 버크와 보수파들간에 직접적인 전쟁이 터진 것이다. 발단은 버크와 핵심적인 보수주의 그룹의 지도자들간의 정책협의 모임에서였다. 기독교연합(Christian Coalition), 해리티지재단(Heritage Foundation), 전통가치연합(Traditional Values Coalition) 등 유력 보수파단체들의 대표자들이 참석했다. 쟁점은 복지문제였다. 복지문제는 언제나 '가시가 있는 문제'(thorny question)였다. 그는 타협안을 중재하고자 했고, 그룹들이 좀더 중도로 이동하기를 원했다. 그러나 복지수혜자의 수혜 기간 설정문제에서 뇌관은 터지고 말았다. 버크는 수혜 기간이 오래된 어머니들을 복지혜택에서 즉각 제외하는 것에 대해 반대했다. 보수파단체들의 리더들은 더욱 격렬하게 반대했다. "당신과 달리 우리는 실제 유권자들을 대표하고 있다." 버크에 대한 뿌리깊은 적대감이 작용한 결과였다. 모임은 깨지고 말았다.

돌 진영과 다양한 연합단체들과의 연락을 담당하는 주디 헤인즈(Judy Haynes)가 레이시에게 그날 모임의 상황을 전하면서 이 단체들의 불만을 이야기했다. 보수주의 언론인들은 버크에 대해 연일 공격을 퍼붓고 있었다. 버크를 '전투적 페미니스트'로 규정하고, 버크가 돌을 농단한다고 공격했다. 버크를 해고하라는 목소리도 점점 높아지고 있었다. 제2차 버크파동에선 버크가 먼저 리드, 레이시, 워필드에게 도움을 청했다. 이들은 일체 반응하지 말고 침묵을 지키라고 권했다. 리드는 언론을 통해 버크를 공개적으로 옹호했다. 몇 달 전 조용히 버크를 내보내려던 계획이 실패한 이상 그녀를 감싸안을 수밖에 없었다. 워렌 루드맨이 버크에게 격려의 카드를 보냈다. 돌도 자신의 비서실장을 옹호했다. 상황 끝.

1, 2차 버크파동은 일종의 예고편이었다. 이제 돌 진영에서는 내부 쿠데타가 발생하였다. 아이오와, 뉴햄프셔에서의 여론조사가 계속 빗나갔을 뿐만 아니라 뉴햄프셔에서는 뷰캐넌에게 패배하기까지 했는데, 또 다시 델라웨어 예비선거에서도 돌 진영의 여론조사와 출구조사가 어긋나기 시작했다. 이틀 전에 실시한 여론조사에서 돌은 포브스에 앞서는 선두였다. 그러나 첫 출구조사에선 3등이었고, 곧 2등으로 올라섰다. 포브스가 33%로 선두였다. 돌은 왜 이렇게 여론조사가 틀리는지 격분했다. 마침내 리드가 칼을 뽑았다. 리드는 캠페인에서 몇 사람을 갈아치우기로 했다. 레이시가 대상이었다. 리드의 개인적인 대부(代父)이고, 96년 돌 캠페인의 대부인 레이시는 광고와 여론조사를 책임지고 있었다. 그 두 가지가 계속 실패하고 있었다. 리드는 여론조사가도 바꾸고자 했다. 돌도 교체방침을 수용했다.

이 일이 있기 얼마 전 워필드는 리드에게 경고했었다. 워필드는 현장에서 돌의 모든 것을 지켜보면서 돌의 속내를 파악할 수 있었기 때문이었다. "당신이 움직이지 않으면 당신도 문제의 일부가 될 것이고, 위험에 처하게 될 것입니다." 사람을 바꾸는 것은 리드가 생존하기 위해 불가피한 선택이었다. 리드는 스스로 이렇게 말했다. "축구팀이든, 야구팀이든, 정치든 간에 모든 좋은 팀은 중간에 변화를 겪는다." 리드는 관성에 의해 지배되는 관료조직으로 변질된 캠프를 혁신하기로 했다.

리드는 레이시와 만났다. 돌의 입장에 대해 설명했다. 여론조사의 부정확성 때문에 격노했다는 사실을 전했다. 리드는 돌이 자신에게 변화를 요구했으며, 새로운 전략가를 원한다고 했다. 리드는 돌의 직접적인 명령에 의해 행동하는 것이라고 말했다. 레이시는 '돌의 뜻이라면 사라지겠다'고 했다. 그러나 리드는 그만 둘 필요는 없으며 여전히 副책임자로서 다른 일을 하면 된다고 했다. 그러나 레이시가 거절했다. 대신 돌과 만나겠다고 했다. 레이시가 떠나자 리드는 워필드에게 킹 기자를 수소문하라고 했다. 그는 워필드를 시켜 킹 기자에게 인사개편의 기사를 제공했다. 리드와 워필드는 레이시가 언론인 친구들이나 돌에게 자신의 입장에서 '스핀'(spin)을 시도할 것으로 예상했다. 따라서 기사를 통해 반격의 틈을 주지 않고 기정사실화 시키려고 했다. 또 충격을 완화하고자 하는 목적도 있었다. 레이시와 매킨터프를 제거한 것은 돌이 가장 두려워하는 캠페인 내의 인사개편이고, 혼란이었다. 최고 전략가와 여론조사가를 제거하는 것은 통제할 수 없을 정도로 '스핀'이 이루어질 기사였다. 따라서 선수를 쳐서 먼저 알리고, 또 미리 의미규정을 해둠으로써 돌에게 가해질 비난을 순화시킬 필요가 있었다. 워필드는 지난 몇 달 동안 레이시가 문제라고 생각했다. 돌은 자주 워필드에게 무엇이 잘못되고 있는지를 묻곤 했다. 그러면 워필드는 레이시의 조사팀이 제대로 못했기 때문이라고 대답했다. 왜 이렇게 뒤죽박죽이냐고 물으면 레이시 때문이라고 대답했다. 워필드는 리드의 사람이었다.

레이시가 떠나게 된 것은 결국 내부투쟁에서 패배했기 때문이었다. 좋게 해석하면 리드가 레이시를 제거하는 것은 빼도 박도 못하게 된 상황에서 내린 결단이었다. 레이시도 광고와 여론조사에서 충분히 잘못한 것이 많았다. 전략가로서 부족한 점이 많았다. 그러나 그것은 명백한 권력투쟁의 측면이 강했고, 1인체제의 구축을 위한 거사였다. 일부 언론에서도 내부 쿠데타라고 표현하였다. 이 사태의 최종 책임은 돌에게 있었다. 무릇 문제를 조기에 예견하고 인화점에 이르기 전에 기술적으로 처리하는 것은 리더십의 기본 덕목이기 때문이다.

리드는 시플(Don Sipple)에게 변화를 설명하고 최고전략가 자리를 제안했다. 시플은 전체 캠페인 메시지, 기획, 광고, 여론조사를 담당할 새로운 수석 전략가가 되었다. 그러나 아직 캠페인 내부 게임이 끝난 것이 아니었다. 킹의 기사가 통신망을 타고 있을 때 돌은 아틀란타로 가는 비행기안에 있었다. 워필드가 킹의 기사관련 전말을 요약보고 했다. 이 때 워필드는 또 다른 숙청에 나섰다. 이미 숙청의 바람이 불고 있었기 때문에 워필드가 돌에게 새로운 '정보'를 알리는 것만으로도 공작은 충분했다. 그는 돌에게 또 다른 뉴스가 있을 것이라고 말했다. 돌 진영에서 작성한 280페이지의 돌에 대한 '취약점 연구'(vulnerability study)라는 문건이 유출되었다는 사실, 레이시의 캠페인 조사팀을 이끌던 마리 앤 카터(Mary Anne Carter)가 준비한 보고서라는 사실, 레이시와 그녀가 언론에다 유출시켰다는 사실 등을 돌에게 이야기했다. 공작 끝! 돌은 카터의 제거를 명했다.

레이시는 집에 있다 방송을 통해 자신의 사임 소식을 듣고 일의 전모를 깨달았다. 사실 레이시는 의도적으로 리드로 하여금 전화나 모임을 통해 돌과의 실질적인 접촉을 전담하도록 배려했었다. 돌이 캠페인과 접촉하는데 한 사람의 통로만 있으면 충분하고, 또 돌이라는 사람 자체도 많은 사람이 눈앞에서 얼씬거리는 것을 좋아하지 않는 스타일이었기 때문이었다. 그러나 그것이 레이시의 패인이었다. 스스로 핵심에서 한 발 물러서 있음으로써 후보의 마음으로부터 멀어지는 결과를 초래한 것이다. 레이시는 돌과 수년 동안 일을 같이 해왔지만 전혀 개인적 유대가 없었다. 그것이 문제였다. 돌이 자신을 제거하라고 명했다고는 믿지 않았다. 리드가 장악욕 때문에 비롯된 일이라고 생각했다. 그럼에도 불구하고 그는 대외적으로 일체 침묵하기로 했다. 아직도 돌을 믿고 있었고, 돌이 대통령에 가장 적합한 사람이라고 믿고 있었기 때문이었다.

96년 2월 레이시를 쿠데타로 몰아내고 대신 영입된 시플은 캠페인의 형편을 보고 경악했다. 예비선거 때문에 돈도 다 떨어졌고, 11월 선거에 대한 플랜도 없었고, 클린턴에 대한 연구도 거의 없었다. 캠프 내외에서 문제제기는 많았지만 정작 '필승메시지'(winning message), '총괄테마'(umbrella themes)가 무엇인지는 누구도 모르고 있었다. 시플은 스티븐스에게 지금까지 방송 중인 모든 광고를 폐기해야겠다고 했다. 새로운 '건설적인' 광고를 만들고자 했다. 시플은 이전의 광고에서 다른 후보들을 공격함으로써 '앞선 위상'을 잃어버렸고, 대통령이 되고자 하는 여러 후보들 중의 한 사람으로 위상이 떨어졌다고 보았다. 9명 내지 10명의 후보군에 끼어 있는 늙은 사람으로 전락하였다는 것이다. 광고는 인상과 상징에 관한 것이다. 그런데 이전까지의 광고는 포브스가 범죄이슈에 대해 무슨 말을 했다거나 혹은 하지 않았다거나, 뷰캐넌을 극단주의로 공격하는 등 너무 '판에 박힌' 것이었다. 이러한 접근법은 광고에 있는 하나의 대사로 특별한 이해관계를 가지고 있는 유권자 집단이나 블록을 사로잡을 수 있다는 전제에 의존하고 있었다. 시플이 보기엔, 이런 전제는 전적으로 잘못된 것이었다. 시플은 돌의 위상을 '고참 공화당원'으로 再설정하기로 했다. 처음부터 끝까지 건설적인 내용으로 만들려고 했다. 모든 광고는 이런 대사로 끝났다. "전쟁 속에서 검증되고, 평화 속에서 충분히 훈련된 밥 돌이 미국의 힘을 실현합니다. 모든 국민들이 자랑스럽게 대통령이라고 부를 수 있는 사람입니다."

예비선거가 끝나고, 돌은 '로턴다 전략'(rotunda strategy)이라는 이름 하에 상원활동에 집중했으나, 오히려 '워싱턴 인사이더' 혹은 '폼잡기 좋아하는 워싱턴의 정상배'(perk-loving Washington hack)의 이미지만 고착화시키고 있었다. 대국(大局)을 운영하는 리더가 아니라 작은 과정이나 구체적인 사항에 매달리는 입법가로 비치고 있었다. 리드는 리드대로 불만이 쌓여갔다. 상원에서 활동하느라 돌이 버크의 영향권에 들어가 버리고 자신의 통제력은 약화되고 있었기 때문이었다. 리드는 지지부진한 캠페인으로 인해 논평가들로부터 비난을 한 몸에 받고 있었다.

레이시를 쫓아낸 쿠데타의 주역인 리드는 전략가가 아니었다. 제임스 카빌처럼 간판인물(front man)도 아니었다. 돌은 참모들의 '보스를 의식한 행동'을 싫어하긴 했지만, 리드는 돌이 들어와도 '미리 나가 있다가 영접하는 아부'를 하지 않았다. 리드는 훌륭한 관리자의 역할도 제대로 하지 못했다. 캠페인은 실수와 돌발사고로 점철되었다. 리드는 잘리지 않으려고 노력한 생존자에 불과했다.

레이시를 대체해 영입된 수석 이미지 메이커 시플은 리드를 좋게 보지 않았다. 영역을 지키는 데 급급한 사람으로 보았고, 리드의 동료들은 등뒤에서 시플을 '애새끼'라고 불렀다. 시플과 함께 신세기미디어(New Century Media)를 운영하고 있는 마이크 머피(Mike Murphy)도 리드를 비롯한 참모들을 마이너리거(minor leaguer), 경량급으로 간주했다. 머피는 캠페인의 커뮤니케이션 담당(communications director)인 존 버클리(John Berkley)를 쫓아내려고, 돌에게 메모를 전하기도 했다. 메모에서 그는 전당대회 후 인사개편이 필요하다고 주장했다.

96년 8월의 공화당 전당대회 중에 헐뜯기는 절정에 다다랐다. 때문에 리드가 제발 협력하라고 읍소할 정도였다. 버클리가 머피의 공격을 언론에 흘리자, 시플과 머피는 버클리의 사무실로 쳐들어가기도 했다. 이러한 허세에도 불구하고 시플과 머피는 효과 있는 광고를 만들지 못했다. 광고에 들어갈 문안을 놓고 이들은 여론조사가 파브리지오와 다투기 일쑤였다. 파브리지오는 포커스그룹을 통해 모든 점들을 검증하려 했지만, 시플은 본능을 믿는 예술가형이었다. 결국 리드와 파브리지오 對 시플과 머피간의 대립전선이 생겨났다. 시플은 리드의 지시도 묵살하고 자기 마음대로 광고를 만들었다.

리드가 다시 칼을 뽑았다. 시플과 머피를 제거하였다. 돌은 참모숙청을 좋아하지 않았지만 어쩔 수 없었다. 시플과 머피의 자리는 알렉스 카스텔라노스(Allex Castellanos)가 일부 대체했다. 카스텔라노스는 88년과 92년 상원선거에서 돌의 미디어 컨설턴트로 일했으나, 95년 2월 돌진영 내에서의 의견차이로 인해 필 그램의 미디어 컨설턴트로 자리를 옮긴 사람이었다. 카스텔라노스는 핀켈스타인[63] 가문 출신이었다. 파브리지오도 역시 핀켈스타인의 측근이었다. 공격전문가들이 대세를 장악한 것이다.

8월말 리드는 새로운 전략가로 폴 마나포트(Paul Manafort)를 기용했다. 마나포트는 샌디에고 전당대회를 강력한 통제 속에 치른 엄격하고 적극적인 정치 컨설턴트였다. 마나포트의 전략도 핀켈스타인의 도식을 따른 것이었다. "클린턴은 리버럴이다." 이들의 각본은 이렇다. 리버럴이라고 공격하면, 상대가 아니라고 대응하게 된다. 그러면 이제 거짓말쟁이로 다시 공격한다. 즉, 거짓말쟁이가 리버럴로 공격한다. 이렇게 되면 리버럴과 거짓말쟁이라는 두 가지 점을 함께 공격하는 효과를 가진다. 그는 이렇게 하는 것이 품성문제를 다루는 방식이라는 소신을 갖고 있었다. 이들은 클린턴을 '쓸데없는 말을 지껄이는 사람'으로 공격하고자 했다.

리드의 쿠데타로 시작된 내부투쟁의 종착역은 어디인가? 그것은 흑색광고 전문가들의 결집이었다. 그러나 캠페인에 몸담고 있는 핵심 참모들은 비방광고, 흑색선전의 대가들이었지만 상황이 이들이 진가를 발휘하지 못하게 만들었다. 즉, 돌의 '혼외정사'件(선거전 막바지에 발생한 돌의 혼외정사 스캔들, 나중에 나온다) 때문에 비방광고나 흑색선전에 집중할 수가 없었다. 92년, 96년 대통령선거의 '훼방꾼후보'(spoiler)였던 페로(Ross Perot)는 이런 말을 했다. "전쟁에도 규칙이 있다. 진흙탕 레슬링에도 규칙이 있다. 그러나 정치에는 규칙이 없다(Politics has no rules)." 페로의 말은 정치의 비정함이나 난폭함을 지적하는 뜻이었지만, 정치의 본질을 잘 말해주고 있다. 정치에는 정답이 없다. 유일한 정답은 사람이다. 사람이 규칙이고, 사람이 능력이고, 사람이 메시지다. 돌 진영에는 사람이 없었다. 다시 말해, 전략을 이끌어갈 사람이 없었다. 때문에 모든 것이 혼란스러웠다. 돌의 참모들은 무능하면서도 끊임없이 내부투쟁에 빠져들었다. 갈등이 없는 참모조직이란 없다. 갈등은 발전의 토대가 된다. 그럴 때는 '경쟁게임'이다. 그러나 돌 진영은 그렇지 못했다. 돌 진영의 문제는 갈등이 '생존게임'으로 전락하고 말았다는 것이다. 살아남는 문제에 신경 쓰다 보면, 일은 자연 뒷전이 되기 마련이다.

　돌이 선거에서 패배한 원인은 여러 가지가 있다. 무엇보다 먼저 돌에게서 그 원인을 찾을 수밖에 없다. '리더십의 시작과 끝은 참모시스템을 운영하는 것이다.' 돌이 실패한 첫 번째 이유는 내부투쟁을 관리하지 못한 것이다. 개인의 취향은 사람마다 다르다. 또 승리에 적합한 이상적 모델이 존재하는 것도 아니다. 따라서 스타일이나 조직모델에서 원인을 찾을 필요가 없다. 그러나 일이 되게 하는 리더십이어야 성공한다는 사실만큼은 분명하다. 이것이 실패를 야기한 핵심적 원인이다. 돌을 모셨던 참모들의 모임에서 참석자들은 이구동성으로 "사람은 좋지만 상사로 모시기에는 까다로운 사람"이라고 평한다. 돌은 자기가 무슨 생각을 하는지 절대로 내색하지 않는 사람으로 유명했다. 물론 많은 조언을 구했다. 그러나 결정은 언제나 혼자서 내렸다.

돌은 상원문화에 젖어 있었다. 돌은 상원의원들을 모으고, 인도하고, 타협을 이루어내는 원내총무 일을 혼자 다 처리해왔다. 소수의 참모들이 이런 과정을 도왔다. 그러나 대통령 선거운동은 단독비행이 아니다. 그것은 일종의 인내력 시험(endurance test)이다. 참모들이 서로 자기가 옳다고 논쟁을 할 때면 두 사람 모두에게 옳다고 말해주는 스타일이 돌의 방식이었다. 참모들은 헷갈리게 마련이다. 똑같은 일을 동시에 두 사람에게 지시하는 경우도 많았다. 물론 서로 모르게 했다. 서로 경쟁하도록 유도하고, 이간질하기도 했다.

돌은 늘 자신이 연극의 주인공이자 연출자, 제작자이기를 원했다. 조역들을 견제하기 위해 편을 갈라 서로 싸우게 만드는 식으로 일을 처리해왔다. 요컨대, 시스템을 구축하고 시스템이 일을 운영하도록 하는 것에 무지했다. 리더십이 시스템 운영에 능숙해야만 갈등이 경쟁으로 승화되도록 하고, 파국으로 귀결되지 않도록 예방할 수 있다. 돌은 스스로 선거책임자 역할을 하고자 했기 때문에 참모들의 갈등도 결국 그의 책임이라 하지 않을 수 없다. 캠페인 내부에는 공급위주론자(supply-siders) 對 재정적자 반대자(deficit hawk), 상원 참모 對 캠페인 참모, 켐프 사람(Kempians) 對 돌 사람(Doleites) 간의 긴장이 있었다. 그러나 돌은 이런 갈등을 경쟁에서 승화시키지 못하고, 오히려 본인이 더 우왕좌왕하였다.

9. 승리의 핵심 : 가치 아젠다

'詩는 슬픔에 관한 것이고, 政治는 불만에 관한 것이다'

96년 1월 중순 예산전쟁이 끝났을 때 클린턴은 로스 페로를 배제하고 두 사람이 출마하는 상황에서 돌에게 근소한 차이로 앞서고 있었다. 그러나 96년 시정연설 후에는 17%의 리드로 급상승하였다. 그 이유는 무엇일까? 가장 일반적인 설명은 두 가지다. 첫째는 그가 균형예산과 복지개혁안을 제안하면서 중도노선으로 전환하였기 때문이라는 설명이다. 둘째는 깅리치와 공화당 의회가 행정부를 일시적으로 폐쇄시켰기 때문에 대중의 지지를 받을 수 있었다는 설명이다. 이러한 두 가지 이유는 클린턴이 다시 '게임'에 복귀할 수 있도록 해주었다. 그러나 그런 이유들이 클린턴으로 하여금 불가침의 우위에 있게 한 주된 요인은 아니었다. 즉, 이러한 이유 때문에 96년 시정연설 후 대통령의 인기가 돌에 비해 53% 대 36%로 급상승하고, 선거 때까지 지속되었던 것은 아니다. 비결은 '가치 아젠다'(values agenda)에 있었다. 95년 7월부터 시작된 가치 아젠다는 96년 시정연설에서 집대성되었다. 가치 아젠다는 다른 말로 '생활 이슈'(lifestyle issues)라고도 할 수 있다. 96년 내내 각종 연설과 광고를 통해 이러한 주제를 집중적으로 제기하고, 전당대회의 연설에서도 이 점을 강조하였기 때문에 압도적인 우위를 기록할 수 있었고 지속시킬 수 있었다.

공화당도 나름대로 가치 아젠다를 가지고 있었다. 그러나 대부분이 반대위주(negative)였다. 예를 들면, 反동성연애(anti-gay), 反성문란(anti-sex), 反독신모(anti-single mother), 反낙태(anti-abortion) 등이다. 이것도 하지 마라, 저것도 하지 마라, 그런 것은 아예 생각도 하지 마라 등 '건설적인'(positive) 초점이 없이 당위만을 강조하는 전략이었다. 그러나 클린턴은 이와 다르게 건설적인(positive) 가치 아젠다를 제시했다. 국민들은 반대위주의 가치 아젠다보다 긍정적인 가치 아젠다에 훨씬 좋은 반응을 보였다. 이러한 국민적 합의는 부시정권 때의 자유경제, 클린린 정권 초기의 행동주의, 깅리치의 대응 등 다양한 경험을 통해 형성되었다. 클린턴 진영은 여론조사를 통해 이러한 국민적 합의를 찾아내었다. 대다수 국민들은 좌파, 우파의 교조적 견해를 거부하고, 보수적인 견해와 자유주의적인 견해의 혼합을 지지하고 있었다.

이러한 합의는 여론조사에서 분명하게 나타났다. 국민들의 정치에 대한 불신은 대부분 정부가 이러한 공통된 신념을 충족시키는데 실패하였다는 점에 뿌리를 두고 있었다. 유권자들은 정부 관리들에게 '하찮은 것은 던져 버리고, 앞으로 나아가라'고 요구하고 있었다. 그러나 이러한 이슈를 제외하고서도 유권자들은 사회에 새롭게 생겨난 문제들에 대해 깊은 고통을 받고 있다. 그들은 이러한 문제들을 어떻게 해결할지에 관한 지침을 정치지도자로부터 듣기를 원하고 있었으나, 실제로는 그렇지 못했다. 예를 들면, 실직한 아버지가 부양가족들을 어떻게 재정적으로 책임질 것인지, 아이들을 쾌락과 폭력으로 내모는 TV 프로그램을 어떻게 중지시킬 것인지, 10대들의 흡연을 어떻게 예방할 것인지, 직업을 바꾸었을 때 건강보험은 보호받을 수 있는지, 높은 비용은 차지하고서라도 필요할 때 의료서비스를 받을 수 있는지, 일과 가족의 행복을 동시에 얻을 수 있는지 등이었다.

유권자들은 정부가 이러한 문제들을 해결하도록 요구하고 있다. 이러한 문제들이 정치과정에서 무시되고 있고, 언론에 의해 사소한 것으로 치부되고 있지만 실제로는 일반 유권자들의 마음을 빼앗고 있었다. 이러한 사실은 여론조사를 통해 확인되었다. 모리스가 좋아하는 말 그대로, 시인 프로스트(Robert Frost)는 '시는 슬픔(grief)에 관한 것이고, 정치는 불만(grievance)에 관한 것이다'라고 했다. 96년 시정연설에서 클린턴은 슬픔의 원인에 대해 이야기하고, 그가 해결하고자 하는 불만의 아젠다를 제시했다. 이를 통해 그는 통상적인 정치언어를 뛰어넘을 수 있었다.

긍정적인 가치 아젠다에 대해 대통령이 집중한 것은 95년 4월 오클라호마에서 발생한 폭탄테러에서부터 시작되었다. 오클라호마 폭탄테러를 거치면서 대통령은 테러리스트 집단을 색출하고, 통제하는 새로운 법률을 제정하는 반(反)테러 계획을 세웠다. 오클라호마시에서 행한 감동적인 추모사, TV인터뷰 등에서 클린턴은 새로운 모습을 보여주기 시작했다. 당파적인 모습이 아닌 대통령으로서 이야기했다. 오클라호마 사건은 당파 정치의 대상이 아니었다. 그러나 이것이 클린턴에게는 전환점이었다. 그는 이제 대통령으로서 머리가 아닌 마음으로써 국민들에게 이야기했다. 이 때부터 그는 국민들이 공유하고 있는 가치에 대해 언급하기 시작했다.

가치 아젠다의 원형이 제시된 것은 95년 7월 6일 조지타운대학 연설에서였다. 클린턴은 이 연설에서 오늘날의 정치적 이슈를 가치와 연결하기 시작했다. 클린턴은 국민들에게 개인이 아니라 공동체의 일원으로 생각해주기를, 그리고 옳은 일에 관심을 기울여 줄 것을 호소했다.

그는 국민적 합의의 공통기반에 대해 언급하고, 정치적 이득 때문에 이것을 파괴하지 말고 존중하자고 정치인들에게 요청했다. 모리스와 스테파노풀러스는 처음 클린턴의 뜻을 이해하지 못했다. 뉴스거리, 간론(sound bite)[64]에만 신경 썼다. 그러나 이것이 가치 아젠다의 시작이었다.

가치 아젠다는 정밀한 여론조사의 산물

공화당은 항상 개인주의와 개인의 자유에 기초해 이념을 만든다. 세금, 규제, 큰정부는 개인의 자유를 해치는 것이었기에 위험한 것으로 간주했다. 이제 클린턴은 '공동체 관점'이라는 대안을 제시하고 있었다. 즉, 공화당의 '나'에 대해 클린턴은 '우리'를 주장하고 나선 것이었다. 클린턴은 많은 사람들이 개인적 삶을 통해 깨닫게 되는 가치관을 이용했다. 즉, 보다 나은 삶을 가로막는 것은 개인의 경제적 성취 여부가 아니라 공동체적 문제, 모두를 위한 삶의 질 문제라는 결론이다. 가족생활, 범죄, 환경 피해, 높은 대학수업료, 범람하는 TV 폭력, 마약문화, 10대 흡연 등은 공동체로 단결할 때에만 해결될 수 있다는 것이었다.

가치 아젠다는 정밀한 여론조사의 산물이었다. 마크 펜은 공화당의 전유물인 가치이슈를 공략하기 위해 일종의 '분석공학'(reverse engineering)[65]을 시도했다. 이런 차원에서 5가지 '가치 질문'을 개발했다. ① 혼전 성관계가 잘못된 것이라고 생각하는가? ② 동성애가 도덕적으로 잘못되었다고 생각하는가? ③ 신앙이 생활에서 차지하는 비중이 매우 중요한가? ④ 개인적으로 음란비디오를 본적이 있는가? ⑤ 혼외정사를 경멸하는가? 국민의 1/3은 4개 이상에 대해 도덕적인 응답을 하

는 매우 보수적인 태도를 가지고 있었다. 또 다른 1/3은 3개 정도에 대
해서만 보수적인 반응을 보였고, 나머지 1/3은 1내지 2개 항목에서만
보수적인 태도를 보였고, 아예 없는 사람도 있었다. 펜은 이러한 결과
의 상관관계를 분석함으로써 응답자가 대선에서 누구를 찍을지 예측할
수 있었다. 가장 보수적인 사람들은 돌을 압도적으로 지지하고 있었고,
중간정도로 보수적인 응답을 한 사람들은 반반으로 나뉘었다. 나머지
는 클린턴을 선호하고 있었다. 펜은 이러한 '가치 목록'(values index)
을 투표 행태 예측의 다른 수단들인 소득, 교육수준, 성, 연령 등과 비
교해 보았는데, 가치에 대한 태도가 더 정확하다는 점을 찾아냈다. 오
직 당과 인종문제만이 더 상위의 예측변수였다. 따라서 가치 아젠다를
제기하지 않을 수 없었다. 펜은 미혼이거나 이혼이나 혹은 별거중인 사
람, 혼자가 된 사람들은 클린턴을 선호하고, 결혼하고 자식이 있는 사
람들은 돌을 선호한다는 점을 찾아냈다. 펜은 이러한 문제를 나이와도
연관을 시켰다. 보수적인 노년층들은 공화당이 노약자의료보험을 삭감
하는 것 때문에 클린턴을 찍을 수는 있어도 기본태도는 공화당 지지였
다. 전후 베이비 붐 세대들은 비교적 덜 보수적이었다. 그러나 아이를
기르고 있는 20대, 30대의 젊은 보수층들은 특정하게 선호하는 후보가
없었으며, 이들에게 가치 아젠다는 결정적으로 중요한 것이었다.

　여론조사를 통해 파악된 이러한 사실을 바탕으로, 클린턴 측은 예산
논쟁에서 수치나 계획을 강조하지 않고, 대신 이러한 가치영역에 집중
할 수 있었다. 과거 교육에 대한 지출을 늘리고, 해드스타트를 위한 기
금을 늘리자는 주장에서 전환해 어린아이들에게 기회를 주자는 주장을
폈다. 또 노약자의료보험을 유지함으로써 부모에 대한 의무를 다 하자
거나, 환경을 보호함으로써 국민들의 공통기반을 존중하자는 식으로
이야기했다. 조지타운대학 연설에서 불러일으킨 공감은 클린턴으로 하

여금 완전히 새로운 언어를 배울 수 있도록 해주었다. 백악관 참모로 있는 자유주의자들은 이러한 새로운 맥점을 인정하지 않으려 했다. 그들에게 핵심적인 관심은 부의 창출과 분배문제였다. 임금정체, 경제불평등, 해고위협 등의 이슈가 초점을 두어야 할 부분이라고 생각하고 있었다. 그러나 95년 가을이 되자 국민들은 경제에 대해서는 낙관적인 생각을 하고 있었다. 따라서 '지갑 이슈'(pocketbook issues)보다 가치 아젠다를 통해 유권자들에게 다가가야 한다는 점이 중요했다. 대통령은 펜이나 모리스보다 가치문제에 대해 한발 앞서 이해하고 있었다. 그는 국민들은 물질적 이득보다 가치문제에 대한 해답을 원하고 있다는 점을 통찰하고 있었다. 이런 인식을 바탕으로 '긍정적 조치', 담배에 대한 대안을 제시하기 시작했다.

이제 남은 문제는 유권자들을 설득하는 것이었다. 먼저 여론조사를 통해 국민들이 중요하게 생각하는 가치문제를 찾아냈다. 대통령이 발굴된 가치문제에 대해 좋다고 하면 행정조치로 가치문제를 해결할 구체적인 제안을 만들어냈다. 그런 다음 가장 어려운 과정인데, 백악관 참모들과 가치문제 관련 부서를 설득시켰다. 그런 다음 대통령이 연설할 행사를 일정 속에 집어넣었다. 언론에게는 지속적으로 그 중요성을 홍보했다. 이런 과정을 통해 가정 폭력, TV에서의 폭력, 대학수업료 세금 공제, 가족간호휴가제, 10대 임신, 교육기준, 범죄, 동성결혼 등의 가치 아젠다를 제기하였다.

가치 아젠다의 백미 96년 시정연설과 돌의 정면대결

가치 아젠다가 완벽하게 구현된 것은 96년 시정연설이었다. 모든 것을 바꾼 것은 이 연설이었다. 연설 전에 50%이었던 호감도가 연설 후에는 60%로 올랐다. 직무평가도(job-approval rating)는 55%에서 60%로 올랐다. 유권자지지도는 돌보다 9% 앞선 47%에서 17% 앞선 53%로 상승하였다.

8개월 동안 계속된 가치 아젠다는 클린턴 재선운동의 대들보였다. 언론에서 '지루한 소품'(small bore)이라고 평가 절하했지만 대통령이 일반사람들을 위해 무엇을 할 수 있는지를 보여주었다. 각각의 제안을 통해 클린턴은 국민들의 삶에 도움이 되는 메시지를 전달했는데, 이러한 것들은 10여 년 동안 외면 당해온 것이었다. 96년 선거에서 승리한 후 이에 대해 한 언론인은 「스몰딜」(small deal)이라고 표현했다.[66] 이 기간 동안 클린턴은 이런 것들을 제기했다. 10대 통행금지, 학교 교복 착용, 무단결석 막기, 학교 개축 및 신축을 위한 정부기금마련, 컴퓨터 보급 확대, 졸업 및 학년진급 시험, 수업료 세금공제, 학교의 야간 및 주말 개방, 지역방범대원들에 대한 휴대폰 지급, 성범죄 기록의 주간 공유, 불법 이민자 추방, 양자입양시 세금 공제, 산후 24시간 이상 병원 체류 허용, 가족간호휴가제, 육류안전검사 기준 확대, 맑은 물 등등.

공화당은 왜 가치 아젠다를 제기하지 않았을까? 공화당 여론조사가들은 왜 이러한 흐름을 몰랐을까? 그 이유는 공화당 컨설턴트들이 이러한 이슈들에 대한 '새로운 기반'을 조성하는데 익숙지 않았기 때문이다. 빌 버클리(Bill Buckley)의 50년대 저작, 레이건 혁명의 주제, 그리고 미국과의 계약 등은 공화당의 실질적 교과서였다. 새로 첨가할 필요가 없었다. 공화당의 컨설턴트들은 이러한 아젠다와 후보를 어떻게 팔 것인지에 대한 전략 및 전술적 조언을 하는 것으로 역할을 제한하고 있었다. 그들은 새로운 정책이나 프로그램을 발전시킬 책임이 없었다.

그러나 클린턴은 자신의 당이 가지고 있는 아젠다를 넘어서는 새로운 세력권을 모색하였다. 그는 기존에 존재하던 도그마에 구속되기를 원치 않았고, 자신이 제안한 해결책에 대한 국민들의 생각을 확인하고, 국민들의 관심사항을 정확하게 파악하기 위해 여론조사를 폭넓게 활용하였다. 모리스는 클린턴이 결정을 내릴 때 필요한 정책대안과 대안프로그램을 개발하는데 많은 공헌을 했다.

돌 진영은 클린턴 진영이 준비한 회심의 역작인 96년 시정연설에 정면 대결했다. 마리 월이 고안한 전술이었다. 월은 돌보다 앞서 '96년 일년의 도상플랜을 짜고자' 노력하면서 장기전략을 정리하였다. 그는 96년 돌에게 가장 완벽한 시작은 대통령의 시정연설에 대해 돌의 대안을 제시하는 것이라고 판단했다. 그 결과 대통령이 시정연설 하는 날 돌이 이에 맞서 메시지연설을 하는 정면승부의 플랜을 수립했다. 월은 10분 짜리 연설문을 준비했다. '당신이 잠자고 있을 때'란 제목이었다. 당신이 잠자고 있을 때, 자유주의자들이 주요 기관들을 강탈했다는 주제였다. 학교는 리버럴한 교원노조와 정부에 의해 운영되고 있다. 경찰은 범인을 체포하는데 큰 어려움을 겪고 있다. 법원은 판결조차 내리지 못하고 있다. 거리는 엉망이고, 어린이들은 배우지 못하고 있으며, 문화는 천박해졌다. 그녀는 자유주의적 기성엘리트체제를 비판하고 클린턴을 사멸해 가는 현상유지와 큰 정부의 화신으로 규정하는 등 강력한 가치연설(value-laden speech)을 준비했다. "대통령의 입은 변화를 외치고 있지만 그의 손발은 오히려 정반대로 가고 있다."

96년 1월 23일 클린턴은 하원 본회의장에서 시정연설을 했다. 사무실에서 클린턴의 연설이 끝날 때까지 기다렸다가, 돌은 자신의 대응연설을 방송으로 내보냈다. 연설이 끝나자 참모들은 모두다 잘 했다고 칭찬했다. 부인 엘리자베스도 칭찬했다. 다음날 〈The Washington Post〉에서 클린턴의 시정연설과 돌의 연설에 대한 기사가 났다. 신문의 큰

표제(banner headline)는 '클린턴이 아젠다 정립을 통해 공화당의 주제를 끌어안다'라고 났다. 그 밑에 분석기사가 났는데, 클린턴은 매우 강력해 보인 반면 돌은 늙고 피곤해 보였다고 평했다. 고참 공화당원에게는 매우 잔인한 밤이었다고 했다. 이 분석기사는 데이빗 브로더(David S. Broder) 기자가 쓴 것인데, 이 기자는 정치보도 부문에서는 실세였다. 그런 사람이 돌의 연설에 대해 인상적인 반대기사를 쓴 것이기 때문에 충격은 더 컸다. 돌의 연설에 대한 비판은 하루 종일 증폭되었다. 돌의 연설을 듣고 머리를 쥐어뜯었다는 보수주의자 언론인도 있었다. 정책오찬에서 제시 헬름스는 "지금까지 본 것 중에 최악의 행사였다"며 혹평해버렸다.

돌 진영의 판단착오는 어디에서 발생한 것일까? 실수를 반복하다 보면, 참모들도 방어적으로 바뀐다. 실수만 없으면 잘 한 것이라고 평가하게 된다. 그러나 유권자들은 연설을 들으면서 과거와 현재를 비교하는데 익숙하지 않다. 오로지 현재의 연설만 볼 뿐이다. 바로 여기에 실패의 해답이 있다. 돌의 참모들이 실패한 것은 돌을 '낡은 돌'과 비교했기 때문이었다. 돌은 '낡은 돌'에 비해선 잘했다. 그러나 정면승부를 건 주적(主敵) 클린턴에 비하면 너무 형편없었다.

미국식의 여론조사와 미디어를 활용한 후보가 이겼다

모리스는 외교문제에도 제한적으로 개입하였다. 외교국방문제를 맡고 있는 사람들은 거의 대부분이 정치적 고려가 필요 없는 전문영역으로 생각하고 있었다. 특히 외교안보 보좌관 레이크(Tony Lake)가 이러한 입장을 가지고 있었다. 그러나 모리스가 보기에 이런 생각은 잘못된 것이었다. 사실 대통령도 외부의 생각이나 충고를 필요로 했다. 그는 또한 외교정책에 관한 정치적 전망을 필요로 했다. 외교정책도 국민적 지지가 있어야 한다. 따라서 국민들이 어떻게 생각하는지에 신경을 썼다. 그렇다고 여론조사의 포로가 되어서는 안 된다. 외교의 문제에 있어서는 리더십의 독자성을 가장 많이 인정해야 한다.

그러나 여론조사는 국민적 지지를 끌어내기 위해서는 필수적인 정치적 기술(political skills)이다. 외교정책에 대한 국민적 지지를 유도하는 데 국가적 이익에 필요하다는 것만으로는 불충분하다. 예를 들면 국민성도 고려해야 한다. 흔히 일본인들은 협동(teamwork)에, 독일인들은 효율성(efficiency)에, 영국인들은 용기(grit)에 자부심을 느낀다면 미국인들은 공정함(fairness)에 자부심을 가지고 있다고 한다. 이런 보편적 정서 속에서 수시로 변하는 여론의 흐름을 찾아내야만 한다. 그래야만 국민들을 설득할 수 있는 담론을 찾을 수 있다.

모리스의 역할은 이런 것을 파악하는 것이었다. 모리스와 클린턴은 단 둘이 있을 때에만 외교문제에 대해 이야기함으로써 불필요한 오해를 예방했다. 모리스는 학계 전문가, 전·현직 외교관, 민간 전문가 등과 상의한 결과를 대통령에게 조언했다. 모리스는 일종의 수도관 역할을 했다. 이렇게 함으로써 단순히 관료적 결정을 따라가는 것이 아니라 대통령 자신의 정책을 만들 수 있도록 도왔다.

96년의 핵심적인 외교문제는 이스라엘, 러시아, 보스니아에서의 선거였다. 이스라엘에서는 평화를 지속하느냐 하는 문제가, 러시아에서는 공산주의자들의 정권복귀 문제가, 보스니아에서는 자유롭고 평화로운 선거를 통해 국가건설이 차질 없이 진행되느냐 하는 문제가 핵심 포인트였다. 과거와 달리 지금은 CIA공작으로 도울 수 없었기에 선거기법에 영향을 미치는 방식을 취할 수밖에 없었다.

이스라엘에서는 다행스럽게도 더그 선이 라빈총리가 암살되기 몇 달 전 그의 컨설턴트로 고용되어 있었다. 라빈을 이어받은 시몬 페레스(Shimon Peres)가 선을 계속 고용했기 때문에 선거가 시작되자 선이 클린턴의 비공식적 통로가 되었다. 클린턴은 페레스가 승리하여 평화가 계속되기를 원했다. 클린턴은 이스라엘에서 두 명의 후보들보다 훨씬 인기가 있었다. 때문에 모리스는 대통령의 인기를 통해 선거에 도움을 주도록 권했다.

페레스가 하나의 제안을 했다. 이스라엘이 공격받을 경우 미국이 이스라엘을 지원할 것이라는 점을 약속해주면 좋겠다는 것이었다. 미국은 언제든지 이스라엘을 보호할 준비가 되어 있음에도 불구하고 공식적인 언명은 없었기 때문이었다. 그러나 이스라엘이 자국을 공격하는 팔레스타인 게릴라들을 응징한다는 명분으로 레바논을 공격했다. 무고한 여성들과 아이들에게 사상을 입혀 국제 여론이 안 좋게 돌아가자 클린턴이 도울 수 있는 길은 매우 제한적이었다. 결국 이스라엘이 위험을 무릅쓰고 평화를 지킨다면 미국은 이스라엘을 도울 것이라는 점을 공식 천명했다. 모리스는 페레스가 이길 것이라는 예상을 했지만 결국 네탄야후(Benjamin Netanyahu)가 근소한 차이로 승리하였다. 클린턴은 '국민들의 생각을 뛰어넘어서 채근하면 안 된다'는 것이 이스라엘의 교훈이라고 지적했다. "국민들보다 너무 앞서서 가서는 안 된다. 그렇지 않으면 국민들이 제지할 것이다."[67]

러시아 선거에는 모리스의 前파트너였던 딕 드레스너(Dick Dresner)가 선거운동을 움직이는 미국 컨설턴트 팀의 일원으로 고용되었다. 드레스너를 통해 모리스는 러시아 선거상황을 대통령에게 보고할 수 있었다. 클린턴은 96년 4월 19일부터 21일까지 러시아를 방문하였다. 국무성과 국가안보회의의 참모들은 여러 가능성을 생각해 선거에 초연해야 한다는 건의를 했다. 그러나 클린턴은 국무성 차관이자 오랜 친구인 탈보트(Strobe Talbott)의 제안에 따라 옐친을 도와야만 한다고 여겼다. 러시아 선거는 러시아에 대한 미국의 경제적 원조 때문에 옐친이 승리하였다. 드레스너의 여론조사 결과, 옐친이 미국의 꼭두각시라는 통상적인 비난에도 불구하고 클린턴과의 연계가 옐친에게 도움이 된다는 사실이 밝혀지자 클린턴은 계속 옐친과의 친밀함을 보여주었다. 이것도 영향을 미쳤다.

드레스너의 선거전략은 러시아 국민들이 공산주의자들의 복귀를 두려워하도록 만드는 것이었다. 실제로 러시아 국민들은 공산주의자들이 이기면 전쟁이 일어날 것이라는 생각을 하고 있었다. 공산주의자에 대한 두려움을 증폭시키고자 옐친 진영에서는 '선거거부'를 검토중이라는 소문까지 유포시켰다. 이를 통해 공산주의자들의 승리에 대한 공포심을 자극하고, 개혁적인 다른 후보들에 대한 지지표가 옐친에게 몰리도록 하였다. 러시아와 이스라엘의 선거를 보고 난 뒤 클린턴은 이렇게 말했다. "미국식의 여론조사와 미디어를 활용한 후보가 이겼다."

외교국방이슈는 돌이 우위를 지키고 있는 분야라고 생각되었으나, 클린턴은 외교적 성과를 거둠으로써 외교국방이슈에서 돌을 제압할 수 있었다. 예산전쟁과 외교문제에 있어 클린턴은 자신감과 단호함을 보여줌으로써 허약하다는 비난을 불식시켰다. 94년 초기 클린턴의 가장 큰 약점은 품성문제(character)와 허약함(weakness)이었는데, 가치 아젠다를 통해서 품성문제를, 그리고 외교문제 및 정부 잠정폐쇄 때의 단호함으로 허약함을 극복하였다.

10. 밥 돌의 승부수와 클린턴의 대응

밥 돌이 이길 수 있었던 길은?

모리스가 보기에는, 여론조사상의 약세에도 불구하고 돌이 이길 수 있었던 길은 있었다. 바로 새로운 가치 아젠다를 제시하는 것이었다. 클린턴은 대통령이었고, 많은 노력을 했기 때문에 균형예산이나 복지개혁 등의 이슈를 돌에게서 '훔칠' 수 있었다. 돌 또한 야당이고 그에게 주어지는 많은 요구가 있었기에 클린턴의 가치 아젠다를 훔칠 기회는 충분했었다. 청소년 통행금지, 교복, 가족간호휴가제, TV폭력을 방지하는 센서부착 등은 클린턴의 것이 되기 이전에 이미 돌 앞에 놓여져 있던 것이었다.

왜 못했을까? 돌도 95년 5월 헐리우드 영화에서의 폭력범람을 공격하고, 96년 중순 죄수도 감옥에서 일한 대가를 받아야 한다는 주장을 함으로써 가치이슈를 선점하기도 했다. 그러나 그것뿐이었다. 가치이슈는 모든 후보 앞에 놓여진 '임자 없는 공'이었으나 클린턴은 득점으로 연결하였고 돌은 못하였다. 사실 클린턴은 선거운동 내내 돌이 클린턴의 가치 아젠다를 도용하지 않을까 노심초사했다. 왜 못했을까? 돌을 움직이는 사람들은 상황을 잘못 이해하고 있었다. 그들은 가치이슈에

서 승리하는 길은 '동사'가 아니라 '형용사'라고 생각했다. 돌의 정직성,
명예, 신뢰성, 전통가치에 대한 공감 등의 형용사가 샌디에고 전당대회
를 지배했다. 그러나 유권자들은 형용사를 통해 판단하지 않는다. 유권
자들은 행동을 원한다. 결과를 원한다. 구체적인 것을 원한다. 그들은
동사를 원한다. 매일 매일 구체적 행위를 선언함으로써 클린턴은 가치
아젠다를 선점해버렸다. '정치에 있어서 동사는 형용사를 이긴다.'

　공화당은 또 다른 결정적인 실수를 했다. 그들은 클린턴을 꺾기 위
해서는 그를 파괴해야 한다고 믿었다. 정치과정에 대한 공화당의 일반
적인 생각에 따르면 후보에게는 긍정적인 지지와 부정적인 반대가 있
는데, 현직대통령을 꺾기 위해서는 지지는 낮추고 반대는 높여야 할 필
요가 있다고 생각한다. 그래서 그들은 이러한 결과를 만들기 위해 공격
과 흑색광고를 사용하였다. 이것이 잘못된 것이었다. 현직자를 인기 없
게 만든다고 해서 언제나 이기는 것은 아니다. 현직자를 무시하고 자신
만의 건설적인(positive) 아이디어를 제안해야만 승리의 길이 열린다.
제안한 아이디어가 호소력이 있다면 상대의 인기를 떨어뜨릴 필요도
없이 이긴다. 사실 현직자의 업적을 칭찬하고, 새로운 이슈를 제기하는
것이 좋을 때도 있다. 역발상이다. 예를 들면, 돌이 경제회복과 균형예
산에 대해 클린턴을 칭찬한 뒤 이제는 새로운 이슈, 즉 가치이슈를 해
결해야 한다는 논리를 폈다면 좋았을 것이다.

　클린턴 측의 가치 아젠다는 화이트워터나 다른 품성공격에 대항하는
무기였다. '공적인 가치 이슈가 개인 품성에 대한 공격을 이긴다'는 것
이 모리스와 펜의 끊임없는 주장이었다. 이러한 논리를 시험하기 위해
응답자들에게 클린턴은 공격하는 야만적인 광고와 클린턴의 가치 아젠
다를 담은 광고를 같이 틀어주었더니 가치 아젠다를 담은 광고가 이겼
다. 이러한 쇼핑 몰에서의 시험결과는 전국적인 여론조사에서도 증명

되었다. 가치 아젠다는 각종 스캔들에 대한 품성공격으로부터 클린턴을 보호하는 수단이 되었다. 만약 돌이 이러한 가치 아젠다를 선점했더라면 품성문제(character issues)에서도 클린턴을 곤경에 빠트릴 수 있었을 것이다.

돌 진영의 품성공격에 대해 클린턴 진영은 또 업적을 강조하는 전략을 구사했다. 병역기피를 문제삼으면, 최고 통수권자로서 클린턴이 무엇을 했는가를 제시했다. 마약흡연 경력이 문제가 되면, 대통령이 마약과의 전쟁을 얼마나 열심히 치렀는지를 설명했다. 성적인 문제가 제기되면 대통령이 10대의 임신문제를 해결하기 위해 노력해왔음을 주지시켰다. 대통령의 스캔들에 대한 공격은 하나 하나 대통령이 이룩한 업적을 통해 판단하도록 했다. "사람을 처음 고용할 때는 이력서를 보고 하지만, 몇 년 동안 같이 일해본 사람이라면 그의 일 성취도를 본다." 클린턴 측에서 가장 경계한 취약점은 클린턴이 재선되면 다시 좌파로 방향 전환할 것이라는 공포였다. 여론조사 상으로도 이것이 가장 큰 문제였다. 그러나 돌은 이 문제에 초점을 맞추는 데에도 실패했다. 잠깐 언급한 적은 있지만 곧 품성공격으로 전환하였다.

밥 돌이 등락을 거듭한 끝에 마침내 3월 공화당의 후보직을 쟁취하였다. 이 때 클린턴은 돌에 비해 17% 앞서고 있었다. 이제 돌이 캠페인을 시작함에 따라 17% 우위를 지켜나가는 것이었다. 클린턴측은 공화당의 '대규모 이슈주장 광고공습'이 있을 것으로 예상했다. 그러나 공화당은 침묵을 지켰다. 적의 총구가 침묵을 지키고 있을 때 클린턴측은 공중파 전장(戰場)을 장악해 버렸다. 사실상 이것 때문에 밥 돌은 전세를 역전시킬 기회를 놓치고 말았다. 6월에야 공화당의 광고가 나오기 시작했는데, 이 때는 이미 모든 것이 끝났을 때였다. 클린턴은 공화당의 대응 없이 12개월 동안 광고를 내보낼 수 있었고, 이 때 이미

92년에 부시나 클린턴이 예비선거와 本선거를 합쳐 사용한 돈의 3/4에 해당하는 3천만 불을 소모했다. 이를 통해 클린턴 측이 선거구도를 고정시켜 버렸다. 94년 12월 클린턴은 33%의 지지를 받고 있었다. 96년 2월 클린턴은 53%까지 치솟았다. 페로가 뛰어드는 3자 대결의 경우에는 50%이었다. 대통령은 후에 본선에서 49%의 지지를 받았다. 결국 약간의 등락에도 불구하고 결국 선거 8개월 전의 여론조사가 예측한 그대로였다. 선거에 출마한 후보는 선거가 게임이라는 사실을 항상 염두에 두어야 한다. 선악의 대결인 신앙 혹은 운동이 아니다. 즉, 절대적인 평가보다 상대적인 평가가 중요하다는 점이다. 경쟁후보보다 앞서면 그것으로 충분한 것이다. 물론 절대적인 평가가 좋으면 금상첨화다. 그러나 앞뒤를 가린다면 상대평가에 집중해야 한다. 이것은 철칙이다.

  클린턴도 절대평가는 좋지 못했다. 강한 지도자인가, 혹은 국정운영을 제대로 하고 있는가, 인기 없는 정책이라도 옳은 일이면 확고하게 고수하는가 등의 평가에 있어서 클린턴은 언제나 좋지 않았다. 유권자의 1/3은 절대적인 지지를 보냈고, 또 다른 1/3은 중간이었고, 나머지 1/3은 매우 낮은 지지를 보냈다. 즉, 절대적 평가는 그리 좋지 못했다는 것이다. 그러나 상대적인 평가는 달랐다. 클린턴을 돌과 비교할 때에는 언제나 돌을 압도했다. '완벽을 겨냥해 선거운동을 하지 말고, 돌에 대항하는 선거운동을 하자'는 것이 모리스의 주장이었다. 이런 측면에서 비교·대조 전략을 구사했다. 펜과 선에 의해 개발된 이 아이디어는 모든 광고에서 입법이슈에 관한 클린턴의 견해와 돌의 견해를 비교해서 선명하게 대조시키는 것이었다. 절대적인 평가보다 상대적인 평가에서 클린턴은 훨씬 좋아 보였다.

  이러한 아이디어는 통설을 뒤집는 것이었다. 대통령은 동일한 수준의 동일한 광고에서 경쟁자와 같이 나가서는 안 된다는 것이 통설이다. 이렇게 하면 경쟁자에게 성장기회를 마련해 주는 것이자 스스로를 평가 절하하는 2가지 오류를 범한다는 것이 통설이다. 그러나 클린턴과 돌을 동일한 광고에서 비교하는 것은 대성공이었다. 지지도는 급격하게 치솟았다. 돌과의 대조를 통해 클린턴은 보다 효과적인 이미지를 구축할 수 있었다. 클린턴 측은 선거가 조기에 결론날 것이라는 확신 하에 광고를 대량으로 쏟아 부었다. '이번 선거는 5월 이전에 끝난다'는 것이 모리스의 생각이었다. 5월 이전에 하나의 양태로 고정화될 것이기 때문에 그 후에 일어나는 일들은 별로 중요하지 않다는 이야기였다. 실제로 그렇게 되었다.

5월 중순 대통령은 상종가였고, 돌은 바닥을 기고 있었다. 돌 측은 여전히 광고를 내보내지 않고 있었다. 클린턴 측의 가치 아젠다는 유권자들에게 계속 호소하고 있었다. 이 때 대통령은 다음과 같은 조치들을 제시했다. 양자입양의 세액 공제, AIDS연구를 위한 기금마련, 아기출산 후 24시간 내에 퇴원해야 하는 규정 폐지, 10대 폭력배에 대한 일제소탕, 피고용자를 다루는데 있어 기업측의 책임을 위한 지침 마련, 10대 통행금지, 베트남전쟁시 고엽제 피해자를 위한 새로운 계획, 새로운 反마약 전략, 학교에서의 컴퓨터 식자율(computer literacy) 강조, 위스콘신주 포괄적인 복지개혁안에 대한 지지.

돌의 승부수에 대한 대응

클린턴과 모리스는 간절한 염원인 예산타협을 이루고자 했으나, 공화당과 민주당간의 수치는 매우 근접한 것이었음에도 불구하고 성사되

지 않았다. 양당의 지도부가 예산문제를 선거홍보 이슈로 활용하고자
했기 때문이었다. 즉, 양당은 문제해결보다 96년 의회선거의 수단으로
삼고자 했는데 민주당은 노약자의료보험이슈를, 공화당은 재정적자이
슈를 선거에 활용하고자 했다.

　마침내 돌은 승부수를 던졌다. 돌은 난관을 뚫기 위해 상원총무직에
서 사임한다는 성명을 96년 5월 15일 발표하는 한편 선거캠프도 전열
을 재정비하였다. 사임성명에 대해 언론에서는 새로운 판도를 예고하
는 것이라고 여겼다. 그 결과 언론에서는 4주 동안 돌에 대한 기사를
집중적으로 게재했다. 5월 15일부터 돌이 상원을 떠난 6월 11일까지
언론에서의 칭찬 일변도의 반응을 클린턴 측에서는 불길하게 지켜보고
있었다. 펜은 돌이 사임하던 날 오후 400명을 상대로 여론조사를 실시
했다. 돌의 지지도에는 큰 영향을 주지 않는 것으로 나타났다. 백악관
참모들은 돌의 사임이 무슨 해군 장례식 같았다고 혹평했다. 즉, 모두
들 갑판 위에 놓인 관을 쳐다보지만 일단 바다에 던져지면 깊이 빠져
버리는 관을 잊어버리는 것과 같다는 이야기였다. 사임식장의 '그림'은
좋지 못했다. 모두 머리가 희끗희끗한 노인들뿐이었다. 사임식의 이미
지는 양로원 행사 같았다. 국민들에게 '과거'라는 메시지만 던질 뿐이
었다. 그러나 돌은 반대로 해석했다. 언론의 추종 분위기 속에서 자신
이 급속한 상승세를 타고 있다고 평가했다. 그러나 돌 측은 잊고 있는
것이 있었다. 그것은 이 기간 동안에 광고를 내보내지 않은 것이었다.
클린턴 측은 광고에서 교착상태를 만들어놓고 떠나는 돌과 미국을 위
해 열심히 일하는 클린턴을 대조하면서 돌의 상승분위기에 대응했다.

　돌의 승부수에 대한 클린턴 진영의 대응은 절묘했다. 클린턴 측은
의회를 떠난 돌을 자꾸 의회로 불러들이는 전법을 구사했다. 사소한 법
안을 내놓고 돌에게 해결하라고 한 것이었다. 돌은 클린턴의 술수에 말

려드는 줄도 모르고 열심히 정치적 해결을 하려고 노력했다. 그러한 모습이 보이면 보일수록 상원직 사임의 승부수는 퇴색하고 마는 것이었다. 영원한 상원의원으로 각인되는 것은 대통령감이 아니라는 인식을 줄 뿐이었다. 돌은 원내총무직의 사임 후 얼마 되지 않아 상원을 다시 방문하기도 하고, 의회에서 백악관으로 행진하는 반(反)클린턴 집회에 참석하기도 하였다. 이러한 모습을 통해 물을 떠나서는 살 수 없는 물고기처럼 상원을 떠나서는 존재할 수 없는 정치인으로 비쳐졌다.

클린턴 측은 이러한 점을 예민하게 포착한 광고를 제작하였다. 제목은 '상원의원과 대통령'이었다. 대통령직에 도전하는 돌이 결국 상원의원 정도의 그릇 밖에 안 되는 것처럼 비쳐지도록 했다. 상원에서의 활동에 대비해 클린턴의 해외활동을 대비시켰다. 그럼에도 불구하고 돌의 지지도는 조금씩 상승하였다. 40%이었던 호감도가 48%로 상승하였다. 비록 마지노선으로 상정하고 있던 50%에는 미치지 못했지만 모리스는 행동을 개시했다. 돌을 공격하는 광고를 제작했다. 흑백화면에 45세의 젊은 돌이 나타나는 것으로 시작됐다. 나래이터는 나직한 목소리로 설명해갔다. "우리를 이끌겠다고 했습니다. 말보다 행동이 앞서는 사람이라고 했습니다. 그러고는 사임한다고 합니다. 의정을 엉망으로 만들어 놓고 말입니다." 다시 컬러 화면으로 돌아와 백악관에서 집무를 보고 있는 클린턴의 모습이 나타났다. "진짜 일하는 사람이 있습니다. 예산균형을 이루려고, 의료보험을 지키려고, 교육과 환경 및 복지개혁을 하려고 밤낮 없이 일하는 사람이 있습니다." 이어 병상에 누워 환하게 웃는 할머니의 얼굴이 밝은 표정으로 뛰어 노는 어린아이들 사진으로 오버 랩 되었고, 이 장면은 또 다시 치안유지를 위해 고생하는 경찰들의 모습으로 덮여졌다. 이 광고를 통해 돌의 상승세에 제동을 걸었다.

공화당의 전당대회 전 클린턴 측은 또 다시 파월 공포에 휩싸였다. 돌이 러닝메이트로 전쟁영웅 파월을 지명할지도 모른다는 추측 때문이었다. 클린턴 측의 여론조사에 따르면, 파월의 등장은 돌에게 7~8%의 상승효과를 가져다주는 것으로 나타났다. 펜과 선, 모리스는 파월에 대한 4~5가지 대응책을 점검했으나 한가지를 제외하고는 효과가 없었다. 그 한가지도 파월에게 직접 상처를 주는 것이 아니라 돌이 파월의 대중적 인기에 편승하지 못하도록 하는 것이었다. 방법은 '긍정적 조치', 무기통제, 낙태에 대한 돌의 반대입장과 파월의 찬성입장을 대조함으로써 파월 지지표가 돌에게 가지 않도록 하는 것이었다.

96년 5월말부터 6월까지 공화당의 스캔들 공세가 불을 뿜었다. 모리스는 이러한 스캔들 공방에서 한발 물러서 있었다. 자신의 역할은 배 밑에 뚫린 구멍을 메우는 것이 아니라 펌프와 엔진을 가동하는 것이라며 의도적으로 관심을 기울이지 않았기 때문이었다. 그러나 모리스도 클린턴에게 화이트워터를 다루는 데 있어 참고될 수 있는 조언을 했다.

① 공격이 점차 가중되면 충격을 상쇄하기 위해 가치이슈에 대한 집중을 강화하라.

② 여론조사에 따르면, 특별검사 케네스 스타(Kenneth Starr)와 의회의 암살자들인 알폰스 다마토와 빌 클린저(Bill Clinger)가 당파적 목적 때문에 대통령의 신뢰성을 떨어뜨리기 위한 것이라는 비판에 취약하므로 스타검사와 그의 고객인 담배회사와의 연계를 집중 공략하라.

③ 대통령은 절대로 화이트워터 등 어떠한 스캔들에도 언급하지 말고, 그에 대한 반박은 변호사, 참모, 대변인들에게 맡겨라. 스캔들에 대해 언급하면 스캔들이 사실인 것처럼 보인다. 스캔들에 대해 일체 언급하지 않으면 국민들은 참모나 혹은 최악의 경우 부인에게만 관심을 기울인다.

　화이트워터나 FBI파일 스캔들[68]에 대한 비난과 요란한 각종 청문회 (hearings)가 대통령을 혼란스럽게 했다. 매일 밤 TV뉴스에서는 전체 뉴스의 40%가 스캔들 뉴스로 가득 찼다. 클린턴에 대한 뉴스는 좋지 않은 것이 3 대 1 정도로 많았고, 돌의 경우는 반대로 2 대 1 정도로 좋은 뉴스가 많았다. 아칸소주지사, 백악관 참모들이 소환되거나 증언 하는 등 공화당의 공세는 날로 치열해졌다. 또 힐러리가 루즈벨트 대통 령의 부인인 엘리노어 루즈벨트(Eleanor Roosevelt) 여사와 강신회합 (seance)을 수 차례 가졌다는 사실이 언론에 폭로되었고, 전(前)FBI 직 원이 대통령의 여성편력과 마약 사용에 대한 추문을 주장했다. 강신회 합 건에 대해 여론조사를 해보니, 별로 영향이 없는 것으로 드러났다.

　공화당의 스캔들 공세를 무력화시키는 데는 백악관 참모들의 노력이 주효했다. 특히 신속대응팀을 이끌고 있던 스테파노풀러스의 대응은 탁월한 것이었다. 특히 화이트워터 사건이 증폭되던 96년 6월 마지막 주, 백악관에서 근무했던 FBI 출신의 개리 알드리치(Gary Aldrich)가 새로운 폭로를 했을 때 보인 스테파노풀러스의 대응력은 압권이다. 알 드리치가 쓴 책의 내용에 따라 〈The Washington Times〉에서 클린턴 이 한밤중에 백악관을 몰래 빠져 나와 인근 호텔에서 여자와 밀애를 즐긴다는 기사를 실었다. 알드리치의 책에는 샤워장에서의 섹스파티, 마약 사용, 여자유혹 등의 내용이 들어 있었다.

　조지는 미국 언론의 생리에 대해 훤하게 알고 있었다. 일종의 먹이 사슬과 같았다. 스캔들은 먼저 〈The National Inquirer〉에서 터져 나오 면 다음으로 〈The Washington Times〉에서 기사를 받는다. 그런 다음 〈The New York Times〉나 〈The Washington Post〉에서 기사를 게재 한다. 마지막으로 수천만 명의 시청자들을 갖고 있는 방송의 시사 프로 그램(60 Minutes나 20/20)에서 전국 방송망을 통해 방영한다. 이런 지경까지 되면 사태는 걷잡을 수 없게 된다. 조지는 알드리치의 주장이 아무 반론 없이 먹이 사슬에 들어가지 않도록 하는 조치를 취했다. 제일 먼저 알드리치가 출연하도록 돼 있는 방송 일정부터 확인하였다. 알드리치는 CNN의 Larry King 쇼, ABC의 David Brinkley 쇼 등 유명 시사대담 프로에 출연할 예정이었다. 조지는 ABC방송의 담당 PD를 찾아가 알드리치 주장의 허무맹랑함에 대한 반론과 방송이 나갈 시(時) 좌시하지 않겠다는 항의를 전했다. 결국 조지가 알드리치와 함께 프로에 출연하였다.

조지는 신속대응팀을 통해 알드리치의 모든 것을 확인하였다. 알드리치의 변호사가 깅리치와 가까운 사이라는 사실이 포착되었다. 책 홍보를 맡고 있는 사람도 클린턴을 성추행 혐의로 고소한 폴라 존스였다. 또 출판사 사장도 극우 성향의 인물이었다. 이러한 사실은 알드리치의 커넥션이라는 이름 하에 각 언론사에 배포되었다. 조지는 방송에 출연하여 알드리치 주장의 약점을 물고 늘어졌다. 클린턴이 나가는 것을 직접 보았느냐, 못 봤다면 누구한테 들었느냐, 누군지 왜 말 못하느냐 등을 집요하게 공격하였다. 사실 알드리치의 주장은 직접 목격한 것이 아니라 어떤 기자가 추적하고 있다는 소리를 듣고 그냥 책에 써버린 것이었다. 직접 목격 여부가 집중 논점이 됐지만 알드리치는 조지의 질문에 답변할 수가 없었다. 때문에 조지는 알드리치의 공화당 커넥션을 폭로하면서 공화당의 정치적 음모라고 규정할 수 있었다. 스캔들이 터진 지 72시간만에 진압된 것이다. 조지의 탁월한 스핀능력이라 하지 않을 수 없다.[69]

모리스는 공화당의 이러한 스캔들공세가 별로 영향을 미치지 않을 것이라고 판단했다. 스캔들에 대한 클린턴 측의 대응책은 가치 아젠다를 강화시켜 나간다는 원칙을 계속 고수하는 것이었다. 매주 새로운 제

안과 행정행위(executive action)를 발표하고, 광고를 내보냈다. '신속
대응' 임무를 책임지고 있는 스테파노풀러스가 상대방의 공격을 매일
매일 반박하는 업무를 관장하였다. 모리스는 언론과 광고를 통해 매일
매일 '메시지'가 흘러나오도록 하는 일을 지휘했다. 6월 한달 동안 클
린턴은 다음과 같은 조치들을 발표했다. 지역방범대원들에게 5만5천
개의 휴대폰 지급, 수업료 세액공제, 실업자 아버지에 대한 조치, 범죄
피해자들의 권리 보호, 전국적인 총기추적 체제의 가동, 가족간호휴가
제 포함 등이었다. 모든 국민들에게 중요한 이러한 제안들이 매일 매일
쏟아져 나옴으로써 스캔들공세는 그 영향력을 상실해버렸다.

　여론조사 결과에 대해 예민하게 신경을 곤두세웠지만, 공화당의 스
캔들공세가 이어진 6주 동안 겨우 3% 떨어지는 것에 불과했다. 오히려
클린턴의 우위는 확고해지는 것으로 나타났다. 왜 스캔들은 미미한 영
향 밖에 끼치지 못했을까? 그 이유는 유권자들이 자신들의 삶에 도움
이 되는 중요한 일들을 하는 대통령의 모습이 매일 매일 비치는 까닭
에 성급한 결론을 내릴 준비가 되어 있지 않았기 때문이었다. 즉, 대통
령이 쏟아내는 제안들이나 방침들이 유권자들의 삶에 지극히 도움되는
것이었기에 그것에 우선순위를 두었다는 말이다. 둘째 이유는 공격받
는 사람들보다 공격하는 사람들을 더 신뢰하지 않았다는 점이다. 상원
에서 다마토가 담당하고 있는 화이트워터 건의 조사, 클린저가 하원에
서 조사하고 있는 FBI파일 件, 특별검사 스타의 大배심 등에 대한 유권
자들의 평가를 조사해보니, 대다수 유권자들이 공정한 조사가 되지 못
하고 선거전에 대통령의 명예를 실추시키기 위한 정치적 의도를 가진
있는 것으로 생각하고 있었다. 유권자들은 이 3가지 심판을 인민재판
으로 생각하고 있었다. 또 스타검사의 담배산업과의 깊은 연관성, 다마
토의 과거 윤리문제 때문에 신뢰성은 더욱 떨어졌다.

공화당의 패인

5월을 며칠 안 남겨둔 시점부터 공화당의 광고공격이 시작되었다. 그러나 그 효과는 제한적이었고, 초점을 벗어난 것이었다. 클린턴의 광고가 국토의 절반을 포괄하는 것이었다면, 돌의 그것은 1/3에 불과하였다. 이러한 시장선택은 공화당이 대통령선거보다 대통령선거와 같이 치러지는 상하원 선거에 더 집중했다는 것을 뜻했다. 그들은 의석을 잃을 위험이 거의 없는 지역에서도 광고를 내보냈다. 광고의 내용도 문제였다. 공화당은 클린턴이 균형예산을 달성할 목표연도를 제시하면서 10년, 7년, 9년 등으로 말을 바꾸었다는 광고를 내보냈다. 클린턴의 균형예산 약속이 진지하지 않다는 것을 보여주기 위한 것이었다. 그러나 클린턴 측의 쇼핑몰테스트 결과로는 거의 영향을 미치지 못했다. 공화당의 광고는 후보의 행위보다 균형예산 수정안에 대한 의회행위(congressional action)를 보여주는 데에 집중했다.

이에 대해 클린턴 측은 가치 용어를 통해 그들의 예산 우선순위를 재차 천명하는 것으로 대응했다. 예를 들면, '노약자의료보험을 보호함으로써 부모에 대한 의무를 다하고자 한다'나 '교육환경을 개선함으로써 모든 사람에게 기회를 동등하게 제공하고자 한다'는 식이었다. 공화당과 클린턴의 광고를 동시에 보여주고 의견을 물어본 결과, 응답자들은 클린턴은 득을 본 반면 돌은 손해를 보고 있었다. 클린턴 측은 따라서 돌 측이 기존 광고를 수거하고 새로운 광고를 내보낼 것으로 예상하였다. 그러나 그렇지 않았다. 전혀 바꾸지 않고 계속 내보냈다. 공화당은 광고를 위해 5백만 불을 지출했지만, 클린턴 측의 대응과 그에 대한 광고 효과를 검토하는 데에는 신경을 쓰지 않았다.

공화당은 이민법이 의회를 통과함에 따라 이 법안을 이용하고자 했다. 즉, 클린턴이 불법 이민자들에게 주어지는 혜택을 없애는데 반대했다는 광고를 내보냈다. 사실 클린턴은 불법 이민자에 대한 혜택 수여를 거부했지만, 체류하는 동안에는 그들의 자식들이 학교에 다닐 수 있도록 허용하자는 입장이었다. 쇼핑몰테스트 결과, 이에 대해 반격하지 않으면 좋지 않다는 판단을 얻었다. 즉각 클린턴이 불법 이민자에 대한 복지 수여를 거부하였고, 국경경비대를 엄청나게 증원하였고, 국외추방의 조치도 늘렸다는 점을 광고에 실어 내보냈다. 동시에 돌이 불법 이민자들이 미국에서 일자리를 얻지 못하도록 하는 법안에 반대했다는 점도 지적했다. 효과는 대단했다.

96년 6월 정부가 일을 하기 시작했다. 클린턴 대통령과 돌의 상원 원내총무직을 승계한 로트는 서로 협력하여 각종 법안을 통과시키기 시작했다. 양 진영간의 협상에서 가장 쟁점이 된 것은 복지개혁안이었다. 공화당의 복지개혁안에 들어 있는 내용들이 클린턴의 '가슴'을 자극했다. 비록 클린턴의 '머리'는 받아들이고 있을지라도 가슴이 받아들이지 못하고 있었다.

클린턴과의 협조를 통해 당파 싸움 때문에 계류된 각종 법안을 통과시키려는 로트의 의도는 의회선거 때문이었다. 그에 의하면, 공화당의 업적은 미미하고 실패는 풍부하다는 사실 때문에 의회선거에서 곤경에 처할 형편이었다. 또 공화당의 대통령 후보인 돌이 '동료의원을 당선시키는 힘'을 보여주지 못하고 있었다는 점도 고려했다. 때문에 대통령선거에서 클린턴을 공격할 공격무기를 돌에게 제공하기 위한 목적 때문에 법안 통과를 막고 의회를 파행으로 몰고 가는 것은 의원선거에 불리하다는 판단을 했다. 사실 96년 대선과 함께 치러진 선거에서 공화당이 상하원에서 다수의석을 지킬 수 있었던 것도 로트의 이러한 판단 및 결정이 부분적으로 작용했기 때문이었다.

로트는 복지개혁안에 도전하기로 했다. 과거 공화당은 클린턴이 받아들일지도 모른다며 법안에다 도저히 수용할 수 없는 복지예산 삭감안을 집어넣었다. 대통령이 거부하지 않을 수 없도록 하여 선거유세로 계속 활용하고자 했다. 그래서 그동안 복지개혁안은 계속 실패할 수밖에 없었다. 95년의 복지개혁법안 전말은 어떠했는가? 95년 9월 19일 상원에서 상원복지개혁법안(Senate welfare reform bill)이 87 대 12로 통과되었다. 이는 대통령의 비토권을 무력화시키는 비율이었다. 거의 모든 공화당의원과 민주당의원의 대다수가 '95년 개인책임 및 노동기회법'(Personal Responsibility and Work Opportunity Act of 1995)이란 이름의 법안에 대해 찬성표를 던졌다. 이 법에는 기간제한의 조항이 있었다. 즉, 한 개인은 5년 동안만 복지수혜를 받을 수 있도록 제한했다. 그러나 건강·서비스부는 이 법이 시행되면 150만의 어린이가 기근에 빠질 것이라는 조사결과를 제시하며 반대했다. 왜냐하면 어린이를 둔 복지수혜 가족의 75%가 5년이 넘었기 때문이었다. 상원을 통과한 법안은 하원과의 협의과정에서 변화되었는데 더 심한 규정이 들어갔다. 12월 22일 상원은 최종안을 52 대 47로 통과시켰다. 건강·서비스부의 자료 공개와 양원협의회(conference committee)[70]에서 심하게 손질한 것 때문에 민주당 상원의원 46명 중 단 한 명의 표만 얻을 수 있었다. 나머지 45명과 공화당 의원 2명이 이 법안에 반대 투표하였다. 돌은 더이상 클린턴의 거부권을 무효화할 만한 찬성표를 가질 수 없게 되었다.

돌은 전화로 클린턴에게 법안에 서명하라고 설득했다. 이 법안은 매우 중요한 일 단계가 될 것이며, 클린턴이 제시한 원칙에도 부합한다고 주장했다. 클린턴은 법안이 처음과는 달리 너무 많이 변해버렸으며, 어린이에 대한 삭감이 너무 가혹하다고 주장했다. 96년 1월 9일 클린턴은 저녁 8시 거부권을 행사해 버렸다. 이에 대해 돌은 상원에서 격렬하게 클린턴을 비난했다. 또 한번 배신감을 느낀 것이다. 클린턴이 저녁 늦게 거부권을 행사함으로서 '날치기 거부권' 행사를 숨기려 했으나, 국민에게 보내는 메시지는 숨길 수 없다고 했다. 클린턴이 기본적인 변화조차도 거부한 채 현상유지를 위해 싸우고 있다고 규탄하였다.

이것이 복지개혁안이 실패한 전말이었다. 그러나 대선과 동시에 치르는 의원선거가 점차 다가오자 전열이 흐트러졌다. 지역구에 가서 자랑할 수 있는 복지개혁법안을 원하는 사람과 대통령선거를 위해서는 의원들을 희생시키자는 사람으로 양분되었다. 상황이 바뀐 것이다. 로트가 복지개혁법안에 도전한 것은 이러한 상황변화를 읽고 있었기 때문이었다. 서로 절충을 하면서 동의를 끌어낸 부분도 있었지만 두 가지 점에서 대립하였다. 첫째는 합법 이민자에 대한 복지, 저소득층의료보험, 사회보장, 식품권 등을 폐지하는 것이었다. 둘째는 복지혜택을 받다가 만료된 어머니에게 아이를 키우기 위해서 필요한 기저귀나 다른 필수품에 대한 교환권 제공을 없앤 것이었다. 이에 대해 클린턴의 가슴은 정말 받아들이지 못하고 있었다. 그러나 클린턴의 머리는 이 법안이 복지 수혜자들로 하여금 일을 하게 하고, 수혜기간을 정하는 조치(time limits)를 취함으로써 놀고 먹는 복지라는 인식에서 벗어나도록 한다는 점을 인정했다. 때문에 모리스는 대부분의 참모들과는 다른 입장을 폈다. 모리스도 복지개혁법안을 거부하면 선거에서 진다는 주장을 펴며 클린턴에게 사인하라고 건의했다. 펜의 여론조사에서도, 거부하면 17% 우위에서 3% 열세로 바뀌는 것으로 나타났다. 다른 무엇보다도 복지개혁안에 대한 거부와 파월이 돌의 러닝메이트로 나서는 것이 클린턴의 大選 가도에 놓여있는 최대의 장애물이었다.

96년 7월 31일 대통령은 전화로 '로트가 아이들을 죽이고 있다'며 비난했다. 또한 모리스의 수용건의에 대해 여론조사를 왜곡하고 있다며 비난했다. 이에 대해 모리스는 "여론조사 과정에서 부정을 저지르는 것이 가능하지만, 자신은 복지개혁안을 수용해야 한다는 관점에서 여론조사를 왜곡하지 않았다"고 했다. 모리스는 이 법안이 통과되면 그것으로 끝나는 독립적인 법안으로 생각하지 말고, 앞으로 계속 추진해 가야 할 장기 개혁과제의 일부로 받아들이도록 건의했다. 다음 임기 때, 또 의회에서 다수의석을 얻으면 새로운 복지개혁안을 통과시킬 수 있다는 논리로 대통령을 위로했다. 국내문제 고문인 부르스 리드 (Bruce Reed)도 같은 의견으로 대통령을 설득했다. 8월 1일 대통령은 복지개혁법안에 대한 서명 방침을 발표했다.

11. 한 사람의 몰락과 다른 한 사람의 성공

나라가 제대로 가고 있습니까?

여론조사를 담당하는 사람들이 여론조사에서 빼놓지 않고 물어보는 것이 바로 '이 나라가 제대로 가고 있습니까? 아니면 잘못 가고 있다고 생각하십니까?'라는 것이다. 긍정평가와 부정평가간의 비율이 정치가 기초해야 할 기본적 통계다.

걸프전의 종결과 뒤이은 경기침체 이후 미국은 잘못 가고 있다는 평가가 대부분이었다. 클린턴은 여기에 기초해 변화를 약속함으로써 승리할 수 있었다. 그러나 92년 선거 후 짧은 낙관주의 기간을 제외하면 잘못 가고 있다는 평가가 클린턴 재임 내내 압도적이었다.

94년 8월 처음 모리스가 클린턴과 일할 때, 제대로 가고 있다는 평가는 30%에 불과하고 60%가 반대 생각을 가지고 있었다. 그런데 경제가 호전되고 재정적자가 줄고 복지비용이 축소되고 외교정책이 성공한 96년 6월에도 36%만이 제대로 되고 있다는 평가를 내렸다. 54%는 잘못되고 있다고 보았다. 물론 클린턴에 비해 공화당이 잘 할 수 있다고 생각하는 것도 아니었다. 클린턴은 돌에 비해 훨씬 앞서고 있었다. 무엇 때문이었을까? 경제가 좋다는 뉴스도 국민들의 평가를 바꾸는데 별로 영향을 미치지 못했다. 국민들은 생활 이슈, 예컨대 범죄, 퇴직에 대한 두려움, 의료 서비스에 대한 관심, 젊은 세대의 가치와 교육에 대한 불만 등이 개인적인 경제적 낙관주의를 압도하고 있었다. 이것이 나라가 잘못 가고 있다고 믿도록 하는 요인이었다.

그러나 96년 7월 모든 것이 바뀌었다. 공화당 전당대회 직전 유권자들은 좋은 평가와 나쁜 평가의 비율이 36% 대 54%에서 좋은 평가가 46~44% 언저리로 바뀌었다. 나라가 잘못 가고 있다고 외친 공화당의 전당대회 기간 동안 잘못 가고 있다는 평가가 일시적으로 과반수를 차지한 적도 있었지만 곧 좋은 평가가 압도하기 시작했다. 이유가 무엇일까? 올림픽이 많은 영향을 주었고, 좋은 경제적 뉴스를 보다 분명하게 제시한 것도 하나의 요인이었다. 복지개혁안, 케네디-카센바움법안, 최저임금인상안, 맑은 물 법안, 살충제통제법안의 통과 등 의회 파행이 갑자기 종식된 것이 결정적인 영향을 미쳤다. 갑작스런 전환으로 인해 대선의 맥락이 완전히 바뀌어 버렸다. 작게는 클린턴이 스캔들파동으로 인해 손해본 3%의 하락을 회복하여 17%의 우위에 복귀할 수 있었다. 좀더 크게는 침체와 상승의 반복주기에 비추어 볼 때 활력과 적극성을 가진 상승기로 접어들었음을 뜻하는 것이었다. 공화당이 국민적 절망에 토대를 둔 주장을 하고자 노력한 것은 이러한 新낙관주의에 반대되는 것이었다. 공화당의 주장은 잘못된 메시지였다.

전통적인 분석에 따르면, 1960년 이래로 전당대회는 후보 지지도에서 10%의 상승을 낳는다. 8월초 공화당의 전당대회가 샌디에고에서 개최되었다. 클린턴 측은 공화당의 전당대회에서 우파가 득세하고, 클린턴에 대한 부정적 공격으로 가득 차기를 기대했다. 우파가 득세해 중도파를 몰아내고, 대통령으로 선출되면 무엇을 할 것인가 하는 비전보다 국민들이 식상해하는 부정적 공격으로 일관하는 것이 클린턴 측에게는 유리했기 때문이었다. 그러나 공화당도 여론조사를 통해 이러한 사실을 파악하고 중도이미지와 건설적인 메시지를 제시했다.

공화당은 전당대회 1주일 전 돌이 제안한 15% 감세안에 모든 것을 걸었다. 이 안은 경제성장이 매우 밋밋하고 감세를 통해 활력을 불어넣을 수 있다는 생각이었다. 이 방안은 61년 케네디의 아이디어를 모방한 것이었다. 가장 결정적인 문제는 돌이 자신의 기존 입장을 바꾼 것이었다. 돌은 재정지출 삭감으로 상쇄될 수 없는 감세에 대해 평생 반대해온 경력을 배신하는 꼴이 되었다. 정치에서 철칙은 견해를 바꾸지 마라는 것이다. 만약 견해를 바꾼다면 기존에 동의하던 사람은 미워하게 될 것이고, 원래 싫어하던 사람들도 진실한 것으로 믿지 않기 때문에 결국 모두가 반대하는 꼴이 된다. 기존 견해를 뒤집음으로써 얻는 것은 아무 것도 없다. 돌은 이러한 철칙에 전면적으로 도전하는 형국이었다. 돌의 정책은 80년대 레이건이 시도했으나 실패로 끝난 정책이었다. 경제가 미미하게 성장하기는 했지만 재정적자의 상승폭을 상쇄하지 못했다. 재정적자 증대는 경제침체라는 장기간의 부작용을 남겼다. 결국 돌은 '한물간 제안'을 답습하고 있었다.

클린턴 측은 돌의 제안을 내심 환영하면서 좋은 경제뉴스를 알리고, 35년 동안의 의원의 공직생활 동안 그가 올린 세금에 대해 비판하는 광고를 내보냈다. 이 광고에서는 돌을 35년 동안 증세정책을 추진한 사람으로 묘사하였다. 돌의 減稅안을 보고 스펄링과 스테파노풀러스는 감세에 상응하는 재정지출 삭감이 결여되어 있다는 점을 지적했다. 여론조사 결과 국민들은 감세의 각론에서는 찬성했으나 총론에서는 규모가 너무 크기 때문에 재정적자를 심화시키는 것으로 생각하고 있었다. 결국 뒤처진 후보에 의한 '곡예'(election-year stunt)로 비치도록 만들었다. 돌은 자신의 아이디어로 전당대회를 준비할 수 없었고 또 낙태문제에 대한 극심한 강령전쟁에 빠져 결국 전당대회의 전초전에서 1%의 지지율도 높일 수 없었다. 이제 남은 문제는 돌의 러닝 메이트이었다.

돌의 러닝 메이트는 결국 켐프로 결정되었다. 켐프는 공화당원들의 우상인 레이건의 후계자이다. 10월 9일 돌의 지지율이 상승하기 시작했다. 켐프를 러닝 메이트로 결정한 것은 국민들을 놀라게 했고, 돌에게 새로운 생명을 불어넣었다. 켐프를 선택한 것은 돌이 새로운 아이디어와 새로운 사람들에게 문호를 개방한다는 것으로 해석되었다. 모리스 측의 여론조사 결과 클린턴의 지지도가 3% 떨어졌다. 전당대회가 열리자 돌의 추격은 계속 되었다. 레이건의 부인인 낸시 레이건(Nancy Reagan)의 월요일 밤 연설과 파월의 감동적인 연설로 1% 상승하였다. 공화당이 중도노선으로 다가가고, 당파적 요구를 넘어서고 있는 것으로 유권자들에게 인식되고 있다는 여론조사가 나왔다.

돌의 부인인 엘리자베스 돌(Elizabeth Dole)이 연단에서 벗어나 청중들의 틈으로 걸어가면서 행한 연설은 국민들의 가슴속으로 걸어 들어갔다. 자신의 남편이 육체적 불구를 극복하는 투쟁을 상기시키는 연설은 국민들의 마음에 와 닿았다. 엘리자베스의 연설 이후 돌은 또 다시 3% 상승하였다. 클린턴의 우위는 13%에서 10%로 줄어들었다. 돌의 연설은 훌륭했으나 내용이 부실했다. 메시지가 과거 지향적이었다. 미래에 대해 이야기하기보다 그는 '과거를 잇는 다리'(bridge to the past)를 제안했다. 보통사람들을 돕는 방안에 대해 이야기하지 않고 자신의 명예, 용기, 진실성, 정직성을 주장했다. 나이든 사람들에게는 강한 호소력을 지녔으나 50대 이하에게는 전혀 다가가지 못했다. 이에 대해 모리스는 시대착오적이라고 표현했다. 그러나 공화당 전당대회에 대한 언론의 집중보도로 인해 클린턴은 다시 3% 하락해 클린턴의 우위는 7%로 줄어들었으나, 돌이 초점을 놓쳤기 때문에 잃어버린 포인트를 다시 회복할 수 있을 것으로 확신했다.

전당대회 준비

클린턴 측은 전당대회(National Convention)를 오랫동안 준비하였다. 기본 원칙은 국민들에게 자신들의 삶이 토대를 두고 있는 가치를 대변하는 정당이라는 점을 설명하는 것이었다. 그런 다음 가치 이슈, 예컨대 무기통제, 10대에 대한 담배시장의 제한, 가족간호휴가제 등의 이슈에 대한 돌의 반대를 보여주려 했다. 이런 목적을 달성하기 위해 클린턴 측은 당과 거리를 두기로 했다. 당의 전당대회가 아닌 클린턴의 전당대회로 만들고자 했다.

해리 토마슨(Harry Thomasson)의 제안에 따라 기차유세(train tour)를 통해 여기 저기 들려 전당대회로 향하는 아이디어를 실천에 옮겼다. 해리는 그의 부인과 함께 클린턴의 92년 선거에서 활약을 했고, 클린턴을 소개하는 〈The Man from Hope〉라는 책을 만들어낸 경력이 있는 사람이었다. 펜과 해리는 기차유세 경로를 세심하게 검토했다.

공화당은 클린턴의 우위를 10% 깎는데 성공했으나 복지개혁안 등 법안을 대통령에게 이송하는 시기를 잘못 선택함으로써 오히려 덫에 빠지고 말았다. 즉, 의회를 통과한 복지개혁안, 최저임금인상법안과 케네디-카센바움법안을 자신들의 전당대회 이후이자 민주당의 전당대회 직전에 대통령에게 이송하였다. 민주당의 분열을 노린 술책이었다. 대통령이 서명하면 민주당 좌파가 길길이 날뛰게 되고, 그렇게 되면 당내 좌우파가 격돌한 68년의 시카고 전당대회가 재현될 것으로 판단했다. 서명하지 않으면 공화당이 선거쟁점으로 활용할 수 있었다.

그러나 음모는 예상과 달리 실패했다. 이 법안들이 국민들에게 인기가 있는 법안이라는 사실을 놓친 것이었다. 공화당이 법안이송을 지연함으로써 대통령이 인기 있는 3가지 법안에 대해 차례차례 하루에 한 건씩 서명하는 '좋은 그림'을 제공하는 꼴이 되고 말았다. 그 결과 민주당 전당대회가 시작하기도 전에 공화당이 전당대회를 통해 얻은 상승 포인트의 4%를 깎아 버리는 효과를 낳았다. 민주당 전당대회를 시작하는 의사봉이 두드려지기도 전에 클린턴의 우위는 7%에서 11%로 올라섰다.

이 즈음 백악관 대변인 맥커리의 제안으로 모리스는 〈The New York Times〉 및 〈Time〉과 인터뷰를 했다. 〈Time〉은 모리스를 표지인물로 다루면서 '대통령의 귀를 장악한 인물'이라는 헤드라인과 모리스가 클린턴의 어깨 위에 앉아 있는 삽화를 실었다. 인터뷰 보도내용을 둘러싼 대화에서 클린턴은 모리스를 루이스 호위(Louis Howe)에 비교했다. 호위는 프랭클린 루즈벨트의 정치적 매니저(political manager)로서 루즈벨트가 21년 척추성 소아마비로 고통을 받고 있을 때부터 28년 뉴욕 주지사, 32년 백악관에 이르는 과정에서 조타수 역할을 했던 사람이었다. 그러나 문제는 루즈벨트의 첫번째 임기가 끝나고 죽었다는 점이었다. 모리스가 클린턴에게 더 살고 싶다고 하자, 클린턴은 웃으면서 루즈벨트의 '믿을 만한 친구' 역할을 한 호위가 죽은 뒤 그를 대체한 해리 홉킨스(Harry Hopkins)를 거론했다. 그는 루즈벨트의 사람이라기보다는 그의 부인 엘리노어의 사람이라는 점을 모리스가 상기시켰다. 클린턴과 이런 대화를 하고 있을 때 모리스가 1년 동안 교제한 매춘부는 발코니에 있었다. 그리고 모리스가 발코니로 나와 미안하다고 하며 마실 것이 필요한지 물었을 때 〈Star〉誌는 사진을 찍고 있었다. 매춘부와 잡지 사이에는 이미 계약이 성립되어 있었다.

민주당의 전당대회의 첫날은 가치문제에 초점을 맞춘 비정치적이고 非당파적인 행사가 되도록 준비했다. 그래서 빌 그래험(Bil Graham) 목사가 전당대회 첫날(월요일) 연설하도록 했다. 그밖에 영화배우 크리스토퍼 리브(Christopher Reeve)[71]가 월요일의 연사가 되었다. 월요일 행사로 클린턴은 2 포인트를 끌어올려 클린턴의 우위가 13%가 되었다.

힐러리의 연설 여부가 문제였다. 찬반이 엇갈렸다. 힐러리가 연설은 하지 않고 영상 스크린으로 환영의 인사를 짧게 하고 고향의 이웃을 둘러보는 방안을 해리가 제안했지만 힐러리가 거부했다. 모리스는 힐러리가 연설해야 한다고 주장했다. 힐러리가 평생을 걸고 노력해온 보건의료, 어린이, 여성권리, 교육 문제에 초점을 맞춘 연설을 해야 한다는 것이었다. 둘째 날 힐러리의 연설은 매우 효과적이었다. 클린턴의 인기를 끌어올려 이제 공화당 전당대회 이전의 17% 우위에 3포인트 모자라게 되었다. 전당대회를 준비하면서 모리스는 고어 부통령이 대통령이 연설하기 전날인 수요일에 연설해야 한다는 제안을 했다. 공화당 전당대회에서 엘리자베스 돌이 한 것처럼 수요일을 승리의 날로 만드는 것이 중요했다. 그러나 고어는 전통에 따라 대통령과 같은 날 연설해야 한다고 고집했다. 모두가 다 모인 날 이전에 연설하는 것은 전통을 바꾸고, 부통령을 다른 연사들의 수준으로 격하시키는 것이라고 생각했다. 그러나 모리스는 이렇게 주장했다. 넷째 날(목요일) 대통령에게 가려 평범한 인물(also-ran)처럼 연설하느니 수요일의 主연사로서 나서면 고어 자신을 위해서나 대통령을 위해서나 훨씬 많은 이득이 된다. 모리스도 이런 주장을 포기하려 했으나, 공화당의 전당대회 '도약'이 피와 땀으로 얻은 우위를 크게 갉아먹자 다시 밀어 부쳤다. 대통령도 이런 입장으로 설득하자 고어도 승낙했다.

모리스는 또한 고어의 부인 티퍼(Tipper)도 화요일 날 힐러리에 앞서 연설할 것을 주문했다. 힐러리도 흔쾌히 동의하였다. 모리스는 티퍼가 단순히 자신을 소개하는 것이 아니라 평생을 바쳐 노력해온 TV에서의 폭력과 성문란에 대해 실질적인 주장을 할 것을 요구했다. 사실 티퍼는 클린턴, 힐러리, 고어, 티퍼의 4인 중에서 호감도가 제일 좋았다. 호감도 對 비호감도의 비율을 보면, 클린턴이 60 對 38, 고어가 54 대 34, 힐러리가 51 대 46, 티퍼가 48 대 21이었다. 이것은 그녀가 그 동안 언론에서 시달리지 않았기 때문이었다. 고어의 연설은 매우 훌륭했다. 클린턴의 가치 아젠다가 국민생활에 매일 매일, 매시간 영향을 미친다는 점을 강조하라는 모리스의 조언도 반영되었다. 고어의 연설로 다시 2포인트 회복하였다. 이제 1포인트 남았다.

고어가 연설하던 그 시점 모리스의 스캔들은 이미 터진 상태였다. 모리스는 호텔 방에서 눈물을 흘리면서 고어의 연설을 지켜보았다. 전당대회의 계획을 짜는데 일조를 했다는데 자부심도 느꼈다. 언론의 추적을 피해 시카고를 떠나 코네티컷의 집에서 대통령의 연설을 지켜보았다. 클린턴의 후보수락연설은 가치 아젠다로 가득 찬 제2의 시정연설이었다. 전당대회를 통해 공화당의 전당대회 때문에 잃었던 포인트를 다시 회복했을 뿐만 아니라 4포인트를 더 얻어 이제 21% 앞서게 되었다. 클린턴은 약 3개월 뒤 대통령선거에서 승리하였고, 돌은 낙선하였다. 언제나 선거가 그렇듯이 96년 대선 드라마는 한 사람에게 분에 넘치는 영광을, 또 한 사람에게는 매몰찬 패배를 남겼다. 모리스는 클린턴의 재선에 정치생명을 걸겠다는 약속을 지켰다. 그러나 섹스 스캔들로 그 자신은 정치 컨설팅의 세계에서 퇴장해야 할 정도로 몰락했다.[72]

재선에 성공한 클린턴은 2001년 퇴임하면서 역대 사상 최고의 인기를 기록했다. 왜 그럴까? 각종 스캔들로 탄핵 직전까지 갔던 클린턴이 왜 그런 성공을 누릴 수 있었을까? 하나의 정리를 보자. "그의 임기 동안 미국 역사상 최장기 활황을 누렸으며, 2천 2백만 개 이상의 새 직장이 창출되었고, 실업률은 최저 4%까지 떨어지기도 했다. 시간당 최저 임금은 공화당의 거친 반대에도 결국 4달러 25센트에서 5달러 15센트로 인상되었고, 다우존스 지수는 92년 당시 3천2백 포인트 수준이었던 것이 1만6백 포인트 이상으로 증가했다. (…) 클린턴은 집권기간 동안 정부의 예산을 축소하기 위해 3백77만 명에 달하는 정부 고용인을 줄였고, 국가부채를 끊임없이 줄여나갔다. 그는 자신의 임기 동안 교직원 숫자를 10만 명 이상 늘렸고, 교사 1인당 학생 수효를 줄였으며, 저소득층 자녀의 초등교육 환경을 지원하는 자금을 지원할 수 있도록 했다. 국가의 치안이 역사적으로 기록을 남길 만큼 안정된 것도 그렇거니와, 가족 중에 환자가 생길 경우 최고 12주 동안 간호를 위해 직장을 비울 수 있도록 허용하는 법안을 통과시키고, 탁아 문제 해결을 위해 연방기금을 조성하는 국민 복지와 관련해 그가 이룩한 성과도 주목할 만하다."[73]

물론 모리스에게도 보상은 있었다. 모리스가 클린턴의 재선에 미친 영향력과 성과에 대해 데이비드 거겐은 이렇게 말하고 있다. 역사적으로 우드로우 윌슨과 그를 보필했던 컬러널 하우스(Colonel House), 프랭클린 루즈벨트와 그를 매니지했던 루이스 호위(Louis Howe), 아이젠하워와 그의 명참모 서먼 아담스(Sherman Adams)가 최고의 팀(지도자-참모)으로 평가되는데, 모리스도 자신이 모셨던 클린턴과 더불어 이들과 같은 최고의 반열에 올랐다고 평가했다. 이 정도면 참모로서 얻을 수 있는 최고의 명예이자 대가라고 할 수 있지 않을까?

제2장
토니 블레어와 필립 굴드[74)

1. 수렁에 빠진 노동당

전세계의 좌파정당 중에서 왜 영국 노동당만 패배하는가?

1983년 6월 9일 노동당(Labour Party)은 또 다시 패배했다. 노동당의 당면 문제는 단지 국민의 목소리에 귀를 기울이지 않았다거나 이들과 긴밀하게 접촉하지 못했다는 것이 아니었다. 문제는 정책에 있었다. 노동당의 노선과 정책은 일정한 소득 수준에 있고 성실히 일하는 유권자, 즉 중산층의 가치 기준, 인간 본성, 윤리 등과 정면으로 배치되고 있었다. 세금 인상, 유럽경제공동체(EEC) 즉시 탈퇴, 일방주의(unilateral-ism)[75], 국유화 대폭 확대, 외환과 수입 통제 등 노동당이 내건 정책은 정작 노동당 지지자들로부터 외면 당하고 있었다. 요컨대, 노동당이 패배한 것은 노동당을 지지해온 평범한 노동계급의 희망과 욕구를 묵살한 것에 있었다. 노동당은 79년 선거에서 얻었던 의석의 1/4을 잃었다. 득표율은 9.3%나 떨어졌는데, 이러한 급락은 45년 이래 주요 정당의 득표사를 볼 때 유례가 없는 것이었다.

여러 측면에서 볼 때, 83년의 선거 결과는 노동당 역사상 최악이었다. 특히 노동당이 젊은 유권자층을 잃은 것은 향후 노동당과 보수당의 대결에서 연속 패배하게 되는 결정적인 요인이었다. 보수당을 지지한 젊은 유권자 중에서 가장 큰 부분을 차지했던 그룹은 이제 나이가 되어서 처음으로 투표권을 행사한 유권자들이었는데, 미래 정치의 主수요층인 이들은 다음 세대에서도 대처(Margaret Thatcher)와 보수당이 집권할 수 있게 해주는 대처의 친위대가 되었다. 또 하나 중요한 사실은 노동자의 권익을 표방하고 있는 노동당이 노동계급의 지지를 잃었다는 것이었다. 非숙련 육체노동자의 4%가 보수당 지지로 선회했다. 4%라는 수치는 미미해 보이지만, 여타 다른 계층에서는 표의 이동이 이만큼 심하지 않았기 때문에 매우 중요한 의미를 갖는 것이었다. 심지어 노동당은 노동조합원들도 상실했는데, 8%가 보수당 지지로 바뀌었다. 노동계급을 대변한다는 '태생적 한계'를 지닌 정당이 그들로부터 외면 당하는 현실, 이것이야말로 83년 당시 노동당이 처해 있는 상황을 가장 극명하게 설명해 주는 것이었다.

83년, 일반 유권자의 눈에 비친 노동당의 이미지는 부정적인 것 일색이었다. 그 중에서 세 가지 이미지, 즉 극단주의, 분열, 허약함이 선거 결과에 결정적 영향을 미쳤다. 노동당 지지를 철회한 사람들 중 3분의 1은 '노동당 내부의 극단주의' 때문에 보수당에 투표했다고 했고, 4분의 1은 '내부 분열' 때문이라고 말했다. 당총재인 마이클 풋(Michael Foot)을 가장 훌륭한 차기 총리라고 꼽은 유권자는 13%에 불과할 정도로 노동당 지도부는 허약했다.

97년 노동당이 대승을 거두고 집권하게 되기까지의 과정을 이해하기 위해서는 노동당의 '83년 패배'를 이해하는 것에서부터 출발하지 않으면 안 된다. 83년 즈음 노동당은 듣기 싫은 심야의 귀곡성처럼 불편한 존재로 비쳐졌고, 비디오의 정지화면처럼 부정적 이미지가 고정되어 있었다. 노동당은 불안했다. 97년 승리를 이끈 정치적 프로젝트인 오직 '현대화(modernisation)'만이 83년 패배 이후 노동당을 구할 수 있는 유일한 방법으로 떠오른 것도 이런 이유 때문이었다.

83년 노동당이 추락한 정도는 영국 역사에서도 유례가 없을 뿐만 아니라 국제적으로도 특이한 것이었다. 80년대 초반 全세계를 휩쓴 경기침체로 인해 오스트레일리아, 프랑스, 캐나다, 서독 등 여타 국가에서 집권당은 완패했다. 그러나 영국에서는 보수당이 쉽게 재집권했다. 40년대부터 80년대 중반까지 전세계 주요 25개 좌파 정당의 지지도는 단지 2%가 떨어졌을 뿐이다. 유일한 예외가 바로 영국 노동당이다. 같은 기간동안 노동당의 평균 득표율은 44.5%에서 31.8%로 떨어졌다. 영국 노동당은 전세계 어느 진보정당보다도 빠르고 심각하게 추락했다.

노동당의 지지도가 떨어진 것은 전후시기의 사회적·직업적 구성 비율의 대규모 변화를 통해 부분적인 설명이 가능하다. 50년대 이래 非육체노동자는 급격하게 성장한 반면, 육체노동자 수는 현저하게 감소했다. 하지만 노동자 수의 감소가 노동당 지지율 하락의 원인을 충분히 설명하지는 못한다. 왜냐하면 노동당은 노동계급 내에서조차 지지를 엄청나게 상실했기 때문이다. 51년에는 노동자 63%의 지지를 얻었지만, 83년에는 고작 38%의 지지를 얻었을 뿐이다. 왜 이런 꼴이 벌어졌을까? 노동당의 지지율 하락은 노동자 수의 감소가 아니라 노동계급 내부의 커다란 변화에 그 원인을 두고 있다. 즉, 노동계급의 지위가 상승했다는 것이다. 49년의 경우, 자신의 아버지보다 상위 계층의 직업을 가진 노동자의 비율은 21%이었지만, 83년에 이 수치는 거의 두 배가 되었다.

노동계급의 지위가 상승한 데에 따르는 정치적 효과는 이들이 노동당으로부터 이탈하는 것이다. 즉, 아버지에 비해 지위가 상승한 노동자의 자녀들이 노동당에 투표하려는 의사가 더욱 적어졌다. 왜 그럴까? 이들은 "우리들은 계속 움직이고 있지만, 노동당은 그렇지 않다"고 느끼고 있었다. 직업적 유동성은 지리적인 유동성과 연계되는데, 이는 사람들이 북부 공업지역에서 남부의 서비스산업지역으로 이동하기 때문이다. 이러한 경제적 변화로 인해 영국에서는 新노동계급ㆍ新중산층 유권자라는 新다수집단(new majority)이 존재하게 되었다. 그러나 해가 거듭될수록 노동당과 이 새로운 다수집단은 멀어지고 있었다. 노동당은 뒤에서 질질 끌려가고 있었고, 이들은 앞으로 거세게 나아가고 있었다. 새로운 시대가 이미 도래했지만, 노동당은 여전히 실패한 해결책만을 고집하는 정당이자, 노동조합에 지배당하고, 국가 통제를 원하는 정당이었다.

노동당의 태생적 한계

노동당은 새로운 세기가 시작되는 1900년에 창당했다. 20세기는 영국을 비롯해 全세계 많은 국가들에서 민주주의가 정착되고, 대중들은 자신의 삶에 대해 더 많은 권한을 확보한 세기였으며, 상품의 대량 소비가 일반화된 세기였다. 또한 권력은 특권층으로부터 대중들에게로 전이(轉移)되었다. 20세기와 더불어 탄생한 노동당에게 20세기는 어떠했을까? 노동당은 백년이라는 기간 중 단지 20년을 집권한 것에 반해, 보수당은 70년을 집권했다. 그리고 노동당은 연임 기간을 완전히 채운 경우가 없었다.

노동당의 이러한 약세는 노동당이 낡은 교조에 얽매여 아무 것도 하지 않고 있는 동안 보수당은 시대 흐름에 맞춰 끊임없이 자신을 '현대화'했기 때문이었다. 앤서니 셀던(Anthony Seldon)이 지적했듯이, "보수당은 권력을 쟁취하고 장악하기 위해 끊임없는 탐구를 통해 대중의 구미에 맞춰 상시적으로 변해왔다. 보수당은, 노동당이 중산층을 개척해낸 성과와 비교할 때, 노동계급의 지지를 획득하는 데 훨씬 더 성공적이었다.” 이 말은 수상을 지낸 보수당의 디즈레일리(Disraeli)가 1867년 어느 연설에서 했던, “전진하는 나라에서는 변화가 불가피하다. 변화는 계속되어야 한다”라는 말과 맥을 같이 하는 것이다. 이런 사실은 ‘현대화’와 관련된 중심적인 패러독스이다. 보수를 표방한 정당이 부단한 ‘현대화’를 통해 권력을 장악하고 있는 반면, 급진적 변화를 내세우는 정당이 오히려 보수주의 때문에 권력을 상실했다는 것이다.

97년 정권교체를 일구어낸 현대화론자들의 관점에서 볼 때 노동당 몰락의 씨앗은 노동당의 과거에서 유래한다. 노동당은 탄생 때부터 사실 보수적인 정당으로 태어났다. 노동조합주의와 너무 밀접하고, 국유화라는 개념에 사로잡혀 있으며, 신화에 매몰되어 있고, 과거에 지나치게 연연하고 있다는 것 등. 이런 보수주의는 노동당이 20세기를 장악하는데 실패한 가장 결정적인 이유였다. 또 이것이 전후시기에 여타 국가의 진보정당들은 그렇지 않았는데, 왜 영국의 노동당은 추락했는가에 대한 해답이었다. 특히 1918년 이른바 新강령에서 채택된 4조(Clause IV)[76)는 대표적인 것이었다. 노동당은 자유주의를 비롯하여 영국 정치 내에 존재하던 다른 진보운동과 단절했다. 이러한 좌파의 분열은 지지세력이 거의 일체화되어 있지도 않았던 보수당에게 집권의 우위를 선사하는 토양이 되었다. 교조적 확신을 맹종하고 ‘명예로운 패배’라는 신화에 매몰된 정당이라면 실패는 너무나 자명한 것이다.

피터 만델슨과 필립 굴드의 만남

97년 블레어가 승리하는데 결정적인 역할을 한 사람은 피터 만델슨(Peter Mandelson)[77]이다. 87년 미국 大選에서의 리 애트워터, 92년의 제임스 카빌, 96년의 딕 모리스에 비견될 만하다. 97년 노동당의 승리의 또 다른 핵심 인물을 지적하자면, 필립 굴드(Philip Gould)[78]라는 여론조사 담당의 전략가였다. 굴드를 발탁한 것은 만델슨이었는데, 둘이 처음 만난 것은 84년이었다. 당시 만델슨은 기자였고, 굴드는 학생이었다. 만델슨은 81년 노동당에서 분열해 나간 사회민주당(SDP)이 일부 지식인층에서 인기를 얻고 있는 것에 대해 비판하면서 이렇게 말했다. "정치에서 최선은 일시적인 유행을 뒤쫓지 않는 것이다." 노동당에 대한 사랑을 두 사람이 확인한 자리였다. 85년 만델슨은 노동당의 커뮤니케이션 책임자(Director of Communications)로 임명되었다. 굴드는 만델슨에게 같이 일하고 싶다고 말했다. "현대적 마케팅과 커뮤니케이션 기법을 활용해 노동당의 이미지와 당선가능성(electability)을 획기적으로 끌어올리고 싶습니다." 32살의 굴드는 노동당 개혁, 자신의 표현대로 '끝나지 않은 혁명'이라는 대장정에 발을 들여놓았다.

노동당의 가장 위대한 정치인 중 한 사람인 허버트 모리슨(Herbert Morrison)의 손자인 만델슨은 항상 언론과 카메라에 주목했다. 무엇이 머릿기사로 나와야 하는지 찾는 것을 자신의 임무로 생각했다. 어떤 그림을 TV 기자들이 찾고 있는지, 어떻게 영향을 미칠 수 있는지, 그리고 여론형성자들과 줄이 닿도록 방송국이나 신문사의 고위인사를 사귀는 데에 열심이었다. 만델슨은 당의 커뮤니케이션 방식을 혁명적으로 전환시켰다. 즉, 현관문을 두드리거나 유인물을 돌리던 방식에서 벗어나 커뮤니케이션의 主대상을 매스컴으로 삼는 방식으로 바꾸었다. 캠페인의 목표는 '기존 지지자를 재확인시키는 것이 아니라 새로운 지지자를 확보하는 공격적인 방식'으로 재정립되었다. 만델슨과 굴드는 환상의 팀이었다. "굴드가 진단·검사자라면, 만델슨은 때로는 엄청난 정치적 위험을 무릅쓰고 집도를 맡았다."[79]

공식적으로 당의 일을 시작하기 전 굴드는 노동당이 직면한 문제를 요약하는 보고서를 만델슨에게 제출했다. "노동당은 분명한 메시지를 전달하는 데 실패하고 있다. 메시지의 목적이 모호하고, 커뮤니케이션은 초점이 없다. 분명한 목적에 토대를 둔 좀더 단순한 메시지를 찾아내어 반복할 필요가 있다. 지향하는 목적이 분명하지 않다면 결코 메시지를 제대로 전달할 수 없다." 굴드는 몇 일 후부터 공식적으로 일을 시작했는데, 그가 제일 먼저 한 일은 노동당의 현상태를 정확하게 파악하는 것이었다. 굴드는 처음 4주 동안 30명 이상의 사람들과 만나 그들의 의견을 청취했다. 그 대상은 정치인, 언론인, 광고기획사 임원, 여론조사전문가, DM(direct Mail) 전문가 등이었다. 또 당의 캠페인 조정자(co-ordinator)인 로빈 쿡(Robin Cook)과 만델슨, 그리고 노동당 신임 사무총장인 래리 휘티(Larry Whitty)도 있었다. 캠페인 회의, 리서치 브리핑과 제안설명 회의에 참석했고, 많은 서류와 공개 문건을 검토했다.

키녹의 당 개혁은 시작되었으나……

83년 10월의 총재 선거에서 좌파의 거두 토니 벤(Tonny Benn)에게 승리한 닐 키녹(Neil Kinnock)은 노동당 현대화 작업에 모든 노력을 경주하였다. 그러나 좌파의 끊임없는 도전에 직면하는 등 키녹은 더디고 힘겨운 싸움을 계속해야 했다. 당시 닐 키녹의 언론담당 참모인 패트리샤 휴잇(Patricia Hewitt)의 말에 따르면, 선거 후 그가 하원의 야당 총재 사무실에 입성했을 때 '아무 것도 없다'는 것을 깨달았다고 한다. "우리는 그 동안 일이 어떻게 진행되어 왔는지에 대한 절차나 지식 또는 견해를 하나도 승계 받지 못했다. 문자 그대로 아무 것도 없었다. 노동당은 한마디로 아수라장이었다. 아젠다에 대한 세부 정책도 없었다. 물려받은 것이라고는 당과 의회가 완전히 따로 놀고 있다는 사실뿐이었다."

키녹은 현대화론자였다. 그는 정치에 입문하면서부터 노동당 내 극단주의자들과 싸웠고, 그 과정에서 형성된 극단주의자들에 대한 증오는 자신의 현대화 정체성을 이루는 한 부분이 되었다. 하지만 그는 당이 지향하는 가치와 그 정책 사이에서, 노동당이 변해야 한다는 필요성과 당에 대한 본능적이고 정서적인 충성심 사이에서 주춤거렸다. 키녹은 노동당을 개혁하기로 결심했다. 스스로를 통합적 지도자로 지칭하듯이, 그는 의회 노동당(Parliamentary Labour Party; PLP)과 전국집행위원회(National Executive Committee; NEC)의 위원들을 결합시켜 여러 개의 합동정책위원회(joint policy committee)를 구성하여 공동으로 일을 하도록 하였다. 그는 또 「선거전략위원회」(Campaign Strategy Committee; CSC)를 만들어 자신이 의장을 맡았는데, 이 기구는 NEC 위원·예비내각장관·PLP 의원과 노동조합 사무총장들로 구성되었다. 그는 총재실에 젊고 참신한 인사들을 발탁함으로써 역동적인 분위기를 창출하고 그것이 당 전체에 확산되기를 원했다.

그러나 이 모든 일들이 채 정착되기도 전에 광산노조의 파업이 시작되었다. 키녹이 우려한 대로 광산노조는 전략과 목표도 없이 오로지 분쟁만을 조장하는 꼴이었다. 파업은 84년 내내 계속되다 이듬해 3월에 끝났는데, '1인 1표제'(one member, one vote; OMOV) 문제와 함께 84

년 노동당 전당대회의 가장 중요한 이슈가 되었다. 키녹은 광산노조의 파업으로 인해 금쪽 같은 시간을 허비하는 값비싼 대가를 치러야만 했다. OMOV는 의회후보자 선정권한과 현직 의원에 대한 再신임 권한을 지구당의 중심적 정책기관이며 활동가들 혹은 중간간부들의 집합소인 지구당집행위원회(Constituency General Committee)로부터 지구당의 일반당원으로 이전하는 것이었다. 이 제도는 노조의 블록투표제(bloc vote)에 반대되는 것이다. 블록투표제는 노조원 등 특정 단체의 회원은 자신이 소속한 단체를 통해서 당에 가입하며 가입노조의 집행부는 하나의 단위로서 표를 행사하는 것이었다. 84년 전당대회에서 의회의원 후보 선출에 OMOV를 도입하려는 시도가 실패함으로써 키녹의 리더십은 또 한번 커다랗게 상처를 입었다. 당헌을 바꾸고, 노동조합의 블록투표가 가진 위력을 감소시키는 데 실패함으로써 '현대화'작업은 10년 이상 후퇴하였다. 키녹의 비서실장이던 찰스 클라크(Charles Clarke)는 이것이 키녹의 리더십이 잘못된 방향으로 가게 된 핵심적인 문제라고 지적했다. 요컨대, 85년 만델슨이 움직이기 시작한 시점의 노동당은 문자 그대로 혼돈 그 자체였다.

굴드의 조사를 통해서 이러한 사실들이 극명하게 드러났다. 혼란만 부추기는 중첩된 조직구조, 선수치기, 변명으로 빠져나가기, 극도의 침체 등. 노동당의 일을 맡고 있는 광고전문가들은 총재비서실을 포함해 관련이 없는 다른 부서로부터 간섭받기 일쑤였고, 총괄전략과는 따로 노는 광고를 제작해 달라는 의뢰에 시달리고 있었다. 중요한 연설과 정책 발표는 좌파와 키녹간의 설전에 파묻혀 거의 또는 전혀 보도되지 않았다. 85년 한해 동안 그나마 가장 잘 보도된 것은 전당대회에서 행한 키녹의 좌파에 대한 비판 연설이었다. 그 연설은 힘이 넘치고 효과적이었다. 하지만 건설적(positive) 아젠다, 즉 노동당에 왜 투표를 해야 하는지 그 이유를 제시하지 못했다. 캠페인은 명료함, 힘과 효과가 결여돼 있었다. 게다가 각종 정책들은 좌파의 반발로 인해 가려져 버렸다. 보건, 사회복지, 주택, 법과 질서, 연금 등은 모두 노동당에게 중요한 이슈들이었기 때문에 반드시 해결책을 제시해야 했다. 그러나 노동당은 정책적으로 우왕좌왕했다.

만델슨은 보수당이 노동당을 공격하기 위해 사용하는 가장 좋은 이슈가 국방과 경제라고 파악했다. 노동당은 이러한 자신의 취약점에 대해 분명하게 인식하는 것도 중요하다고 지적했다. 만델슨을 화나게 하는 사실은 노동당이 언론을 제대로 다루지 못하고 있는 것이었다. "우리의 커뮤니케이션 수단은 TV, 라디오 그리고 신문이다. 노동당과 달리 보수당은 이런 매체들을 매우 잘 다루고 있는데, 그것은 많은 매체들, 특히 신문들이 정치적으로 보수당과 연계되어 있기 때문이다." 굴드는 일관성이 결여된 조직과 위원회들을 폐지하고 집중·통합·전문화된 조직으로 대체하는 것이 필요하며, 이 조직으로 하여금 비즈니스 세계에서 활용되는 모든 현대식 테크닉을 이용하여 노동당 커뮤니케이션을 운영하는 것이 필요하다는 해법을 제시했다.

포커스 그룹 리서치(FGI)를 통해서도 노동당의 비참한 선거상황이 적나라하게 드러났다. 85년 11월 23일 만델슨, 쿡, 휴잇, 크리스 파월(Chris Powell; 홍보회사 BMP의 관리이사), 굴드 등 노동당 전략가들과 홍보회사 직원들이 함께 참석한 '조사결과 프리젠테이션 회의'가 열렸다. 조사 결과는 노동당과 노동당을 지지할 것으로 예상되는 유권자들 사이에 벽이 존재한다는 사실을 확연하게 보여주었다. 노동당이 여전히 국유화, 일방주의, 고율의 세제라는 낡은 정책을 구태의연하게 반복하고 있는 반면, 유권자들은 공공주택과 최근 민영화된 영국통신·영국석유의 주식을 구입하고 있고, 영국 국방력의 성공적인 재구축에 만족하고 있었다. 이 회의에서 가장 중요한 유권자 집단으로 제시된 그룹이 25세에서 44세까지의 여성들이었는데, 이들은 노동당에게 가혹한 비판을 퍼부었다. 전체 여성 유권자의 48%인 이 집단의 견해는 노동당이 평범한 보통사람들로부터 유리되고 있다는 최초의 명확한 증거를 제공해주었다. 이 그룹은 두려움을 갖고 있었다. 이들은 사회가 무너져가는 것을 눈으로 지켜보면서, 본능적으로 사회보다는 가족의 안위를 걱정했다. 이들은 도덕성 상실, 탐욕, 증오, 폭력, 강간, 살인, 폭동 등을 예로 들면서 상황이 점점 나빠지고 있다고 생각했다.

여성 유권자들이 가지고 있는 정치적 정향은 이렇게 표현되고 있었다. "만일 보수당에 투표해서 내 아파트와 직장을 얻을 수 있다면, 나는 그렇게 할 것이다. 비록 이러한 태도가 이기적이라 할지라도 나는 나와 상관없는 어떤 사람이 직장을 얻도록 하기 위해 노동당에 투표하지는 않을 것이다. 다른 사람들도 마찬가지일 것이다." 이러한 생각은 누구를 탓할 수 없을 정도로 지극히 상식적인 판단이요 태도라 할 것이다. 홍보전문가인 러셀 버터필드(Leslie Butterfield)는 이렇게 요약했다. "사회가 위험하고 적대감이 만연되어 있다고 느껴질 때, 사람들 사이에는 유일하게 믿을 수 있고 예측 가능한 것은 내 자신과 가족이라는 분위기가 형성된다." 사람들이 관심을 갖는 문제는 결국 자신의 개인적인 그리고 재정적인 안정에 영향을 주는 것들이었다. 법과 질서, 건강, 교육, 인플레이션, 물가, 세금 등도 유권자들의 주요 관심사였다. 그런데 노동당은 이러한 생활 속의 흐름과 전혀 다르게 가고 있었다. 노동당이 집중하는 두 가지 사안인 국방문제와 사회적 소수집단의 역할이라는 문제는 이들의 관심목록에서 맨 밑바닥 위치에 있었다. 더욱 염려스러운 바는, 이런 유권자들의 눈에 노동당은 자신들이 수용하기 어려운 좌익 편향적인 정치를 하고 있는 것으로 비춰지고 있다는 점이었다. 반면에 보수당의 거의 모든 정책은 수용가능한 중도적인(centre) 것들이었다.

국민들은 이렇게 외치고 있었다. "노동당은 국방문제에 관한 한 미치광이나 다름없다". "노동당은 쓸데없는 일에 돈을 낭비하고 있다". "노동당이 동성애자들을 위한 공원에 수백만 파운드의 돈을 허비하는 데 분통이 터진다". "노동당의 집권은 곧 수천의 블록 표를 가진 노동조합 위원장들의 손에 나라의 운영권을 맡기게 되는 꼴이기에 두렵다" 등등. 그러나 유권자들은 보수당 내의 극단주의에 대해서는 노동당에 대해 비판할 때 사용한 표현을 거의 사용하지 않았다.

축구에서 골을 많이 넣은 팀이 이기듯이 선거에서는 분위기가 좋은 것보다 표를 많이 얻는 후보가 이긴다. 실제 유권자들이 밖에서 이야기하는 것과 기표소 안에서 찍는 행위와는 차이가 날 때가 많다. 노동당은 기표소 안에서 표를 끌어당기는 힘에서 보수당에게 현저하게 밀리고 있었다. 그 핵심적 요인은 보수당이 강력한 리더십을 제시하고 있었기 때문이었다. 유권자에게 비춰진 노동당은 빈곤층과 실업자와 구호대상자들의 편을 들어주는 당이었던 반면, 보수당은 '나'를 포함한 그 밖의 모든 사람들에게 이로운 당으로 이해되고 있었다. 이런 여성 유권자들은 노동당이 자신을 대변하고 있다고 더 이상 믿고 있지 않았다. 그리고 더 나아가 이들 중 대부분은 다음 선거에서 누구에게 투표할 것인가를 결정하진 않았지만, 한가지 분명한 사실은 노동당에는 투표하지 않으리라는 것이었다. 여성 유권자들의 노동당에 대한 이미지는 '좌익 급진파', '공산당원', '파업', '강경 좌파(Militant)'[80] 등 경악에 가까운 것이었다. 보수당의 경우에는, '서리'(Surrey)[81], '주택', '개인 풀장', '민간 병원' 등과 연관되었다. 각 당을 그림으로 나타내보라고 했을 때, 노동당은 작은 집과 소형차였고, 보수당은 큰 집과 대형차였다.

사람들이 보수당과 연관해 생각하는 것은 바로 자기 스스로 원하고 있
는 것이었고, 연관된 모든 이미지는 성취 욕구를 충족시키는 것이었다.

11월 23일 회의에서 제시된 충격은 연이어 계속되었다. 뒤따라 열린
회의에서는 20~25세 유권자들의 정치적 태도에 대한 분석이 있었다.
이들은 70년대 중반에 처음으로 정치에 대해 관심을 갖기 시작한 유권
자들로 이른바 '대처의 자식들'(Thatcher's Children)이라는 이름으로
개념화되었다. 이들이 정치에 관심을 갖기 시작할 때 대처의 강력한 리
더십 하에 신보수주의가 물결처럼 넘치고 있었다. 따라서 이들에게 대
처리즘은 정치적 상식이었고, 정치적 사고의 토대였다. 다시 말해, 이
들은 대처리즘의 원칙 중 많은 부분을 당연한 것으로 여겼고, 대처리즘
이라는 틀로 정치적인 사고를 하였다. 그리고 이들은 자신의 지도자가
강인하길 원하고, 노동조합과 복지국가는 허약함과 연결시켰다. 이 젊
은 유권자 집단은 대처의 강한 통치에 대해 억압감을 느끼기는커녕 편
안하게 받아들이고 있었다. 그에 따라 점차 대처 신봉자(Thatcherite)가
되었으며, 이제 이들이 흥미를 느끼는 관심사는 포클랜드 전쟁에서의
빛나는 승리, 사업, 성취, 개인주의였다. 이들은 대처를 존경했고, 포클
랜드 공격을 좋아한 반면 노동당의 좌파 그룹에 대해서는 이들이 나라
의 발전을 후퇴시키고 성장과 효율성 증대를 후퇴시키려 애쓰고 있다
고 생각하며 미워했다. 이들은 세액 공제를 열심히 일한 대가라고 보았
다. 심지어 실업문제조차도 개개인의 실수와 선택에서 비롯된 것으로
여겼다. "이들이 갖고 있는 16세 이전의 기억 속에는 노동당이 '부적절
하고 무능한 국정 관리자'로 낙인찍혀 있었다." 참으로 받아들이기 어
려운 결론이자 암담한 상황이었다. 당연히 노동당을 지지해야 할 사람
들에게 불안감·불신·노여움만을 주고 있으며, 그 결과 버림받고 있
으며, 캠페인과 커뮤니케이션은 엉망이고, 자신이 해야 될 바에 대해

전혀 이해하지 못하고 있는 정당. 이것이 노동당의 실체였다.

85년 12월에 전달된 64페이지의 보고서에서 굴드는 노동당의 커뮤니케이션 작업들이 불분명한 지휘계통으로 인해 제대로 관리되지 못하고 있다고 지적했다. 그 동안 노동당이 펼쳐왔던 캠페인들은 유권자에게 영향을 미치지 못하고 있었고, 정치적 커뮤니케이션은 지나치게 난해했다. 정책을 제시함에 있어 일관된 조정이 부족했고, 능동적인 언론대책도 없었으며, 전략적으로 선택된 표적집단은 무시되었고, 광고의 잠재력은 이용되고 있지 못했다.[82]

굴드는 해결책을 이렇게 제시했다. ① 당 커뮤니케이션을 지휘할 커뮤니케이션 책임자(Director of Communication)를 신설·임명하고, 주요 커뮤니케이션 담당자들과 캠페인 책임자들의 주례 실무회의를 주관하게 한다. 좀더 광범위한 캠페인 활동을 조율하기 위해 더 많은 인원이 참석하는 월례 커뮤니케이션조정위원회(Communication Co-ordination Committee)를 설치한다. ② 광고기획사인 BMP(Boase, Massimi, Pollitt)를 중심으로 「예비커뮤니케이션국」(Shadow Communication Agency; SCA)을 구성한다. SCA는 전문적인 커뮤니케이션 의견을 당에 제공하는 데 초점을 맞춘다. "SCA의 역할은 전략 초안 마련, 여론조사 실시와 분석, 광고 제작 및 캠페인 테마 마련, 필요시 그밖의 커뮤니케이션 지원 등으로 한다." ③ SCA 주관 하에 월간 단위로 질적인 여론조사를 실시하고, MORI(여론조사기관)의 월간 요약보고서로 보완하며, 이 둘을 캠페인 기획에 통합시킨다. ④ 커뮤니케이션 메시지들은 좀더 단순화되어야 하고, 끊임없이 반복해야 하고, 핵심테마들을 조화시키는 것이어야 한다. ⑤ SCA는 디자인 회사에 당 로고 등 노동당 '기업 이미지'의 모든 측면에 대한 검토를 의뢰한다. ⑥ 신속대응팀을 구성하여 노동당의 실수는 막고 보수당의 실수를 공격하며, 그 날의 이슈를 발굴해낸다. ⑦ 모든 캠페인은 무엇보다도 유권자의 여론에 영향을 미치도록 해야 한다.

굴드는 나아가 노동당의 10가지 커뮤니케이션 원칙을 제시했다. ① 합의된 전략의 조기 수립. ② 표적 집단의 선택. ③ 단순한 메시지의 계속된 반복. ④ 메시지의 관리 및 응집력 있는 제시. ⑤ 업무의 분명한 책임 분담. 분명한 권한과 책임의 계통 확립. 조정을 위한 적절한 구조 마련. ⑥ 포지티브한 보도자료의 사전 배포. ⑦ 당원과의 직접 접촉 방식으로부터 매스미디어를 통해 유권자의 견해에 영향을 미치는 방식으로 캠페인 전환. ⑧ 외부 전문가의 적절한 활용. ⑨ 홍보물 종류의 최소화와 반복적인 활용. ⑩ 이런 원칙들의 조기 및 지속적인 실행을 위한 당 최고지도부 차원의 권한 위임과 지원.

SCA의 활동

만델슨과 굴드를 비롯한 SCA팀은 이른바 현대화론자들의 전위기구이자 행동조직이었다. 이들은 사회정책(social policy) 캠페인을 준비하는 한편 노동당의 홍보와 관련된 모든 영역으로까지 역할을 신속하게 넓혀갔다. 85년 12월 19일 첫 회의에서 다음 선거에서는 경제문제가 승패를 좌우할 것이라는 사실에 입각하여 사회정책 캠페인뿐만 아니라 경제분야들에 대한 새로운 컨셉을 만들어냈다. 이미 SCA는 AMV(Abbott Mead Vickers), BMP, TBWA 등의 홍보회사들로부터 파견된 기획가들과 조사전문가들을 확보하고 있었다. 이들 중에는 BMP의 크리스 파월, 피터 허드(Peter Herd), 로스 바(Ross Barr), MORI의 밥 워세스터(Bob Worcester)와 브라이언 고스초크(Brian Gosschalk), 시장

조사업계의 선두주자인 SRU의 콜린 피셔(Colin Fisher) 등이 있었다.

비록 로빈 쿡이 캠페인 전문가들을 모아 만든 「조찬모임」(Breakfast Group)이라는 조직이 여전히 활동하고는 있었지만, 86년 1월 중순까지 SCA는 노동당의 홍보 영역을 효과적으로 장악해나갔다. 사회정책 캠페인 준비와 함께, 4월 10일 예정된 풀험(Fulham) 보궐선거 준비, 경제에 대한 컨셉 마련, 포커스 그룹 리서치, 노동당 전체의 커뮤니케이션전략 개발 등의 일을 진행시켜 나갔다. 노동당 지지도를 35%에서 40%로 끌어올리는 것을 86년의 중심목표로 선정했다. 닐 키녹과 로빈 쿡은 SCA가 지나치게 만델슨 중심으로 운영되는데 불만이었으나, 만델슨만이 확대된 커뮤니케이션제국의 영역을 꿰뚫고 있는 사람이었기에 불가피한 것으로 이해했다.

표면에 드러나지 않고 활동해야 했던 SCA는 대리조직을 만들어 이를 통하는 식으로 움직였다. 그 예로는 우선 노동당의 '자유와 형평' 캠페인을 위해 85년 말에 만든 사회정책그룹(Social Policy Group)을 들 수 있고, 다음으로는 전략적인 기획·설계·PR·DM·표적화 등을 위해 2월에 만든 전략개발그룹(Strategy Development Group)을 들 수 있다. SCA는 점차 언론인들, PR 전문가들, 디자이너들로 구성된 하부그룹들을 조직해갔다. 마침내 NEC는 SCA의 존재를 알아차렸고, 86년 2월 공식적으로 승인하였다. 86년 3월 25일 BMP 사무실에서 SCA 첫번째 공식 회의가 개최됐다. 이 자리에는 로빈 쿡도 참석했다. 6월까지 해결해야 할 프로젝트가 16개로 정리되었는데, 그것은 예비내각 편성안부터 총선 기획, 당 지도부 競選 대책, 새로운 통합적 이미지 창출과 홍보 책자의 발간 등이었다. 12개의 SCA 하부그룹들이 만들어졌는데, 여기에는 언론인그룹, 작가그룹, 방송인그룹, 표적집단 설정그룹과 전당대회그룹 등이 포함되었다. 다음 총선까지의 기간을 주간단위로 나뉘 시간표(timetable)를 작성했다. 그리고 「선거전략위원회」에 월간 보고를 하였고, 거의 매주 다수의 정책조정위원회(policy steering committee)에 보고를 하였다. 국방이슈, 키녹의 대중적 위상 등과 같은 민감한 사안들에 대한 조사도 진행했다. 이제 SCA는 많은 비판에도 불구하고 노동당을 이끌어 가는 기관차가 되었다.

그러나 SCA가 당의 공식조직으로 자리잡게 되면서 자연스럽게 당내 갈등이란 수렁에 점점 빠져 들어갔다. 그 이전에는 캠페인과 커뮤니케이션에 대해 거의 관심을 보이지 않았던 좌파 지배의 NEC는 SCA를 직접적인 위협요인으로 보았다. 예비내각 장관들은 좋게는 의구심, 나쁘게는 공공연한 적대감을 표출했다. 노동당은 대중들로부터 너무나 멀어져 있었기 때문에 SCA팀은 유권자를 향해 직접 호소하는 방식으로 당 그 자체와 싸워나가기로 하였다.

이건 내가 입당했던 그 당이 아니야!

SCA의 첫번째 중요한 과제는 86년 4월 시작된 노동당의 '자유와 형평' 캠페인이었다. 이 캠페인은 사회정책 캠페인을 위해 채택된 이름이었다. 84~85년의 '직업과 산업'이란 이름의 실패한 경제캠페인을 보완하기 위해 기획된 것이었다. SCA는 풀럼 보궐선거에서도 질적 여론조사 실시, 캠페인 주제 개발, 선거운동 등 일정한 역할을 수행했다. 일개 보궐선거에 이런 전문적인 마케팅 기법들이 활용된 것은 처음이었다. 이런 기법들은 중요한 승리를 얻는데 많은 공헌을 했다. 더 나아가 노동당 전체가 '극렬 좌파'의 수중에 있다는 일반의 인상을 바꾸는데 이바지했으며, 당에 활력을 불어넣는 계기가 되었다.

SCA의 사령탑 만델슨은 커뮤니케이션 혁명을 원했다. 만델슨은 '자유와 형평' 캠페인을 통해 SCA를 불신하고 있는 당 지도부에 현대적인 커뮤니케이션이 무엇인지, 어떻게 작동하는지, 효과가 무엇인지를 보여주고 싶었다. SCA팀은 캠페인이 어떻게 행해져야 하는가에 대한 당의 인식을 바꾸고자 했다. 정치용어가 아닌 일반 소비자의 언어를 사용하는 캠페인을 추진했다. SCA는 '상징적 정책'이란 아이디어를 개발했다. 이것은 노동당의 환경에 대한 관심을 상징화하기 위해 가연 휘발유 사용 금지와 같은 '작은 제안들'을 말하는 것이다. "노동당: 국민제일주의 정당"(Labour: Putting People First)이라는 슬로건을 만들어냈는데, 이것은 이후 미국의 빌 클린턴이 92년 자신의 선거운동에서 사용하였다. 그러나 당시 노동당 정치인들에게 이러한 것들은 한마디로 이단이었다. 그들에게 선거란 전단, 행진, 연설, 대의명분, 그리고 패배였다.

'자유와 형평' 캠페인은 전문가적인 커뮤니케이션을 도입하겠다고 한 키녹의 약속을 시험하는 첫번째 무대였다. SCA팀이 초안들을 제출했을 때 그에게는 의욕만 있는 상태였다. 하지만 공식적인 프리젠테이션이 행해지기 바로 직전 광고 컨셉을 빠르게 이해하고 숙지해나갔으며, 창조적인 판단들을 쏟아냈다. 비록 참석한 홍보 전문가들에게 약간의 충격을 받긴 했지만, 그는 열정을 갖고 토론에 임했다. 하지만 키녹은 최종 순간에 망설였다. 그는 "노동당: 국민제일주의 정당"이라는 슬로건이 '자유와 형평'이란 주제를 담아내지 못한다고 판단, '자유와 형평' 슬로건을 고수하였다. SCA의 입장에 대해 키녹과 그의 비서진들은 반대했음에도 불구하고 만델슨은 밀어 부쳤다. 만델슨은 키녹과 개인적으로 만나 사진과 실물모형, 그밖의 자료들을 갖고 충분히 설명했다. 그리고 '자유와 형평'을 고수하는 키녹에게 문제의 본질은 대중을 향한 커뮤니케이션임을 강조했다. '자유와 형평'은 당 중심의 선언임에 반해

"노동당: 국민제일주의 정당"은 대중 중심의 것이라는 점도 분명하게 지적했다.

어쨌든 이 캠페인은 전례 없는 성공을 거두었다. 물론 좌파진영은 이것을 불필요한 성형수술이라고 말했고, 좌파 하원의원인 에릭 헤퍼(Eric Hefer)는 깊은 우려를 표현하며 "이것은 내가 입당했던 그 당이 아니야!"라고 한탄했다. 노동당 좌파는 여러 해 동안 정치 마케팅, 여론조사와 광고 등을 반대해 왔었다. 그러나 좀더 깨어 있던 평자들은 이 캠페인에서 노동당의 부활을 보았다. 심지어 까다로운 신문이라고 하는 〈Guardian〉조차 "3년 전 집권의지마저 상실한 것처럼 보였던 당이 정치적 부활을 향해 내디딘 긍정적인 첫 걸음"이라고 평가했다. 사실 오늘날의 기준으로 볼 때, 이 캠페인은 결코 대단한 것이 아니었다. 몇 가지 전단, 거칠지만 명확한 이미지, 기억할 수 있는 슬로건 등이 전부였다. 이 캠페인이 선거 승리로 이어지지는 못했지만, 적어도 노동당도 승리할 수 있다는 사실을 대내외에 입증시킬 수는 있었다.

장미와 가시

노동당 이미지의 완전한 再디자인을 처음 요구한 사람은 키녹이었다. 그는 장미꽃을 활용해 새로운 통합적 이미지를 개발한 스웨덴 사회민주당으로부터 깊은 인상을 받았다. 키녹의 지시를 받은 만델슨은 굴드에게 이 일을 전담토록 했고, 86년 3월 당 로고를 포함한 새로운 통합적 이미지를 개발하기 위한 디자인팀을 구성했다. 만델슨은 이렇게 주장했다. "낡은 이미지를 털어 내고 자기 혁신적인 당이라는 이미지를 강화하는 것은 커뮤니케이션 전략(참신한 정당, 새로운 접근, 활력)의 일부분이 될 것이다. 이를 위한 중요한 기반으로써 나는 총괄적인 '통합' 이미지, 곧 모든 시각자료를 재검토하고 있다." 만델슨에게 이 작업은 총선 준비 차원에서도 중요한 의미를 갖는 것으로 이해되었다. 즉, 노동당 86년 전당대회에서 공식 채택될 수 있을 정도로 완벽하게 새로운 시각적 개선 작업(new visual facelift)을 원했다.

만델슨, 디자인회사 설립자인 마이클 울프(Michael Wolff), 그리고 굴드는 장미 수백 송이를 방안 가득히 쌓아 놓고 가장 적합한 것을 고르기 위해 하나하나 검사해 나갔다. 사실 만델슨이 훗날 고백했듯이 이런 일에는 어떤 이론이나 기준이 있을 수 없다. 그렇기에 더 힘든 작업이 될 수밖에 없었다. 여러 가지 디자인과 도안을 만들어 키녹에게 제출했다. 결국 두 가지 도안으로 압축됐다. 키녹은 장미꽃 줄기가 짧은 것을 원했지만 만델슨은 긴 것을 원했다. 긴 가지가 좀더 부드럽게 보였다. 최종적으로 만델슨은 키녹의 생각과 다르게 긴 가지를 선택했다. 이 장미는 만델슨 및 현대화를 위한 악전고투의 일부로 정치권에 알려졌기 때문인지 찰스(Charles) 황태자는 만델슨을 "붉은 장미의 사나이"라고 부르기도 했다. 장미의 전쟁은 곧 당내의 치열한 권력투쟁이었다.

SCA는 모든 대의원들에게 노동당의 새로운 장미 로고가 인쇄된 복숭아 빛 서류가방을 배부해주기로 결정했다. 전당대회 개최 1주일 전에 서류가방 제작이 완료됐다. 만델슨과 굴드가 이를 보고했을 때, 키녹은 "이것을 들고 다니도록 대의원들을 결코 설득할 수 없다"며 매우 당혹스러워했다. 이에 대해 만델슨은 "죄송합니다만, 너무 늦었습니다. 이미 제작이 끝난 상태이므로 대의원들에게 배포하겠습니다."며 밀어 부쳤다. 전당대회 당일 Channel Four News 방송의 저녁 7시 뉴스에서 어떻게 보도될까? 리포터들은 당원들 사이에서 목청을 높여 방송하면서 새로운 이미지가 멋있다고 평가했다. 심지어 복숭아빛 서류가방 또

한 엄청나게 성공적이었다.

86년 전당대회는 노동당이 마침내 현대라는 시간대에 진입하고 있다는 사실을 보여준 대회였기에 노동당 현대화에서 결정적인 순간이었다. 대의원들이 현대화를 위한 변화를 기정사실로 받아들이기 시작했다는 사실도 중요했다. 키녹 또한 자신의 이미지를 깔끔하게 만들었다. 짧게 깎은 머리, 짙은 색 양복과 하얀색 셔츠 차림. 이것은 미국의 前 부통령 월터 먼데일(Walter Mondale)의 정치컨설턴트였고, 패트리샤 휴잇이 조언을 얻기 위해 초빙한 조 나폴리턴(Joe Napolitan)[83]의 도움이 있었기에 가능했다. 나폴리턴은 노동당의 취약성에 대한 일련의 가혹한 보고서를 제출했다. 그 중 86년 4월 작성한 키녹에 대한 보고서에서 그는 "유권자들은 키녹이 대처보다 훌륭한 총리가 될 것이라고 생각하지 않는다"고 경고했다. 따라서 "키녹 자신을 좀더 효과적으로 투영시킬 수 있는 방안들을 마련해야만 한다"고 밝혔다. 그리고 키녹에게 TV 적응훈련과 출연 예행연습을 하고, 출연이 끝난 후 평가 분석을 하며, 실제 총리처럼 보이도록 노력하라고 조언했다. "총재께서는 일반 국민의 진정한 대변자라고 할만하다. 하지만 총재라면 이들과 약간 다르게 행동해야만 한다." SCA의 조사에 따르면, 사람들은 키녹이 좀더 권위를 갖고 신뢰를 주며 진지하기를 원했다. 유권자들은 비록 그를 좋아하기는 했지만 여전히 국가 지도자로는 평가하지 않았다.

86년 여름, 노동당 지지도는 40%, 보수당은 32%, 자유당-SDP 동맹(Liberal-SDP Alliance)은 26%로 조사되었다. 하지만 노동당에 대한 여론 지지도는 전당대회를 기점으로 하향곡선을 그리기 시작했다. 전당대회에서 대의원들은 83년 총선에서 패배를 초래했던 정책들을 거의 그대로 유지하는 데 찬성해 버렸다. 최악의 것은 당의 핵정책인 일방주의를 표방하였을 때 미국 국방장관인 캐스퍼 와인버거(Casper Weinberger)가 "노동당의 일방주의는 나토의 붕괴를 의미한다"고 반박해버린 사건이었다. 이로써 노동당에게 불리한 이슈인 국방 문제에 모든 아젠다가 묻혀 버리고 말았다.

1주일 후 개최된 보수당 전당대회는 화려한 무대 연출 속에 진행되었다. 각부 장관들은 '전진을 향한 또 한 걸음'(The Next Moves Forward)이라는 주제 아래 일련의 새로운 법안들을 제출하는 공세를 폈다. 여론조사에 나타난 노동당의 지지도는 하향곡선을 그리기 시작했다.

이미 뿌려진 패배의 씨앗

86년 전당대회는 지난 20년을 통틀어 가장 성공적인 것이었다. 하지만 패배의 씨앗은 여전히 싹을 키워 나가고 있었다. 그 해 연말 SCA팀은 선거전을 어떻게 치러야 할지 충분히 알고 있었다. TV에 초점을 맞추고, 화려하고 기억될 만한 그림들을 확보하며, 매시간 뉴스에서 반복적으로 보도될 기사거리들을 준비하고, 당총재와 소수의 핵심 전략가들에게 권한을 집중하며, 정확하게 통제된 일람표(grid)[84]에 의한 질서 있는 캠페인을 기획하고자 했다. 당시 영국에서 이런 접근방식은 노동당에서만이 아니라 어느 당의 선거에도 시도되지 않았던 하나의 혁명이었다. 새로운 접근방식을 실천에 옮기는 일은 만델슨과 휴잇 두 사람의 몫이었다. 휴잇은 병참 사령부의 역할을 했다. 86년 초 계획표 초안이 마련됐고, 선거기간 매일 매일의 가상적인 상황에 대한 아웃트라인이 마련되었다. 이렇게 입안된 초기 계획의 수준은 예상보다 훨씬 높은 것이라고 자부할 만한 것이었다.

만델슨은 조직적 엄격함과 상황을 직시하는 영민함의 결합체였고, 이것이 그의 보증수표였다. 만델슨은 또한 선거 승리를 위해 필요한 정치적 필수조건을 이해하고 있었다. "가장 좋게는 당내 극단적 좌파를 분쇄하는 것이나 그것이 여의치 않다면 대외적으로 드러나지 못하도록 할 것. 노동당은 투표할 만한 가치가 있는 당으로 보일 것. 자유·사민당 동맹이 정통 야당의 위상을 대체하는 것을 막을 것." 만델슨은 이렇게 말했다. "선거 플랜은 ① 노동당을 지배하고 있는 강경 좌파를 우리가 패배시켰다는 것, ② 우리의 현재 정책들을 폐기하거나 아니면 호소력 있는 것으로 재편하였다는 것을 보여주는 것에 다름 아니다. 그리고 키녹을 당의 정상화, 강경 좌파의 소멸, 변화, 책임 정치 등을 보여주는 상징으로 활용해야 한다. 우리는 우리 자신을 보수당에 대한 책임 있는 도전자로서의 위상을 재정립해야 하고, 자유-SDP 동맹을 패퇴시켜야 한다." 기획은 좋았으나, 불행하게도 그 기초는 모래밭에 세워진 것이었다. '의지만으로는 원하는 바를 얻을 수 없다.' 노동당은 표면상 그럴듯하게 포장되고, 선거운동에서의 경쟁력을 갖게 된 것처럼 보였다. 하지만 수면 아래에서는 여러 결점들로 인해 삐걱거리고 있었다.

나폴리턴은 키녹에게 허약하고 경쟁력 없는 리더십, 극단적인 좌파주의, 노동조합의 과도한 영향력, 사회적 일탈자들로 인식되는 사람들에 대한 경도 등 노동당이 당면한 문제들을 지적하는 보고서를 썼다. 그는 보수당이 채택할 가능성이 있는 캠페인 테마를 이렇게 지적했다. "법과 질서; '키녹은 자신의 당조차 통합하지 못한다 - 이런 사람이 어떻게 한 나라를 제대로 다스릴 수 있겠는가'. 노동조합의 통제를 받는 정부. '위기의 시대에는 집권 경험이 중요하다. 키녹은 새로운 외국 이민자들이 몰려오도록 대문을 활짝 열 것이다. 그리고 그의 견해에서 가장 위험한 것은 국방문제이다' - '유권자 여러분, 노동당의 광고를 보십

시오. 노동당의 국방 정책은 영국을 무방비로 만들 것이며, 적들 앞에
벌거벗은 채로 서게 만들 것입니다'." 나폴리턴은 "현재의 국방 정책이
당의 공식적인 강령으로 남아있는 한, 노동당이 다음 선거에서 승리할
가능성은 희박하다"고 지적했다. 만약 이 정책을 바꿀 수 없다면 노동
당은 오히려 공세적인 자세를 취해야 한다고 건의했다. 즉, 보수당의
정책이 재래식 군사력을 취약하게 만들고 있다고 공격하는 한편 '보수
당이 계란을 핵 바구니(nuclear basket)에 담으려 한다'고 비판함으로써
문제를 희석시켜야 한다는 것이다. "대중은 국방이슈에 대해 단순하고,
상식적인 판단을 내린다. 즉, '곁에 개가 있다면 아무도 나를 쉽게 공격
하지 않을 것이고, 다른 사람이 칼을 가지고 있다면 나도 반드시 칼을
지녀야 한다'고 생각한다." 나폴리턴의 이 말은 국방문제에 있어 전적
으로 옳은 것이었다.

전당대회가 끝난 후 2개월 동안, 노동당은 "현대 세계의 영국: 조국
방위력"(Modern Britain in the Modern World: The Power to Defend
Our Country)이라는 캠페인 주제를 개발했다. 그것은 핵무기를 재래식
무기로 교체하여 영국의 군사력을 강화·향상시키는 데 초점을 맞췄
다. 하지만 일방주의는 선거준비 기간뿐 아니라 선거 기간에서도 노동
당을 끈질기게 괴롭혔다. 87년 3월말에 있었던 키녹의 레이건 美대통
령 방문은 실패했다. 반면 같은 3월말 대처 수상의 모스크바 방문은 엄
청난 환영 인파와 고르바초프의 찬사 등 적지 않은 소득을 얻었다. 이
것은 키녹의 워싱턴 방문과 확연히 대비됐고, 그녀에게 '철의 여인'
(Iron Lady)이라는 이미지를 부여했다. 이런 대비는 표면적인 측면 이
상의 의미를 갖기 마련이다. 그런데 국방 문제보다 더욱 심각한 문제가
발생했다. 노동당은 당지역협의회의 걷잡을 수 없는 극단주의로 인해
비난을 받기 시작했다. 보수당은 즉각 노동당의 '극렬 좌파'에 반대하

는 캠페인을 시작했다. 이것은 상당한 효과를 나타났는데, 그 이유는 보수당의 공격이 신속했을 뿐만 아니라 타블로이드 신문이 비판에 앞장섰기 때문이었다. 하지만 가장 중요한 원인은 그들의 주장이 사실이었기 때문이다.

그 해 겨울의 여론조사에 의하면, 노동당에 대한 공포심(fear)이 보수당에 대한 혐오감(dislike)을 크게 앞지르고 있었다. 보수당은 대처를 전면에서 후퇴시켰다. 일련의 성공적인 정책 법안을 인기 있는 장관이 나서서 제안하는 그림을 연출했다. 또 경제가 침체국면을 벗어났다는 느낌을 주고자 노력했다. 국방·극렬 좌파·국유화 등의 사안을 매개로 노동당에 대해 지속적으로 공세를 펼쳤다. 그리하여 보수당은 선거 아젠다를 성공적으로 장악하였다.

굴드는 여름 즈음으로 예상되는 총선에 대비해 신년 초부터 선거운동을 개시해야 한다고 주장했다. 특히 각이 날카롭게 선 공세적인 대안에 초점을 맞춘 캠페인이 되어야 하고, 모든 커뮤니케이션은 여기에 기초해야 한다고 했다. "노동당이 지금까지 해온 이른바 '국민에 대한 투자'는 설득력있는 논리이긴 하지만, 선거용 대안은 아니다. 노동당에게 필요한 것은 예리한 각을 가진 그 무엇이었다. 전략의 최우선 초점은 보수당정부의 업적을 평가 절하하는 것이어야 한다. 그리고 주전장은 키녹 대 대처가 돼야 한다. 그리고 두려움을 우리가 역으로 적극 활용해야 한다. 노동당에 대한 일반적인 두려움을 활용한 보수당 캠페인을 극복하는 유일한 길은 보수당 정부, 특히 대처에 대한 국민들의 혐오와 적대감에 기초한 맞불 작전이다. 좋든 싫든 이것은 네거티브 캠페인(negative campaign)이 될 것이다. 만일 이런 상황에서 노동당이 포지티브 캠페인(positive campaign)을 하려고 한다면, 도리어 궁지에 빠지게 될 것이다. 노동당의 포지티브 캠페인은 보수당의 네거티브 캠페인

을 제압할 수 없다. 네거티브 캠페인에 주력하더라도 하나의 포지티브
한 내용은 필요한데, 그것은 바로 노동당 총재 닐 키녹이다. 보수당보
다는 키녹을 포지티브하게 그리는 것이 상대적으로 쉽기 때문이다."[85]

3월 10일 굴드는 만델슨에게 최근의 FGI 결과를 제출했다. 이 조사
결과를 통해 87년 선거의 중요한 전략적 결정을 도출해낼 수 있었다.
요약하면 이렇다. 유권자들은 노동당에 대해 신중한 입장을 갖고 있다.
하지만 그렇다고 하여 보수당을 선호하는 것도 아니다. 특히 보수당의
어쩔 수 없는 재집권에 대해 실망하고 있다. 이런 실망감은 '마음속 깊
이 자리잡은 정서'로, 보건·교육·직장·범죄 등 주요 사회적 이슈들
에서의 실망으로 뿌리를 내리고 있다. 사회적 이슈들에서 비롯된 감성
적 불만, 바로 이것이 노동당이 싸울 수 있는 유일한 터전이다.

사실 87년 선거에서 보수당이 패하는 것이 정상이었다. 국민들은 보
수당이 물러나길 원했기 때문이다. 하지만 그렇다고 노동당을 신뢰하
는 것은 아니라는 데에 문제가 있었다. 따라서 노동당이 선거에 패한
것은 보수당이 잘했기 때문이 아니라, 노동당이 야당으로서 설득력 있
는 대안을 제시하지 못했기 때문이었다. 노동당이 오랫동안 고민해서
고안해낸 구호인 '이제 마음을 바꿀 때가 되지 않았습니까?'란 슬로건
은 너무 약했다. 특히 현재 분위기와 흐름에 편승해 과감한 행동을 촉
구하기에는 불충분했다. 만델슨과 굴드는 '지금 이 나라는 변화를 필요
로 하고 있습니다. 노동당에 투표하십시오'라는 슬로건을 제시했다. 그
러나 키녹은 거부했다.

3월말까지 노동당은 자유당/사민당 동맹에도 뒤쳐져 있었다. 4월이
지나자 노동당이 어느 정도 회복했으나, 노동당은 30% 내외였고, 동맹
은 27%, 보수당은 41%로 조사되었다. 보수당정부가 선거를 치르기에
최적의 여론구도(poll configuration)라 할 수 있었다. 1월과 4월을 비

교할 때 상황은 더욱 나빠지고 있었다. 정부에 대한 동의와 대처에 대한 만족도는 상승, 키녹과 노동당 정책에 대한 만족도는 하락, 사민당 정책에 대한 만족도는 상승. 결국 승리는 집권당이 차지할 것으로 전망되었다.

명예로운 패배

87년 5월 11일 총선 일정이 발표되었다. 여론조사상 드러난 지지분포(share of vote)를 고려할 때, 포인트는 2위 다툼이었다. 더 큰 문제는 지지분포보다 노동당에 대한 일반인의 인식이었다. 67%는 노동당이 지나치게 左편향적이라고, 69%는 리더십이 빈약하다고, 73%는 노동당이 너무 분열되어 있다고, 55%는 노동당이 집권하면 경제가 더 악화될 것이라고 생각하고 있었다. 18개월에 걸친 커뮤니케이션 현대화 작업, 당내 좌파와의 전쟁에도 불구하고 노동당이 처한 상황은 4년 전보다 별로 나아지지 않았다. 87년 선거는 노동당이 과연 제1 야당으로서 살아남을 수 있는가의 싸움이었다.

비록 결과적으로 패배했다고는 하나 노동당에게도 상대적으로 훌륭한 측면이 적지 않았다. 시간을 잘게 쪼갠 일람표(grid) 및 이와 연계된 광고도 준비하고 있었으며, 일련의 훌륭한 방송용 영상물들을 가지고 있었다. 핵심 선거운동가들의 스케줄, 하루하루의 선택된 테마와 맞물린 TV용 사진들, 새로운 통합적 이미지, 일일 여론조사와 FGI 등을 보유하고 있었다. 물론 문제가 더 많았다. 특히 국방정책을 포함해 83년 이래 거의 개혁되지 않은 정책들, 가공할 정도로 적대적인 언론은 치명적인 약점이었다. 그리고 노동당은 두 가지의 난해한 문제를 갖고 있었다. 그 중 하나는 키녹의 존재였다. 키녹의 지지율은 선거가 가까워져도 좋아지지 않았다. 그러나 그는 정력적으로 선거에 임했다. 그의 힘은 말에서 나왔고, 스스로도 자신의 힘이 화려한 수사에서 나온다고 믿고 있었다. 실제로 87년 선거에서 키녹의 말이 가진 힘이 노동당을 구한 원동력이었다. 다른 하나는 중심 선거전략의 부재였다. 선거조직은 있었으나 전략이 없었다. 승리하기 위해서는 경제에 집중해야 한다는 사실을 알고 있었다. 따라서 무엇보다 호소력 있는 중심주장이 필요했다. 그러나 노동당은 그런 준비를 해내지 못했다. '노동당은 무엇보다 노동당이 우위에 있다고 판단되는 주요 강점들에 의지해야 한다. 대단히 감성적일 뿐만 아니라 노동당이 우위에 있는 사회적 이슈들에 기초한 캠페인을 진행해야 한다.' 이것이 동맹을 제압하고 2위의 위치를 확보할 수 있는 굴드의 방법이었으나, 실제로는 거의 채택되지 않았다.

선거기간 초반의 몇 일 동안 어떤 성과도 없었다. 유권자들은 노동당이 이젠 끝났다고 평가했다. 그런데 놀라운 일이 발생했다. 키녹의 87년 5월 15일 연설을 기점으로 선거의 흐름이 반전되기 시작했다. 그 연설을 기점으로 전략과 메시지와 지도자가 하나로 융합되었다. 비록 처음에는 여론조사상의 변화로 나타나지 않았지만, 흐름은 바뀌고 있었다. 점차 노동당의 약진이 더 명확해졌다. 동맹은 비틀거렸다. 노동당은 논쟁적인 광고를 통해 보수당의 뒤를 바짝 쫓았다. "5년 내에 실업수가 300만 이하로 되지 않는다면, 나를 낙선시켜도 좋다"는 보수당 정치인 노먼 테빗(Norman Tebbit)의 지난 83년 방송 멘트를 찾아냈다. 만델슨은 이것을 완벽하게 활용했다. 그 절정은 테빗의 육성이 담긴 테이프를 기자들에게 공개하는 것이었다. "허드슨이 연출한 정당정치방송(PPB)[86)]이 나왔을 때 이미 선거는 끝났다"고 동맹의 전략가 한 사람이 고백했다. 이 방송은 닐 키녹의 인생 역정을 감성적으로 그린 것이었다. 이 광고의 마지막 멘트는 '노동당'이 아니라 '키녹'이었다. 당이 아니라 지도자의 이름으로 선거운동을 전개한다는 의미에서 이것은 전례가 없는 비약적 발전이었다. 이를 둘러싸고 격렬한 논쟁이 벌어졌지만 만델슨은 전혀 주저함도 없이 이 광고를 지지했다. 이 방송광고는 가장 선풍적인 인기를 얻었다. 키녹의 지지도는 밤 사이에 16%나 높아졌다. 그리고 이 하루 밤만에 노동당은 동맹을 완전히 따돌렸다. 역시 '방송은 압도적인 감성적 충격효과를 가지고 있다'는 사실이 다시 한번 증명된 것이었다.

  그러나 그 다음 주 키녹이 발을 헛딛고 말았다. 기자의 질문에 답하면서 키녹은 외국의 침공이 있다면 노동당은 시민의 지하 저항운동으로 대응할 것이라는 뉘앙스를 풍겼다. 이것은 사민당의 데이비드 오웬이 키녹의 국방정책에 대해 그 동안 가해왔던 비판, 즉 "그는 아버지 시절의 군대로 되돌아가려 한다"는 비판이 사실인 것처럼 비치게 만드는 결과를 낳았다. 국방정책 그 자체가 노동당이 불리한 이슈이기 때문에 전적으로 키녹의 실언 때문에 상황이 갑자기 악화된 것은 아니었다. 그러나 빌미를 제공한 것은 분명 키녹이었다. 이를 계기로 국방문제에 대한 보수당의 포화가 불을 뿜기 시작했다. 보수당은 헬멧이 벗겨진 군인이 두 손을 높이 쳐들고 항복하고 있는 그림을 사용한 '노동당의 국방정책'이라는 포스터 광고를 내보냈다. 수세적 상황임에도 불구하고 노동당은 그럭저럭 버티고 있었다. 키녹의 지지도는 여전히 높았으며, 동맹은 노동당을 다시 따라잡지 못했다. 국방문제는 자연스럽게 가라앉았는데, 그 이유는 보수당이 이 주제에 과도하게 몰두하자 기자들이 이에 대해 식상했기 때문이었다. 노동당은 지쳐가고 있었지만, 보수당은 공세를 더욱 강화했다. 보수당은 세금문제와 노동당의 극단주의에 대해 공격했고, 이 이슈들은 확실히 타격을 주었다. 그리고 보수당은 전통적인 주제인 '파멸을 초래할 노동당을 지지해서는 안됩니다'와 연계된 엄청난 광고 공세를 펼쳤다. 하지만 이에 대해 노동당은 아무런 대응도 하지 못했다. 이제 노동당은 확연하게 밀리기 시작했다.

선거 당일인 87년 6월 11일 노동당은 패배를 예상하고 있었지만, 결과가 그렇게 나쁘리라고는 생각하지 않았다. 만델슨은 35%의 득표율을 예상했지만, 결과는 31%에 불과했다. 빈약한 선거운동, 83년 이래의 혼돈과 非전문성, 3위로 밀려날 가능성마저 적지 않았던 노동당의 낮은 위상 등을 감안할 때, 사실상 87년 선거는 극히 이례적인 성공이라고 할 수 있다. 노동당은 살아 남았다. 노동당의 득표율은 3% 오른 31%, 동맹은 4% 떨어진 23%로 마감했다. 캠페인 초기 2% 격차에서 8%로 벌였다. 그렇지만 노동당의 철저한 패배는 부인할 수 없는 사실이었다. 특히 세금, 경제, 극단주의 등의 이슈들은 노동당의 패배에 실질적인 핵심요인이었다. 노동당이 커뮤니케이션에서는 현대화하였지만, 정책과 당 그 자체는 그렇지 못했다. 따라서 세상에서 가장 뛰어난 커뮤니케이션 전문가라고 하더라도 노동당을 승리로 이끌지는 못했을 것이다. SCA팀은 노동당에게 새로운 정체성과 붉은 장미와 정당정치방송물과 캠페인 일람표(grid)란 새로운 무기를 가져다주었다. 그러나 이것만으로는 선거에서 승리할 수 없는 법이었다. 87년 선거의 기본 메시지는 부분적인 현대화만으로는 결코 승리할 수 없다는 사실이 확인된 선거라 할 수 있을 것이다.

87년 선거에서 성과라면 만델슨의 부각과 블레어의 등장이었다.[87] 87년 총선 당시 만델슨은 추진력이었고, 강인한 에너지였으며, 핵심 두뇌였다. 키녹 총재의 지원으로 만델슨에게 상당한 권한이 집중되었다. 만델슨은 당직자들이 언론에 출연하려면 SCA를 거치도록 만들었다. 이를 통해 선거를 거치지 않은 당 간부인 만델슨이 선거직인 예비내각의원을 키워줄 수도, 죽일 수도 있는 것처럼 보였다. 87년 만델슨은 토니 블레어와 고든 브라운을 발탁했다.[88] 당시 비교적 덜 알려져 있던 이 두 사람의 상승가치를 꿰뚫어 본 것이었다. 만델슨은 둘을 '척탄병'(grenade-lobbers)이라고 이름 붙인 팀에 합류시켰다. 이들의 유일한 임무는 기자회견을 통해 상대진영을 교란하고, 상대방의 공격을 맞받아 치는 것이었다. 혼자서도 변방에서 싸울 수 있다는 평가를 듣는 제럴드 카우프만(Gerald kaufman)이 책임자였고, 블레어와 브라운은 그의 부하들이었다.

87년 캠페인은 만델슨을 신화적 존재로 만들었다. 지지자들은 그를 천재로 생각했다. 그러나 비판자들은 '불길하고 적의에 찬 세력'으로 간주했다. 하지만 블레어는 오늘날까지도 만델슨이 거의 혼자서 노동당을 더 비참한 굴욕으로부터 구했다고 믿고 있다. 87년 선거 후 만델슨의 영향력은 확대되었다. 선거가 끝난 후인 11월 SCA는 예비내각과 NEC 연석회의를 개최하여 선거패배요인을 해결하기 위한 방안을 모색하고자 하였다. 이 자리에서 SCA는 「정책재검토」(Policy review)를 제안했다. 87년의 선거 조정자였으며, 키녹의 측근인 브라이언 굴드(Bryan Gould)는 이렇게 말했다. "우리는 정책의 원천, 정책수요, 우리가 봉사해야 할 일이 무엇인지를 살펴야 한다. 그렇게 해야만 정책은 출발할 때부터 대중적 호소력을 가질 수 있다."

당시 블레어는 이렇게 주장했다. "원칙과 권력의 2분법은 항상 오류였다. 노동당처럼 집권을 꿈꾸는 정당은 경제를 운용할 수 있으며, 책임감 있게 자신을 제시하고, 민의를 경청하고 있음을 보여주어야 한다. 이것이 성공의 필요조건임은 명백하지만 충분조건은 아니다. 노동당이 승리하기 위해선 노동당은 독자적인 목표를 창출해내야 한다. 그리고 격변하는 사회에서 정책재검토는 과거와 씨름해서는 안 된다. 과거의 문제는 유연하고 현실적으로 그러나 날카롭게 다뤄야 한다. 정책과 목적의식은 미래의 도전에 집중돼야 한다."

2. 기나긴 추락

노동당을 장사꾼에게 넘겨 줄 수 없다

선거 패배는 육친을 잃는 고통과 비슷하다. 길고, 공허한 상처를 남긴다. 굴드를 비롯한 현대화론자에게 87년 패배의 고통은 사실 몇 년 뒤에 겪은 92년의 그것에 비하면 아무 것도 아니라고 할지라도 상당히 뼈아픈 것이었다. 굴드는 기분이 엉망이었지만 왜 패배했는지, 그리고 다음 선거에서는 무엇을 해야 하는지를 규명하려고 노력했다. 굴드의 결론은 명료했다. "노동당이 충분히 넓고 빠르게 변화하지 않았기 때문에 졌다." 7월에 굴드는 선거에 대한 여러 자료들을 모아 보고서를 작성했고, 이것을 래리 휘티, 키녹, 만델슨에게 보냈다.

굴드는 보고서에서 '87년 패배'를 이렇게 정리했다. 87년 선거에서 노동당은 선거 전문가 조직, 강력한 전략적 초점을 개발했으나 이에 비해 취약점들이 너무 컸다. 노동당은 자신의 땅에서 수세적으로 싸우는 데 급급하여 보수당의 영역을 빼앗아 오거나, 중립지대를 개척하지 못했다. 결과적으로 경제·세금·개인 수입 등의 아젠다를 보수당에 내주는 바람에 승리의 기회를 잃었다. 특히 주목해야 할 것은 선거 마지막 주에 들어서자 더 이상 버티지 못하고 대책 없이 밀렸다는 사실이다. 최후의 순간에 노동당은 완전히 탈진했고, 더 이상의 전략적 대안들을 갖고 있지 않았다. 한 마디로 최후의 화력이 없었다는 것이다. 메시지전략에서도 노동당은 보수당에 압도당했다. 노동당의 메시지는 지나치게 애매하고, 과대 포장된, 크고, 일반적인 주제들만을 갖고 있었다. 하지만 보수당은 메시지의 대상을 선거 결과에 실제로 영향을 미치는 유권자들에게 집중했다. 보수당에 투표하면 얻는 '손에 잡히는 이익들'(예를 들면, 無파업)과 노동당에 투표하면 얻게 되는 '손에 잡히는 공포'(예를 들면, 국방문제)를 적절히 연계하는 정교함을 보였다. 노동당은 경제문제에 대해 추상적이었고, 장황한 설명만 늘어놓았다. 키녹 당수는 노동당의 엄청난 선거 자산이었음에도 불구하고 국방이슈를 효과적으로 제어하지 못했다. 그가 보여준 한계는 '총리'다운 것이 아니라 야당 '총재'다운 태도였다.

그러나 선거결과 평가에서 굴드는 미래지향적이고 전략적인 결론을 제시했다. "기획팀을 구성해 인구통계학적인 변화를 분석하고, 이 변화가 노동당에 어떤 영향을 미치는가를 확인해야 한다. 그리고 라이프 스타일, 가치 기준과 태도가 어떻게 변했는가를 살펴보고, 통상적인 인구통계학적 기반을 넘어서는 지지를 확보하기 위해 노동당이 해야 할 일은 무엇인가를 찾아내야 한다. 노동당은 오랫동안 당을 지지해온 전통적 지지기반을 훌륭히 지켜냈지만, 중부와 서부의 핵심집단으로부터 지지를 견인하는 데 실패했다. 전통적 지기기반은 전체 인구에서 차지하는 비중이 점차 감소하고 있으므로 새로운 지지층을 확보해야 한다. 그것은 바로 新중산층이다."

굴드의 선거평가에 대해 당내에서 반론이 제기되었다. 그 시작은 로이 하터슬리(Roy Hattersley)가 7월 〈A Week in Politics〉지에 기고한 글이었다. 그는 여기서 완고한 전통주의자의 관점을 고수하였다. 굴드는 지금 당장 중산층에게 다가가는 것이 가장 올바른 것으로 판단했지만, 로이는 그것이 중산층에 항복하는 것이고 노동당이 잘못된 길을 가는 것으로 이해했다. 각자는 노동당의 미래에 대해 각기 다른 꿈을 꾸고 있었고, 무엇보다도 중산층이 누구인지에 대해 다르게 생각하고 있었다. 그것은 서부의 교외지역에서 형성된 정치와 세필드의 뒷골목에서 형성된 정치간의 차이였다. '승리를 쟁취하기 위해서는 '거대 다수 연합'(the great majority of the coalition)을 구축해야 하고, 이를 위해서는 인구의 대다수를 차지하고 있는 중산층을 잡아야 한다. 중산층은 노동당의 미래다. 이것은 현대화론자 굴드의 포기할 수 없는 원칙이었다. 하지만 로이는 혼자가 아니었다. 로드니 비커스터프(Rodney Bic-kerstaffe)는 87년 전당대회에서 이미 이렇게 질타하고 있었다. "우리는 노동당을 장사꾼들에게 넘겨줄 수 없다. 우리의 정책들을 여론조사라는 사소한 것으로 격하시킬 수는 없다." 이것은 전통주의자들의 확고한 원칙이었다.

만델슨은 즉각 여론조사와 인구통계학적인 검토에 착수했다. 이 작업에는 4개월이 소요됐고, 패트리샤 휴잇이 관장했다. 이 작업은 방대한 일이었다. 영국 유권자 전체에 대한 철저한 검시작업(autopsy)이었다. 조사 결과는 엄청난 것이었다. 보수당의 지지도는 거의 변함이 없었지만, 노동당의 지지도는 20년 동안 17% 떨어졌다. 노동당은 노동계급뿐만 아니라 중산층도 잃었다. 사회의 모든 계층으로부터 노동당은 버림을 받았다. 노동당에 투표하는 유권자들은 습관적으로 그렇게 할 뿐이었다. 노동당 지지자의 29%는 노동당이 '노동계급의 정당'이기 때문에 투표했다. 20%는 항상 노동당에 찍었기 때문에 투표했다. 그러나 보수당 투표자들은 좀 달랐다. 그들은 대처 때문에, 보수당 정부가 일을 잘하고 있기 때문에, 인플레이션을 제대로 통제하고 있기 때문에,

보수당 정부가 경제를 운영할 줄 알기 때문에 투표한다고 했다. 단지 7%만이 습관적으로 투표한다고 했다. 노동당 지지를 철회하는 첫번째 이유는 극단주의였고, 두 번째는 노동조합의 지배와 당의 분열, 세 번째는 국방문제, 마지막은 허약한 리더십이었다. 유권자들은 노동당이 자신들의 생활 수준을 떨어뜨리고, 주택과 주식을 구입할 자유를 제한할 것이라고 믿고 있었다. 그리고 노동당 지지를 철회한 사람들은 노동당에 대해 더욱 적대적인 태도를 취하고 있었다. 저변의 사회적 · 경제적 조류는 설상가상(雪上加霜)이었다. 육체노동자의 수는 감소되고 있었고, 자가(自家) 보유자는 증가하고 있었으며, 주식 보유, 민간 병원, 사립 학교 등이 훨씬 더 보편화되고 있었다.

그러나 희망의 빛도 있었다. 노동당이 지향하는 가치 기준은 계속 강력한 지지를 받고 있었다. 가장 중요한 사실은 지난 20년간 발생한 노동당 지지도 붕괴에서 순전히 인구통계학적인 변화에 의한 것은 절반에도 미치지 못했던 반면, 대부분은 노동당의 정책과 이미지에 의한 것이라는 사실이었다. 이는 곧 노동당이 변하면 노동당의 정치적 자산 또한 변할 수 있다는 것을 말한다. 이러한 사실은 현대화론자에게 상식으로 받아들여졌지만, 전통주의자에게는 이단이었다.

그 해 11월 SCA는 NEC와 예비내각에 평가보고서를 제출했다. 보고자로는 굴드가 선택되었는데, 이는 굴드의 상급자인 만델슨과 휴잇이 특정 분파로 간주되고 있어서 이들이 보고자로 나설 경우 보고서 자체에 당파성이 개입됐다는 오해를 살 수 있었기 때문이었다. 회의에 참석했던 데니스 스킨너(Dennis Skinner)가 현대화론자의 노선을 "피 묻은 쓰레기로 가득 찬 길"이라고 공격했다. 하지만 좌파의 거두 토니 벤(Tonny Benn)을 선두로 대부분 칭찬하는 분위기가 형성되었다. 마침내 SCA가 당의 심장부에 한 발의 폭탄을 투하한 것이었다.

포효하지 않는 사자

〈90년대의 노동당과 영국〉(Labour and Britain in the 1990s)으로 나타난 「정책재검토」 작업의 초창기 핵심 인물은 당시 공무원노조 (NUPE)의 사무부총장이었고, 훗날 94년 10월부터 98년 10월까지 노동당 사무총장을 지낸 톰 소야(Tom Sawyer)였다. 톰은 처음부터 끝까지 노동당 내에서 진정한 의미의 '현대화'된 인물들 중 한 명이다. 그는 또한 충직한 사람이다. 92년 선거 패배 후, 선거 결과에 책임지려는 몇 안 되는 사람들 중 하나였다. 그는 바람에 흔들리지 않았다. 정책재검토와 사무총장으로서의 업적을 감안할 때, 그는 97년 노동당 정부 수립의 일등 공신이라고 할 수 있다. 톰은 정책재검토에 대한 아이디어를 제공했을 뿐만 아니라 자신이 앞장서 키녹과 더불어 초창기부터 핵심적 역할을 하였다. 키녹과 톰은 선거전략위원회 형식의 기구를 만들어 정책재검토를 하도록 했다. 이 기구는 산하에 7개의 정책 소위원회를 두고 각각의 소위원회 위원장은 예비내각 장관과 NEC의원이 공동으로 맡도록 하였다. 키녹이 '현대화'작업에서 거둔 두 가지 위대한 성과물은 '밀리턴트'그룹이라는 강경 좌파를 소멸시킨 것과 정책재검토를 통해 대중성이 없는 정책들을 쓸어버린 것이었다.

노동당과 노동조합의 연계는 당의 최대 강점이자 약점이었다. 노동운동의 정치적 날개로 탄생한 것은 당의 태생적 한계로 작용했다. 노동당은 '불만의 겨울'(78~79년 겨울의 노동자 大파업) 이후 더욱 더 노조에 끌려 다녔다. 노조가 당에 제공하는 자금이 당 재정에 절대적 요소였을 정도로 노조의 당내 위상은 막대했지만, 유권자들 사이에서는 노조의 힘을 제어하려는 법안이 인기 있는 것으로 조사되었다. 때문에 마침내 키녹은 노동당 정책이 노조개혁을 위해 진군할 때라고 선언했다. 이 부분은 정책재검토 가운데서 가장 예민한 영역이었다. 여러 가지 불평 불만이 잇따랐지만, 키녹 총재의 철저한 결단과 만델슨의 적극적인 예기가 결집돼 정책재검토는 강력하게 추진되었다. 그 결과 反유럽통합정책에서 탈피했다. 일방적인 군축론도 마찬가지 운명을 밟았다. 형벌에 가까운 높은 세율은 더 이상 없을 것이고, 당은 보수당정부의 노조개혁안 일부를 수용할 예정이었다.

그러나 정책재검토에서 최대의 난제는 노동당 내에 노동조합이 차지하는 비중을 줄이는 노조개혁이었다. 예비내각 노동장관 마이클 미처(Michael Meacher)는 노조개혁을 거부했다. 정책재검토가 진행되고 있는 동안 누구도 방송에 출연해서는 안 된다는 키녹의 지시를 무시하고, BBC에 출연해 노조개혁안에 반대한다고 천명함으로써 정면 도전했다. 때문에 89년 가을 블레어가 그 자리를 승계했다. 블레어로서는 처음으로 어려운 문제에 뛰어든 셈이었다. 블레어는 노조 운동가와 당원 사이에 수없이 많은 적을 만들었고, 결국 노동당 정책의 주변인물로 전락할 위험도 있었다. 그러나 가장 예민한 자리의 주인은 새로운 시대정신을 반영하리라고 확신할 수 있는 인물이어야 하는 법! 블레어는 그 자리의 적임자임이 결과로 증명되었다.

키녹은 자신의 말대로 블레어를 적극 지원하였다. "밤이건 낮이건 내게 물어볼 것이 있으면 언제든 그렇게 하라. 만일 당총재의 의중이냐고 묻는 사람이 있으면, 내게 물어볼 것도 없이 그렇다고 대답해라." 블레어가 노동당에서는 보기 드물게 옥스퍼드 출신이라는 점에 대해서도 키녹은 방어벽을 쳐주었다. "누가 배경을 언급하면 '꺼져 버려'라고 말해줘. 자네가 말 못 하겠으면 내게 보고해. 내가 자네 대신 '꺼져'고 말해 줄 테니까." 노조개혁에 대한 블레어의 관점은 분명했다. "노조는 혜택이 아니라 정의를 얻게 될 것이다." 블레어는 믿을 수 있고,

필요한 때 만날 수 있는 사람이었다. 이것이 그가 노조로부터 신뢰를 얻은 비결이었다. 블레어는 모든 주요 노조 지도자들을 방문하는 것이 보통이었고, 노조 지도자들은 블레어가 지성적이며 친근하고 예리하며 야심적이지만 노동당을 어디로 끌고 가야 하는지에 대해서는 매우 단호하다는 것을 인정해야만 했다.[89]

당시 블레어는 이런 평가를 받았다. "문제를 조기에 발견하고, 인화점에 다다르기 전에 기술적으로 처리한 것은 블레어의 괄목할 만한 성공이다." 블레어의 문제해결 방식은 개방(open-door)이었다. 노조 지도자들 편에서 보면 만나고 싶을 때 언제나 만날 수 있는 사람이었다. 그는 사람들을 정기적으로 만났다. 거의 모든 지도자와 최소한 한 번 만났고, 현기증이 날 정도의 연속 회의를 통해 많은 지도자들과 여러 차례 만났다. 90년 9월 노동조합총회에서 노조들은 노동관계법 개정에 있어 블레어를 지지하기로 결정했다. 이것이 다른 정치인이나 노동 운동가들이 블레어를 달리 보게 되는 계기가 되었다.

블레어가 클로즈드 숍(closed shop)[90] 포기를 끌어낸 것은 정치적인 공중 줄타기 곡예였다. 많은 노조원들이 들으려고 하지 않았고, 위로는 사무총장부터 아래로 평조합원에 이르기까지 격렬하게 반대했다. 그들에게는 블레어가 생존 자체를 위협하는 것으로 여겨졌다. 그러나 블레어는 노조를 설득해냈다. "역사적 전환 없이는 광파레도, 훈장도 없다." 블레어는 꼼꼼하게 준비하고 광범위하게 자문을 받았다. 블레어의 접근 방식은, 클로즈드 숍처럼 노조에게 금지되는 것만을 말하는 것이 아니라 장래에 어떤 혜택이 있을 것인지를 동시에 언급하는 것이었다. 예컨대, 최저 임금제의 도입이 그것이다. 첫눈에 구미가 당기지 않는 것을 부득이하게 내놓을 경우에도 다른 적극적인 보상책을 제시하려고 애쓴다는 점이 정치인으로서의 그의 뛰어난 자질이었다. "블레어는 전

과정에 걸쳐 가야 할 방향을 결정하는 능력을 과시했다. 일단 목표가 정해지면 진로를 설정하고, 목표를 향해 분명히 움직여 나간다. 다양한 장애물을 교묘히 따돌리고, 의자를 넘어뜨리지 않고 비켜간다. 블레어는 지적 능력과 기회를 포착하는 능력을 결합시킴으로써 목표와 방향 그리고 방법을 명확히 인식했다."

노동당의 對노조 관련 정책변화는 90년 전반기에 이 모든 요소를 결집시킨 〈미래를 바라보며〉(Looking to the Future)라는 정책문서에서 절정을 이루었다. 정책재검토 문서를 공표한 직후 블레어는 매스컴에 얼굴을 내미는 일을 최소한으로 줄였다. 만델슨은 블레어의 개인 홍보비서가 되다시피 했다. 만델슨의 감독 하에 그들은 냉철하면서도 대담한 매스컴 전략을 개발해냈다. 요컨대, 과단성 있게 매스컴의 화제를 조정하고, 매스컴이 전가의 보도를 휘두르도록 내버려두지 않았다. 출연은 극도로 자제했다. 기자들이 원하는 주제가 무엇인지 정확하게 파악하지 못하는 한 인터뷰에 응하지 않았다. TV나 라디오 인터뷰가 독립된 프로그램으로 방영되는지, 인터뷰에서 잘라낸 클립(clip)이 뉴스에 사용되는지, 아니면 편집된 기획에 사용되는지 알고자 했다. 말할 것을 미리 정하고 그것만 말했다. 블레어의 이러한 매스컴 전략은 고든 브라운과 대비되었다. 브라운은 매스컴 출연을 자제하지 못했다. 매일 매주 방송과 신문에서 똑같은 소리를 하는 브라운에 대해 대중은 식상해갔다. 토니 블레어의 정치경력을 통틀어 가장 자주 듣는 찬사는 복잡한 문제를 빨리 흡수하는 기술이다. "블레어는 매우 능률적이고 빠르다. 클로즈드 숍을 포기할 때의 언동은 분명 매우 조심스러웠고 신중하게 계획된 것이었다." 90년 전당대회 연설에서 보듯이, 블레어는 연설을 통해 충동적인 지지를 받을 뿐만 아니라 분석력과 통찰력으로 지식인과 비평가를 감동시키는 두 가지 어려운 승리를 동시에 기록했다.

2. 기나긴 추락 259

SCA는 정책재검토의 모든 과정에 밀접하게 관여했고, 새롭게 구성된 정책재검토 그룹을 보완하기 위해 데보라 매틴슨(Deborah Mattinson)의 지휘하에 조사 영역도 담당했다. 그러나 여론조사가 정책을 만들어낼 수는 없는 바, 정책재검토의 최종 내용에 대한 SCA의 직접적인 영향력은 알려진 것과 달리 별로 크지 않았다. 일방주의를 포기한 국방 분야를 제외하면, 여론조사 결과는 대부분 무시되었다. SCA의 강력한 반대에도 불구하고 존 스미스(John Smith)는 연금 보증 정책을 마련했고, 이것은 결국 다음 선거에서 세금 문제와 관련해 노동당의 발목을 붙잡았다. 비록 정책재검토를 통해 노동당은 다소 앞으로 나아갔으나, 정책재검토란 좋은 기회를 허비한 결과 노동당은 결국 92년 혹독한 대가를 치러야만 했다. 노동당은 조금씩 조금씩 너무 천천히 변하고 있었다.

춘래불사춘(春來不似春)

87년 말 노동당은 광범위한 침체에 휩싸여 있었다. 심지어 키녹의 일부 측근조차도 그의 리더십에 대해 의문을 제기하기 시작했다. 존 프레스코트(John Prescott)가 부총재직을 두고 하터슬리에 도전할 것이란 소문이 떠돌아 다녔다. 88년 1월 굴드는 만델슨에게 노동당이 당면한 위험들에 대한 보고서를 제출했다. "우리는 기세를 잃고 있으며, 확신과 이니셔티브와 결단력을 결여하고 있다. 그리고 이것은 곧 리더십의 위기로 이어질 것이다. 우리는 이런 상황을 돌파하고 승리자로서 비춰질 수 있도록 해야만 한다." 당 내외를 막론하고 다음 선거에서 노동당이 패배할 것이란 전망이 득세했다.

상황은 악화되어 갔다. 토니 벤은 일련의 보도자료를 통해 키녹을 공격하였다. 키녹의 리더십에 대한 도전이었다. 국방문제는 6월에 터져 나왔다. 키녹이 언론 인터뷰에서 다자간 군축론으로의 전환을 모색하고 있음을 비추자, 노동당 국방 대변인인 덴질 데이비스(Denzil Davies)는 키녹이 자신과 상의도 하지 않고 국방 정책을 변경했다며 사퇴해 버렸다. 2주 후 언론 공개 브리핑에서 키녹은 노동당의 국방정책은 변하지 않을 것임을 비췄다. 이에 대해 사전에 전혀 통보 받지 못했던 만델슨은 경악을 했고, 예비내각 장관들과 하원의원들은 키녹을 비난하는 데 열을 올렸다. 이 모든 일이 발생한 원인은 키녹이 지쳐 있고 침체돼 있었기 때문이었다. 노동당도 지치고 분열돼 있었다. 6월말 한 언론의 여론조사에서 노동당은 보수당에 15% 뒤졌다. 언론 또한, 당내 많은 사람들이 그러하듯, 키녹에게 비판의 초점을 맞췄다. 조 나폴리턴은 단호했다. "키녹은 물러나야 한다." 7월초 여론조사에서 키녹은 대처에 17% 뒤졌다.

88년 8월 16일 만델슨은 찰스 클라크(Charles Clarke)에게 키녹과 관련된 문제의 심각성을 알려주는 장문의 심층 보고서를 써 보냈다. 보고서에서 그는, 만일 키녹이 정책재검토 작업의 전 과정에 전력을 투여하지 않고, 키녹 자신과 노동당에 대한 새로운 비전을 만들어내고 당에 대한 자신의 정치적 권위를 회복하려 하지 않는다면, 정책재검토는 실패할 것이라고 경고했다. 만델슨은 당의 침체 상황이 노동당의 수권 능력에 문제가 있기 때문에 발생한 것이라고 지적했다. 만델슨은 클라크에게 키녹이 정책재검토 과정에 좀더 깊이 개입하고, 세금과 소비, 노사관계, 법과 질서, 再국유화 등의 정책을 '현대화'하는데 키녹이 앞장서도록 건의하라고 요구했다. 만델슨이 가장 걱정한 것은 유권자와 일체감을 잃어가고 있는 키녹 개인에 대한 것이었다. "키녹은 분명하고도 반복적으로 자신의 정치적 목표와 목적을 재천명하고, 인구에 회자될만한 참신한 목표를 개발하며, '키녹 아젠다'를 계속 업데이트시키고 확장해야만 한다. 내년 한해 동안 대중의 마음속에 자리 잡아야 할 키녹의 정체성을 위해서는 단지 노동당을 변화시켰다는 것뿐만 아니라, 국가장래와 경제활성화, 그리고 90년대의 사회적·환경적인 이슈들에 직접 개입해야 한다. 또한 '나와 나의 가족, 나의 소망들'에 대한 대중의 관심을 정치적으로 어루만져주어야 한다. 그리고 특히 주목해야 할 것은, 6월부터 언론에서 '키녹이 사람은 좋으나 허약한 지도자이고, 말은 많지만 쓸 말이 없으며, 사회문제에 대한 입장과 경제적 경쟁력에 대한 입장이 모순된다'는 평가를 내리기 시작했다는 점이다." 만델슨은 마지막으로 "90년대와 부합하고, 사회적 정의와 함께 경제적 경쟁력에 대한 사고를 자극할 강력한 중심 메시지와 비전이 없다"고 지적했다. 그는 커뮤니케이션, 노동당 총재의 이미지, 그리고 당 정책의 '현대화'를 요구했다. 하지만 88년의 남은 기간 동안 노동당의 상황은 조금도 개선될 기미를 보이지 않았다. 그리고 이 시기의 낮은 지지도는 11월 고반(Govan) 보궐선거에서의 패배로 이어졌고, 나아가 키녹과 노동당을 마침내 더욱 자포자기하게 만들었다.

89년 2월, 총선을 2년여 앞두고 노동당의 불안정한 위상과 다가올 유럽의회 선거에서의 패배 가능성 등에 대비하여 굴드는 노동당이 새롭게 재출발하기 위한 컨셉(concept)을 제안했다. '新노동당'(New Labour) 컨셉이 바로 그것이었다. 당시로선 시기상조였지만 노동당은 완전히 새로운 방식을 통해 실제로 변화했음을 드러내야 한다는 것이 굴드의 판단이었다. 낡은(old) 노동당과 새로운(new) 노동당을 확실하게 구분하여야 하는데 '新노동당'이란 컨셉은 이를 위한 방편이었다. 그러나 실제로 전개된 과정에서 키녹은 新노동당과 단지 매우 짧은 기간 동안 부합했을 뿐이다. 결국 굴드의 '신노동당' 컨셉이 전면 등장하기 위해서는 더 많은 시간이 필요했다.

굴드의 목표는 6월말까지 지지율에서의 선두 또는 대등, 유럽의회 선거 승리, 노동당에 대한 인식의 획기적 전환 등이었다. "노동당이 달라졌다. 닐 키녹은 신노동당을 건설했다." "나는 노동당이 집권하리라 믿는다." "노동당은 적절한 경제정책과 그 정책을 추진할 팀을 갖고 있다." "노동당은 나와 같은 국민을 이해하는 정당이다." 이런 것들이 굴드가 얻고자 목표로 했던 평가들이었다. 노동당의 단기 과제는 유럽의회와 지방선거 준비였다. 굴드는 5개월간의 지속적인 선거운동을 주장했다. 특히 4월 8일부터 6월 15일까지의 2개월에 최대한 집중하자고 했다. 중심 전략으로 제안한 것은 정책재검토 작업의 내용들이 찔끔찔끔 새어나가게 하지 말고 보따리를 한꺼번에 풀자는 것이었다. 즉, 그것을 미리 일괄 제시하여 정책이 유럽의회 선거의 가장 중요한 부분이 되게끔 유도하자는 전략이었다. 이것은 반발과 불평을 최소화하는 과정을 거쳐 선거후반부에 발표하는 과거의 점진적 방식과는 완전히 다른 방식이었다. 굴드의 근거는 이런 것이었다. "사람들은 오직 노동당이 변했다고 확신할 때만 노동당을 지지할 것이고, 오직 대담하고 선명한 변화만이 이런 사실을 확신시킬 수 있다. 때문에 발표된 정책을 둘러싼 당내 불평은 오히려 투표 호소력을 높일 것이다. 이것이야말로 노동당이 변하고 있다는 증거이기 때문이다." 굴드가 이 보고서를 선거팀에 제출했을 때 그들은 비웃었다. 여론조사에서 뒤져 어차피 이기기 어려운 선거인데 뭐 때문에 무리하느냐는 생각이었다. 그러나 굴드는 선거에서는 상황이 좋든 나쁘든 이기는 전략을 추구해야지 다른 선택이 결코 있을 수 없다는 주장을 폈다. 패배를 인정하고 들어가는 이른바 '명예로운 패배론'을 인정해서는 안 된다는 것이었다. "기세를 반전

시키는 것이 필요한데, 그것은 정책재검토를 전면으로 끌어내는 것이
고 선거 타이밍에 맞춰 적시에 제시하는 것이다." 만델슨은 굴드의 입
장을 지지했다. 정책재검토의 전면화는 가장 중요한 이벤트가 되었다.

〈정책집〉은 5월에 나왔는데, 7개의 정책문건을 승인하기 위해 개최
된 이틀간의 NEC 회의에서 승인되었다. 정책집의 제목은 "도전에 맞
서 변화를 창출하자"(Meet the Challenge, Make the Change)로 최고
의 홍보전문가인 배리 딜라니(Barry Delaney)가 만들었다. 이 제목은
노동당에 대한 메시지와 나라 전체에 대한 메시지를 통합한 것이기에
채택되었다. 그러나 제목은 좋았으나 일종의 임시변통에 불과했다. 변
화를 넌지시 암시할 뿐 분명한 목소리로 제시하지 못하는 것이 한계였
다. 이런 한계에도 불구하고, 이것은 뉴스로 보도됐다. 사람들은 노동
당이 변화하고 있다는 사실을 인식하기 시작했다. 발표 몇 일 후 MORI
의 여론조사에서 노동당은 87년 선거 직전 이래 처음으로 보수당에 2%
앞섰다. 6월의 유럽의회 선거에서 노동당은 14개 의석을 늘렸고, 보수
당은 14개 의석을 잃었다.

유럽의회 선거는 보수당 중심부에 균열이 발생하고 있다는 최초의
공식적인 신호였다. 그 해 10월 대처는 허수아비 후보자(stalking hor-
se)에 불과했던 앤서니 메이어(Anthony Meyer) 경으로부터 처음으로
당권에 대한 실질적인 도전을 받았다. 바야흐로 보수당의 위기가 시작
되었다. 유럽의회 선거에서의 승리는 키녹에게 최고의 영예이자 선거
를 통해 이룩한 최대의 성과였다. 유럽의회의 선거결과는 또 다른 대승
을 예고하는 것처럼 보였다. 그러나 ……. 이때부터 92년 선거까지 키
녹 프로젝트는 하향 곡선을 그렸다. 정책재검토는 유럽의회 선거에서
의 승리를 낳기에 충분했지만, 총선에서 승리하기에는 여전히 내용적
으로 부족한 것이 많았다.

일시적 승리에도 불구하고 분명한 사실은 하나였다. "노동당은 정치적으로 내리막길을 걷고 있으며, 전략적으로 막다른 골목에 이르렀다." 굴드는 노동당이 전진할 수 있는 유일한 길은 '현대화'라고 계속 주장했다. "어떤 당도 현대적인 기반을 갖고 있지 못하며, 90년대의 새로운 아젠다를 장악하지 못하고 있다." 그는 "현대적이고 전향적이며 이에 걸맞는 정책들을 지닌 정당이라는 이미지를 창출함으로써 대중 호소력을 만들어낼 수 있다"고 생각했다. "노동당은 다음 10년을 대변하는 현대적인 당이지만, 보수당은 과거의 정당이라는 이미지를 창출해야 한다." 89년 전당대회 후 굴드는 전략문건에서 이렇게 주장했다. "우리는 확신을 갖고 새로운 아젠다를 향해 나아가는 데 실패했다. 노동당은 다음 18개월 동안 지난 4년간 해왔던 것보다 훨씬 광범위하고 빠르게 변화해야 한다." 노동당은 아직도 新노동당이 아니었다. 그러나 유권자들은 新노동당을 원했다.

두 사람을 잃은 것은 무관심의 결과였다

89년은 전환기였지만 92년 패배로 이어지는 '大몰락'이 시작된 한 해였다. 10월 보수당의 니겔 로손(Niegel Lawson)이 사임했고, 연이은 거프리 하우(Geoffery Howe)의 사임은 대처에게 치명타를 가했다. 이러한 흐름은 90년 11월 대처의 퇴진으로 이어졌다. 89~90년 노동당도 피터 만델슨을 잃는 치명적 손실을 입었다. 노동당이나 보수당 모두에게 어려운 시기였다.

노동당의 내부적인 붕괴는 89년 초 패트리샤 휴잇의 사퇴로 시작됐다. 패트리샤를 모함하는 사람도 있었지만 그녀의 능력만큼은 누구나 인정했다. 그녀는 키녹이 잃어서는 안될 사람이었다. 그녀는 자신이 키녹의 비서실장인 찰스 클라크와의 불화로 쫓겨났다고 믿고 있었다. 그렇지만 그녀는 외곽에서 노동당의 일을 계속하였고, 유럽의회 선거전의 촉박한 시간에도 불구하고 정책재검토 작업을 집약하고 재편했다. 이후 92년 선거에서는 핵심적인 역할을 수행하였다.

만델슨의 사퇴는 패트리샤의 경우보다 더욱 복잡하고 더욱 안타깝고 더욱 지리한 과정이었다. 88년 초 만델슨은 정치 경력을 쌓고 싶어했다. 그는 이제 한 사람의 독립적 존재로서 자신만의 길을 가야 할 때라고 믿고 있었다. 엄청난 정력이 소모되는 일로 탈진 상태에 있었기에 이런 생각은 더욱 절실했다. 그 또한, 패트리샤가 그랬던 것처럼, 밀려나고 있다는 느낌을 가지고 있었다. 총재 주위에서나 지도부가 자신을 다소 부담스러워 한다고 생각했다. 89년 초, 만델슨의 결심은 더욱 굳어졌다. 몇 개월 후 패트리샤가 그만두자 키녹은 만델슨에게 언론담당 참모직을 제의했다. 만델슨은 하원의원이 되고 싶다고 대답했다. 키녹은 거절했다. "이봐, 자네를 위해 이야기하는데, 다치지 않는 게 좋아. 내가 지구당을 잘 알아. 그놈들은 자네 같은 친구 안 받을 거야." 사실 만델슨이 희망한 하틀풀(Hartlepool)은 지역 연고가 있거나, 최소한 노동계급과 관계가 깊고 선거구에 알려진 인물을 찾고 있었다. 결국 만델슨은 캠페인·커뮤니케이션 책임자(Director of Campaigns and Communications)로 그대로 있으면서 출마 기회를 찾기로 했다. 그러나 이때 블레어는 적극적으로 만델슨을 지원하고 나섰다. 블레어의 지역구가 하틀풀의 이웃이었기 때문에 입후보에 필요한 서명을 받는 동안 만델슨은 블레어의 집에 머물렀다. 블레어는 자기 지역구의 막강한 참모도 빌려줄 정도로 만델슨을 도왔다. 이런 지원이 훗날 만델슨이 총재선거에서 브라운이 아니라 블레어를 돕는 보이지 않는 계기로 작용했다고 할 수 있을 것이다.

만델슨은 모든 정력을 유럽의회 선거에 쏟아 부었다. 그리고 74년 이래 처음으로 노동당에 승리를 안겨 주었다. 그럼에도 불구하고 그를 폄훼하는 사람들은 멈출 줄 몰랐다. 당 고위간부 한 명은 만델슨이 선거기간 동안 당 간부들과 상의 없이 독자적으로 움직였다며 그를 비난했다. 89년 말 하틀풀 지역의 국회의원 후보로 선출된 후에도 만델슨은 캠페인·커뮤니케이션 책임자의 자리를 그대로 유지하기 원했다. 그러나 클라크는 그가 즉시 자리에서 물러나 후임자에게 업무 인수를 해주어야 한다고 요구했다. 결국 키녹이 개입하여 만델슨이 다음해 10월까지 자리를 유지하는 것으로 조정하였다. 그러나 4개월 동안 신임 존 언더우드(John Underwood)와 동시 근무하다 90년 4월 만델슨은 물러나야 했다. 그 후에도 만델슨과 클라크의 대립은 계속됐다. 90년 8월 만델슨이 총재의 언론담당 참모인 줄리 홀(Julie Hall), 당의 언론담당 참모인 콜린 번(Colin Byrne) 등과 함께 런던 북부의 아파트로 이사가자, 또 다른 홍보 조직을 만든다는 비난이 일어났다. 이런 식의 제살 깎아 먹기 식의 분열과 대립이 노동당의 92년 선거를 망치게 만들었다. 당시 노동당은 보수당과 싸우는 것보다 내부에서 서로 싸우는 데 더 많은 정력을 소모하고 있었다.

노동당이 여론조사에서 앞서고는 있었지만 빈약한 우위였다. '현대화'작업이 더 필요했다. 캠페인팀은 분열되었고, 하나의 팀으로 작동하지 않았다. 6월 여론조사에서 10% 앞서고 있었고, 보수당 정부의 연쇄 장관 사임, 인두세(poll tax)[91]를 둘러싼 갈등, 보궐선거에서의 승리에도 불구하고 노동당은 여전히 부족하다는 것이 굴드의 판단이었다. "유권자들 사이에서 충분히 신뢰할 수 없는 악마보다는 비록 싫어하지만 잘 알고 있는 악마를 선택하는 경향이 점차 늘고 있다." 엉망인 캠페인 조직을 보다 못해 굴드는 이렇게 경고했다. "책임 있는 캠페인 매니저 없이 노동당 승리는 없다."

그해 여름 키녹은 너무 넓고 빠르게 변화를 추구할 경우 당이 분열할 것이라는 협박에 시달리는 한편 언론과 대중에게 절도 있고 존경할 만한 인물로 보이느라 거의 탈진한 상태였다. 키녹은 점점 위축되기 시작해 말할 단어를 생각해내기 위해 애를 써야 할 정도가 됐다. 그는 연설에서 셰익스피어의 작품과 성경의 문구를 많이 인용했기 때문에 연설문 담당참모를 고를 때도 이들 책에 대해 잘 아는 사람을 택할 정도였다. 요컨대, 키녹은 6년 동안 당수로 있으면서 정서적으로나 지적으로 완전히 고갈되고 말았다. 물이 말라 버린 우물이었다.

마침내 만델슨이 당을 떠났다. 아무도 송별파티를 해주지 않았다. 만델슨은 SRU라는 리서치회사에서 일주일에 이틀 컨설턴트로 일하기로 했다. 나머지 시간은 노동당이 원할 경우 당을 위해 일할 작정이었으나, 아무도 불러주지 않았다. 이것이 90년 10월의 상황이었다. 패트리샤와 만델슨은 떠났고, 노동당의 수권능력은 의심받고 있었으며, 총재는 총리감으로 평가되지 못하였으며, 조직은 지리멸렬했다.

굴드가 만델슨의 후임자인 존 언더우드를 만난 때는 만델슨의 사퇴가 분명해진 시점이었다. 언더우드는 캠페인·커뮤니케이션 책임자(DCC)가 되고 싶어 안달이었다. 굴드는 그가 악화된 상황을 정리할 수 있는 강골이길 희망했다. 그러나 이것은 잘못된 판단이었다. 존은 일을 시작하자마자 엄청난 중압감에 시달렸다. 키녹의 신뢰를 자신할 수 없었기 때문에 처음부터 수동적이었다. 그는 만델슨이 자신의 아파트에서 또 다른 권력중심을 운영하고 있다고 의심하고 있었다. 내부갈등의 전선이 그어졌다. 한편에는 만델슨과 줄리와 콜린, 다른 한편에는 존 언더우드. 클라크는 이들 모두에게 실망했고, 굴드는 모두를 끌어안으려 노력했다. 존은 만델슨과 SCA, 그리고 굴드에 의해 자신이 약화되고 있다고 느꼈다. 그는 자신을 해치려는 음모가 진행되고 있다는 망상에 사로잡혀 있었다. 그는 점차 만델슨과 굴드가 구축한 커뮤니케이션 장치들을 망가뜨리기 시작했다.

노동당이 당내 내분에 빠져 있는 동안 의회(Westminster)에서는 가장 중요한 사건이 발생하고 있었다. 90년 11월 22일 마가렛 대처가 사임하고 존 메이저(John Major)가 새 총리로 취임했다. 대처가 계속 수상으로 재임한다해도 노동당은 패배할 수밖에 없는 상황이었다. 하물며 메이저로 바뀐 경우에는 이기기란 거의 불가능했다. 메이저는 사람들이 충분히 투표를 할만하다고 느낄 만큼 새롭고 참신하고 품위가 있었다. 노동당의 지지도가 급격하게 떨어졌다. 보수당의 지지도는 9.5% 상승해 마침내 선두로 올라섰다. 상황을 더욱 어렵게 만든 것은 경제적 낙관론이 24% 상승하였다는 것이었다.

노동당은 커뮤니케이션팀 내부의 불화에도 불구하고 겨울과 봄에 걸쳐 열심히 싸워나갔다. 5월의 지방선거와 그 한달 후의 먼마우스(Monmouse) 보궐선거에서 노동당이 승리하였다. 이 두 선거는 총재 비서실장인 클라크의 요청으로 만델슨이 지휘하여 거둔 승리였다. 그 선거의 결과로 인해 메이저는 당시가 자신에게 최적의 선거 타이밍이라고 생각하고 있던 자신의 계획을 수정할 수밖에 없었다. 메이저는 그 때 참신한 지도자로 인식되고 있었고, 자신의 지지율을 엄청나게 끌어올린 걸프 전쟁이 성공적으로 끝난 후였다. 그러나 그는 보궐선거의 패배로 좋은 기회를 놓치고 말았다. 그 해 여름 보수당은 기본세율을 20%로 낮춘다는 공약을 내걸었다. 다른 한편으로는 노동당의 예비내각 재무장관인 존 스미스(John Smith)가 제시한 '중산층의 국민보험료 인상' 계획에는 350억 파운드가 필요하다고 비판했다. 바야흐로 노동당의 아킬레스건이라고 할 수 있는 세금문제에 대한 보수당의 공세가 시작된 것이었다.

존 언더우드가 사퇴했다. 그는 12개월 동안 열 살은 더 늙어버린 것 같았다. 이처럼 중차대한 시기에 사퇴하는 것은 당에 타격을 주는 것이었지만 불가피했다. 언론의 주요 관심이 그가 보기엔 만델슨의 부하들인 토니 블레어(Tony Blair)와 고든 브라운(Gordon Brown)에 쏠리고 있는 것을 못마땅해했다. 드디어 존은 금도를 넘어서고 말았다. 키녹에게 도전한 것이다. 91년 6월, 콜린 번을 해고하자는 언더우드의 주장을 키녹이 거부한 후 그의 사퇴는 안타까웠지만 어쩔 수 없는 것이 되고 말았다. 이런 상황 속에서 클라크는 굴드를 비롯해 여러 사람들에게 더 이상 만델슨과 접촉하지 말라고 화를 내며 말했다. 만델슨은 결국 이렇게 퇴장했다.

시련을 떨치기 위해

당내 분쟁의 틈바구니 속에서도 굴드는 단지 일에만 몰두하자고 다짐했다. 내부분쟁에 개입된다면 치욕을 당할 수밖에 없음을 알고 있었기에 그로서는 불가피한 선택이었다. 그럼에도 불구하고 언더우드가 사퇴하자 불똥은 곧바로 굴드에게 튀었다. 결정을 내려야 할 때조차도 서로 싸우기에 바쁜 사람들이 당을 가득 메우고 있었다. 언더우드의 후임자로 7월에 데이비드 힐(David Hill)이 임명되었다. 수년간에 걸친 공공연한 암투, 차기 총선에 대한 無대책 등이 힐이 물려받은 유산이었다. 당료들과 갖는 금요일의 SCA 회의에서는 암묵적으로 굴드의 영향력에 대한 불만이 들끓었다. 그들은 굴드 개인과 그가 하고 있는 일에 대해 불평을 했다. 하지만 굴드는 그들이 좋아하든 싫어하든 개의치 않고 자신에게 선거운동이 올바르게 진행되도록 해야 하는 임무가 있다고 스스로 다짐했다.

굴드는 우선 회의를 제대로 진행하려고 애썼다. 굴드가 설치를 제안한 핵심 회의는 「목요일 조정회의」로, 이것은 후에 선거자문단(Campaign Advisory Team; CAT)이 되었다. 이 회의는 선거 조정자(co-ordinator)인 잭 커닝햄(Jack Cunningham)이 주재하였고, 회의의 간사인 줄리언 에클스(Julian Eccles), 노동당 사무총장인 래리 휘티, 데이비드 힐, 키녹 비서실의 줄리 홀과 닐 스튜어트(Neil Stewart), 굴드, 그리고 후에 패트리샤 휴잇, 클리브 홀릭(Clive Hollick) 등이 참석했다. CAT 회의는 매주 목요일 아침 9시에 당사 밖에서 열렸다. 당의 주요 인사들이 한 방에 모여서 서로 토론하고, 모든 문제를 거론한다는 차원에서 이 회의는 적절한 것이었다. 그러나 회의를 비밀로 운영한 것이 잘못이었다. 의심과 적대감이 팽배한 당시 상황에서 불가피하다고 할 수도 있지만, 캠페인을 운영하기 위한 회의가 캠페인팀에게 철저한 비밀로 남아 있는 것은 어리석은 짓이었다. 이것은 노동당의 첫번째 큰 전략적 오류였다. 결정이 몇몇의 적은 소수 이외에는 아무에게도 알려지지 않았기 때문에 대다수 캠페인팀에게는 마치 요술처럼 갑자기 나타난 것처럼 비춰졌다. 당료들은 어디선가 회의가 열리고 있다는 어렴풋한 인상을 받았으나 자신들에게는 어떤 결정이나 분명한 작업지침이 제시되지 않았기에 일하는 시늉만 했다. 굴드는 점차적으로 목요일 모임의 구성원을 넓혀갔다. 우선 감각적이고 조직 전문가인 클리브 홀릭을 끌어들였다. 그 다음으로 선거 기술과 경험 때문에 패트리샤 휴잇을 포함시켰다. 그러나 굴드가 여러 차례 주장했음에도 불구하고 만델슨을 포함시키기는 불가능했다. 왜냐하면 만델슨은 당시 다시는 선거에 개입시켜서는 안될 정치적 비인간으로 취급되고 있었다.

굴드가 제안한 또 하나의 회의는 매일 아침 열리는 「미디어 회의」 (media briefing)인데, 잭 커닝험의 사무실에서 열렸다. 굴드와 캠페인·커뮤니케이션 책임자가 참석했고, 회의는 순조롭게 진행됐다. 잭은 이 회의와 다른 모든 회의들을 위해 많은 노력을 하였다. 그가 선거 조정자 업무를 자원한 것은 아니었지만 거의 불가능해 보이는 상황을 좀 더 개선되게 하기 위해 노력했고, 항상 분열되어 있는 선거운동을 통합하려 하였다. 금요일에는 「SCA 회의」가 있었다. 이 회의는 선거의 큰 부분을 효과적으로 이끌고 조직해나갔다. SCA는 막대한 권한을 갖고 있었다. 이 회의는 굴드가 주재했는데, 그것은 그가 원해서가 아니라 할 사람이 없었기 때문이었다. 시간이 경과하면서 SCA의 영향력은 점차 증대했고, 패트리샤와 굴드는 92년 선거에 대한 작전권을 넘겨받았다. 이것은 선거가 끝난 후 엄청난 원한을 불러들이는 불행의 씨앗이었다. 그들에 대한 비난의 내용은 "책임도 없고, 선출되지도 않은 외인부대가 자기들의 현대화 아젠다를 갖고 캠페인을 강탈했다"는 것이었다. 이 밖에도 데이비드 힐이 착안한 회의가 있었는데, 참석하고자 하는 사람이면 모두 참석하는 「월요일 회의」였다. 고정적으로 참여한 사람은 로이 하터슬리와 제럴드 카우프만뿐이었다. 그들은 상식을 대변하고 있었지만, 결정권이 없었기에 조언만 할 따름이었다. 이들 거의 모든 회의에서 참석자들은 키녹이 선거에 좀더 깊이 관여하기 위해서는 회의에 참석하는 것이 필요하다고 요청했지만 아무 소용도 없었다. 고든 브라운과 토니 블레어도 한번 이 회의에 참석했었지만, 이들은 회의의 혼란상과 무기력을 보고는 다시 참석하지 않았다.

방해와 조직적인 혼란에도 불구하고 그럭저럭 일은 되는 법! 9월 SCA는 의료보험에 관한 포스터 캠페인을 전개했다. 이것은 메이저가 선거를 다시 연기할 수밖에 없을 정도로 적지 않은 성과를 가져왔다. 이로써 메이저는 완전한 다수당이 될 수 있는 기회를 상실하고 말았다. 그러나 노동당의 속을 들여다보면 아무런 정치적 가이드라인도 없는 실정이었다. 10월 8일 굴드는 다음과 같은 문제점들을 담은 메모를 작성했다. 정치적 관리의 부실, 취약한 뉴스 관리, 빈약한 팀웍, 캠페인팀의 경험 부족, 허술한 조정과 통합, 캠페인 리더십 · 정치적 통합 · 전략의 부재, 예비내각의 분열, 자금의 부족과 상대방에 대한 여론조사의 미실시 등등. 굴드는 다음의 사항을 제의했다. 목요일 회의의 강화, 강력한 총재 비서실의 설치, 만델슨 등 경험이 풍부한 외부 전문가의 활용, 존 스미스와 고든 브라운을 포함한 중진 정치인들의 참여 확대, 핵심적인 팀 구성 등등. 굴드는 외부전문가의 도움을 직접 끌어들이기 위해 노력했다. 만델슨은 전혀 용납이 되지 않았지만 패트리샤는 돌아왔다. 당시 〈Daily Mirror〉지의 정치 편집장이었고 뛰어난 능력을 소유한 전문가였던 알라스테어 캠벨(Alastair Campbell)92)은 결국 합류하지 못했다. 캠벨은 엄청난 힘과 능력을 갖춘 사람인데, 만델슨이 그를 천재라고 부를 정도였다. 캠벨은 키녹에게 절대적으로 필요한 사람이었으나 키녹과 클라크가 거부하였다.

만델슨과 캠벨이 거부당한 상태에서도 노동당은 언론을 다루기 위해 기를 쓰고 노력하였다. 그러나 키녹의 對언론 관계는 얼어붙어 있었다. 그 해 가을 콜린 번의 사퇴는 최악의 결정타였다. 그는 "우리는 큰 그림(big-picture)의 정치에 집중해야 했는데도, 작은 회사에서 벌어지는 일종의 사무실 정치(office politics)만을 했을 뿐이다"라고 지적했다. 번은 뛰어난 재능과 경험과 공격력을 지니고 있었다. 그런 그가 떠남으로써 선거운동은 엄청난 타격을 받았다.

12월 12일 굴드는 92년 선거용 '전략 계획서'(War Book)를 제출했다. 그것은 캠페인 플랜의 결정판이었다. 그는 여기서 노동당의 첫번째 취약점은 세금이고, 두 번째는 신뢰의 부족이라고 지적했다. "보수당의 핵심 메시지는 '노동당은 믿을 수 없습니다'가 될 것이다. 보수당의 핵심 공격대상은 세금이고, 그 뒤를 이어 닐 키녹·노동조합·극단주의가 될 것이다. 핵심 주제는 키녹과 메이저, 노동당의 높은 세금과 보수당의 낮은 세금간의 대비가 될 것이다."

91년말 노동당의 캠페인은 위기에 봉착했다. 선거운동 기간에 대한 기획은 있었지만, 막상 공식적으로 선거운동에 돌입하기 이전까지의 기간을 채울 내용이 아무 것도 없었다. 일정표도 없었고, 일람표(grid)도 없었고, 아무런 전략적 플랜도 없었다. 굴드는 패트리샤와 1월 1일부터 선거 예상시기인 4월 또는 5월까지의 週 단위 계획을 세웠다. 굴드는 이 일람표(grid)를 당에 제출하고 1개월 내에 승인해 줄 것을 요구했다. 이로 인해 굴드는 불만의 표적이 되었다.

굴드가 전략 계획서를 쓴 지 4주도 채 되기 전인 92년 1월 6일부터, 보수당은 세금문제를 갖고 '稅彈 공습'(Tax Bombshell)[93] 캠페인을 퍼붓기 시작했다. 그리고 3개월 후부터 보수당은 "노동당은 믿을 수 없습니다"라는 슬로건으로 선거 캠페인을 시작했다. 굴드팀은 꾸준히 일을 했다. 패트리샤와 굴드가 작성한 일람표(grid)의 많은 부분이 실행되었다. 점차 노동당은 보수당과 비슷한 선상에 서게 되었고, 더 나아가 보수당을 제치고 나갈 수 있게 되었다. 여론조사 상으로 앞선 상태에서 캠페인에 돌입하는 최초의 목적이 실현되는 순간이었다.

그러나 선거기간이 시작되자, 노동당 캠페인 조직의 한계가 극명하게 드러났다. 만델슨은 떠났다. 패트리샤는 공식적인 지위에서 물러나 있었다. 캠벨은 제대로 활용되지 못했다. 캠페인팀은 피해망상증에 젖어 갈기갈기 찢어졌고, 지휘계통은 혼란스러웠으며, 당총재는 캠페인팀으로부터 유리되어 있었다. 하지만 조직상의 붕괴는 하나의 현상일 뿐 원인은 아니었다. 진정한 원인은 키녹의 「현대화 프로젝트」가 89년 이래 정치적인 내리막길을 걷고 있었으며, 키녹이 육체적으로나 지적·정서적으로 탈진해 있었다는 것이다. 정책재검토는 국민이 요구하는 수준까지 '현대화'되지 못했다. 국방정책은 바뀌었지만, 노동조합이나 국유화, 세금과 지출 등 핵심적인 부분에서는 여전히 과거에 발목이 잡혀 있었다. 팀체제에 의한 노력은 거의 없었다. 예비내각 구성원들은 각기 따로 놀았고, 사적으로는 키녹 총재를 헐뜯었다. 당총재는 여기에 분개했다. 지리멸렬, 이것이 바로 총선을 코앞에 둔 노동당의 현실이었다.

3. 사랑과 분노

세금 이슈

굴드는 92년 선거에서 세 곳의 선거본부—월워스 로드(당 지도부), 국회의사당 옆의 밀방크(Millbank: 캠페인 본부)[94], SCA 사무실이 있는 노동당 중앙당사(Transport House)—에서 열리는 끝없는 회의에 참석하느라 많은 시간을 길에서 허비해야 했다. 회의는 아침 6시 30분 시작되어 1시간 단위로 하루종일 계속됐으며, 저녁 7시 월워스 로드에서 열리는 선거전략회의로 끝이 났다. 지휘탑의 분산은 재앙과 같았다.

굴드에 따르면, 하나의 선거운동에는 세 가지 측면이 있다. ① 깊이는 없으나 흠잡을 데 없는 능란함, ② 에너지, ③ 격렬하고 가차없는 공격. 이벤트에서는 오직 첫번째만을 얻을 수 있었다. 대부분의 경우 선거운동은 번지레하고 전문적이긴 하지만, 열정·분노·공격은 결여되어 있다. 돌이켜 보건대, 87년 선거는 총괄 테마가 결여되어 있었고, 매일매일 하나의 문제에서 다른 문제로 옮겨다녀야 했다. 이런 경험에 교훈을 얻어 굴드는 네 개의 국면으로 전개되는 방식의 92년 캠페인을 계획했다. 순차적으로 진행되는 국면마다의 이슈는 이렇게 정리되었다. ① 경제, ② 보건(노동당의 최고 공격 이슈), ③ 교육, ④ 반복(앞선 국면에서 제기했던 세 가지 이슈의 요점 반복). 캠페인 문구(line)는 오스트레일리아 노동당으로부터 차용해왔다. "이제는 ○○입니다." 이 문구는 선거가 진행됨에 따라 여러 가지로 활용되었다. "이제는 보건입니다", "이제는 교육입니다" 등등.

그러나 3월 11일 92년 총선 일정이 발표됐을 때, 굴드는 사무실에 홀로 앉아 불현듯 스치는 불길한 예감에 몸을 떨었다. 87년의 이 즈음, 노동당이 패배할 것이란 사실을 알면서도 나름대로 캠페인에 대한 준비를 마치고 최선을 다하리라 결심했었다. 하지만 92년은 그 분위기 매우 달랐다. 팀은 분열돼 있었으나 여론조사에서 노동당은 근소한 차이로 앞서는 박빙의 상황이었다. 사람들은 노동당이 이기리라 예상했다. 언론도 노동당이 이길 것으로 예상했다. 그런데….

92년 선거에서 노동당을 시종일관 괴롭힌 캠페인 이슈는 세금이었다. 보수당의 홍보전을 이끌어온 모리스 사치(Maurice Saatchi)가 선거 후에 고백했듯이, 보수당이 가지고 있던 유일한 이슈는 세금이었다. 그런데도 노동당은 세금이슈를 보수당에게 송두리째 넘겨주는 우를 범하고 말았다. "노동당이 세금문제를 적절히 다루었다면, 우리(보수당)에게 남은 것이 아무 것도 없었을 것이다." 보수당은 선거운동 개시 직전 현란하게 움직이더니 노동당이 자체 예산안을 발표하자 곧바로 노동당을 초토화시켰다. 그들은 노동당이 예산안에서 제시한 수치보다 노동당 조세정책에 대한 유권자들의 두려움을 파고들었다. 보수당의 공세가 먹혀들게 된 데에는 노동당에게도 책임이 일부 있었다. 즉, 아동급여(어린이 양육비용 보조금)와 연금 인상을 위해 중산층 세금을 인상하고, 보수당 정부가 행한 소득세 인하를 원상 회복시킬 것임을 이미 온 천하에 밝혀놓은 상태였기 때문이었다. 보수당은 노동당이 제시한 예비 예산안의 수치를 살펴보고, 노동당을 완벽하게 압도했다. 보수당은 노

동당이 집권할 경우 한 가구 당 세금이 1년에 1,259 파운드 늘어난다고
공격했다. 노동당은 아무도 대응책을 내놓지 못했다. 예비내각 사무실
은 혼란의 도가니였다. 또 다시 중산층이 노동당에게 등을 돌리기 시작
했다.

87년 이후 수많은 여론조사에서 드러난 사실은 노동당이 세금을 올
리는 정당이라는 점, 70% 이상이 세금문제 때문에 노동당을 찍지 않겠
다는 점이었다. 전체 인구의 50%를 차지하고 있는 이른바 '재정적인
부를 추구하는 계급'이 다음 선거에서 가장 중요한 결정 그룹이 될 것
이라는 점도 확인되었다. 그러나 정책재검토 과정에서 이런 사실은 무
시되었다. 91년에 세금문제는 가장 중요한 전략적·전술적 이슈가 되
었다. 노동당의 정책은 국민보험의 상한선을 철회하는 것이었다. 소득
이 2만 파운드 이하면 소득의 9%를 국민보험 기금으로 냈다. 그러나
그 이상 벌어도 최초 2만 파운드에 대해서만 보험료를 냈다. 노동당은
이러한 변칙을 없애려 했다. 키녹은 이에 대해 중산층이 반발할 것이라
며 우려하는 입장이었다. SCA는 수없이 세금문제의 위험성을 경고했으
나 당 지도부는 무시했다. 세금문제에서 국민의 신뢰를 받을 만한 예비
내각의 인물을 활용하지도 못했다. 세금문제가 캠페인의 결정적 이슈
가 되고 있음에도 불구하고 당은 당내 세력갈등의 틈바구니 속에서 우
왕좌왕하였다. 이런 상황 속에서 굴드는 보수당의 세금 공세에 대응하
기 위해 '제니퍼의 귀'(Jennifer's Ear)라고 명명된 광고계획을 세웠다.

'제니퍼의 귀'

'제니퍼의 귀' 프로젝트에 대한 책임은 전적으로 굴드의 몫이었다.

굴드는 보건(의료) 문제가 선거 승리와 직결된 이슈라고 믿고 있었다. 보수당의 국가의료제도(NHS)[95] 개혁조치는 특히 폭발력을 지닌 영역이었다. 국민들 사이에 의료제도 개혁에 대한 공포가 만연되어 있었다. 하지만 의료문제에는 아직 불씨가 없었다. 즉, 그 이슈가 활활 타오르기 위해서는 특정 논쟁거리(예컨대, 의료보험 민영화)가 제공되거나, 기금이 부족하다는 사실을 확연하게 드러나게 해주는 특정 사건이 발생해야 했다. 굴드는 이런 점에 착안하여 92년 선거에서 보건문제와 관련해 매우 논쟁적이고 충격적인 방송광고를 추진했다. 그것이 바로 '제니퍼의 귀' 광고이다. 이 광고의 내용은 이렇다. 한 소녀는 귀를 수술하기 위해 대기하고, 다른 소녀는 새치기하는 보건행정의 2중 구조를 묘사한, 그 자체로서는 심금을 울리는 광고였다. 그러나 이 광고는 심각한 문제를 낳고 말았다.

선거 전년도인 91년 노동당이 펼쳤던 강력한 네거티브 보건 캠페인은 보수당을 뒤흔들어 놓았는데, 이를 통해 보건 문제가 이슈로서 갖는 위력을 충분히 검증할 수 있었다. 91년 5월 몬마우스(Monmouth) 보궐선거는 만델슨이 잠시 복귀해 선거를 지휘했는데, 만델슨은 '캠페인의 왕'이라는 명성에 걸맞게 보건문제를 활용하여 승리를 이끌어냈다. 보건문제를 이슈로 만들어내고, 그것을 통해 승리하는 것을 본 보수당은 만델슨이 가지고 있는 '어둠의 기술'을 인정해야만 했다.

보궐선거 이후 의료제도의 민영화 이슈가 쟁점으로 떠올랐다. 하지만 91년 8월 고르바초프가 쿠데타로 실각한 사건이 터지면서, 보수당이 여론조사에서 앞서나가기 시작했다. 보수당은 이 기회를 놓치려 하지 않았다. 즉 총선을 실시할 계획이었다. 이에 맞서 노동당은 보수당의 가을총선 계획을 봉쇄하기 위해 다시 보건캠페인을 전개했다. 보수당의 4연속 집권에 대한 두려움과 민영화에 대한 공포를 활용하기 위해 해골을 이용한 포스터는 엄청난 효과를 발휘했다. 결국 보수당은 가을총선 계획을 포기해야만 했다.

보수당의 예산안이 발표된 다음날 내보낸 '조지아나 노리스' 광고96)는 매우 강력한 것이었다. 하지만 이 광고는 언론의 엄청난 공격을 받았고, '죽은 아기 광고'라는 오명을 얻었다. 그럼에도 불구하고 노동당은 만약을 대비해 민영화 이슈를 다루는 광고를 준비했다. 실제 사례에 근거한 '충격적인 공포'를 조성하고자 민영화된 병원시설과 국가시설을 각각 이용하는 두 아이의 치료 차이에 대한 것이었다. 두 아이 중 한 사람이 귀 질환을 가지고 있던 5살 제니퍼였는데, 그의 부친 존 베네트(John Bennet)가 로빈 쿡에게 편지를 보냈기 때문에 선택되었다. 방송 당시 이 광고는 '맨디'(Mandy)라는 제목이었는데, 후에 언론에 의해 '제니퍼의 귀'로 불려졌다.

3월 21일, 보수당은 노동당의 세금과 지출 계획안에 대해 엄청난 공세를 퍼붓기 시작했다. 모든 언론은 이에 호응했고, 일요일자 신문들에서 노동당은 거의 난도질을 당했다. 굴드는 상황을 반전시키기 위해 보건 캠페인이 필요하다고 생각했다. 당시 노동당의 당초 방침은 보수당에서 노동당지지로 전향한 사람들에 대한 광고였다. 하지만 보수당의 공세에 대한 대응이 급했기에 포기했다. 대신 보건 캠페인을 펼치기로 했다. 특히 당초 포스터광고로 하기로 했던 계획을 수정하여 방송광고를 내보기로 했다. 닐 키녹의 목소리, 베네트의 목소리까지 집어넣은 '제니퍼의 귀' 방송광고가 완성되었다.

3월 22일 로빈 쿡은 보건 공약 발표를 전면 연기하자면서, 포지티브하게 가자고 주장했다. 굴드는 연기하기에 이미 너무 늦었다고 반대했다. 보건 공약 발표일 하루 전인 22일 아침, 보수당의 세금 공세는 훨씬 강화됐다. '제니퍼의 귀' 광고를 내보내기로 최종 결정하였다. 로빈 쿡은 아직까지 테이프를 보지 못했으나 그냥 방송하라고 동의해 줬다. 굴드는 베네트에게 전화를 걸어 마지막으로 사실관계를 확인코자 했으나 믿음이 가지 않았다. 그리하여 굴드는 광고에서 베네트의 목소리를 빼고, 광고와 베네트 가족 사이에 아무런 접촉도 없었다는 점을 분명히 할 필요가 있다고 판단했다. 실제사례라는 사실이 부각되면 언론이나 보수당에서 '사례' 자체를 왜곡하고, 압박하고, 난도질할 것이 분명했기 때문이었다. 또 노동당 지지자를 실제사례로 동원하는 것에 따른 정치적 오해의 가능성을 차단하고자 하는 이유도 있었다. 굴드는 이를 언론 담당 사무실에도 주지시켰다. '방송 아이디어는 로빈 쿡에게 보낸 편지에서 비롯되었지만, 베네트 가족의 실제 사례와 광고는 아무런 상관이 없다.'

화요일 노동당은 그 방송광고를 기자들에게 보여주었고, 그 효과는 가히 융단폭격이라고 할만한 것이었다. 그러나 호사다마일까? 결국 문제가 발생하고 말았다. 실제사건과 관련이 없다는 방침을 알지 못했던 줄리 홀이 키녹을 뒤따라 다니던 언론인들에게 베네트의 편지를 읽어 줘 버린 것이다. 언론은 자세한 내용을 내놓으라고 아우성을 쳤다. 언론의 압력에 굴복해 노동당은 '제니퍼의 귀'와 관련된 정보를 제공할 수밖에 없었다. 그러자 이번에는 제니퍼의 상담원이 노동당의 주장은 사실이 아니라고 주장하고 나섰다. 24일 〈Daily Express〉지는 1면 톱으로 "폭로: 노동당의 위험한 NHS 곡예"라는 기사를 실었다. 이 기사는 제니퍼 베네트의 보건 상담원이 주장하는 내용을 근거로 작성되었는데, 진료의 지연은 행정적인 차질 때문이지 노동당이 주장하듯 재원 부족 때문은 아니라고 주장했다. 사실 그 상담원은 그 이전 제니퍼의 어머니에게 보낸 편지에서 재원 부족을 분명히 비난했고, 행정적인 실수에 대해 한 마디도 언급하지 않았었다.

사실 논란이 야기되긴 했지만 만일 노동당이 싸울 의지만 있었다면 충분히 해볼 만한 싸움이었다. 굴드는 세금 문제를 끌어내리고 보건 문제를 부각시키기 위해서는 논쟁이 필요하다고 생각했기 때문에, 〈Daily Express〉지의 기사에 대해 별로 걱정하지 않았다. 이런 와중에 제니퍼의 어머니와 할머니가 방송광고를 비난하고 나섰다. 그들은 보수당원이었다. 제니퍼의 아버지는 방송광고를 지지했으나, 어머니는 부정했다. 노동당은 혼란에 빠졌다. 당 내부에서는 언론에다 대고 은밀하게 SCA를 비난하는 속삭임이 자행되었다. 노동당의 선거운동도 점차 방어적으로 돼갔다. 언론은 노동당 캠페인의 혼란에 대해, 그리고 누가 정보누설자인지에 대해 초점을 맞추면서 노동당을 계속 공격했다. 당시 보수당은 제니퍼의 할머니로부터 방송광고에 대해 미리 전해 듣고, 준비를 하고 있었다. 때문에 상담원을 언론에다 소개해 주는 등 신속하게 대응했다. 보수당은 제니퍼의 비밀 의료정보를 언론에 공개하는 데에도 연루되어 있었다. 노동당은 '제니퍼의 귀 전쟁'에서 앞서고 있었음에도 불구하고 보수당의 맹렬한 공세에 주눅이 들어 버렸다. 돌이켜 보면, 당시 노동당이 '제니퍼의 귀'를 둘러싼 전투에서 이기려면 두 가지가 필요했다. 하나는 노동당의 결연한 의지이고, 다른 하나는 이를 뒷받침할 만한 캠페인 리더, 즉 만델슨이었다. 그러나 91년 봄, 애석하게도 노동당에게는 이 두 가지 다 없었다.

화불단행(禍不單行)이라는 말처럼 노동당은 연이어 또 다른 혼란을 겪어야만 했다. 화요일 아침, 노동당은 의료보험의 재정부족으로 인해 고통받는 10명의 건강관련 서류를 언론에 공개했다. 그런데 신문들이 부정확한 자료라고 주장하고 나섰다. 노동당의 자료는 충분한 조사를 거친 것이었으나 외견상 언론의 주장이 사실인 것처럼 보인 것이 문제였다. 마침내 25일 노동당은 보건이슈를 포기하고 말았다. '제니퍼의 귀'는 큰 실패작으로 간주되고, 더할 나위 없이 지저분한 것으로 치부되었다. 굴드는 그 주말 모든 언론으로부터 공격을 받았다. 익명의 동료 선거운동원은 〈Sunday Express〉지에 굴드가 자신의 정치적 입지만을 위해 싸우고 있다고 매도했다.

'제니퍼의 귀'는 세금문제가 주는 압박감을 해소했으며, 그 결과 나머지 선거기간 동안 세금문제가 이슈로 다시 등장하지 못하게 만드는 효과를 낳았다. 세금문제를 관심이슈로 생각하는 사람의 비중은 5% 증가한 반면, 보건문제는 32%에서 51%로 급증하는 등 他이슈를 압도했다. 여론조사로는 62%가 지지정당을 결정하는데 보건이슈가 가장 중요하다고 대답했다. 세금과 경제 문제는 유권자가 투표 대상을 결정하는데 가장 중요한 불변이슈인 것은 사실이다. 그러나 '제니퍼의 귀' 광고는 선거에서 세금 문제를 끌어내리고 보건 문제를 부각시키는 역할을 했다. 물론 가장 좋은 것은 세금이슈에서 정면으로 맞붙어 승리하는 것이었지만, 그것이 불가능했던 상황에서는 다른 이슈를 통해 세금이슈를 밀어내는 것이 최선의 방법이었다. 아무리 생각해도 굴드에게는 이런 생각이 너무도 자명한 결론이었고, 이런 생각을 할 때면 당 내부의 상황이 끔찍할 정도로 싫어졌다.

키녹 총재

92년 선거에서 세금과 보건 다음으로 중요한 이슈는 '키녹 요인'(Kinnock factor)이었다. 선거전략상 그가 차지하는 비중에 대해서는 두 가지 시각이 존재했다. 첫번째는 조 나폴리턴이 91년 3월 8일 작성한 문건에서 적나라하게 드러난다. "대처가 사퇴한 것은 노동당에게 최악의 사태라고 할 것이다. 따라서 키녹이 총리 후보로 있는 한 노동당은 다음 총선에서 이길 수 없다. …… 1월초 여론조사 결과에 따르면, 메이저에 대한 호감도/비호감도의 편차는 +55%인 반면, 키녹은 -12%로 나타났다. 결국 메이저에 대한 호감이 67포인트가 많은 것이다."

또 다른 선거전략가인 앤서니 킹(Anthony King)과 아이버 크류(Ivor Crewe)는 다른 견해를 내놓았다. 이들은 키녹의 이미지와 정체성이 노동당의 지지율 하락에 미치는 영향은 0.5% 이하라고 분석했다. 92년 총선에서 이들이 개발한 모델에 따르면, 키녹은 노동당 지지율을 0.4% 끌어올릴 수 있었고, 메이저의 경우는 키녹보다 0.5% 높을 뿐이었다. 두 사람은 이렇게 주장했다. "선거에서는 리더십의 간접 효과가 대단히 중요하다. …… 노동당에게 키녹이 중요한 이유는 노동당의 정책들과 이미지에 대한 그의 효과 때문이다."

선거에 미치는 효과를 어떻게 평가하든 키녹이 없었다면 현대화된 노동당도 없었을 것이란 사실은 분명하다. 과거나 지금이나 그는 자신의 퍼스낼러티가 지닌 힘을 통해 노동당을 현대화된 시대로 진입시킨 위대한 거인이다. 키녹은 언제나 친절했다. 그는 '제니퍼의 귀'와 관련해서 굴드를 결코 비난하지 않았다. 선거 후 그는 개인적인 대화에서 굴드에게 이렇게 말했다. "정치의 키워드는 사랑과 분노다." 키녹은 97년 선거 승리의 토대를 건설하였다. 그는 노동당 '현대화'의 영웅이라고 할 만한 사람이다.

그러나 그는 노동당을 넓고 빠르게 변화시키지는 못했다. 이것이 그의 결정적인 실패였다. 그 자신은 좀더 빠르게 움직여야 한다고 생각했다. 하지만 광산노조의 파업, OMOV 도입 실패, 강경좌파(밀리턴트)의 존재 등은 출발부터 그의 발목을 붙잡았다. 그는 노동당을 다루는데 지나치게 신중했다. 이런 초기의 오류가 키녹의 리더십에 해악을 미쳤다고 찰스 클라크는 말했다. "마지막에 실패하는 것은 곧 시작할 때 이미 실패했기 때문이다." 알라스테어 캠벨은 키녹이 '현대화'에 대해 다소 모호한 태도를 취했기 때문에 실패했다고 분석했다. "키녹은 노동당이 '현대화'돼야 하고, '현대화'가 노동당의 선거 호소력을 높이는 본질이라는 사실을 알고 있었다. 그는 노동당에는 잘못된 것들이 엄청나게 많다는 사실을 알고 있었다. 하지만 그는 또한 잘못된 것들 중 몇 가지에 대해서는 감상적인 애착을 갖고 있었다."

당시 당내에서는 키녹의 개인 지지도에 대한 여론조사 결과를 공개하지 않는다는 불평이 많았다. SCA가 당을 위해 일하는 것이 아니라 키녹 개인을 위해 일한다는 생각 때문이었다. 사적 여론조사란 것이 애당초 없었기 때문에 이런 지적은 잘못된 것이다. 물론 굴드가 키녹에게 노동당의 제반 부정적인 측면들을 있는 그대로 제시했지만, 키녹 개인에 관련된 것에 대해서만은 솔직하지 못했던 것이 사실이었다. 그러나 키녹은 다 알고 있었다. 그는 대중들이 자신을 정치지도자로 바라봄에 있어 '따뜻한 시선'이 없다는 사실을 처음부터 알고 있었다. 87년 선거가 끝난 후 키녹은 물러나겠다는 의향을 내비칠 정도로 상황을 직시하고 있었다.

총재를 교체해야 한다는 의견도 있었다. 이들은 당총재를 존 스미스로 교체한다면 노동당의 위상을 향상시킬 수 있었을 것이라고 주장했다. 사실이 그럴까? 정작 스미스가 92년 총선 패배 이후 총재로 선출되었을 때 실시된 여론조사는 그가 노동당의 이미지를 거의 변화시키지 못했다는 사실을 보여주었다. 언론은 스미스를 차기 총재로 지목해 그의 주가를 높여줬지만, 총선 직전부터는 태도를 돌변하여 그에게 포화를 퍼부었다. 비록 스미스가 총재였다고 하더라도 언론은 세금 문제를 갖고 노동당을 공격했을 것이고, 그렇다고 해서 스미스가 세금 정책을 바꾸지도 못했을 것이다. 때문에 스미스 대안론은 그리 적절한 전략이라고 할 수 없는 것이 냉정한 평가라 할 것이다.

호·불호의 관점, 키녹의 전략적 가치에 대한 입장 차이를 떠나 냉정하게 보면, 키녹이 드러낸 실수나 약점은 결코 적지 않았다. 키녹은 자신의 선거팀과 떨어져 있었다. 아마도 이것은 선거운동과 관련해 가장 큰 오해를 불러오는 대목이었다. 비판자들은 키녹과 선거팀 사이에 끊임없는 상호작용이 있고, 총재와 핵심 선거참모들이 하나의 통합된 단위로 효과적으로 작동하고 있다고 생각했다. 그리고 자신들은 차단되어 있다고 오해했다. 그러나 이것은 사실이 아니었다. 그들과 마찬가지로 선거팀도 키녹에게 거의 접근할 수 없었다. 스스로 그 감옥을 만들었는지, 아니면 다른 사람이 만들었는지는 모르겠으나 키녹은 유리 감옥에 갇힌 사람 같았다. 키녹은 자신의 선거팀과 선거 기획, 심지어 고위 당직자들과도 떨어져 있었다.

암흑 속으로

92년 선거는 굴드에게 가장 힘든 선거운동이었다. 항상 충돌 직전까지 갔고, 내부 긴장이 만연했고, 불신 풍조가 팽배해 있었다. 사람과 사람간의 정체불명의 긴장은 선거 관계자들의 영혼을 소진시키고, 감정을 상하게 하는 악영향을 낳고 있었다. 일종의 집단적인 정신이상이었다. 그러나 이 모든 것에도 불구하고 승리할 수 있다고 믿어 의심치 않았다.

선거 직전 SCA 오찬회의에서 FGI[97)]를 담당하고 있는 여론조사 전문가들은 노동당이 반드시 이긴다고 장담했다. 키녹은 굴드에게 신중하고 안전하게 행동하고, 실수를 원천 차단하여 다 된 밥에 코 빠트리지 않도록 하라고 지시했다. 그는 노동당이 앞서고 있기 때문에 가장 중요한 요소는 실수를 하지 않는 것이라고 생각했다. 키녹의 이러한 인식은 노동당이 92년 선거운동에서 저지른 가장 중대한 실수를 반영하고 있다. 노동당은 선거가 끝나기도 전에 이미 스스로를 집권당이라고 착각했다. 야당으로서가 아니라 집권당으로서의 자세를 취하였다. 이것은 노동당이 근소한 차로 앞서고 있는 여론조사의 결과에 따른 것이다. 노동당은 선두 자리에 만족했고, 집권당처럼 조심스럽게 움직였다. 반면 보수당은 호랑이처럼 싸웠고, 야당처럼 행동했다. 노동당은 여론조사에 현혹되어 상황을 놓친 것이다.

여론조사가 상황을 꼬이게 만든 두 번째 요인은, 노동당이 앞서고 있었기에 많은 언론들이 정권교체를 예상한 것이었다. 그 결과 수천, 수백만의 유권자들이 노동당으로 가는 흐름을 저지하기 위해 움직이기 시작했다. 노동당이 승리할지도 모른다는 생각이 오히려 유권자들을 자극하여 보수당 쪽으로 표가 몰리게 하였다. 이러한 현상이 빚어진 데는 노동당이 유권자들에게 노동당이 승리할 것이라는 대세론 캠페인을 벌인 것도 한 몫 하였다. 특히 1만여 명이 운집한 세필드 집회에서 키녹이 청중들에게 "이래도 괜찮으냐? 저래도 괜찮으냐?"고 포효함으로써 많은 유권자들이 자칫하면 1주일 뒤에 키녹이 총리가 될 수도 있다는 우려를 낳았다.

노동당이 처한 곤경은 신문의 헤드라인에서 고스란히 표현되었다. 신문의 기사들은 비방이기보다 차라리 몰락을 예고하는 묵시론에 가까웠다. 그들은 노동당이 집권하면 주택융자금 폭등, 인종 폭동, 국가의료제도의 혼란, 가계비 증가, 실직, 물가앙등 등이 초래될 것이라고 주장했다. 그들은 노동당에 대한 유권자들의 공포를 부추기고 있었다. 노동당은 여론조사에서 앞선 상태로 선거일을 맞이한다는 목표를 달성했지만 그것뿐이었다. 그러나 이것만으로는 충분하지 않았다. 선거 당일 아침 일찍 투표소를 가득 메운 사람들이 특정 투표성향을 지닌 노년층들이었을 때, 모든 것이 분명해졌다. 출구조사(exit poll) 결과는 더욱 나빴다.

노동당은 승리의 문턱에서 또 다시 패배했다.[98] 고작 42석을 더 얻는 데 만족해야 했다. 노동당의 득표율은 31년 이래 최저요, 83년과 87년의 비극에도 미달하는 34.5%에 불과했다. 정권을 보수당에 빼앗긴 79년의 38%에는 훨씬 못 미쳤다. 보수당에 투표한 유권자가 250만 명이나 더 많았다. 보수당의 1,410만 표 득표는 영국 정당사상 최대였다. 노동당이 그나마 의석을 늘린 것은 런던 주변 전략지역에 집중 투자했기 때문이었다. 그러나 남동부 경합지역에서는 이른바 '키녹 요소'(反키녹 정서)가 결정적으로 작용했다. 다행이라면 만델슨이 하틀풀에서 당선된 것이었다.

선거가 끝나자 마치 기다렸다는 듯이 노동당 내에서는 상호비방이 시작됐다. SCA를 지원해주고, 선거운동에 대해 칭찬하고, SCA와 공동으로 일하고, SCA가 하는 모든 일에 동의했던 사람들이 패배 후 등을 돌렸다. 굴드의 한탄! "만약 한 번이라면 지더라도 훌륭한 캠페인을 운영했다는 신뢰를 얻을 수 있지만, 만약 두 번 진다면 너나 할 것 없이 칼을 들이댄다." 언론에서는 노동당이 패배하지 않아도 되는 선거에서 패배한 이유가 SCA 때문이라고 공격했다. 익명의 노동당 정치인들은 방송에서 SCA를 다룰 때까지 그들의 존재를 몰랐다고 떠들어댔다. SCA에게는 문자 그대로 오픈시즌(open season)[99]이었다.

존 프레스코트는 가장 공개적인 비판자였다. 6월 당이 선거에 대한 공식적인 사후조사(post-mortem)를 준비하자, 그는 선거운동이 책임 소재가 불분명한 외부전문가들이 만든 전략으로 인해 완전히 혼란에 빠졌다고 공격했다. NEC가 '통제되지 않는' 전문가들에 대한 권위를 회복해야 한다고 주장했다. 여론조사에 너무 의존했고, 노동당의 정신과 정체성과 순결성을 잃어버렸다고 비판했다. 만델슨이 원흉으로 지목되었다. 짐 패리시(Jim Parish)가 NEC에 제출하기 위해 작성한 보고서는 당내 보수파들의 시각을 잘 보여준다. "SCA는 한 명의 장사꾼과 한 명의 부자로 구성된 小팀에 불과하였으며, 사람들과도 유리되었다. 따라서 앞으로는 정치적 현실을 무시한 채 소위 승리비법을 제공한다는 사람들에게 현혹되어서는 안 된다." 사면초가! 92년 선거 후 SCA가 처한 상황이었다.

굴드는 엄청난 비난과 모욕에도 불구하고 '현대화' 프로젝트를 포기하지 않았다. 선거 직후 왜 노동당이 패배했는가를 알아보기 위해 여론조사를 실시했다. 여론조사 결과는 명확했다. 노동당은 여전히 불만의 겨울(the winter of discontent), 노동조합의 영향력, 파업과 인플레이션, 일방주의론, 강경 좌파의 당이었기에 패했다. 유권자들은 '우리도 노동당을 버렸지만 노동당도 우리들을 저버렸다'고 생각했다. 노동당과 유권자들은 서로 다른 방향을 바라보고 있었다. 결론은 분명했다. "노동당이 승리하기 위해선 완벽하게 변해야만 한다. 당명 변경을 비롯해 모든 대안을 검토해야 한다. 노동당은 너무 많이 변해서 패배한 것이 아니라, 너무 적게 변해서 패했다." 필립 굴드는 노동당이 '일하는 보통사람들에게 성취와 희망을 주는 당'이 되어야 한다고 생각했다. "노동당은 소수파 정당이 아니라, 주류 정당이 돼야 한다."

노동당 내에는 사상이나 학파를 규정하는 파당이나 그룹이 없었던 적이 없다. 좌와 우가 있었고, 베번주의자(Bevanites)[100]와 게이츠컬주의자(Gaitskellites)[101]가 대결하는가 하면 시장론자와 시장 반대론자가 있었다. 강경 좌파인 「밀리턴트」가 있는가 하면, 중도좌파인 「트리뷴 그룹」[102], 좌파인 「캠페인 그룹」[103]도 있다. 92년 선거 후에는 '현대화 론자'와 '전통주의자'가 대립의 기본축으로 자리 잡았다. 후자는 노동당이 충분히 변화한 만큼 승리하기 위해 이제는 전통적이고 영속적인 가치와 정책을 고수해야 한다고 보는 반면, 전자는 아직 갈 길이 멀다고 확신하였다.

블레어가 '현대화파'의 중심인물로 떠오른 것도 92년의 선거패배 직후였다. 예비내각 회의에서 침묵하거나 때론 불참하기도 했던, 그리고 직접 관할이 아닌 영역은 언급조차 꺼리던 자세에서 탈피했다. 패배의 잿더미 속에서 강인하고 결단력 있는 정치인이 탄생한 것이다. "그는 누구라고 할 것 없이 당 전체에 못 견뎌했다. 당의 멱살을 잡아 뒤흔들고 싶은 듯했다. 그는 화가 났다. 노동당의 극히 사소한 보수성에도 화가 났다. 변화를 거부하는 데에는 더욱 화가 났다." 92년 패배 후 바야흐로 블레어, 브라운, 만델슨 등 3인은 이른바 '현대화운동'을 강력하게 추진하기 시작했다.

만년 야당으로

92년 총선 직전 키녹 프로젝트의 실패와 연이은 당내 타협은 '현대화派'의 전열에 분열을 낳았다. 만델슨과 굴드는 직업상 소원해졌다. 굴드는 캠페인 팀의 가장 강력한 인물이자 지주인 찰스 클라크와 긴밀한 업무관계를 가지고 있었다. 만델슨과 클라크의 사이가 틀어지자, 캠페인 팀 내부가 분열됐고, 만델슨과 굴드 사이의 거리도 멀어졌다. 그

러나 선거가 끝난 후 굴드는 다시는 이런 일들이 반복되도록 내버려둬
서는 안 된다고 결심했다. 좋든 싫든 굴드는 만델슨과 같이 가며, '현대
화'를 지키고, 타협하지 않겠다고 결심했다. '노동당은 완전히 현대화돼
야 하며, 그렇지 못하면 결국 종말뿐이다!' 단 한치도 양보할 수 없는
굴드의 소신이자 철학이자 신앙이었다.

그러나 승리의 신은 굴드에게 좀 더 기다리라고 요구했다. 새로 선
출된 당수 존 스미스는 당을 치유하려 했지 개혁하려 하지는 않았다.
그가 본질적으로 원했던 것은 통합이지 '현대화'가 아니었다. 92년 총
재 경선 과정에서 그는 '현대화' 작업을 유보할 것이라고 보수파에게
약속했다. 그는 굴드도, 만델슨도 원하지 않았다. 만델슨은 존 스미스
가 총재로 있던 2년 동안 런던과 하틀풀을 오가며 시간을 보낼 수밖에
없었다.

블레어는 92년 부총재 출마문제를 심사숙고했으나, 불출마하기로 결
정하였다. 그러나 블레어는 이때 스스로의 판단과 직관을 믿지 않고 주
변의 충고와 분위기에 너무 귀를 기울였다. 때문에 블레어는 출마를 말
린 사람들보다 스스로에게 더 화가 났다. 이 사건은 블레어에게 정치적
성장의 분수령이 되었다. 이 경험 때문에 그는 2년 후 스미스가 죽었을
때 단 한순간도 주저하지 않고 총재직에 도전장을 던지게 된다. 92년
비록 부총재 출마는 포기했으나, '다음은 블레어'라는 커뮤니케이션 작
업은 계속했다. 만델슨의 지휘로 언론재벌의 부인을 집으로 초대하여
"가정에 남기로 한 자상한 인물"이라는 이미지와 "다음에는 절 잊지
마세요"라는 메시지를 담은 인터뷰 기사를 만들어내기도 했다.

노동당 총재 경선 직후 노동당이 한 세대를 뛰어 넘어야 한다는 논
의가 제기되었다. "70년대 노동당 총재는 60년대에 맞는 인물이었고,
80년대 총재는 70년대에 맞는 인물이었다. 90년대인 지금 이번에도 시

대에 뒤떨어진 인물이어야 하는가?" 그러나 그릇이 큰 인물인 스미스는 개의치 않고 패배의 교훈을 찾는 데 주목했다. "노동당은 과거의 정당으로, 다시 말해 희망을 꺾고 시간을 되돌리려는 정당으로 비치고 있다. 우리의 주된 문제는, 국민들이 우리를 신뢰하도록 설득하기에는 70년대와 80년대 초의 유물을 너무 많이 가지고 있다는 점이다."

블레어는 패인을 이렇게 분석했다. "지난 선거는 당연히 이겼어야 했는데 졌다. 그것도 79년보다 더 큰 71석 차이로…. 우리의 지지기반을 확대할 필요성을 과소평가해서는 안 된다. 92년 유권자들이 우려한 것은 노동당이 변했기 때문이 아니라 변화가 피상적이었기 때문이다. 과거 세 번의 선거에서와 마찬가지로 92년의 패인도 간단하다. 사회는 변했는데 우리는 그에 상응할 만큼 충분히 따라가지 못했기 때문이다. 노동당은 계속된 패배 때마다 적당히 개선할 것이 아니라 명확하게 정체성을 재정립해 나가야 한다."

반면 전통주의자들의 생각은 달랐다. 시영주택을 구입하고, 브리티시 텔레콤 주식을 매입하는 등 생활수준이 상승하는 노동계급에 노동당이 호소해야 한다는 것이 87년 선거 후의 공통된 인식이었다. 그러나 92년 선거 분석 결과 전통주의자들은 전통적 지지표를 최대한 가동시키려는 노력이 불충분했다고 느꼈다. 노동당의 조세정책이 지나치게 조심스럽고, 소득 재분배 효과도 불충분했다고 지적했다. 전통주의자들은 커뮤니케이션 방식에 대한 뿌리 깊은 반감을 가지고 있었다. 이들은 이벤트 기획가나 커뮤니케이션 전문가를 사정없이 깎아 내렸다. 그 결과 패트리샤 휴잇, 만델슨, 굴드는 찬밥신세를 면할 수 없었다.

블레어는 다른 '현대화론자'들과 함께 네 번의 연속된 패배의 원인을 찾는 차원에서 외국 정당의 사례를 연구했다. 블레어는 미국의 민주당이 12년의 야당 설움을 딛고 정권교체에 나서고 있는 신민주당파(민주

당내에서 클린턴, 고어 등 중도노선을 따르고 있는 세력, 이들의 결집체가
'Democratic Leadership council'임)의 논리와 당내 개혁과정에 주목하였
다. 미국 민주당을 주목하게 된 이유에는 이념적 동질성도 있었지만 미
국 공화당과 영국 보수당의 연계에 대한 반발의 성격도 있었다. 영국
보수당은 92년 미국 大選에서 부시를 지원했다. 클린턴이 로즈 장학생
으로 옥스퍼드에 유학할 당시 문제가 없었는지 기록을 훑어봐 달라는
부시 진영의 요구에 영국 내무부가 응한 것이었다. 이런 정황 때문에
클린턴 진영도 영국 노동당 인사들에게 문호를 활짝 열었다.

　92년 미국 대선이 끝난 뒤 미국 민주당의 승리에 대해 블레어의 결
론은 대체로 이랬다. "본질적으로 공통점이 없는 무지개처럼 다양한
이익집단의 연합만으로는 선거에서 이길 수 없다. 영국 노동당의 정책
이 여성, 실업자, 장애인, 소수 집단 등 다양한 지향점을 가지고 있었던
것처럼, 미국 민주당의 정책도 전통적으로 동성애자, 유태인, 흑인, 중
남미계 등 소수 집단을 목표로 해왔다. 무지개 연합의 지지로 마무리된
전통적인 철강벨트(철강산업이 발달한 미국 북동부·중서부 지역)에서는
백악관을 차지하기 위한 충분한 표를 절대 얻을 수 없다. 발전하는 길
을 봉쇄하는 것이 아니라 사회의 기회를 확대할 것을 희망한다는 메시
지를 중산층에 확산시킴으로써 민주당이 선거에서 이겼다." 영국 노동
당의 현대화파 인사들에게는 베갈라나 그린버그의 지적은 한줄기 햇살
이었다. 클린턴 진영의 전략가였던 폴 베갈라(Paul Begala)는 이렇게
말했다. "전략전술도 선거에서 중요하다. 그러나 그것은 후보의 자질에
비하면 부차적일 따름이다. 나는 필생의 후보 빌 클린턴을 가지고 이
사실을 입증했다." 그린버그는 민주당의 과거 실패에 대해 이렇게 지
적했다. "민주당은 다양한 이익집단의 요구를 추인하고, 이를 '지배적
의제'라고 불렀을 뿐이었다. 문제는 우리의 지지 기반이 축소됨에 따라

이 의제도 축소돼 대통령 선거의 승패를 결정하는 중산층의 요구를 충족시키지 못한 것이다."

'현대화론자'들의 이러한 입장에 대해 전통주의자들은 강력하게 반발했다. "'현대화론'의 독불장군들은 붙잡기 어려운 부유한 노동계급과 중도적 중산층을 추수하느라 노동당을 순치시키는 것 이외에는 아무 것도 내놓을 것이 없다. 그들은 노동당 불신의 주원인이, 보따리만 내놓을 뿐 알맹이가 없는 정치인을 꿰뚫어보는 유권자의 능력에 있음을 알지 못하고 있다."

리틀록에서 보낸 4주

굴드는 영국을 떠나 캠페인에 대해 좀더 많이 배우고 싶었다. 다른 정당들이 어떻게 '현대화'하고 있는가를 알아보고, 승리의 방법을 찾고 싶었다. 굴드는 미국으로 갔다. 92년 10월 SCA의 6년간의 활동을 마감했다. 굴드가 미국 민주당과 관계를 맺기 시작한 것은 민주당의 컨설턴트인 조 나폴리턴이 키녹을 돕기 시작했던 때인 86년부터였다. 조는 정치 컨설턴트들의 일인자였다. 88년 마이클 듀카키스(Michael Duka-kis)의 패배 후, 굴드는 그 선거에 관여했던 사람들과 의견을 나누기 위해 미국을 방문했었다. 당시 민주당은 공화당의 리 애트워터가 주도하는 가공할 공세에 백기를 들었고, 미국 중산층들과 연결하는 데 실패했다. 그리고 남은 것은 3연속 패배라는 참담한 결과뿐!

미국 최고의 미디어 컨설턴트인 밥 슈람(Bob Shrum)과 여론조사전문가인 마크 멜맨(Mark Mellman)은 92년 영국 총선을 도왔다. 90년 여론조사에 관한 조언을 얻기 위해 미국을 방문했을 때, 굴드는 92년 빌 클린턴 진영의 여론조사전문가 스탠 그린버그를 잠깐 만났다. 하지만 선거운동을 총괄하며 클린턴을 승리로 이끌게 되는 제임스 카빌은 만나지 못했었다. 92년 9월초 그린버그는 굴드에게 클린턴 선거본부가 있는 아칸소 주의 리틀록에서 만나고 싶다는 내용의 편지를 보내왔다. 그가 굴드를 보고자 하는 이유는 부시 진영이 영국 보수당의 전술을 도용해 미국에서 사용하려 했기 때문이었다. 즉 민주당은 보수당의 전략을 잘 아는 사람이 필요했던 것이다. 클린턴의 모스크바 방문에 대한 부시의 공격은 영국 보수당의 '키녹 : 크레믈린 커넥션' 캠페인과 흡사했다. 부시 진영은 클린턴이 런던에서 대규모 월남전 반대 데모를 일으킨 후 소련을 방문했었다는 보도자료를 배포했다. 그리고 공화당은 영국 보수당처럼 '세금 공세'를 퍼붓고 있었다. 실제로 미국 공화당과 영국 보수당은 선거경험에 대해 많은 대화를 나누고, 자료를 공유하고 있었다.

굴드는 두려움을 갖고 리틀록으로 갔다. 패배하고 불신임된 사람이라는 자괴감 때문이었다. 그런데 기대 이상의 환대를 받았다. 그들은 "여기 있는 모든 사람들은 대통령 선거에서 두세 차례 이상 패배한 경험이 있다. 패배에서 무엇을 배우느냐가 중요하다. 우리는 당신에게서 배우고 싶다"는 말을 여러 번 했다. 그 선거 진영은 친근한 분위기였을 뿐만 아니라 놀랄 정도로 효율적이었다. 부시를 짓밟아 패배시킬 수 있을 만큼 훌륭하고, 잘 조화되고, 자기 확신으로 가득 찬 조직이었다. 다른 세계에 들어선 느낌이었다. 여기서 겪은 경험이 굴드를 패배의 수렁에서 건져내는 원동력이 되었다.

카빌은 키가 크고 격렬한 사람으로서, 확고한 의지력으로 적을 쳐부수고 있었다. 어떠한 패배도, 실수도, 후퇴도 용납되지 않았다. 카빌이 나중에 쓴 자신의 책에서 인용한 문구는 선거 운동을 어떻게 해야 하는가에 대한 그의 관점을 요약한 것이다. "내가 전진하면 나를 따르고, 내가 후퇴하면 나를 죽여라. 그리고 만일 내가 죽거든 복수를!" 조지 스테파노풀러스는 왜소하지만 재치 있고 영리했다. 매력적이고, 냉철하고, 확신에 가득 찬 사람이었다. 조지는 선거운동 내에서 비관적인 측면을 대변했다. 그는 '최악의 상황이 발생할 경우를 예견하고 대비해야만 실제로는 그런 상황이 일어나지 않는다'는 신념을 갖고 있었다. 스테파노풀러스가 상대방을 매력으로 사로잡았다면, 카빌은 구워삶는 방식이었다. 이런 차이에도 불구하고, 아니 이런 차이 때문에 이 두 사람은 빛나는 하나의 팀이 될 수 있었다.

리틀록에 온 지 1주일 후, 굴드는 92년 영국 총선과 미국 대선 사이의 유사성들과, 클린턴이 처할 위험성에 대한 문건을 작성했다. "마지막 주가 중요하다. 지금까지의 박수갈채는 모두 잊어버리고, 비판의 목소리에 귀를 기울여라. 국민의 공포심리는 서서히 고양되어 선거일에 확연하게 나타난다. 유일하게 중요한 이슈는 세금과 신뢰의 문제이다"고 했다. 이런 지적들은 5년 후 블레어의 선거에서 사용된 방어전략의 기원이 되었다. 모든 캠페인은 TV토론 준비에 집중했다. 펜트하우스지에 제니퍼 플라워즈(Gennifer Flowers)의 인터뷰가 실렸음에도 불구하고, 첫번째 TV토론은 클린턴의 승리로 끝났다. 그러나 스테파노풀러스나 카빌은 자기만족을 경계했다. 선거 1주일 전, CNN의 여론조사는 단지 2%의 차이였다. 굴드는 영국 총선의 재판이 되지 않을까 두려웠다.

선거 5일 전, 굴드는 그린버그에게 마지막 주 전략에 대한 문건을 보냈다. "부시의 실정에 대한 국민의 분노를 다시 한번 환기시키고, 부시의 재집권에 대한 공포감을 극대화시켜야 한다. 클린턴에 대한 국민의 불안감을 극복하는 유일한 방법은 부시에 대한 공포감을 자극하는 것이다. 따라서 남은 몇 일 동안 부시의 실정을 부각하는 방식으로 전환해야 한다. 특히 최대한 공격적으로 거칠게 몰아 부쳐야 한다. 진흙탕 싸움에서 벗어남으로써 얻는 것보다 부시를 거칠게 몰아 부치지 않음으로서 발생하는 손실이 훨씬 크다. 클린턴은 품성(character) 문제를 되받아 쳐야 한다. 유권자가 그것을 원하고 있다. 광고는 좀더 가차없이 공격적이어야 한다."

굴드의 문건을 둘러싸고 선거팀과 클린턴간에 심각한 논쟁이 벌어졌다. 선거팀은 굴드의 문건에 따라 부시를 공격해야 한다는 입장이었지만, 클린턴은 이전투구 판에 끼어 들기를 원치 않는 입장이었기 때문에 논쟁이 벌어진 것이었다. 결국 굴드의 의견을 채용한 선거팀의 논리가 승리했다. 이처럼 미국의 선거 승리에 다소나마 기여한 것 때문에 굴드는 기력과 신념을 되찾을 수 있었다.

리틀록에 있었던 기간은 그다지 길지 않았으나, 그 시간은 굴드를 변화시키기에 충분했다. 굴드가 클린턴을 도울 수 있었던 기회는 그 후 몇 차례 더 있었다. 그 중 가장 중요한 것은, 클린턴이 집권 2년만에 중간선거의 참패로 위기를 맞고 있던 94년 11월이었다. 이 때 스테파노풀러스와 굴드는 패배를 승리로 바꾼 대표적인 정치인들에 대해 의견을 나눴다. 프랑스 대통령 미테랑(Francois Mitterrand)이 바로 그런 정치인이었다. 스테파노풀러스는 굴드에게 이에 대한 보고서를 작성해주고, 이에 대한 책들을 보내달라고 말했다. 굴드는 두 가지 다 해주었는데, 문건의 제목은 〈동거정부에서 승리하기〉였다.[104]

여기서 굴드는 미테랑의 동거전략이 클린턴의 모델이 돼야 한다고 제안했다. "미테랑은 세심한 주의를 기울여 자신의 위상을 정쟁을 초월한 '중재자로서의 대통령'으로 정립했다. …… 그는 자신이 유권자 과반수의 지지를 얻을 때에만 신중하게 개입했다. 그는 인기 없는 법안에 대해서는 비토권을 효과적으로 행사했다. 그는 자신이 개입하는 근

거로 항상 국가적인 이익을 내세웠다." 훗날 많은 사람들이 동거전략
을 채택했기 때문에 클린턴의 대통령직이 위기에서 살아 나올 수 있었
다고 생각했다. 이런 결과, 이런 평가야말로 선거참모의 보람이지 않을
까!

중산층의 꿈

92년 빌 클린턴의 선거는 진보세력이 승리할 수 있는 방법을 보여주
었다. 이 선거는 세 사람의 사고와 역량을 바탕으로 한 승리였다. 조지
스테파노풀러스는 88년 듀카키스의 선거에서 「신속대응」(rapid res-
ponse)을 담당했다. 이 경험을 통해 그는 공화당의 가차없는 흑색 비
방 앞에서는 하나의 신속대응팀만으로는 지극히 부적절하고, 전체 선
거진영이 하나의 거대한 신속대응 단위가 돼야 한다는 사실을 깨달았
다.

스테파노풀러스는 선거기간 동안 언론을 능수능란하게 다루었다. 그
의 매력과 퍼스낼러티는 선거 진영을 하나로 묶었으며, 구성원 모두를
하나의 팀으로 융화시켰다. 그는 정치판에서 보기 드물게 성실한 사람
이었는데, 그 때문에 그는 팀원들간에 엄청난 충성심을 고양시킬 수 있
었다. 제임스 카빌은 공화당이 넘어서는 안될 선을 그어 놓고, 공화
당이 거기서 한 발짝도 나아가지 못하도록 제압하는 데 탁월한 능력을
발휘하였다. 91년까지 공화당의 전진은 멈추지 않을 것처럼 보였다. 84
년의 민주당 후보였던 월터 먼데일(Walter Mondale)은 융단폭격을 당
했고, 88년 민주당의 후보였던 마이클 듀카키스는 굴욕감을 맛봐야 했
다. 세 번에 걸친 패배로 인해 민주당은 너무 리버럴해하고 너무 허약

해 당선될 가능성도 싸울 기력도 없는 것처럼 보였다. 카빌은 민주당을 희생자에서 침략자의 위상으로 바꿔 놓았다. 그의 야수적 퍼스낼러티는 공화당의 전진을 제지시켰다. 그는 선거운동 방식들을 혁명적으로 바꿨다. 그는 워룸(war room)[105]이라는 개념을 개발했다. 모두가 동등하고 빠르고 융통성 있는 선거 관리 구조를 만들어 전통적인 위계조직을 대체했으며, 선거 진영의 모든 구성원들이 기획 회의에 참여할 수 있도록 하였다. 그는 선거운동 방식을 혁명적으로 변화시켰다.

그러나 다른 여러 사람들과 함께 새로운 전략적 기초를 설계한 사람은 바로 스탠 그린버그이다. 그는 굴드가 항상 본능적으로만 느끼고 단지 더듬더듬 묘사할 수밖에 없는 것들을 완벽하게 구체화할 수 있는 능력을 지니고 있었다. 좌파는 오직 현대화된 당을 통해서만, 많은 사람들이 당연히 우파가 갖고 있는 것으로 인정하는 가치 기준을 주창해야만, 그리고 가장 중요하게는 '일하는 보통사람들'의 기대와 열망에 뿌리를 내려야만 승리할 수 있다는 것이 그의 신조였다.

예일대 교수출신이자 자신의 여론조사 회사를 설립한 그린버그는 처음부터 중산층에 기반한 '新진보합의'를 모색했다. 그는 듀카키스에게 "유동층, 특히 레이건을 지지했던 민주당 지지자들(Reagan Democrats)은 듀카키스가 중산층의 정체성을 보여주는 용어로 말해 주기를 원한다"라고 조언했다. 그린버그는 90년 〈민주당 비전의 再설정〉(Reconstructing the Democratic Vision)이란 제목의 논문을 발표했다. 이 글은 듀카키스에 대한 가차없는 비판으로 시작된다. "그는 원칙들을 제시하는 데 실패했을 뿐만 아니라 특별한 전망도 제시하지 못했으며, 깊은 반향을 지닌 역사적인 경험에 호소하지도 못했다. 대중들이 공화당 선거전략가인 리 애트워터가 만들어낸 천박한 그림에 사로잡히도록 방치했다. 애국심이 부족한 정당, 허약한 국방정책, 허술한 범죄 및 소수집단 대책, 일·가치·가족에 대한 무관심, 세금중독 등등." 그린버그는 듀카키스와 민주당을 묘사한 것이었지만, 굴드의 눈에는 그것이 곧 92년의 키녹과 노동당을 묘사하는 것과 다름없었다.

미국에서 진보주의 정치의 수혜자는 더 이상 폭넓은 노동 계층이 되지 못하고 있고, 극빈층에만 국한돼 있을 뿐이었다. 이에 대한 해답이 바로 '중산층 프로젝트'(the middle-class project)였다. 이것이 의미하는 바는, "민주당은 미국 노동계층의 대다수를 대변하기 위해 그들의 요구를 재확인해야만 한다. 민주당의 정체성과 관련해 중산층 근로자는 뉴딜 연합(New Deal coalition)에서 전통적인 육체노동자가 차지했던 상징성에 비견될 정도로 위치 지워져야 한다. 왜냐하면 지금은 중산층 근로자들이 광범위한 다수를 형성하고 있기 때문이다. 중산층에 다가가기 위해 오늘날의 민주당은 중산층의식을 수용해야 한다. 그것은 일, 일에 대한 보상, 절제 등 3가지의 중요하고도 상호 연관된 원칙을 말한다. 이것은 책임감의 가치와 기회·야망의 가치를 하나로 결합한 것이다."

그린버그의 중심 생각은 중산층에로의 접근이 빈곤층에 대한 배제가 아니라 정반대라는 것이었다. "빈곤층 대부분은 일을 하고 있거나 일을 하길 원하고 있고, 안정과 생활 수준 향상이라는 중산층의 욕구와 깊은 동질성을 갖고 있다. 중산층에 다가감으로써 빈곤층을 포함하는 연합의 건설이 가능하다. 또 이를 통해 선거에서 승리해야만 실질적으로 빈곤층을 도울 수 있게 된다." 그린버그는 다른 누구보다도 중산층 정치라는 개념과 중산층을 중심으로 하는 '新진보연합'(new progressive coalition) 건설의 가능성에 생명력을 불어넣었다. 그린버그는 중산층이 진보주의 정치의 종착점이 아니라 출발점임을 분명히 했다. "만일 진보세력이 권력을 유지하고, 빈곤층을 실질적으로 도울 수 있는 진보적 아젠다를 실행할 수 있는 연합을 구축하고자 한다면, 반드시 중산층에서부터 시작해야만 한다. 이것은 미국에서뿐만 아니라 영국에서도 똑같은 진실이다. 영국 정치가 미국 정치와 다르고, 미국의 중산층이 영국의 중산층과 다르지만, 본질은 하나다."

다시 침체의 땅으로

런던으로 돌아오자마자 굴드는 클린턴의 선거운동을 요약하고 노동당의 전략적 입지를 검토한 장문의 보고서를 작성하여 당 지도부에 보냈다. "노동당은 위가 아닌 아래, 앞이 아닌 뒤만을 보는 당으로 인식되고 있으며, 주류가 아닌 소수만을 위하고, 경제를 적절하게 운영할 수 없는 당으로 받아들여지고 있다. 조직적인 측면에서, 노동당은 적응에 더디고 책임성이 분산되어 있는 구조를 갖고 있다. 선거운동과 관련해서는, 집행력, 메시지, 경제에 대한 설득력 있는 주장, 효과적인 신속 대응과 공격 능력, 융통성, 통합성, 자원 등이 결여돼 있다. 마지막으로, 상호 협조와 공개, 정직성을 결여하고 있다. 하나의 합의되고 통합된 의사 결정 구조, 신속 대응 능력, 모든 핵심적인 선거 기능들을 포괄하는 워룸의 개발, 타스크포스와 책임자 지정, 외부 전문가의 활용, 정직하고 새로운 당풍, 협력, 신뢰 등이 필요하다."

굴드는 당이 갖추어야 할 선거운동능력의 포괄적인 변화를 요구했다. 땜질식 해결책은 옳지 않음을 지적했다. "정치적으로 노동당은 '일하는 보통사람들'의 욕구와 적절히 연계될 필요가 있다. 이것은 평범한 유권자들의 삶을 곤란한 입장에 방치하는 것이 아니라 향상시키는 것과 결부돼야 한다. 이것이 '新대중주의'(new populism)이다. 노동당은 과거에 속박된 당에서 미래로 나아가는 당으로 전환함으로써 새로운 적실성을 가질 필요가 있다." 무엇보다도 노동당에게는 새로운 출발이 필요하다고 주장했다. "변화된 노동당만이 영국 유권자들과의 새로운 신뢰 관계 구축을 위한 기반이다. 그리고 이 변화는 대중 앞에 명백하게 드러나야 한다. 노동당이 자기 스스로 자신이 변하고 있음을 공개적으로 천명할 때까지는 아직 변한 것이 아니다."

여러 사람이 노력한 결과, 영국판 워룸인 밀방크 타워가 탄생했고, 신속대응 체제가 구축되었다. 신속대응을 위한 컴퓨터 데이터베이스인 Excalibur EFS(Electronic Filing Software)가 설치됐으며, 메시지 개발에 집중했고, 열심히 일하는 보통사람들과 그들의 관심사에 지속적으로 초점을 맞췄다. 노동당의 '현대화'가 전적으로 클린턴에 의지했던 것은 아니지만 '현대화 프로젝트'를 추진할 때, 클린턴의 캠페인이 안내도가 될 수 있었던 것은 사실이다. 그러나 93년 5월에도 여론조사 결과, 노동당의 위상이 실질적으로 전혀 나아지고 있지 않았다. 더욱 안타깝게도, 노동당의 핵심 지지층이 인구통계학적·이데올로기적 변화로 인해 점차 침식되고 있었다. 지지도는 30%에서 35% 정도로 추정되고 있었다. 승리하기 위해서 노동당은 새로운 그룹들로부터 새로운 지지를 획득해야만 했다.

굴드는 6월에 좀더 강경한 내용의 보고서를 썼다. 노동당이 보수당의 몰락으로부터 충분한 반사이익을 얻고있지 못하다고 지적했다. 당시 존 스미스는 여전히 건재했다. 그는 법을 존중하고, 품위가 있으며, 정직하고, 진실한 사람이었다. 그러나 그는 '눈에 잘 띄지 않는 사람'(invisible man)이었으며, 역동적이지도 못했고, 카리스마를 갖고 있지도 못했다. 그는 과거 예비내각 재무장관 때보다도 주목을 받지 못하고 있었다. 노동당에 대한 불신은 당총재에 대한 평판에도 영향을 미치고 있었다. 당을 변화시키는 일은 단순히 총재가 교체된다는 것으로 결코 대체될 수는 없었다. 스미스는 본질적으로 우유부단한 지도자였다.

블레어와 스미스는 블레어가 하원의원이 되기 전부터 알고 지냈다. 82년에는 스미스가 블레어에게 비컨스필드에 출마하라고 권유했고, 직접 가서 유세까지 했다. 중국 여행도 함께 했고, 함께 술을 마시기도 했다. 그러나 블레어가 '현대화'를 밀어붙인 반면 스미스는 자신의 행보를 고집했다. 스미스의 입장은 노동당의 故 얀 미카르도가 주장한 명언 그대로였다. "당은 새와 같다. 날기 위해서는 좌우 날개의 균형이 필요하다." 이에 대해 '현대화론자'들은 이렇게 비판했다. "스미스는 전통 좌파와 전통 우파간의 균형만 잡으면 훌륭한 당 관리라고 생각했다. 그런 구분 자체가 이미 무의미해졌다는 점을 그는 깨닫지 못한 것이다." 스미스가 총재로 재임하는 기간 동안 둘 사이의 관계는 긴장 일로라 할 수 있었다. 적대 감정의 초점은 당과 노조의 관계, 즉 총재 선거에 있어서 노조의 역할을 근본적으로 변화시키자는 제안에 관한 것이었다. 스미스는 당의 좌파와 우파의 통합을 통해 유권자의 신뢰를 회복하고 다음 선거에서 이길 수 있다고 판단하고 있었다. 92년 9월 보수당 정부의 핵심정책이었던 영국의 유럽 환율기구 가입이 세계 외환시장에서 비정상적으로 36시간만에 산산 조각났다. 스미스로서는 대정부 공세를 펼칠 수 있는 절호의 기회였으나, '현대화론자'들에게는 '신선한 정책에서 주도권을 잡아야 한다'는 논의조차 사라지게 한 악재였다.

스미스의 총선전략은 이른바 '대장정'(long game) 전략이었다. "저돌적으로 전진하여 다음 수요일에 진열장에 모든 것을 내놓아야 한다고 생각하지는 않네. 인내심을 가지고 신중하게 일해야 해. 독창적으로 사고하고 발전시켜야 할걸세. 구체적으로 준비가 되면 정책뿐만 아니라 당에 대한 지지를 모으고, 나아가 이를 극대화할 수 있도록 대중들에게 잘 제시해야 하네." 이에 대해 노동당의 한 원로는 예리하게 비평했다. "'대장정'이론도 낭패한 노동당 홍보국장 데이비드 힐이 급조한 것이다. 그 이론은 '안이한 행보'를 위한 허울 좋은 명분을 제공했을 뿐이다."

이 시기 블레어는 법과 질서 문제에 집중했다. 사실 이 분야는 노동당의 최대 약점 중 하나였다. 블레어는 지역구 주민들과의 뜨거운 토론을 통해 범죄 이슈가 얼마나 폭발성을 지닌 쟁점인지 파악했고, 중요한 것은 엄청난 범죄 수치뿐만 아니라 범죄에 대한 공포였다는 사실도 간파했다. 93년 2월 리버풀의 쇼핑 센터에서 10대 두 명이 두 살 된 아이를 유괴·살해한 사건이 발생했다. 이 사건을 계기로 범죄이슈를 정면으로 파고들면서, 자신이 오랫동안 생각해왔던 신념과 가치들을 드러내놓고 주장하기 시작했다.

블레어는 TV에 출연하여 노동당의 입장을 이렇게 천명했다. "우리는 범죄에 강경 대처해야 하고, 범죄의 원인에 대해서도 단호히 대처해야 합니다." 블레어는 범죄 이슈를 다루면서 '과거 청산'을 외친 게 아니라 노동당의 전통적 가치에 부합하는 것이라는 주장을 일관되게 펼쳤다. 한편 메이저 총리도 법과 질서의 당이라는 보수당의 오랜 명성을 되찾기 위해 노력하고 있었다. 그러나 경찰행정 개혁안에 대해 경찰 전체가 격분했고, 대처총리가 일부 민영화시킨 죄수 호송 업무도 탈주사건으로 곤경에 처했다.

대외적으로는 논쟁에서 노동당은 승리하고 있었지만, 대내적 노조개혁에서는 성과가 없었다. 오히려 노조개혁을 공공연히 주장하다 노동조합총회의 귀찮은 인물이 되고 말았다. 블레어는 1인 1표제를 원했다. 그러나 스미스는 폐기해 버렸다. 브라운도 침묵했다. 이것이 블레어와 브라운의 차이를 말해준다. 브라운의 침묵은 NEC 선거가 임박했고, 노조와의 관계가 불편해지면 집행위원 선거에서 노조의 지원을 받지 못할 우려가 있었기 때문이었다. 사실 블레어도 NEC 위원 선거에 입후보했다. 그러나 그는 1인 1표 논쟁이 집행위원 선거보다 더 중요하다고 생각했다.

블레어의 입장은 노동당에 입당한 노조원만이 당 선거 때 투표할 수 있어야 한다는 것이었다. 왜냐하면 노조원의 90%가 노조가 관리하는 정치자금을 내는데, 노동당에 투표하는 노조원은 50% 정도였기 때문이었다. 즉, 투표에서는 다른 당을 찍는 사람이 노동당 후보를 결정하는 상황이 벌어지는 것이었다. 스미스는 노동당 당원이어야 한다는 요건을 배제하고, 노동당을 지지한다고 말하기만 하면 추가 절차 없이 당총재 선거 투표권을 준다는 노조원 등록제를 제시했다. 논란이 계속 되자 스미스는 다시 타협안을 제시했다. 즉, 총재선거인단을 3등분해서 1/3은 지구당에, 1/3은 노조에 주되 블록이 아닌 개인이 투표하도록 하고, 나머지 1/3은 하원의원과 유럽의회 의원에게 준다는 안이었다. 하원의원 후보 선거에서는 1인 1표제를 원안으로 채택해서 노조원들은 투표하려면 명목적인 추가 입당비를 내도록 했다. 스미스의 안은 전당대회에서 어렵게 통과되었다. 이후 이 때 혼이 난 경험 때문인지 스미스는 개혁을 보류시키는 쪽으로 방향을 잡아갔다.

블레어는 법과 질서 이슈에서 보수당을 압도했다. 드디어 94년 봄 여론조사에서 조사된 바에 따르면 범죄이슈에서 노동당은 보수당을 5% 앞지르고 있었다. 92년 21% 뒤지던 것을 생각하면 그야말로 획기적인 변화였다. 고든 브라운과 블레어는 당을 변화시키고 있었다. 당시 예비내각 재무장관이었던 브라운은 노동당의 세금과 소비정책을 장악하고 있었고, 당시 예비내각 내무장관이었던 블레어는 법과 질서에 대한 노동당의 관점을 '현대화'시키고 있었다. 블레어는 또 노동당의 중심가치를 새롭게 설정하기 시작했다. 93년 2월 그는 "만일 우리가 무엇이 옳고 무엇이 그른지에 대한 가치기준을 배우고 가르치지 않는다면, 그 결과 우리는 완전한 도덕적 혼란에 빠지는 대가를 치를 것이다"라고 말했다.

당시 굴드는 블레어보다 브라운과 더욱 긴밀하게 일하고 있었고, FGI를 거친 전략보고서를 그에게 작성해주기도 했다. 그것은 노동당의 세금·경제정책들을 현대화하는 것이 훨씬 중요한 일이라고 생각했기 때문이다. 비록 여론조사에서 노동당이 앞서고 있었지만, 그렇다고 다음 선거에서 승리하기 위한 길을 제대로 걷고 있는 것은 아니었다. 블레어와 브라운은 이 사실을 알고 있었고, 존 스미스가 OMOV 문제에 대해 분명한 입장을 갖도록 하기 위해 노력했으나 받아들이지 않자 분통을 터트렸다.

83년 노동당이 대패한 선거에서 나란히 의정 단상에 등장한 블레어와 브라운은 즉시 두각을 나타냈다. 브라운은 통산산업 대변인으로, 블레어는 재무팀의 일원으로 등용되는 등 비슷한 시기에 당직에 임용되었다. 예비내각에 들어간 것도 1년 차이로 블레어는 에너지장관, 브라운은 총무장관이었다. 92년 그들은 나란히 노동당내 권력기반의 결정판이라고 할 NEC 위원으로 선출되었다. 그러나 브라운이 항상 한 발 앞서 갔다. 92년 예비내각 선거에서 브라운은 1위, 블레어는 2위였다. NEC 선거에서는 브라운이 3위, 블레어는 간신히 7위에 턱걸이했다. 브라운은 출신 배경(스코틀랜드)이 같다는 이유로 스미스의 총애를 받았다. 88년 스미스가 첫 심장마비를 일으켰을 때, 브라운은 당시 예비내각 재무장관이던 스미스를 대신하면서 단연 두각을 나타내었다. 키녹 총재의 황태자가 스미스였다면, 브라운은 92년까지 왕위 계승 서열 2위였다. 블레어와의 관계에서도 브라운은 스승이었다. 블레어는 듣는 편이었다. 90년 호주로 휴가를 갔을 때, 호주의 한 정치인은 이렇게 평했다. "블레어 편에서 먼저 브라운의 정치적 깊이와 크기가 앞선다는 사실을 받아들이는 것처럼 보였다. 여기 있었던 기간 내내 블레어는 브라운에게 경의를 표하며 양보했다."

'공포심 요인'(fear factor)과의 전쟁

굴드는 그때까지 당내 자리가 없었기 때문에, 유럽의회 사회주의 정당들의 선거 조정자로 일해 달라는 줄리언 프리어스틀리(Julian Priestly)의 요청을 받아들였다. 첫번째 임무는 EU의 사회주의 및 사회민주주의 정당들이 처해 있는 정치적 상황을 인터뷰를 통해 검토하는 것이었다. 이 일은 방대한 작업이었고, 그 결과는 예상했던 대로였다. 진보주의 정당들은 인구통계학적인 흐름을 따라가지 못해 지지기반을 잃어가고 있었기 때문에, 스스로를 변화시키지 않는다면 앞으로 더욱 쇠락할 수밖에 없는 상황이었다.

그리고 EU가 거의 대부분의 국가에서 여론의 지지를 얻고 있지 못하다는 사실 또한 분명했기에 선거 테마는 이런 사실을 반영해야만 했다. 굴드는 '인민의 유럽'(People's Europe)라는 개념을 마련했다. 이 개념은 이것이 지나치게 대중 추수적이라고 생각하는 영국 노동당을 제외한 모든 사회주의 정당들에 의해 활용되었다. 굴드는 유럽 사회주의 정당의 새로운 통합 이미지를 만들었고, 유럽 전역을 관장하는 신속 대응팀을 구성했다. 전체 유럽 국가들에서 FGI가 진행되도록 했다.

굴드로서는 유럽의회 선거를 통해 새로운 선거운동에 대한 자기 생각을 실전에 투입할 수 있는 기회를 얻었던 셈이다. 그의 중심 생각은

"우파의 핵심적인 기법은 공포심을 활용하는 것이기 때문에 진보정당들은 필히 이를 극복하는 방안을 마련하지 않으면 안 된다"는 것이었다. 굴드는 이 모든 방안들을 〈공포심 요인과의 전쟁〉(Fighting the Fear Factor)이라 명명한 보고서로 정리했다. "현대의 유권자들은 불안정적이고, 불확실하며, 불안한 환경에 직면해 있다. 이들은 상황이 좋아지리라는 희망은커녕 도리어 악화되리라 걱정하고 있다. 미래에 대해 걱정하는 분위기는 우파가 공포심 조장이라는 전술을 활용할 수 있는 토대가 됐으며, 우파가 80년대와 90년대 초의 정치를 지배할 수 있도록 하였다. 진보정당들이 공포심에 근거한 우파의 공세를 방어하기 위해서는 도전이 있을 때 즉각적으로 대응해야 하고, 선거운동을 총괄하기 위한 워룸을 설치해야 한다. 또 열심히 그리고 신념을 갖고 싸워 조금의 기반도 양보해서는 안 되며, 세금·경제문제에서 이겨내야 한다. 무엇보다도 변화해야 하고 스스로 변화했다는 것을 인정해야 한다."

94년 5월 9일 굴드는 〈노동당: 선거운동에 대한 예비적인 고찰들〉이라는 장문의 보고서를 작성했다. 이 문건에서 다음과 같이 지적했다. "전술적 측면과 관련해, 노동당은 완전히 새로운 캠페인 역량을 개발해야 한다. 즉, 신뢰, 신념, 공격력, 반박, 융통성, 신속성, 통합성 등을 확보해야 한다. 전략적 측면과 관련해서는, 현대화되어야 하고 적실성을 갖추어야 한다. 경제에 대한 논쟁에서 이겨야 하고, 자신의 득표 기반과 새롭게 연결돼야 한다. 노동당은 일하는 보통사람들이 자신들의 열망을 성취하고, 자신의 의견을 반영시킬 수 있는 정치적 도구가 돼야 한다. 즉, 노동당이 집권하면 재정적으로 부유하게 될 것이라는 점을 설득해야 하고, 대중적 본능 그대로 범죄에 단호해야 하며, 복지병을 해소하고, 개인의 책임을 지원해야 한다. 노동당의 메시지는 선택을 요구하는 방식에 바탕을 둬야 한다. 사회 통합 對 분열, 민주주의 對 중앙집권, 일반 국민 對 특권층, 新노동당 대 낡은 보수당 등등."

굴드는 이 보고서를 존 스미스가 사망하기 전날 토니 블레어에게 전달했다. 블레어는 "모두 매우 훌륭하다. 그러나 내가 볼 때, 노동당은 오직 맨 머리에서부터 발끝까지 완전히 변할 때만 승리할 수 있다. 이것이 시작이자 끝이다"라고 말했다. 94년 5월 12일 스미스 당수가 갑작스럽게 사망했다.

4. 새로운 지도자와 함께

블레어의 등장

블레어와 브라운의 성장과정을 단순화시키면 이렇게 정리할 수 있다. 87년 선거에서 블레어와 브라운은 스쳐 가는 인물에 불과했지만 87년 선거가 끝나자 주변부에서 중심적 위치로 부상하였다. 블레어와 브라운은 참신성의 상징으로 보였으며, TV 방송에서 대중의 마음을 사로잡는 능력이 있었다. TV에서 얘기하고 있는 정치인에 대한 반응을 알아보는 조사기법인 「People metering research」를 할 때마다 블레어가 특히 높은 점수를 받았는데, 이는 합리적 설명을 초월하여 대중과 교감할 줄 아는 능력 때문이었다. 합리를 뛰어 넘어 정서적으로 대중과 호흡하는 것이야말로 블레어가 지도자로 부상하게 된 결정적 요인이었다.

당시 언론인의 평가에 의하면 블레어의 강점은 자신이 하고자 하는 일이 무엇인지 정확하게 알고 있으며, 복잡한 상황을 단순하게 이해할 줄 알며, 대중이 원하는 것이 무엇인지 파악하는 본능적 감각을 가진 정치인이었다. 블레어의 정치적 퍼스낼리티에서 중심적인 것은 정치에 연연하지 않는, 즉 언제든지 정치를 떠날 수 있다는 모습이 예의 다른

정치인과 다르게 보여졌다. 90년부터 블레어가 지도자의 면모를 보여
주면서, 반대로 차기 지도자 평가에서 블레어를 앞서가던 브라운은 온
갖 도전에 직면하기 시작했다. 오랫동안 당의 차기 지도자로 인정받아
왔기에 반발은 불가피했다. 반면에 블레어는 노동당의 완전한 변화를
외치면서 "노동당을 구할 인물"로 평가되기 시작했다.

블레어는 92년 선거패배의 원인을 노동당의 더딘 변화, 즉 당 '현대
화'의 미진에서 찾았다. 92년 무렵 블레어는 지도자 후보로서 부상했음
에도 불구하고 여전히 그의 앞에는 브라운이 '현대화' 세력의 대표로서
버티고 있었다. 이 당시 블레어도 이런 평가에 동의했다. 다만 블레어
가 스미스 당수에게 브라운이 도전해야 한다고 생각했다면, 브라운은
그렇지 않았다는 것이 차이점이었다. 블레어가 예비 내무장관으로 성
장가도를 달리고 있었지만, 예비내각 재무성 장관인 브라운에게 '현대
화'의 희망이 달려 있었던 것이 사실이었다. 만약 브라운이 몰락하면
당을 '현대화'하려는 모든 희망도 그와 함께 사라지는 구도였다.

필립 굴드가 브라운에게 이끌린 것은 단순히 정치적 필요성 때문이
아니라 그를 만나면 마음이 편했기 때문이었다. 그는 언제나 더 많은
무엇을 요구했는데, 더 많은 아이디어, 더 많은 노력, 더 많은 FGI 등
이었다. 반면, 블레어는 편한 스타일의 사람이 아니었다. 그는 다른 종
류의 정치인이었으며, 그를 만날 때면 일종의 운명적 느낌이 들곤 했
다. 그는 사교성도 떨어졌고, 작은 이야기들에는 도통 관심이 없었다.
그의 관심은 노동당이 제대로 하고 있는지, 수권준비 등이었다. 그는
상대방이 듣고 싶지 않은 어려운 질문을 해대고, 분명한 해답을 듣고자
하는 습벽을 가지고 있었다. 당시 블레어는 노동당을 범죄에 대해 단호
한 정당으로서 재정립하는 데 열중하고 있었다. 당시 그의 측근에 따르
면, "블레어 방법론의 핵심은 말은 거의 하지 않고, 많이 읽고, 일이 되

도록 하는 전략을 구상하고, 마침내 해내는 것이다.” 한 연설에서 그는 처벌, 선과 악 등의 언어를 사용하면서 자유주의적 합의를 공격했다. 다른 무엇보다 범죄이슈에 대한 새로운 접근법이야말로 노동당을 선거기반(electoral base)과 재결속시키는 요인이었다. 사람들이 매일매일 범죄로부터 시달리고 있는 형편에서 처벌과 규율, 질서 등에 미온적인 노동당이 국민 신뢰를 받기는 어려웠다. 이런 점에서 블레어의 입장은 일반인의 상식을 대변하는 것이었다.

하지만 블레어가 지도자로서 충분한 자격을 얻게 된 것은 일당원 일투표제(OMOV)를 정착시키는 것에 대한 그의 주도적 역할 때문이었다. 당내 의사결정권을 노조의 블록투표에서 개인당원으로 바꾸는 작업은 ‘현대화派’의 오랜 숙원이었다. 84년 키녹 당수가 OMOV를 도입하려 했으나 실패했다. 키녹은 87년 전당대회에서 다시 시도했다. 당시 전당대회에서 통과된 안은 의회후보자 선출을 위해 지구당 자체의 선거인단을 조직하고, 적어도 투표의 60% 이상을 일반당원이 행사하도록 하는 것이었다. 92년 OMOV를 도입하기 위한 소위원회를 구성하였고, 블레어는 이 소위에서 정력적으로 밀어붙였다. 그러나 스미스 당수는 OMOV를 지지하면서도 당의 분열을 막기 위해 주저앉고 말았다.

블레어나 브라운 모두 좌절감을 맛보았지만, 브라운의 경우가 더 심했다. 브라운은 격렬하고도 지속적인 반대에도 불구하고 재무성을 질타하며 오랫동안 유지되어온 ‘高과세 高지출’ 정책을 변화시켰지만 내부의 비판에 시달려야 했고, 대중적으로도 분명한 인식을 심어 주는 데 실패했다. 요컨대, 그로서는 합당한 정치적 신뢰는 얻는 데 실패한 셈이었다. 블레어와 브라운은 서로 긴밀하게 협조했으나, 브라운은 하향세에 있었고 블레어는 상승세를 타고 있었다. 92년을 기점으로 블레어는 브라운을 추월하기 시작했다. 블레어는 비상한 정치적 통찰력으로 이러한 사실을 정확하게 포착하고 있었다. 이러한 사실은 정치가 항상 공평한 것이 아니라는 기본적 진실을 드러내는 것이라 할 수 있다. 정치지도자로 성공하기 위해서는 두 계기의 결합이 요구된다. 즉, 기회를 포착하는 재능과 재능을 실현시킬 기회. '현대화세력'에게 기회가 왔을 때, 그 기회가 필요로 하는 재능은 블레어의 것이었다.

블레어와 브라운은 많은 점에서 다르다. 브라운은 정치지형을 총괄 조망하고, 매 계기를 정확하게 구분하고, 언제나 결과를 예견하고 움직이는 역동적인 정치전략가이다. 그를 논쟁에서 이기기란 불가능하며, 아이디어의 세상에 살면서 완벽한 정치철학을 마련하고자 노력했다. 그는 사회적 不正義를 종식하고, 평등한 기회를 창출하고자 하는 열정을 가지고 있으며, 지칠 줄 모르는 에너지를 가지고 있다. 그는 따뜻한 온기와 매력, 그리고 강력한 개성을 동시에 지니고 있으며, 용기 있는 인물이다. 블레어도 뛰어난 전략가이지만, 다른 부류의 전략가이다. 그는 과거 자유당과 노동당의 분열에서부터 다음 세기까지를 아우르는 거대한 역사의 틀 속에서 현재의 정치를 정립하려 노력하였다. 큰 그림을 새롭게 그리고자 했으나, 단기적 상식과 장기간의 근본주의를 세심하게 조합하려 했다. 본능적으로 어떤 상황, 사상, 그리고 사람의 본질을 파악하면서 신속하게 핵심을 찌른다. 결과에 상관없이 자신의 본능을 따르기 때문에 때로는 완고하고 융통성이 없는 것처럼 보일 때도 있다. 그의 가치는 공동체와 기독교주의에 뿌리를 두고 있다. 그가 국가의 운명과 대중의 의향을 인지하고 있다는 점에서 볼 때, 그는 대처와 비슷하다.

마침내 기회가 오고

94년 5월 12일 존 스미스 당수가 갑작스럽게 사망하자 후계싸움은 불가피했고, 그것은 '현대화세력'에게는 위기의 순간이었다. 블레어와 브라운에게 상황은 당황 그 자체였다. 아버지와 같은 인물이 사망하자 그 둘 중에 한 사람이 그를 승계해야 한다는 현실 때문이었다.

브라운의 실패는 TV와의 갈등에서 비롯되었다. 그는 고압적이었다. TV뉴스 센터에서는 이렇게 빈정댔다. "브라운이나 그의 충실한 연구원이 데스크에 전화해서 특정 주제에 관해 브라운을 인터뷰하도록 제안해 오지 않으면 그 어떤 이야기도 취재할 수 없다고 이야기했다." 어떤 질문을 해도 대답은 한결 같았다. 어색한 단어와 문장들이 여기저기서 짜깁기 한 것처럼 거북하게 쏟아져 나왔다. 브라운은 너무 똑같은 말을 너무 자주 반복했고, 따라서 자연스럽지 않게 보였다. 92년 총선 직후 과다한 노출은 위기를 낳았다. 예비 내무장관으로서 불가피하기도 했으나 경제난 때문에 나쁜 소식을 전하는 전도사 같은 인상을 남기지 않을 수 없었다. 다소 음울해 보이는 표정에 답변 도중 별 이유도 없이 떠오르는 이상한 미소 때문에 수수께끼 같은 인물로 비쳐진 데다가 필요 이상으로 어두운 분위기를 풍기는 버릇이 있었다. 상황을 감지한 브라운은 이미지를 바꾸기 위해 기계 노조의 노련한 커뮤니케이션 전문가 찰리 웰란(Charlie Whelan)을 언론담당으로 영입하였으나, 너무 늦었다. 노동당의 교조가 가장 강하게 남아 있는 경제영역을 책임지다보니 입지가 줄어든 것도 부담이었다. 후에 브라운은 이렇게 말했다. "사람은 믿을 수 없고, 변화를 주도한 사람에게 책임을 돌린다는 것이 변화를 주도해 본 후에 얻은 확실한 교훈이다."

블레어는 자신들 사이에서 브라운이 앞선 순위라는 점 때문에 약간 고민했다. 그러나 곧바로 자신이 나서야 한다는 결론에 도달했다. 블레어는 한 후보만이 '현대화론자'의 기치를 흔들어야 하며, 자신이 물러나는 일은 있을 수 없음을 분명히 했다. 브라운이 총재 경선에 나설지는 브라운 스스로 결정할 문제지만, 블레어 자신은 물러설 생각이 없다고 잘라 말한 것이다. 짧은 순간에 관심은 블레어에게 쏠리게 되었고, 브라운은 수동적인 입장에 빠져버렸다. 브라운은 만델슨이 배후에서 블레어를 돕고 있으며, 키녹이 압력을 넣고 있다고 생각했다. 캠벨과 찰스 클라크가 블레어를 지지하자 이런 의심은 더욱 커졌다. 클라크는 "브라운이 타인의 평가에 너무 신경을 쓴다는 점에서 총재로서 자격이 없다"고 생각했다.

필립 굴드는 국민 정서를 감안하고, 변화와 새로운 시작을 위해서는 블레어가 적임자라는 입장이었다. 브라운은 스미스가 갑작스럽게 죽은 상황에 매몰되어 효과적인 대처를 못했다. 굴드는 피터 만델슨에게 메모를 보냈다. "스미스 당수의 사망 이후 노동당에게 유일한 전략적 기회는 노동당이 변화를 선도하는 정당, 역동적인 정당이 되는 것이다. 이러한 사실은 국민 정서나 당내의 다수 당원들이 인정하고 있다. 지금 이 순간, 블레어만이 윌슨 이후 그 어떤 노동자 지도자들보다 완벽하게 이러한 분위기에 적합한 인물이다. 브라운은 스미스와 블레어 사이의 중간 임시 지도자에 불과할 따름이다. 요컨대 지금 이 순간에는 모든 전략적 결정이 국민정서와 당내 분위기의 기초 위에서 내려져야 한다."

양자간의 대립은 깊어져 갔다. 서로 상대방이 사퇴할 것이란 기사를 만들어 내느라 혈안이 되었다. 일요판 신문들은 블레어가 대중들에게 더 알려져 있고, 당내 입지도 우위에 있음을 나타내는 여론조사 결과를 적극적으로 보도했다. 블레어 진영의 작품이었다. 두 사람은 빈번히 접촉했다. 밀담과 조정이 진행되는 상황을 알고 있었던 사람은 본인들 외에는 블레어 측의 안지 헌터(Anji Hunter)와 브라운 측의 슈 나이(Sue Nye)가 전부였다. 블레어는 계속 압박했다. "내가 용퇴하는 일은 있을 수 없으며, 따라서 상처입고 분열적인 경선을 강요할 것인가 여부는 브라운의 선택에 달려 있다."

둘은 5월 31일 극비 회동하였다. 둘은 브라운의 양보를 더욱 빛나게 하는 방법을 논의했다. 브라운은 경제정책에 대한 전권을 보장받았다. 마침내 스미스가 사망한 지 3주가 지난 6월 1일 브라운은 불출마를 선언했다. 브라운과 블레어가 담쟁이 넝쿨로 둘러싸인 화려한 하원 분수대 주변을 함께 거니는 장면이 촬영되었다. 정담을 나누며 보조를 맞춤으로써 둘 가운데 연장자가 한 때의 하원 룸메이트에게 우아하게 양보한 것처럼 보였다. 위대한 커뮤니케이션의 개가였다. 브라운은 블레어의 총재 수락연설을 작성하는 우정을 보여주었다. 개인적 출세보다 노동당의 변화와 영국의 혁신이란 가치를 위해 출마를 포기한 것은 영웅적 행동이었고, 당에 대한 충성심이 무엇인지를 보여주는 본보기였다.

블레어의 성공과 브라운의 실패에 대해 블레어의 친구는 그 원인을 이렇게 말했다. "브라운의 모든 근육과 신경은 장래의 노동당 총재로 발달돼 있었다. 그러나 블레어는 절대 그런 야심이 없었다. 영국 총리만이 그의 관심사였다." 피터 만델슨은 브라운이 스미스의 가장 자연스런 후계자라고 생각했다. 블레어가 승리한 것에 대해 만델슨은 훗날 이렇게 회고했다. "블레어가 브라운을 압도한 상황은 누군가 조직 혹은 관리, 조작한 것이 아니라 그냥 일어난 일일 뿐이다." 굴드는 블레어가 적임자라는 생각을 가지고 있었으나, 만델슨은 브라운에 대한 충성심과 블레어에 대한 우정 사이에서 고민하지 않을 수 없었다. 만델슨은 끝까지 브라운의 출마 가능성을 포기하지 않을 정도로 두 사람 모두에게 공평하려고 노력했다. 당시 그에게 최선의 선택은 잠시 떠나 있

는 것이고, 두 사람 모두에게 중립적인 입장을 취하는 것이라고 토로할
정도로 만델슨의 입장은 난처했다. 그러나 그는 언론에 의해 '현대화세
력'의 대리인, 대변인, 스핀 닥터(spin doctor)[106]로 인식되어 있었기
때문에 도피는 애당초 불가능한 것이었다.

차기를 놓고 벌인 게임의 결과, 블레어와 브라운의 사이가 아니라
브라운과 만델슨간에 균열이 발생하였다. 경쟁의 후유증은 당사자들이
아니라 그 추종자들에게 집중되었다. 그러나 브라운과 블레어는 긴밀
한 협력관계를 유지하며 노동당의 '현대화'를 위해 협력하였다.

총재 경선

블레어는 총재 경선 출마선언 장소를 선택하는데 많은 고민을 기울
였다. 의도적으로 낡고 전통적인 무대를 선택했다. 바로 자신의 지구당
이었다. 그곳은 평소에는 당구와 다트게임이 열리고, 밤에는 빙고와 도
미노판이 벌어지는 매우 넓은 장소였다. 또한 비둘기 애호가 클럽의 회
합 장소이기도 했다. 94년 6월 11일 블레어가 약간 낡은 포드 승용차
를 타고 도착할 무렵, 이 사교클럽 안에는 연금으로 살아가는 노인, 아
기 딸린 주부, 성인 남자 등 400여 명이 빼곡이 들어차 있었다. 행사는
거의 모든 면에서 의회와 동떨어진, 정치행사가 아닌 것처럼 보이도록
준비되었다. 블레어의 출마 선언 연설이 끝난 후 모든 청중이 기립해
있었다. 눈물을 훔치는 사람도 있었다.

경선팀이 구성되었다. 옥스퍼드 아니면 케임브리지 출신의 정열적인
10여 명의 젊은이들로 팀을 구성했다. 블레어의 연구원으로 2년 동안
일하다가 TV에 유혹을 느껴 채널 4 방송의 '금주의 정치'를 제작하던

팀 앨런(Tim Allan)도 유세 홍보담당으로 복귀했다. 유명한 마르크스 저술가 랄프 밀리밴드의 35살 난 아들 데이비드 밀리반드(David Miliband)도 좌익 편향적인 공공정책연구소(IPPR)[107]를 떠나 수석연구원 겸 연설문 작성자가 되었다. 팀을 구성한 사람은 블레어에게 막강한 영향력을 지닌 사무실장 안지 헌터였다. 헌터는 정책 결정에 영향을 미치려 하지 않았다. 다만 일단 결정이 내려지면 누구를 접촉해야 하고, 판로를 개척하기 위해 어떤 단추를 눌러야 하는지 알았다. 앞에 놓인 덫과 함정을 볼 수 있었고, 블레어에게 우회하는 방법까지 충고할 정도였다.

競選팀은 매일 아침 8시 30분에 회의를 열었다. 회의는 79년 등원한 前좌파인 잭 스트로(Jack Straw) 의원이 주재했다. '현대적' 사고를 가지고 있었으나 철저한 현대화론자가 아닌 스트로를 선택한 이유는 좌파를 안심시킬 수 있는 인물이 팀을 이끄는 것이 유리하다고 판단했기 때문이었다. 차석은 여성대표 모 몰럼(Mo Mowlam) 의원이었다. 경선팀은 성공적인 득표 외에 블레어가 영국을 이끌어 나갈 통치이념을 가지고 있음을 증명하는 데 최우선을 두었다. 경찰과 내무행정, 노동문제에 강점이 있음은 보여 주었지만 숲분야를 관통하는 세계관을 가진 정치인으로서 자신을 입증하는 데는 아직 감이 떨어졌다. 그는 아직 날개를 펴지 못했다. 만델슨은 경선팀 회의에 나타나기는커녕 사무실 근처에도 얼씬거리지 않았다. 그러나 그는 무대 아래에서 '위대한 지휘자'로서 커뮤니케이션을 총괄하고 있었다. 기사의 단어 하나 하나에 신경을 곤두세우고, 기자들에게 전화를 해댔다. 저녁 뉴스 시간에 연설의 어느 부분을 사용해야 할지 지침을 주는 것도 만델슨의 몫이었다. 만델슨의 손이 미치지 않은 곳은 없었다. 만델슨이 전술의 대가였기에 블레어는 그를 언론담당으로 삼아 자신이 창조하려는 노동당의 그림을 그려 주는데 쓰고 싶었다. 그러나 이미지를 심은 것은 만델슨이었다 할지라도 궁극적으로 블레어에게 승리를 가져다준 것은 지역구 당원과 노조원, 그리고 의원을 포섭하는 현실적 작업을 한 잭 스트로와 모 몰림의 작전이었다.

블레어가 가졌던 무기 중 하나는 성적 매력이었다. 발랄하고 개방적인 얼굴에, 키가 크고 반짝이는 눈에 잘 빠진 몸매다. 블레어는 말론 브란도와 아리스토텔레스를 합한 것처럼 성적으로나 지적으로 매력이 넘쳤다. 한 잡지가 실시한 여론조사 결과 블레어는 영국 정치사에서 가장 섹시한 인물로 꼽혔다. 블레어는 또한 젊음을 가지고 있었다. 록 뮤직에 대한 애정은 여전했다. 이슬링턴의 서재에는 요즘도 가끔 연주하는 수제 기타가 놓여 있었다. 그는 최신 인기가요의 순위를 외우고 다닐 정도였다. 블레어는 유모차를 미는 세대다. 아침에 일어나면 막내딸의 기저귀를 제일 먼저 생각할 정도이고, 가능한 한 자녀를 학교까지 데려다주고, 숙제도 봐주는 신선한 사람이었다. 블레어는 탐욕스럽게 책을 읽는다. 옛 정치인들이 정치적인 문제를 어떻게 풀어나갔는지 교시를 받고 지침을 얻기 위해 정치인의 전기와 역사책을 탐독했다. 블레어는 미술품 수집가이며, 오페라 팬이기도 하고, 테니스를 즐기며, 포도주 감정가요 미식가이기도 했다. 이러한 취향은 브라운에게는 결여된 것으로 블레어만의 안식처가 되었다.

굴드는 5월 17일 전략보고서를 제출했다. "37~9% 정도를 득표할 수 있는 '공고화전략'에서 42~3%를 얻을 수 있는 '변화전략'으로 이행하는 것은 위험하지만 불가피한 선택이다. 국민은 희망과 신뢰를 잃고 새로운 리더십을 갈구하고 있다. 변화는 하나의 완결적인 정치적 프로젝트이자 정치에 대한 새로운 접근법이며, 이를 구체화하는 정치지도자를 뜻한다. 대중주의는 보통사람들이 자신들의 열망을 노동당이란

4. 새로운 지도자와 함께 319

수단을 통해 실현할 수 있다는 확신을 갖도록 하는 것이다. 변화와 대중주의를 결합한 新노동당 창출이 전략의 핵심이 되어야 한다." 굴드가 말하는 공고화전략은 기존 지지층을 효과적으로 동원하는 데 집중하는 것이라면, 변화전략은 새로운 지지층을 적극 개발해 나가는 것이었다.

굴드는 블레어의 경선캠프에 참여하였는데, 블레어의 대학 동창이자 사무실 실장이던 안지 헌터의 지원이 큰 힘이 되었다. 굴드 등이 제안한 경선전략은 이런 것이었다. "블레어는 변화와 혁신(renewal)의 상징이 되어야 하며, 노동계급의 대변자 이상을 넘어서는 광범위한 연합을 구축해야 한다. 보수당에 비해 노동당에 언론이 많은 초점을 맞추고 있는 지금, 변화와 혁신이라는 메시지뿐만 아니라 노동당의 새로운 영역을 개척하는 알맹이를 5~6번의 주요 정책연설을 통해 제시해야 한다."

블레어 철학의 첫번째 포인트는 기독교 사회주의에 대한 강한 신념이었다. 정책의 핵심 가치는 정치가 아니라 삶과 가족이었다. 전략적 원칙은 변화와 혁신이었다. 정책틀의 요체는 기회와 책임이 조화된 강력하고 응집력 있는 사회에서 개인이 가장 잘 번영할 수 있다는 신념이었다. 새로운 정책방향은 수혜자를 양산하기보다 자활을 위한 기회를 제공하는 복지사회의 창조, 투자와 기술혁명을 통한 경제회생, 유럽을 주도하는 영국건설, 다원주의적이고 공개적이며 참여적 방식의 정치, 정당조직의 변형 등등. 경선에 걱정이 없었던 것은 아니었다. 블레어는 언론 인터뷰에서 최선을 다하지 않기도 했고, 뭔가 거북해 보이기도 하는 등 준비가 덜돼 보였다. 그러나 캠페인 피드백 보고서에 따르면 승리가 분명해 보였다.

블레어는 결코 승리를 당연시하지 않았으며 스스로 자만심을 경계할 줄 아는 정치인이다. 대부분의 사람들은 내적 불안을 감추기 위해 겉으로 자신감을 피력한다. 하지만 블레어는 결과에 대해 걱정하는 모습을 보이긴 하나 내적으로는 절대적인 확신에 찬 사람이다. 마음 깊은 곳에 자리 잡고 있는 자신감, 이것이 바로 그를 다른 노동당 정치가와 다르게 만든 원천이라 할 수 있다. 블레어는 형식적인 것을 싫어하는 스타일이다. 야당 당수일 때나 수상일 때 할 것 없이 소파 앞에 놓여진 커피 테이블에서 일하는 것을 즐긴다. 그러나 외견상 평범해 보여도 갑자기 편안한 대화를 중단하고 핵심 질문으로 화제를 옮기기도 하고, 사전 예고도 없이 마치 상대방이 잘못 말한 것처럼 일방적으로 대화를 중단하기도 한다. 94년 7월 21일, 블레어는 57%의 득표율로 압승했다. 블레어의 승리로 노동당의 지지율은 12% 상승했다. 주위에서 반대했으나 블레어는 존 프레스코트를 부총재로 택하였다. 프레스코트는 56.5%의 득표로 당선되었다.

경선이 끝난 뒤 블레어는 만델슨에게 공개적으로 감사를 표시했다. 만델슨은 경선 캠프의 사실상 본부장이었으나 당내 반감 때문에 경선 기간 동안에는 비밀에 부쳐져 있었다. 블레어의 승리는 결정적 분기점이었다. 특히 중요한 것은 경제적 낙관주의와 보수당의 지지율간에 연계가 끊어졌다는 점이었다. 일반적으로 국민들이 경제에 대해 낙관적일수록 정부의 지지율은 더 높게 나타난다. 이른바 '善感요인'(feel good factor)이다. 그러나 블레어는 이러한 연계에 종지부를 찍었다. 대중들은 경제에 대해 낙관적이었지만 보수당 지지는 제자리에 머물렀다. 이런 점에서 블레어는 정치 지형을 바꾼 지도자라 할 수 있을 것이다.

新노동당(New Labour) 건설

블레어는 경선 후 당이 평온해지기를 기다리지 않고 곧바로 자신이 지향하는 가치를 설파하기 시작했다. 대표적인 것이 가족, 자녀양육 등이었다. 블레어는 보수당 정부 하에서 일반 국민들이 삶의 질이나 생활기준에서 나아질 것이란 데에 회의를 갖고 있다는 점에 주목하고, 새로운 출발의 이미지를 집중적으로 부각했다. 블레어는 승리 후 3일째 되는 날 언론과 인터뷰를 하면서 '자유주의 합의'를 무시하고 대부분의 아이들을 위해서는 1명보다는 2명의 부모가 더 이롭다고 주장했는데, 정상적이고 안정적인 가정에서 아이들이 양육되는 것이 최선임을 분명히 한 것이었다. 그는 "마치 좌파라고 하면 일반대중과는 동떨어진 어떤 사고를 가진 사람들이란 인식이 사라지도록 노동당을 새롭게 만들기 위해 수십 년을 기다렸다. 오늘날의 노동당에게 본질적인 것은 건실한 가족공동체와 가정의 소중함이다"라고 천명했다.

7월 28일 노동당이 교육정책 입안에 착수하였을 때, 블레어는 교육문제를 자신의 중점적 우선 순위로 만들고자 했다. 특히 기득권이 아니라 표준적인 대중을 위한 교육정책에 초점을 맞추고자 하였다. 즉, 다수를 희생하여 소수가 선택받는 어떠한 체제도 노동당은 거부한다는 것이다. 더 나아가 그는 부적합한 교사는 해고되어야 한다는 말까지 서슴지 않고 하였다. 이렇게 함으로써 블레어는 낡은 정당을 버리고 노동당을 보통사람들의 희망과 가치로 되돌아가게 하겠다는 결심을 내비쳤다. 비록 작은 진전에 불과하지만 블레어의 가슴속에는 훨씬 거대한 프로젝트가 움직이고 있었다.

굴드는 7월 22일 '블레어의 정체성 강화'라는 제목의 25페이지 짜리 보고서를 제출하였다. 여기서 그는 新노동당을 건설하기 위한 사전 검토작업의 일환으로 블레어의 강점과 단점, 노동당의 위상, 그리고 치유책을 거론하였다. 주요 내용은 이렇다. "블레어는 신선하고, 변화마인드를 갖고 있으며, 자기확신이 있다는 점에서 일종의 다른 유형의 정치인이라는 강점이 있다. 반면에 블레어는 지나치게 부드러우며, 너무 유약하고, 미숙해 보인다는 약점이 있다. 그러나 이러한 약점에 대해 블레어가 사실은 그렇지 않다는 식으로 대응해서는 안 된다. 이것은 오히려 역효과를 일으킨다. 짐짓 무게 있게 행동하는 척함으로써 어리다는 문제를 모면하려 해선 안 되며, 또한 지나치게 공격적으로 행동해서 유약한 이미지를 벗어나려고 해도 안 된다. 반드시 지켜야 할 원칙은 자신의 강점, 자신이 취하고 있는 입장에 기초해 정체성(identity)을 정립하는 것이다." "노동당은 분명한 입장을 취해야 한다. 국민들은 정권이 바뀌어야 한다고 생각하면서도 노동당을 신뢰하지 않고 있다. 보수당에 식상했지만 노동당에 대해서는 노조, 세금 등을 이유로 '공포감'을 갖고 있는 게 사실이다. 또 그들은 노동당이 무엇을 지향하는지 제대로 알지 못하고 있다. 게다가 15년 동안 보수당이 집권한 까닭에 국민들은 보수당의 눈으로 정치를 바라보는 이른바 보수당 헤게모니에 빠져있다. 때문에 노동당은 어렵지만 새로운 문제틀을 발전시켜야 한다." "노동당의 유일한 기회는 근본부터 뒤집는 완벽한 재건이어야 한다. 즉, 새로운 토대(정당으로서의 존재이유), 새로운 구조(정치지형을 변화시키는데 도움이 되는 중심적 메시지), 새로운 상부구조(정치를 통해 뒷받침되는 명확한 위상) 등."

이것은 완벽한 정치적 프로젝트의 토대 위에서만 승리할 수 있다는 굴드의 신념을 반영하는데, 즉 내용이 반드시 우선해야 한다는 것이었다. "정당의 토대는 대중이다. 노동당은 노동대중이 무엇을 원하는지에 대한 좌파적 환상이 아니라 노동자들의 실질 이해와 태도를 반영하는 정당으로서 존재해야 한다. 유권자들이 원하는 것은 자신의 삶을 향상 시키고 개선하는 것이다. 개인 및 가족의 복지와 성장이 우리 정치의 준거점이 되어야 한다. 따라서 노동당의 궁극적 토대는 도그마나 심지 어 가치가 아니라 일반대중의 희망과 염원이다. 대중이 우선이다." "新 노동당이 지향하는 가치와 원리에 대해 말한다면, 노동당은 변화와 혁 신, 개인을 발전시키는 공동체, 좌파와 우파를 넘어서는 新노동당이 되 어야 한다. 범죄, 낭비적 복지(welfare waste), 기준과 규율 등에 대해 서는 엄격하면서도 또한 공동체, 투자, 국민의료서비스 재건에는 헌신 적이어야 한다." 굴드에 따르면, 新노동당을 건설하기 위해서는 이와 같은 내용과 더불어 보수당을 제압하는 또 다른 요건이 필요했다. "보 수당에 대한 불만족이 투표로 연결되지 않는 것이 현실이다. 따라서 보 수당은 일반대중과 거리가 멀고, 그들의 이해를 대변하지 않으며, 일반 노동대중을 가난하게 만들었다는 점을 집중 공격해야 한다." 굴드는 이 보고서를 이태리와 프랑스로 휴가를 가는 블레어에게 제출하였다. 이 때 블레어는 18년 동안 언론계에 종사해온 알라스테어 캠벨에게 언 론담당 참모(press secretary)를 맡아 달라고 요청하였다. 캠벨은 고민 끝에 수락했다.

　9월 6일 블레어는 굴드에게 같이 일하자고 요청했다. 블레어는 키녹 의 좁은 사무실을 사용할 정도로 야당 총재직에 만족하려 하지 않았다. "과거의 노동당 당수는 타협했기에 패배했다. 나는 패배하고 정치를 떠날지언정 영합하지는 않을 것이다." 굴드는 화답했다. "당신이 앞으 로 2년 동안 일관되고, 명료하며, 단호하고, 정직하다면 승리할 것이 다." 노동조합회의(TUC)에 참석하여 블레어는 이렇게 말했다. "노동당 은 기업가를 대우하는 만큼만 노조를 대우할 것이다." 노조에 가서 노 조에 대한 특권폐지를 언급한 것이었다. 이처럼 어떤 말이 행해지는 맥락 혹은 장소에서 기대되는 것과 직접적으로 대비되는 언급을 함으로써 메시지의 효과를 극대화시키는 것이 블레어의 특기였다.(이것을 미국에서는 'counter-scheduling'이라고 부른다.)

9월 9일 최초의 난상토론(brainstorming session)이 열렸을 때 굴드는 36페이지 짜리 보고서를 제출했다. 굴드는 보수당과 노동당이 유권자를 어떻게 이중적으로 배반했는가를 역사적으로 분석했다. "전후 영국정치는 두 가지 주제에 의해 지배받아 왔다. 즉 국가혁신과 현대화 요구가 하나이다. 부상하고 있는 개인주의, 소비자중심주의와 노동계급 유권자들의 열망이 다른 하나이다. 이 두 가지 측면에서 보수당이 노동당보다 더 잘해왔다. 그러나 90년대에 들어서 보수당은 국가경영능력과 혁신이라는 이미지 우월성을 상실하기 시작했으며, 노동계급이나 심지어 중간계층의 열망을 반영하는 정당이 더 이상 아니라는 사실이 분명해졌다." "노동당에 대해 깊게 베어 있는 회의감과 보수당의 추락은 유권자에겐 단순한 두 정당의 효용성의 신뢰상실만이 아니라 정치 그 자체와 효용성에 대한 신뢰상실이다. 따라서 노동당은 자신에 대한 국민의 신뢰뿐만 아니라 정부와 정치 자체에 대한 신뢰회복에 나서야 한다." 회의를 시종 지배한 것은 블레어였으며, 그의 핵심 컨셉은 공동체였다. 반면 브라운의 핵심 컨셉은 기회였다. 마침내 블레어는 굴드에게 新노동당을 건설하기 위해 전기충격요법을 사용해야 할 때라면서 행동에 나설 것이라고 선언했다.

9월 중순경에 이자율이 0.5% 올랐을 때, 블레어는 경제문제에 대한 노동당의 새로운 접근법을 再설정하였다. 노동당 정치인들의 기대처럼 이자율 상승을 비난하는 대신에 블레어는 재무장관 케네스 클라크(Kenneth Clarke)의 결정을 직접적으로 비판하지 않음으로써 재정적 보수주의 방향으로 변신하고자 하였다. 〈Financial Times〉와의 인터뷰에서 블레어는 인플레이션은 질병이 아니라 증후군이라고 밝혔고, 라디오방송에서는 보수당보다 시장경제를 보다 잘 운용할 수 있다고 주장했다. 이것은 정당의 위상을 새롭게 설정하기 위한 커다란 진전이었다. "무능력한 교사는 해고되어야 한다. 2명의 부모가 1명보다 낫다. 노동당은 과거에 중대한 실수를 했다. 기업은 노조만큼이나 중요하다. 노동당은 보수당보다 시장경제를 더 잘 운용할 수 있다" 등이 블레어의 핵심 멘트였다.

新노동당이란 개념은 89년 봄 굴드가 처음으로 언급하기 시작했으나, 미국에서 新민주당을 내건 클린턴이 성공한 이후 영국의 '현대화세력'도 이 개념을 자연스럽게 수용했다. 그러나 新노동당의 개념을 당의 새로운 정체성으로까지 변모시킨 것은 바로 알라스테어 캠벨이었다. '新노동당, 新영국'이란 개념을 기본 슬로건으로 제시했을 때, 측근들 사이에서는 적지 않은 반론도 있었다. 블레어의 유능한 일정관리 담당 참모인 케이트 가비(Kate Garvey)도 반대했다. 부총재인 프레스코트도 처음에는 시큰둥했다. 그러나 노동당에 대한 유권자들의 공포를 극복하기 위해서는 과거와의 결정적인 단절이 필요하다는 논리에 설득되었다.

블레어 진영은 최종적으로 당헌 제4조(국유제 조항)의 개혁을 결심했다. 물론 초기에는 매우 혼란스러웠고 확신이 없었으나 전당대회에서 추진키로 하였다. 당헌개정 전략에서 좌파인 프레스코트 부총재의 흔쾌한 동의는 핵심 요소로 작용하였다. 그러나 블레어의 연설은 당헌 제4조보다 훨씬 중요한 메시지를 담고 있었다. "노동자 다수와 새로운 중간계층의 열망을 대변하는 정당이 되어야 한다." 그리고 11월 8일 연설에서는 "우리 조국은 사업하는 기업가를 필요로 한다"고 외쳤다. 또 보수당의 노조관련법의 기본내용을 유지하겠다고 약속했고, 최저임금제는 일자리 유지에 거스르지 않는 수준에서 정해져야 한다고 약속했다.

11월 6개의 FGI에서 노동당이 얼마나 많이 변했는지가 여실히 드러났다. "키녹, 스미스, 그리고 심지어 초기의 블레어 시기에 비해 노동당에 대한 태도에 있어 실질적인 개선이 있다." 이러한 변화의 원인은 新노동당, 블레어 리더십, 블레어-프레스코트간의 상호보완적인 공동리더십(joint leadership)이었다. 나중에 보수당의 존 메이플(John Maple) 보고서가 〈Financial Times〉에 유출되었는데, 그 보고서에서 메이플은 이렇게 지적했다. "만약 토니 블레어가 겉으로 보이는 것처럼 내용적으로도 훌륭하다고 판명된다면, 우리에겐 큰 문제가 발생한 것이다." 보수당이 직면하고 있는 문제에 대한 메이플의 분석은 정확했다. 보수당은 거만하고 거리감이 있게 인식되었기 때문에 유권자들로부터 미움을 받고 있었다.

12월 1일자 〈Daily Mirror〉지는 블레어가 장남 유안을 半국립(opt out)인 런던 오러터리 학교에 진학시키기로 선택했다고 폭로했다. 이 학교는 보수당이 부모의 선택권을 확대하기 위해 교육개혁을 도입한 초기에 지역 교육위원회의 통제를 이탈하기로 맨 먼저 결정한 학교 중의 하나였다. 그러나 노동당은 그 당시 중앙 정부 교부금으로 유지되는 학교가 융성하게 될 경우, 선택적 교육으로의 복귀를 지원하는 트로이카의 목마가 될 것으로 믿고 정부 정책에 반대했다. 보수당의 이 정책은 시·군의 노동당 지부와 교원노조의 반대투쟁을 불러 일으켰다. 이런 사실에 비추어 볼 때, 블레어의 결정이 당연히 당 내외로부터 극렬한 논란을 야기할 것이라는 사실은 너무도 당연한 것이었다. 블레어 부부는 런던 오러터리가 공립이며 종교학교이므로 자신들의 아들에겐 옳은 선택이라고 생각했다. 또한 노동당이 자녀들에게 최고의 교육을 원하는 부모들의 편이라는 메시지를 보내는 효과가 있으리라고 믿고 있었다. 그러나 일부 참모들은 반대했다. 그러나 블레어는 굽히지 않았다. 12월 12일 굴드는 여론이 노동당에 유리하게 형성되고 있다고 보고했다.

95년 1월 여론의 향방이 약간 변화하였다. 그래서 굴드는 상황이 나빠지고 있다는 보고서를 제출했다. 일련의 정책혼란이 노동당에 대한 불신을 가중시켰고, 당내에서 비판이 제기되기 시작하였다. 유럽의회 의원인 노동당의 켄 코오츠(Ken Coates)가 1월 13일 "블레어가 사회주의자적 사고에 서툴고, 당의 정서를 전혀 이해하지 못하고 있다"고 공격했다. 15일에는 하터슬리가 당내 합의를 강조하고 나섰다. 운수노조(TGWU)의 사무총장 빌 모리스(Bill Morris)는 블레어가 노조의 요구를 충족시키지 못하고 있다고 비판했다. 블레어는 좌·우파로부터 동시에 공격받고 있었다. 블레어를 공격하는 좌·우파의 공통점은 보수주의였다. 95년 1월 블레어의 신임 비서실장이 취임했다. 조나단 파월(Jonathan Powel) 실장은 워싱턴에서 근무하던 외교관 출신이었다. 그의 등장과 더불어 새로운 기술(skills)이 도입되었다. 파월은 정부가 어떻게 움직이는지, 노동당이 집권하기 위해서는 필수적인 게 무엇인지 이해하고 있는 사람이었다.

95년 4월, 선거상황은 점점 악화되었다. 굴드는 "노동당에 대한 지지는 깨지기 쉽고, 노동당은 여전히 보수당보다 모험적 선택이라는 인식이 강하다"고 지적했다. '노동당이 과연 영국을 통치할 수 있을까'하는 '통치능력'(competence)에 대한 불신으로 인해 여전히 보수당이 안전한 선택이라는 인식이 온존하고 있었다. 선거캠페인이 제대로 작동하지 않은 이유를 굴드는 몇 가지로 정리했다. 즉, 정책혼선, 방어적 자세, 정체된 선거운동, 준비부족, 당헌 4조 개정 노력의 부족 등. 상황에 대한 통제력을 잃어 가는 상황이었다. 〈Guardian〉지는 블레어가 개혁 반대 세력의 힘에 놀라고 있다고 보도했다.

실제로 블레어는 당헌 제4조를 개정할 만한 수단을 갖고 있지 못했으나, 당헌 4조 개정에 대한 관심이 점차 고조되었다. 정치인과 유권자 간의 직접 접촉을 뜻하는 쌍방교통의 캠페인이야말로 대의제 민주정치의 핵심! 블레어는 당원들과 직접 접촉하기 시작했다. 당헌 4조 개정안이 우여곡절 끝에 완성되었다. 블레어가 주장한 요체는 "개인은 강한 공동체 속에서만 보다 나은 삶을 살 수 있고, 권리와 책임은 균형을 이루어야 한다"는 것이었다. 新당헌 4조는 역동적 시장경제, 경쟁원리 등을 지지하였다. 95년 4월 임시전당대회에서 당헌 4조 개정안은 65%의 지지 속에 통과되었다.

5. 블레어의 노동당 살리기

'제3의 길' 등장

94년부터 95년 3월의 당헌 4조 개정투표까지의 키워드를 충격요법이라고 한다면, 95년 5월부터 96년 초 '스테이크홀더'(stakeholder) 연설까지의 그것은 新노동당이라고 할 수 있다. 新노동당 프로젝트는 선거에서 승리하는 수권정당을 건설하려는 정치적 프로젝트라고 할 수 있다. 이것의 포커스는 '끊임없는 혁신'이었다. 또한 新노동당 프로젝트는 사상(the ideas)과 가치, 그리고 원칙이 조화된 정당을 만드는 지적 프로젝트였다.

최근 두 번의 총선거에서 진 것은 당의 외양은 바뀌었으나 알맹이는 바뀌지 않았기 때문이었다. "新노동당은 확고한 지적 토대를 가진 新정당이어야 한다." 블레어는 '사상전'에서 이기는 데 많은 관심을 기울였다. 그는 "진정한 '사상'이 없다면 新노동당은 아무 것도 아닐 수 있다"고 믿었다. "만약 정당이 정치적 아젠다를 지배할 힘을 가진 '사상'에 기초하지 않는다면 결코 지속적인 선거승리를 얻기란 불가능하다. 정치에서는 '사상'이 문제다!"

블레어가 당수로 선출된 후 총선을 치를 때까지 필립 굴드는 일관된 정치적 '사상'에 대해 관심을 갖지 않았으나 원칙적인 가이드라인은 갖고 있었다. 그는 보수주의에 반대하고, 이타심(타인에 대한 연민)과 공정성의 가치를 신봉했다. 新중산층의 기대와 열정에 토대를 둔 新정당 건설에 지속적인 관심을 기울였다. 굴드의 최대 관심사는 하나의 선거에서 승리하는 것이 아니라 일련의 선거에서 지속적으로 승리할 정도의 힘을 가진 '新진보다수연합'(new progressive majority)을 구축하는 것이었다. 94년 7월 당수가 된 토니 블레어는 노동당이 '새로운 정치적 정체성'을 필요로 하고 있다고 확신했다. 92년 패배 후 블레어는 이렇게 언급했다. "노동당은 원칙에 입각한 명확한 정체성을 필요로 한다. 이것은 잇따른 선거 패배 후 수습하는 차원의 정비가 아니다. 정체성은 과거지향적이 되어서는 안 되며, 지금 당장의 세계를 위한 것이어야 한다."

블레어가 주장하는 정치적 정체성의 뿌리는 자신의 기독교적 신념과 옥스퍼드에서의 경험이다. 옥스퍼드에서 그는 자기에게 가장 많은 영향을 끼친 사람이라고 자평한 호주출신 피터 톰슨(Peter Thomson)으로부터 존 맥머레이(John Macmurray)에 대해 알게 되었다. 스코틀랜드 철학자 맥머레이의 철학적 기조는 공동체에 대한 강조였다. "개인들은 공동체로부터 고립되어 있지 않으며, 공동체와의 관계에 의해 규정된다"는 사상이 블레어의 핵심적인 정치적 통찰이다. 문제의 요체는 개인들이 공동체 내부에 포함된다거나 공동체에 의해 지배받아야 한다는 점에 있는 것이 아니다. 개인들은 오로지 타인과 그들의 관계를 통해서만이 정체성을 고양하고, 견고한 공동체가 개인의 발전을 방해하지 않고 오히려 이를 돕는다는 사상이다. 이런 사고는 홉하우스(L. T. Hobhouse)에게까지 거슬러 올라간다. 그린(T. H. Green)에게 영향을 받은 자유주의적 사회주의자 홉하우스는 "개인은 홀로 존재할 수 없으며, 개인과 국가 사이에는 상호책임이 존재한다"고 주장했다.

　외부적으로는 개인과 공동체를 연계시키고, 내부적으로는 노동당과 자유주의적 지적 전통을 연계시키는 것이 영국의 진보정치를 재편성하려는 '사상'의 몸통이다. 공동체는 블레어에게 사활적인 것이지만 단지 그가 추진하는 정치프로젝트의 일부분일 뿐이었다. 국가혁신 또한 중심적 아이디어였다. 즉, 블레어는 새로운 시대의 새로운 국가 정체성 확립을 모색했다. 공동체와 국가혁신은 상호 연계된 것으로 블레어의 확고한 정치적 '사상'이었다. 블레어는 진보정치를 위한 새로운 접근법을 모색하고자 '새로운 구분선'(new dividing lines)이란 개념을 사용하였다. 93년 1월 28일 연설에서 이렇게 이야기했다. "정치논쟁의 펀더멘탈이 바뀌어야 할 때다. 영국정치에 새로운 구분선이 그려지고 있다. 여기에 노동당을 위한 기회가 자리잡고 있다. 이는 실정을 저지르고 있는 보수당을 응징하는 차원이 아니다. 노동당 스스로 '통치할 수 있다'는 신임장을 얻는 것이다."

　보수당이 구축한 기존의 구분선을 거부하고 새로운 틀을 창조하는 것이 곧 '제3의 길'이라고 명명되었다. 원래 제3의 길이라는 개념은 19세기 후반 한 교황(Pius Ⅶ)이 사회주의와 자본주의 사이의 제3의 길을 일컬었던 것이다. 현재 사용되고 있는 '제3의 길' 개념은 좌·우파를 넘어서는 新정치를 개척하기 위해 블레어와 클린턴이 재창조한 문구이다. 클린턴이 제3의 길이란 문구를 처음으로 공식 사용한 것은 98년 연두교서였다. 그러나 91년 5월 「민주당지도자회의」(DLC) 연설에서 '새로운 길'을 모색해야 한다는 점을 주장했을 때부터 이런 사고는 시작되었다. 민주당지도자회의는 민주당을 중도노선으로 개혁하기 위해 만들어진 단체이다. 클린턴이 '새로운 길'을 주창했다면, 블레어는 좌와 우라는 낡은 벽을 허물고자 했다. 예를 들면 이런 것이다. "세금에 대한 낡은 구분선이 세금이 많으냐 적으냐 였다면, 새로운 구분선은 공평하냐 불공평하냐는 것이다." 이처럼 낡은 구분선을 거부하고 새로운 구분선을 창출하는 방식을 통해 블레어는 새로운 정치지형을 구축하려 하였다.

제3의 길은 하나의 레테르이기도 하지만, 낡은 것을 '현대화'하고자 하는 하나의 접근법이기도 하다. 예컨대 형평성의 가치를 신봉하고 있다면, 이것을 시장이나 경제에서 실현하는 '방법'을 찾지 않으면 안 된다. 이러한 방법을 찾는 접근법이 곧 제3의 길이다. 블레어는 먼저 공동체, 국가혁신 및 당 개혁, 그리고 새로운 구분선이라는 3개의 확고한 '사상'에 토대를 두고 있었는데, 이것이 나중에 '제3의 길'이 되었다.

프로젝트

사상도 대단히 중요하지만, 선거승리와 권력유지를 담보하는 정치적 장치도 대단히 중요하다. 여러 가지 프로젝트를 추진해야 할 첫번째 필요성은 훌륭한 개념의 노동당에서 구체적인 리얼리티를 가진 정당으로 탈바꿈시키는 것이었다. 20세기가 보수당의 세기였다면 21세기를 노동당의 세기로 만들고, '지속적인 선거승리를 이뤄내는 집권당'을 구축하는 것이 필립 굴드의 목표였다.

굴드가 95년 4월 23에 쓴 '지속적인 혁명'이란 보고서는 바로 이러한 목표 하에서 작성된 것이고 극히 소수에게만 제출되었다. 보고서의 완전한 제목은 "지속적인 혁명 : 정권쟁취, 정권유지, 영국개조"였다. 문건의 서문에서 굴드는 이렇게 주장했다. "노동당은 단순히 다음 선거에서 이기는 것에서 그쳐선 안 되며, '살아 움직이는 다수파'를 구축해야 한다. 이를 위해서는 몇 가지 프로젝트와 정책이 필요하고, 캠페인 기구가 필요하며, 당내에 구조적·이념적 일관성이 필요하다."

굴드의 주장은 앤서니 셀던(Anthony Seldon)이 『보수주의의 세기』란 책에서 호언장담한 주장에 대한 일종의 반박이었다. 이 책에서 셀던은 보수당의 '실용주의'와 '적응력'이 90년대에 보수당이 직면하고 있는 심각한 내부갈등이나 국민들의 불만과 같은 문제들을 극복하게 할 것이며, 따라서 21세기에도 보수당의 지배가 되풀이될 것이라고 주장했다. 굴드는 보고서에서 "노동당이 눈앞에 보이는 전투에서는 승리했지만 결국 전쟁에서는 패했다"고 주장했다. "노동당의 준비정도를 비교 평가할 수 있는 준거는 세 가지이다. 첫째는 79년의 보수당이 야당으로서 선거에서 승리한 당시의 보수당 상태, 둘째 92년 빌 클린턴이 12년의 야당생활을 끝내고 집권할 당시의 캠페인 사례, 셋째 다가올 97년에서의 보수당이 처할 상황. 이런 측면에서 볼 때 노동당은 여전히 부족하다. 新노동당을 구축하고자 하는 노력이 여전히 미흡하다. 新노동당은 아직 성공한 정치조직의 잣대가 되는 유연성, 적응성, 혁신능력을 결여하고 있다. 노동당은 79년의 대처 아젠다와 같은 정치적 프로젝트를 갖고 있지 못하고 있으며, 집권하더라도 권력을 유지하고, 영국을 개조할 능력이 없다. 게다가 우리는 보수당이 다음 선거에 즈음하여 반드시 기력을 회복할 것이라는 점을 명심해야 한다. 따라서 노동당은 혁명을 완수해야 하며, 이를 위해서는 당구조의 혁명이 필요하다. 즉, 단기적으로는 노조의 비중을 줄이고, 장기적으로는 진정한 의미의 1당원 1투표제(OMOV)를 실현해야 한다. 또한 분산된 권력구조를 혁파하고, 당수에 귀속된 단일한 명령체계를 갖춘 정당으로 만들어야 한다. 이것이 보수당과 견줄 수 있는 정치조직이 되는 유일한 길이다. 단일명령체계만이 현대 정치가 요청하는 변화에 적응할 수 있는 명료함과 유연성을 노동당에게 부여할 것이다. 보수당의 승리 비결은 당수가 당을 지휘할 강력한 힘을 갖추고 있고, 그럼으로써 신속하게 적응할 수 있었기 때문이다. 노동당의 조직구조도 바뀌어야 한다. 단일명령구조 하에서 조직은 반드시 유연해야 하고, 능동적이며, 혁신적이어야 한다. 이를 위해서는 능력 있는 소수가 필요하다. 노동당의 정책 또한 혁명적으로 바뀌어야 한다. 노동당 정부를 유지하고 영국을 개조시킬 수 있을 정도로 대담하고 획기적인 블레어의 정치프로젝트와 정책 아젠다를 개발해야 한다. 마지막으로 노동당의 선거운동이 변해야 한다. 해결책은 지도자의 사무실로 모든 선거운동을 집중하는 것이다. 선거운동에는 권위의 중심이 있어야 하는데, 그것은 지도자이다. 또한 일일언론관리회의(the daily media-management meeting)가 구성되고, 당총재의 사무실에서 비서실장 파월이 이를 주재해야 한다."

블레어는 이 제안에 대해 시큰둥했다. 일일회의도 보고서의 제안대로 총재 비서실장이 주재한 것이 아니라 고든 브라운이 주재했다. 블레어는 조직상의 단일계선에는 관심이 없었고, 단지 비용이 얼마 들든 마음놓고 부릴 수 있는 최고의 전문가와 그 전문가들이 함께 협력해 일하기를 원했다. 이런 블레어의 소신이 일하는 과정을 어렵게 만들었다. 하지만 결과적으로는 이것이 더 효율적이라는 사실이 증명되었다. 이런 점에서 굴드의 문제의식은 적절하다고 할지라도 지나치게 순수하게 생각하여 레닌주의자적 단순함을 추구한 잘못을 인정하지 않을 수 없었다. 굴드는 문건을 2페이지로 요약한 보고서를 만델슨, 파월, 캠벨에게 보냈다.

〈지속적인 혁명〉은 전적으로 굴드 혼자 작성한 개인 작품이었다. 따라서 이 문건의 언어가 다소 거칠고, 논리가 단순한 것은 개인의 강렬한 문제의식에 대한 집착 때문이었다. 그러나 "정치에서 때로는 솔직함과 집착이 변화를 달성하는데 필수적이다.” 굴드는 사태를 일거에 변화시킬 수 있는 폭발력을 가진 어떤 것을 쓰고 싶었다. 그것은 구조와 정치에 한정된 것이었다. 또 하나의 중요한 과제인 ‘사상전’에서의 승리는 모든 사람에게 부여된 핵심적 과제였다. 굴드는 블레어의 정책 팀장인 데이비드 밀리반드와 꾸준히 대화하였다. 밀리반드는 상냥하고, 예의바른 사람이었다. 또한 전후(戰後)의 지적 흐름을 정확하게 파악하고, 주요 정책현안들을 깊이 이해하고 있는 인물이었다. 밀리반드의 문제의식은 이런 것들이었다. “블레어의 분명한 인식은 무엇인가? 현대화와 공동체를 어떻게 조화시킬 것인가? 두 개념을 하나의 통일적인 ‘사상’으로 융합하는 게 가능한가? 전부는 아니지만 대부분의 사람들을 위한 노선, 즉 대중주의를 공동체와 모든 사람을 포괄하는 일국민(one nation)[108] 개념에 어떻게 조화시킬 것인가?”

굴드와 밀리반드는 원칙을 포기하지 않고서도 선거에서 승리할 수 있는 새로운 정치를 구축하고자 했다. 굴드와 밀리반드가 새로운 정치 프로젝트를 작업하는 도정에서 블레어는 서서히 자기사상의 핵심적 내용을 제시하기 시작했다. 다수의 아이들을 위한 고급교육의 결핍, 범죄와 가족에 대한 압박을 초래하는 공동체의 해체, 경제 수행력 빈곤, 불안정한 정·재 관계, 중앙집권화되고 대중과 유리된 정치시스템, 고립과 대외영향력의 결여 등 영국이 처한 문제점을 하나씩 짚어 가는 가운데 그의 사상이 실체를 드러내기 시작한 것이었다. 95년 말 블레어는 제3의 길이 자신의 길임을 분명히 느끼기 시작했다.

95년 6월 22일 존 메이저가 보수당 당수직에서 사임한다고 발표했다. 사임 소식이 전해진 순간 블레어는 브라운, 굴드를 비롯해 여러 명과 회의 중이었는데, 브라운과 캠벨만 남고 나머지는 자리를 비켜 주도록 요구했다. 만델슨은 조금 후에 합류했다. 블레어는 중요한 순간에서는 여러 사람이 모이는 큰 회의를 싫어했다. 메이저의 사임은 잠재적 위험의 순간이었다. 경제회복과는 별개로 보수당이 메이저를 버리고 새로운 지도자를 선출할지도 모른다는 걱정이 있었기 때문이었다. 메이저는 총재 사퇴발표를 통해 뒤에서 떠드는 보수당 내 반대파에 대해 '당수로 나서든지, 아니면 입 닥쳐라'고 요구했다. 보수당은 메이저를 재선출했다. 이로써 보수당의 변화에 대한 기대는 사라지고 현상유지로 귀결되었다. 메이저의 오판으로 빚은 최악의 선택이었다. 이후 보수당은 붕괴하기 시작했다.

8월과 9월초 新노동당 프로젝트는 난관에 직면하기 시작했다. 8월 11일 리차드 버던(Richard Burden) 의원이 "블레어의 리더십은 냉전이 끝난 지금에 적절치 않다"고 비판하는 글을 잡지에 게재했다. 9월 12일 굴드의 〈지속적인 혁명〉 보고서의 요약본이 유출되었다. 만델슨, 캠벨, 굴드가 표적으로 부각되었다. 보고서 내에 들어있는 '노동당은 통치할 준비가 되어 있지 않다'는 보고서의 표현이 블레어에게 심각한 피해를 주었다. 그러나 블레어는 굴드에게 전화를 걸어 오히려 격려해 주었다.

젊은 국가(the young country)

굴드는 밀리반드 등과 더불어 95년 전당대회 연설을 위해 두 가지 문건을 작성하였다. 하나는 8월 18일의 〈좌파를 배신하지 않고 중도파의 신뢰를 얻기〉였다. "노동당은 중도를 천명해야 한다. 집권 가능한 통치연합을 구축해야 하는데, 이것은 결코 좌파를 배신하는 것이 아니다. 중도파 위치를 분명히 함으로써 보수당을 右 쪽으로 자유당을 左

쪽으로 몰아가는 것이다. 노동당의 新연합은 좌파에 돛을 내린 상태에서 모든 사람을 위한 통치를 약속함으로써 중도파를 견인하는 것이다."

두 번째 문건은 일주일 후 작성된 〈新노동당이란 무엇인가〉였다. "新노동당은 新영국과 사회민주주의 新모델의 건설이라는 요구에 부응하는 것이다." 그러나 사회민주주의 재건설은 어려운 작업이었다. 전통적으로 정부가 담당했던 삶의 많은 부분이 이제는 시장이 해결해 주는 상황이며, 글로벌 시장은 정부개입의 공간을 축소시켰으며, 인구통계학적 추세가 사회민주주의에 불리하게 작용했기 때문이었다. 따라서 노동당은 전혀 다른 사회민주주의 모델을 구축해야만 했다. 진행 중인 이런 노력은 조만간 결실을 맺을 것이지만, 현단계에서 가장 심각한 것은 호소력 있는 개념의 부족이었다. 이때 블레어가 '一國民'(one nation) 개념을 제안했다. 이 개념은 중도파의 색채가 강했으며, 기원상으로는 보수주의 개념이었다. 블레어의 일국민 개념은 새로운 애국주의와 연관된 것으로 자신의 공동체 개념을 설명하는 것이었다. 국가혁신과 관련해서도 블레어가 '젊은 국가'라는 개념을 제시했다. 결국 일국민과 젊은 국가라는 두 개념은 95년 전당대회 연설의 기둥이 되었다.

新노동당 그림도 형체를 갖추기 시작했다. 새로운 당헌 마련, 큰 주제 제시, 영국정치의 중심에 위치 지우기, 他정당을 주변으로 몰아내기 등이 추진되었다. 그러나 여전히 모든 것을 통합하는 하나의 개념이 결여된 상태였다. 굴드는 노동당의 일국민 메시지를 경제 메시지와 통합시키기로 작정했다. 95년 11월 12일 보고서에서 그 테마를 제기했다. 밀리반드와 많은 토론을 거친 끝에 '스테이크홀더'라는 개념을 사용키로 결정했다. 96년 1월 8일 블레어는 유명한 '스테이크홀더 경제'라는 제목의 연설을 싱가포르에서 했다. "나는 영국이 모든 사람들이 참여하여 성공을 거둘 수 있는 가능성을 갖는 '이해당사자' 경제(stakehol-

der economy)가 되기를 원한다. 이해당사자 경제에서는 경제가 지향
해야 할 명백한 국가적 목적이 있다. 그리고 이해당사자 경제에서는 오
늘날과 같은 글로벌 경제에서는 실제로 전혀 의미가 없는 좌파와 우파
간 대결의 일정부분도 무시해 버릴 수 있다. (…) 중도파와 중도좌파
경제는 모든 사람들을 포함하는 이해당사자 경제의 건설을 지향해야
한다. 이해당사자 경제는 특혜 받는 소수나 비교적 부유한 30%, 40%,
그리고 50%만을 포함하는 경제가 아니다. 만일 우리가 이해당사자 경
제를 만드는 데 실패한다면 우리는 재능을 낭비하고 부를 만들어내는
잠재적인 능력을 소진해 버리며, 하나의 결속력이 강한 사회나 나라가
기초해야 할 신뢰라는 기반을 거부하는 것이다. (…) 우리는 기업이 자
본시장에서 사고 팔 수 있는 단순한 상품과 같은 것이라는 관점으로부
터 회사를 각 근로자들이 일정한 지분을 갖는 하나의 사회 혹은 파트
너십일 뿐만 아니라 기업의 책임이 더욱 명확히 언급되어야 한다는 관
점으로 우리의 생각을 어떻게 변화시키고 있는가를 확실히 평가해야
할 시간을 맞았다."

　여기서 블레어는 공동체란 가치와 효율성을 연관시켰다. 스테이크홀
더 경제는 모두에게 공평한 기회가 주어지고, 각자의 능력에 의해 향상
이 이루어지고, 어떤 그룹이나 계급도 배제되지 않는 것으로 제시되었
다. 이것은 사회적 통합성, 공평하고 견고한 사회를 위한 경제적 정당
화 논리에 다름 아니었다.[109] 그러나 불행하게도 이 개념은 노동당이
유럽에서 한물가고 있는 조합주의자로 비춰지도록 했고, 브라운도 반
대했다.

6. 신뢰회복

아직 안심할 수 없다

노동당에게 96년은 유권자로부터 신뢰를 확보해야만 했던 한 해였다. 신뢰회복이란 모토는 블레어, 브라운, 캠벨, 만델슨, 굴드가 오랜 토론과 고민 끝에 얻은 대외적 얼굴이자 전략적 기축이 되었다. 95년 한 해 동안 당을 현대화시켰지만 여전히 노동당이 완전하게 변모했다는 점을 유권자에게 설득하지 못하였다. 과거와 마찬가지로 신뢰부족이라는 문제에 직면한 것이다. 95년 6월 8일 그린버그는 블레어에게 보내는 첫번째 메모에서 신뢰회복의 필요성을 제기했다. "新노동당은 블레어가 노조를 확실하게 제압할 의지가 있느냐 여부에 따라 유권자에게 다르게 비춰진다."

그린버그의 주장은 이랬다. "지지정당을 바꾼 사람들이 노조의 과도한 영향력 때문에 노동당을 불신하고 있다. 이들은 노동당이 좋아서가 아니라 보수당이 싫기 때문에 전환한 사람들이다. 우리의 기본 임무는 가능한 한 노동당 지지가 '쉬운 선택'이 되도록 하는 것인데, 이는 노동당이 안전하다는 점을 확인시키는 것에 다름 아니다. 이 점을 노동당 지도부는 끊임없이 확인해주어야 한다." 그린버그는 노동당이 새롭게 비춰지기 위해서 필요한 몇 가지 문제를 제기했는데, 가장 핵심이 세금 문제라고 판단했다. 유권자의 42%가 노동당이 집권하면 세금을 올릴 것으로 생각하고 있었기 때문이었다. 그린버그는 또 자신이 '기본사항' 이라고 부르는 문제를 제기했다. 그것은 다름아니라 유권자의 눈에 '별 난'(bizarre) 것으로 인식되는 이슈, 예를 들면 동성애, 이민, 페미니스트, 지역구의 특이한 사업에 돈 퍼붓기 등에 노동당이 집착하고 있는 것을 지칭하는 것이었다. "국민들은 자신들이 관심을 가지고 있는 문제에 해결책을 내놓으라고 요구하고 있다." 10년 동안의 개혁과 '현대화'에도 불구하고, 노동당은 여전히 과거의 족쇄로부터 자유롭지 못한 형편이었다.

많은 평론가들은 신뢰회복이 필요한 이유를 이해하지 못했다. 그들은 노동당이 크게 앞서고, 이길 것이 확실한데 굴드 그룹이 지나치게 소심하다고 생각했다. 그러나 "진실은 훨씬 복잡하다. 보수당에서 전향한 유권자, 중도파, 부동층은 언제나 노동당에 불안해하고, 예민하다." 여론조사상의 우위가 실질적인 다수의석으로 나타날 때까지 끊임없이 신뢰회복을 외치는 것, 이것이 노동당의 유일한 전략이었다.

96년 내내 신뢰문제가 주제였다면 다른 한편으로는 끊임없는 회의의 연속이었다. 96년 초부터 매일 홍보회의(media meeting)를 개최했다. 굴드는 회의가 개최되는 밀방크 타워(Millbank Tower)에 상근하였다. 블레어, 브라운, 캠벨, 만델슨, 파월, 굴드 등이 참여하는 주간회의는 의사당에 있는 블레어 사무실에서 개최했다. 블레어는 굴드가 〈지속적인 혁명〉 보고서에서 제기한 단일명령체계를 무시했다. 대신 브라운이 캠페인과 전략을 총괄하고, 만델슨이 캠페인 관리와 밀방크를 책임지는 시스템을 운영했다. 회의와 캠페인 과정은 결코 쉽지 않았는데, 그 이유의 하나는 참석 멤버들간의 사적 관계에서 비롯되었다. 당총재 선

거에서 브라운과 만델슨의 관계에 금이 갔었는데, 이것이 선거운동 기
간 내에도 작용했다. 다른 구성원들 간에도 상황의 중압감 때문에 관계
가 흔들리기 시작했다. 다른 하나의 이유는 각자가 캠페인에 대한 각자
의 생각을 갖고 있었다는 점이었다.

브라운은 끊임없이 뉴스를 기대하고, 그것을 활용하고자 했다. "현
대 캠페인은 뉴스 위주가 아니면 아무 것도 아니다." 정치적 전망은 끊
임없이 변화하며, 침체되었다가도 다시 고양되는 것처럼 유동적인 것
이라고 생각했다. "캠페인에서 끝은 없다. 캠페인이란 요동치는 바다를
끊임없이 항해하는 것일 뿐 결코 정박할 항구는 없다." 만델슨은 엄격
한 질서, 완벽한 프로페셔널리즘에 의해 충분히 기획되고 실행되는 이
벤트를 선호했다. 캠벨은 대담성을 원했다.

선거까지의 기간 내내 전략개발 및 선거운동관리의 과정은 좌절과
불화, 그리고 긴장의 연속이었다. 전략입안에 참여한 성원들은 선거운
동 과정에 대해 각기 다른 입장을 가지고 있었고, 이와 같은 견해차는
극복되어야만 했다. "일관된 메시지들을 개발·지속시켜야 하며, 운동
의 이론적 근거에 대한 합의를 도출해 그것을 끝까지 유지해야 한다."
결국 오랜 시간을 거쳐 전략과 메시지에 대한 합의가 점진적으로 이루
어졌다.

블레어는 지성과 직관을 겸비한 사람이다. 그는 단 하나의 통찰로서
현상을 간파할 수 있는 명료성을 요구했고, 실패는 주로 전략의 부재에
서 비롯된다고 생각했다. 그는 사업장의 노조가입 규정(closed shop)이
나 당헌 4조(Clause IV) 문제, 그리고 아들의 학교선택에서 알 수 있듯
이 자신의 직관과 상식에 따라 행동했다. 결코 비판이나 결과에 구애받
지 않았다. 블레어는 모든 팀원을 신뢰했고 역으로 그들 역시 블레어를
신임했다. 그러나 문제는 유권자들이 노동당을 믿지 않는다는 점이었

다.

굴드는 유권자의 목소리, 비관주의를 대변했다. 일관된 메시지를 개발할 필요와 그것을 반복해야 하는 필요성에 몰두했다. 굴드는 전체 팀이 서로 합의된 '캠페인 명분'에 집중하기를 희망했다. 굴드가 경험 끝에 얻은 결론은 이랬다. "훌륭한 캠페인은 하나의 투쟁이다. 캠페인에 왕도는 없으며, 언제나 옳은 단일한 관점은 없다. 정치는 산의 모든 면을 보는 것처럼 복잡한 것이고, 서로 모순된 견해와 서로 다른 통찰력을 필요로 한다. 캠페인은 구성원들이 서로 상호작용하고, 도전하며, 경쟁하는 과정이다."

공약(The pledges)

신뢰의 결핍은 노동당에만 국한된 문제가 아니었다. 보수·노동당이 국민을 저버린 과거의 유산은 정치인이 일반적으로 국민들로부터 신뢰를 받지 못하는 근거로 작용하고 있었다. 보수당이나 노동당은 과거 수많은 공약을 지키지 않거나, 파기한 전력이 있었다. 노동당이 진정으로 변했다는 것을 유권자에게 납득시키기 위한 유일한 방법은 노동당의 강령을 당의 투표에 부쳐 결정하는 것이었다. 이를 통해 얻는 효과는 두 가지였다. "첫째, 블레어만이 변한 게 아니라 노동당의 대다수가 지지하는 정치적 프로젝트가 진짜라는 사실을 유권자들에게 설득할 수 있을 것이다. 노동당의 머리(당수와 현대화진영의 지도부)와 몸(당)이 따로 놀고 있다는 비판에 대한 해답이 되는 것이다. 둘째, 번드레한 말장난이 아니라 진정한 수렴절차로 실시하는 투표는 유권자들에게 유포되어 있는 냉소주의를 없애줄 것이다. 대중은 결코 말에 현혹되지 않으며, 행동 특히 갈등이나 반대를 야기하는 한이 있더라도 행동을 원하기 때문이다."

95년 12월 3일 굴드는 보고서에서 이렇게 주장했다. "주요 이슈에 대한 새로운 정책 공세가 필요하다. 말로는 불충분하다. 말로서는 유권자들의 냉소주의와 저항을 극복할 수 없다. 말에서 행동으로 나아가는 최선의 방법은 우리의 정책방향을 직접 당원들 앞에 들고 나가, 당 전체의 지지를 획득하는 것이다." 블레어에게 보내는 메모에서도 굴드는 행동을 건의했다. "말을 넘어서 행동으로 나아가야 한다. 즉, 당에다 정책 프로그램을 제시하고, 반대를 제압하고, 당 전체의 지지를 획득하는 것을 의미한다. 이 과정에서 당내 갈등이 없다면 오히려 국민들은 결코 믿지 않는다." 한달 뒤 블레어의 집에서 있었던 굴드와 그린버그, 블레어간의 여론조사 회의에서 블레어는 新강령을 조기에 당내 투표에 부치겠다는 결심을 밝혔다. 그는 이 일이 다가오는 96년의 임무라고 생각했다.

12월 19일 굴드는 보고서를 작성했다. "96년을 노동당이 정치를 혁신한 해로 만들기 위해서는 대중이 여전히 노동당을 '모험'이라고 보는 시각 및 냉소주의와 정면 대결하여 이를 극복해야 한다." 노동당이 유권자들과 유리되는 이유는 95년 한 해 동안 제시한 긍정적 메시지가 말을 넘어서 행동으로 나아가지 못하기 때문이었다. "현대 캠페인의 핵심은 말과 행동이 맞물려야 하다는 것이다. 즉, 유권자를 수동적인 메시지 수령자로 간주하고 일방적으로 말을 내뱉고 마는 것이 아니라 행동으로 그들과 활발히 연계해 나가는 것이 필요하다." 이것을 굴드는 '국민과 손잡고'(Partnership with the People)라고 표현했다. 94년에 강령 4조를 바꾸어 얻은 것을 96년에는 정책을 통해 성취하고자 했다.

'국민과 손잡고'는 금새 모든 정치전략의 핵심 포커스로 정착했다. 블레어는 6주마다 전략노트를 작성하곤 했는데, 96년 1월 중반의 노트에서 이렇게 주장했다. "여름이나 가을까지 효과적인 국민과의 계약이 될 '국민과 손잡고' 강령 초안을 완성해야 한다. 이것은 당과 국가에 대한 도전이 되어야 한다. 또한 정책과 커뮤니케이션을 펼치고, 기세를 유지하는 캠페인이 되어야 한다. 우리는 반드시 舊노동당이 아니라 新노동당이 되어야 한다. 필요하다면 내부 개혁이 더욱 강력히 추진되어야 한다. 미래는 과거가 아니다. 우리는 반드시 진정한 일국민 정당이라는 중심 토대에 기초해야 한다. 보수당을 소수 특혜자의 정당으로 비춰지도록 해야 하며, 이를 위해서는 무엇보다 그들의 경제실정을 완벽하게 파헤쳐야 한다."

이 노트는 선거 캠페인의 중요한 2가지 주제를 제시했다. 하나는 '과거가 아닌 미래'이고, 다른 하나는 '소수가 아닌 다수'였다. 마침내 잘 정리된 일련의 메시지에 합의했으나, 그 과정은 참으로 고통스러운 것이었다. 또 모든 것이 끝난 것도 아니었다. 굴드는 고통스런 과정을 겪으면서 캠페인의 요체를 파악했다. "과정은 결과만큼이나 중요하다. 토의 그 자체가 결과로서 산출되어 나오는 내용만큼 중요하다." 캠벨이 '국민과 손잡고'를 '선언으로 가는 길'로 개명했다. 96년 3월 27일 전당대회에서 합의되고, 언론에 공표된 '선언으로 가는 길'은 일련의 정책 언급과 이니셔티브를 종합한 것이었다. 로빈 쿡이 대표집필하고, 밀리반드가 지원했다. 굴드가 이 작업에 참여했다. 정책에 직접 관련이 없는 굴드가 참여한 것은 메시지와 이론적 뼈대를 다루는 문제 때문이었다. 그러나 사실 이 작업의 대부분은 쿡의 초안을 토대로 블레어가 작성한 것이었다.

96년 7월 4일 〈영국의 부활〉(New Life for Britain)'이란 이름의 정책

문건이 탄생했다. 이 이름은 캠벨이 굴드와 상의해 만들었다. 탄생일 이전 만델슨, 밀리반드, 굴드가 모여 최종 검토회의 개최 및 마지막 수정작업을 했다. 이때 가장 어려웠던 일은 '스테이크홀딩'이란 개념을 포함시킬지 여부였다. 다소 진부하게 느껴지긴 했지만, 일관성의 차원에서 포함시키기로 했다. 〈영국의 부활〉이란 문건은 노동당의 초기 강령이나, 뒷날 선거운동의 핵심이 되는 5대 공약(five pledges)을 담고 있는 중요한 문건이다.

공약이란 하나의 기원에서 유래되지 않는다. 여러 달이 걸리기도 하고, 정치인이나 FGI 등 다양한 경로를 통해 만들어진다. 어떤 의미에서 보면, 공약은 대부분 우연스럽게 부상한다. 공약은 단순하면 단순할수록 더욱 강력한 메시지를 전달한다. 사람들은 믿기 힘든 거창한 것이 아니라 작지만 신뢰할 수 있는 공약을 원한다. 그리고 각 공약사항들이 어떻게 재정적으로 뒷받침되리란 것을 알려준다면 그 공약의 효과는 엄청나게 강화된다. 노동당의 정책이 발전해 가는 과정에서 굴드팀은 상대당의 강령과 비교해 가면서 검증하고, 또 검증했다.

공약의 진정한 아버지는 피터 하이만(Peter Hyman)이었다. 하이만은 블레어와 일하기 前 고든 브라운의 조사 참모였으며, 커뮤니케이션에 모든 것을 거는 사람이자 캠페인에 모든 신경을 곤두세우고 있는 인물이었다. 그는 밀리반드와 굴드가 추상에 빠져 있다고 생각했다. "스테이크홀딩, 일국민과 혁신개념은 훌륭한 것이긴 하지만 유권자들에게는 아무런 효과가 없는 것이다. 우리는 강력하고, 명료하며, 대중적인 메시지가 필요하다. 무엇보다 먼저 보수당의 減稅정책에 맞설 수 있는 구체적이고, 바람직하며, 손에 잡히는 제안이 있어야 한다."

하이만의 끊임없는 대중적 커뮤니케이션 작업은 효과를 나타냈다. 하이만의 노력 덕분에 국민들이 진정으로 듣고 싶어하는 제안과 간결

한 메시지를 가진 것은 보수당이 아니라 노동당이라는 사실이 선거기
간 중에 증명되었다. 하이만과 굴드는 불신의 장벽을 허물기 위해서는
유권자들에게 단순 명쾌한 계약내용을 제시해야 한다고 생각했다. "우
리를 뽑아 달라. 만약 5년 안에 공약을 실현하지 못한다면 그 때 우리
를 내쳐라." 공약개발에는 만델슨, 굴드, 밀리반드, 노동당의 정책팀장
인 매튜 테일러(Matthew Taylor) 등이 참여했다.

5대 공약 중 학급규모 축소, 젊은이를 위한 일자리 확충, 신속 처벌
(fast-track punishment), 의료대기시간 단축은 정책팀 사이에서 비교적
쉽게 합의할 수 있었다. 경기에 대한 낙관론이 확산되면서 이로 인한
노동당의 피해를 줄이기 위해서는 강력한 경제 공약이 필요했다. 이와
같은 고려 끝에 나온 마지막 공약은 '정부의 지출과 차입에 대한 엄격
한 규칙을 확립해, 낮은 인플레이션을 유지하고 경제를 강화시키며 가
능한 한 낮은 이자율을 유지토록 한다'는 것으로 정했다.

그리고 각각의 공약들에 이들이 어떻게 재정적으로 뒷받침될지에 관
한 상세한 내용을 포함시켰다. 이는 유권자들의 신뢰를 확보하기 위해
공약 자체만큼이나 중요하다. 이후 5대 공약 이외에, 소득세를 인상하
지 않겠다는 것과 유럽 단일통화 가입문제는 국민투표를 통해 결정하
겠다는 약속을 공약에 추가했다.110) 공약은 국민들의 삶에 직접 연결
되고, 신뢰성을 줄 수 있을 정도로 작아야 하고, 소요되는 지출을 감당
할 재정대책이 있어야 효과적이다. 노동당의 공약은 유권자와 블레어
간의 명시적 계약으로 제시되었기 때문에 더욱 효과적이었다. 사실 공
약을 만들고, 그것에다 살아있는 생명력을 불어넣는 것은 지도자의 몫
이다. 블레어는 이 일을 참으로 잘 해냈다.

유권자들은 노동당의 공약을 좋아했지만 전문가들은 그것이 선거운
동의 토대로 삼기에는 너무도 하찮은 것이라고 생각했다.111) 엄청난

저항이 따랐다. 그렇지만 그들은 노동당의 공약이 유권자들에게 실질적인 삶의 개선을 제시한다는 점을 간과했다. 사람들은 국민들이 무엇을 원하는지 파악하는데 그렇게 많은 조사가 필요한 지 놀랄지 모르나, 그것은 잘못된 생각이다. 과거 선거에서 노동당은 수많은 공약을 제시했으나 신뢰를 받지 못했다. "핵심은 약속이 아니라 그 약속을 믿게 만드는 것이다." 조사를 통해 알게 된 것은 "국민들은 상대적으로 작은 것, 보다 구체적이고, 확실한 재정계획을 갖추고, 쉽게 이해할 수 있는 형태로 제시된 공약을 원한다"는 사실이었다. "꾸미는 것을 줄이고, 솔직하면 할수록 신뢰는 증가한다." 언론은 비웃었지만, 상식과 성숙함을 갖춘 유권자들은 호응했다. 이런 공약은 〈영국의 부활〉이란 문건의 마지막 부분에 배치했다. 하이만은 이처럼 중요한 부분이 말석을 차지한 데 대해 격분했다. 만델슨도 가끔 흥분하곤 했는데, 흥분은 훌륭한 캠페이너에게 가끔 필요한 것이다. "훌륭한 선거 전문가는 열정과 분노를 가지고 있어야 한다."

노동당을 신뢰해야 하는 이유

블레어의 자식들이 어떤 중학교를 가느냐의 문제에 직면했을 때, 블레어는 주위의 경고에도 아랑곳하지 않고 예의 직관과 상식을 바탕으로 현 교육상황에서 부모가 할 수 있는 최선의 선택이었다는 주장을 굽히지 않았다. 다수의 유권자들이 블레어의 선택을 부모로서의 당연한 행동이란 점에선 수긍했지만, 정치인으로서의 진실성에 대한 이미지 손상은 불가피했다. 블레어의 결정은 유권자를 의식한 것이 아니었으며, 단지 최상의 교육을 원하는 부모로서 당연한 선택이었다. 블레어는 이러한 결정이 인기가 없는 것이란 사실을 알고 있었지만 결행했다. 이것이 정치인으로서 블레어의 핵심적 특징이다. 그는 직관을 따르며, 결과에는 신경 쓰지 않는다. 그리고 그의 직관은 대체로 대중의 직관과 일치했다. 그는 보통 영국인처럼 경험적 상식에 기초해 판단을 내린다. 일단 결심이 서면 거의 대부분 그것을 변경하지 않는다.

이에 따른 보수당의 공세에 대해 노동당은 신속하고 효과적인 반격을 가하는 데 실패했다. 더욱이 블레어와 선거참모들에 대한 당 내부의 불만이 커져만 갔고, 보수당은 노동당의 위선에 대한 공세를 지속적으로 펼쳤다. 캠페인·커뮤니케이션 책임자인 조이 존슨(Joy Johnson)의 사임은 당의 분열에 대한 우려를 증폭시키는 결과를 낳았다. 96년 4월 14일 세금문제에 대한 클레어 쇼트(Clare Short)의 텔레비전 발언으로 촉발된 논란은 다시 한번 노동당의 신뢰성에 대한 문제를 부각시켰다. 쇼트는 '제도가 공평하다면, 국민들은 세금을 더 많이 내는데 동의할 것이다'라고 주장했다. 그러나 쇼트가 간과하고 있던 문제는 세금 수준이 아니라 신뢰성 여부였다.

5월 중순, 유권자들은 노동당의 내부 분열에 대해 우려를 표시하기 시작했다. 만델슨에게 보내는 굴드의 메모는 이랬다. "블레어가 당수에 취임한 이후 지금이 최악의 상황이다. 계속 분열한다면, 패배는 불가피하다." 게다가 경제상황의 호전은 노동당에 대한 유권자들의 불신을 더욱 증폭시키고 있었다. "경제가 호전되고 있는데, 노동당이 집권하면 다시 위기에 빠질 수도 있다"는 유권자들의 우려는 보수당에서 노동당 지지로 돌아선 유권자들을 다시 보수당으로 되돌리는 원인으로 작용했다. 장차 노동당 정권하의 영국은 파업으로 점철되고, 세금과 금리도 상승하리라고 생각했다. 노동당은 내부와 외부로부터의 심각한 도전에 직면하고 있었다.

  8월 7일 예비내각의 일원인 쇼트는 "블레어의 참모들이 선거에서 승리할 기회를 무력화시키는 한편 당의 존재를 위협하고 있다"고 비난했다. 그는 블레어의 참모들을 '어둠 속의 세력'이라고 매도했다. 블레어 참모들의 언론과 FGI에 대한 집착 때문에 노동당이 수단과 방법을 가리지 않고 권력을 잡고자 하는 세력으로 비춰지고 있다고 공격했다. 쇼트는 이러한 내용을 언론에 게재하기도 했다. 이러한 비판에 존슨, 켄 리빙스턴(Ken Livingstone), 로이 하터슬리가 동참했다. 존슨은 젊은 국가, 영국의 꿈, 스테이크홀딩 등을 예로 들면서 블레어의 과장된 언어를 공격했다. 리빙스톤은 블레어의 노동당이 구소련을 닮았다고 매도했다. 하터슬리는 쇼트의 의견이 많은 당원들의 뜻을 반영한 것이라고 거들었다. 보수당은 즉각 붉은 악마의 눈을 가진 블레어를 담은 포스터광고(이른바 '악마의 눈' 광고)를 내보냈다. 포스터에는 "쇼트의원은 블레어의 뒤에 있는 어둠의 세력이 노동당 정책을 조종하고 있다고 말했다"는 문구를 담고 있었다.

  만델슨은 보수당의 광고를 무시하는 것이 그들의 게임에 말려들지 않는 것이라는 의견을 물리치고 본능적 감각이 인도하는 대로 즉각적으로 맞대응 했다. 당시는 굴드와 캠벨이 프랑스에서 휴가 중이었기 때문에 만델슨이 고분분투하고 있었다. 만델슨의 전략은 블레어의 뒤에 있는 어둠의 세력을 묘사하고 있는 광고를 변형하여 블레어를 정상적인 사람으로 그리는 것이었다. 이러한 전략을 위해서는 보수당의 광고에 대한 비판이 필요했는데, 마침 옥스퍼드 주교가 보수당의 광고를 비판하고 나섰다. 보수당의 광고는 노동당의 용어로 재가공되었다. '블레어를 조종하는 불순한 세력은 없으며, 자포자기한 보수당이 블레어를 악으로 묘사할 뿐이다.' 사실 맞대응전략은 리스크가 큰 것이다. 실제로 만델슨이 보수당 광고를 오히려 키워놓았다고 비판하는 일부의 시각도 있었다. 그러나 만델슨의 대응은 적절했다. 그냥 내버려뒀다면 블레어는 불온한 세력에 의해 조종되는 것으로 사람들이 믿어버릴 것이 분명했기 때문이었다. 사실 보수당은 새로운 노동당을 실체로 인정하는 광고보다 경제회생의 성과를 부각시키는 데 집중했어야 했다.

구관이 명관

노동당은 만델슨의 능숙한 지휘 덕분에 야당의 공격에서 살아남았다. 노동당은 포지티브한 정당으로, 보수당은 네거티브한 정당으로 인식되었다. 그 해 전당대회는 매우 성공적이었다. 마가레트 맥도나이(Margaret McDonagh)는 전당대회 준비를 탁월하게 해냈고, 블레어의 연설은 기대 이상의 호응을 얻었다. 이러한 성공은 당 사무총장 톰 소야의 참모인 존 크루다스(John Cruddas), 블레어의 정치팀 일원인 팻 맥패던(Pat McFadden), 노동조합과 당 사이의 연락담당인 샐리 모건(Sally Morgan) 등의 덕분이었다.

전당대회 이후 굴드는 상황을 낙관했다. "보수당은 경제회복 덕분에 기력을 회복 중이나 그들은 결코 승리하지 못할 것이다. 보수당에 싫증을 내고 변화를 바라는 유권자가 대다수다. 그들은 보수당이 끝났다고 생각하고 있다." 굴드가 원한 것은 유권자들이 보수당을 위험하다고 인식하게끔 만드는 것이었다. "위험의 부담을 보수당에게 전가하는 것이 승리의 요체이다." 보수당의 5번째 집권이 주는 '공포'를 조성해야 한다고 주장했다.

늦가을이 되자 노동당과 블레어에 대한 회의가 다시 고개를 들기 시작했다. 이것은 '악마의 눈' 광고 효과에 의한 것이기도 했지만 당권을 잡은 지 2년이 넘어서면서 유권자가 식상해 하고 있기 때문이었다. 당권쟁취 이후 선거까지 3년이라는 기간은 예의 냉소주의가 되살아나기에 충분한 시간이었다. 이러한 정서는 특히 여성유권자들에게서 심각하게 나타났다. 11월 28일 굴드 보고서의 주제는 여성이었다. "여성이 노동당에 가장 비판적이다. 노동당이 무엇을 하려고 하는지 제대로 알고 있지 못하며, 노동당의 약속에 대해 회의적이다. 문제는 그들이 하나의 관점에서만 선거를 본다는 것인데, 그 하나는 보수당의 업적과 노동당정권의 위협을 비교하는 것이다." 굴드가 생각한 해결책은 보수당의 5번째 연임이 야기하는 위협을 제기하는 것이었다. 이 문제는 단지 5번째 연임이라는 횟수가 아니라 재임기간의 문제였다.

여성에 대한 문제를 다루기 위해 샐리 모간, 블레어 개인 사무실의 책임자인 안지 헌터, 정책팀의 리즈 로이드(Liz Lloyd) 등이 자주 회합했다. 이 모임은 여성에 관계된 언어를 개발하기 위해 노력 중이던 패트리샤 휴잇 등과 긴밀하게 연계했다. 여성문제는 캠페인의 가장 중심적인 우선순위였다. 이러한 노력은 효과를 발휘했고, 성별간 지지도 차이는 없어졌다.

굴드는 5기 연임을 이슈로 삼아 공격하자고 했으나 블레어와 고든은 동의하지 않았다. 그들은 다가올 미래의 보수당 모습보다 보수당의 업적, 그들의 공과에 공격을 집중하고자 했다. 블레어는 네거티브 캠페인보다 포지티브 캠페인에 집중하기를 원했다. 부정적 내용의 광고에 대해 걱정을 많이 했고, 이들 광고가 긍정적인 광고로 전환해야 한다고 생각했다. 처음엔 캠페인 전문가들이 비웃었으나 차츰 블레어의 관점을 수용했다. 브라운은 캠페인에 대한 확고한 생각을 가지고 있었다. "모든 공격은 반드시 긍정적인 이니셔티브와 균형을 이루어야 한다. 균형을 잃어버리면 언론은 다루지 않을 것이고, 유권자는 반발할 것이기 때문이다. 네가티브 메시지가 효과를 발휘하기 위해서는 포지티브 메시지가 필요하다."

블레어 선거팀은 블레어의 방침을 수용하여 긍정적인 정책으로 시작하여 5기 연임에 대한 공격으로 나아가기로 하였다. 따라서 97년 새해는 새로운 정책 문서, 즉 〈미래의 영국 창조〉(Leading Britain into the Future)의 발간으로 시작하여 식품에 대한 부가가치세 과세 문제를 거론하면서 5기 연임문제로 나아갔다. 노동당은 깨진 계란이 담긴 포스터를 내보냈다. 블레어와 고든, 캠벨은 이 포스터를 싫어했으나, 포스터의 효과는 분명했다. 이 광고로 인해 보수당은 세금 문제에 있어 방어적 입장에 빠졌고, 재무장관이 앞장서서 반박해야 할 정도였다. 동시에 보수당은 노동당을 공격하는 포스터를 내보냈다. 그 포스는 '새로운 노동당, 새로운 융자부담'이라는 슬로건을 내걸고 있었으나 그리 큰 효과를 발휘하지 못했다. 하지만 '그래도 구관이 명관'이라는 인식은 확산되었다. 선거를 4개월도 안 남겨둔 시점에서 유권자들은 여전히 노동당에 대해 유쾌하지 않게 생각하고 있었다. 바야흐로 노동당의 최대 약점인 세금이슈를 다룰 때가 도래한 것이었다.

세금전쟁에서의 승리

세금문제는 신뢰회복전략의 핵심으로 선거전의 가장 중요한 전장이었다. 92년의 패배와 97년의 승리를 초래한 결정적 요인은 세금이슈였다. 세금을 늘리고, 재정지출을 확대하겠다는 낡은 교조를 개혁하는 것이 가장 중요한 문제였다. 이것은 단순히 선거의 전략·전술 차원이 아니라 정치원칙의 문제였다. 호주 총리였던 폴 키팅(Paul Keating)은 이렇게 말했다. "당신이 무엇을 하든 선거에서 세금을 올리겠다는 약속 만큼은 절대 금물이다." 그린버그는 세금문제가 왜 중요한지를 이렇게 설명했다. "공공지출의 증대, 파업과 세금인상이 노동당의 상징이고, 일반국민이 가장 직접적으로 느끼는 노동당에 대한 인상이다."

96년 5월부터 노동당은 광고와 방송을 통해 보수당을 공격하기 시작했다. 보수당의 세금인상을 공격하는 '이제 그만' 캠페인을 전개했다. 그러나 여전히 구관이 명관이라는 인식이 온존하고 있었던 것도 사실이었다. 96년 11월부터 보수당은 '세탄 공습' 캠페인을 시작했다. 보수당은 1년에 보통가정이 1,200파운드를 더 내야 하는 것이 노동당의 공약이라는 자료집을 발간했다. 노동당은 즉각 반격했다. 보수당 정권이 92년 이후 22번 세금을 올렸고, 보수당 정권 하에서 한 가정 당 2,120파운드의 손실을 입었다고 공격했다. 노동당의 공격이 효과를 발휘하기 시작했으나, 여전히 신뢰성의 문제를 다루지 않으면 안될 상황이었다. 노동당에게 가장 확실한 방법은 노동당의 세금플랜을 제시하는 것이었다. 97년 1월 브라운이 "노동당은 기본세율이나 최고세율을 결코 인상하지 않겠다"고 선언함으로써 보수당은 결정적으로 망치로 머리를 맞은 셈이 되고 말았다.

세금공약이 효과를 발휘하는 데에는 시간이 걸렸다. 점차 노동당의 세금공약은 전국적 분위기를 반전시켜 나갔다. 노동당에 대한 신뢰도가 증가하기 시작했다. 3월 18일 그린버그는 세금전쟁에서의 승리를 선언했다. 세금문제에 있어서 노동당은 보수당보다 11% 앞선 지지를 획득했다. 92년에는 상상도 못했던 세금전쟁에서의 승리가 현실로 나타난 것이었다. 보수당의 선거홍보를 책임진 모리스 사치(Maurice Saatchi)는 이렇게 고백했다. "세금문제가 아니면 보수당은 할 것이 아무 것도 없다."

7. 마침내 97년 총선은 시작되고

좋은 징후들

97년 3월 17일 총선이 공고되었다. 3월 17일 월요일, 존 메이저 수상은 버킹검궁에서의 간단한 접견을 마치고 다우닝가의 관저로 돌아와 예상한 바대로 여왕이 의회해산을 승인했다고 발표했다. 이로써 5월 1일 총선이 공식화되었다. 총리공관의 계단 위에서 그는 다음과 같이 주장했다. "국민들은 변화를 원하고 있습니다. 우리가 곧 변화의 주체이고 지난 18년 동안 해왔던 것을 계승·발전시킬 것입니다. (…) 나는 이 선거에서 승리할 수 있다고 확신하며, 실제로 승리할 것입니다." 선거일까지의 선거운동기간은 45일이었다. 45일은 전후 선거에서 가장 긴 선거운동기간이었다. 59년 이래 대개의 경우 선거운동기간이 평균 31일이었던 것에 비하면 훗날 대처 前수상이 "3주면 충분했다"고 지적할 정도로 97년의 기간은 상당히 긴 것이었다. 그 이유는 여론조사에서 앞서고 있는 블레어를 압박하고, 노동당의 정책을 정밀 검토·평가하고자 하는 의도 때문이었다. 그러나 불행하게도 언론은 충분한 시간을 이용해 오히려 보수당의 부패를 집중 조명하는 바람에 메이저 총리의 의도는 어긋나고 말았다. 선거운동 초반부터 〈Sun〉지를 비롯해 전통적으로 보수당을 지지해온 언론이 노동당으로 선회하기 시작했다. 이미 대세는 명백했다. 각종 여론조사에서 노동당은 53% 내외, 보수당은 31%, 자유민주당(Liberal Democrats)은 12% 내외의 지지를 받고 있었다.

선거운동 초반 가장 큰 뉴스는 〈Sun〉지의 지지정당 변경이었다. 〈Sun〉지는 보수당이 "낡고 분열됐으며, 지도자가 없다"고 말하면서 자신의 지지를 노동당으로 바꾼다는 결정을 보도했다. 92년 선거에서 "선거를 이긴 건 바로 〈Sun〉지다"라고 평가될 정도로 〈Sun〉지의 선거 영향력은 막강했고, 그런 점에서 〈Sun〉지의 노동당 지지는 전체 선거 판세를 예고하는 것이었다. 정치권에서는 〈Sun〉지의 태도변경에 대한 배경으로 〈Sun〉지의 사주인 머독과 블레어 사이에 있을 법한 거래에 대해 여러 가지 추측이 나돌기도 했다. 구체적으로 노동당이 미디어간 교차소유권(cross-media ownership)을 막으려던 계획을 취소한 사실이 주목받았다. 3월 20일 스코틀랜드판 〈Sun〉지 또한 자신의 지지를 스코틀랜드 국민당(SNP)으로부터 노동당으로 변경했다. 3월 24일 〈Daily Mail〉지가 과거처럼 반드시 보수당을 지지하는 것은 아니라고 밝혔고, 〈News of the World〉지는 과거의 전례를 깨고 노동당을 지지했다. 97년은 다수의 신문사가 反노동당에서 벗어난 최초의 선거를 향하고 있었다.

선거운동 초반에 드러난 여론조사 결과는 노동당이 평균적으로 약 22% 앞서고 있음을 보여주었다. 어떤 여론조사도 보수당에게 투표자의 31% 이상을 허용치 않았고, 반면에 자유민주당은 대략 12% 정도로 약해졌다. 도시에서의 투표 분위기는 노동당이 50% 과반수를 획득하기에 충분했고, 정치권에서는 8 對 1정도로 노동당이 유리하다고 점쳤다. 그러나 언론사든 정당이든 여론조사가 보여주는 노동당의 300석 과반수

확보를 반신반의했다. 그럼에도 불구하고 노동당이 압도적으로 앞서고 있고, 단 3개의 조사기관만 노동당이 33%의 지지율을 보인다는 사실이 전체 선거운동에 적지 않은 영향을 끼쳤다. 마지막 순간까지 우열을 가리기 힘든 접전 가능성을 묘사하는 시도가 있었지만, 거의 모든 정치적 전망은 노동당이 이미 이겼다는 가정에 서 있었다.

지도자와 참모

선거운동이라는 경주는 궁극적으로 선거운동의 지휘자이자 정당 메시지의 중심적 담지자여만 하는 당 지도자에 달려 있다. 하지만 지도자와 메시지의 영향력은 핵심적 전략가들에 달려 있다. 존 메이저에게는 사치(Saatchi) 경과 팀 벨(Tim Bell) 경, 마이클 트렌드(Michael Trend), 찰스 레윙톤(Charles Lewington), 대니 핑켈스타인(Danny Finkelstein)과 더불어 브라이언 모히니(Brian Mawhinney)가 있었다. 이들의 역할은 선거운동의 전개양상에 따른 전술적 대응책을 고안하고 실행할 때 존 메이저를 지원하는 것이었다. 이들은 광고전략을 제외하고선 대체로 조화롭게 협력했지만, 근본적으로는 중앙당(32 Smith Square)과 총리실(10 Downing Street)의 물리적 갭을 극복하지 못했다. 모히니가 중앙당과 총리 사이의 주된 연결고리였으나 총리실에 있는 몇몇 참모는 총리와 문제를 공유하는 속도에 대해 불만을 표시했다. 메이저는 보수당과 거리를 두었다. 그는 자신의 정당과 유리된 채 싸우고 있는 것으로 보였고, 그 결과 그는 유럽, 연금, 보건문제와 관련하여 자신을 믿어달라는 개인적 호소에 전념했다. 한 측근은 "그게 어때서", "정당으론 이길 수 없어"라고 말하곤 했는데, 이것은 메이저의 정서를 정확하게 대변하는 것이었다.

토니 블레어[112]에게는 밀방크의 미디어 센터를 맡고 있는 고든 브라운과 피터 만델슨이 있었다. 그들은 캠벨과 굴드, 조나단 파월과 데이비드 밀리반드 등과 함께 지속적으로 사태를 모니터하고 최선의 대응책을 제안했다. 그러나 그들 중 어느 누구도 블레어를 존 메이저와 같은 꼭두각시로 여기지 않았다. 실제로 지도자는 매일매일 당 노선을 결정했다. 때문에 보좌진은 블레어가 총리보다 훨씬 충실하게 메시지를 견지했다고 자랑스러워했다. 블레어는 유세차에서 밀방크의 작고 응집력 있는 집단과 지속적으로 접촉을 가졌다. 공공연히 그는 총리에 지명된 것처럼 보였으나, 그는 노동당이 50석 이상 이길 것이라는 예측에 대해선 확신하지 못했다. 굴드가 밤마다 작성한 메모는 많은 긍정적 징후와 보수당의 내부적 어려움을 보고하는 한편 드러날지도 모르는 노동당의 약점을 조명하기도 했다. 블레어는 점점 참모진의 원고 없이도 자주적으로 연설할 수 있는 수준으로 발전했고, 측근의 표현대로 자기 위치를 잘 알고 대처했다.

캠페인은 조직과 스타일의 문제이다. 각 정당은 잘 준비된 전략계획서(War book)[113]를 실행하고, 그것을 변화된 상황에 맞게 적용하기 위해 매일매일 일상적 모임을 갖는다. 보수당의 경우에는 모히니가 오전 8시 30분에 기자회견 준비모임을 주재했다. 존 메이저가 일정에 따라 출발하기 바로 전에 기자회견에 대한 간략한 토의가 있었다. 오전 8시에는 총리실 보좌진과 중앙위원회 간부들간 전략회의가 있었다. 오후 9시에는 모히니가 핑켈스타인과 찰스 레윙턴과 함께 총리관저로 가서 총리에게 브리핑을 했다. 밀방크의 미디어센터에 있는 노동당팀은 24시간 활동했다. 오전 1시에 기자회견보다 앞서 일일보도자료(Daily Brief)를 모든 총선 후보자들에게 팩스로 보냈다. 오전 7시에 고든 브라운은 8시 30분에 있을 기자회견에 앞서 기자회견에 대한 사전검토와 그 날의 아젠다를 확정짓기 위한 전략회의를 주재했다. 오전 11시엔 고든 브라운 그룹이 다시 만나 모든 정당의 기자회견내용을 평가했다. 오후 3시와 7시에 FGI, 공식적인 여론조사결과, 그리고 핵심 의원들의 반응 등에서 새로 발굴한 사실을 검토하기 위한 회의가 또 있었다.

매 기자회견마다 기자들이 질문을 하는 것은 하나의 관례로 당연시 되었다. 방송매체 출신의 일류 특파원에게 첫번째 기회가 주어지고 다음은 신문기자가 그 뒤를 잇는다. 어떤 질문들은 경쟁자의 기자회견이나 선도적 정치인의 개별 브리핑에서 야기된 문제들이었다. 상대적으로 지방이나 외국언론은 대충 발언하거나 심지어는 발언권을 얻으려고 노력하는 경우가 거의 없었다. 단지 한 러시아 언론인이 경제가 번영하고 있을 때 보수당이 고전하고 있는 이유가 뭔지를 묻는 것이 고작이었다. 그 질문은 상당히 공격적이었지만 보충설명이 좀처럼 허용되지 않았기 때문에, 정당에게 자세한 설명을 요구하기도 어렵고 거기서 어떤 실수를 찾아내기도 어려웠다. 기자회견은 각 정당의 당일 주제 (theme)를 내보내고, 점심시간 뉴스속보를 위한 기사거리를 제공하는 역할을 하였지만, 모임 전후에 당 기자실에서 나온 당직자들이 고참기자들 주위를 맴돌며 현안을 설명하고 부연했다. 이 때가 이른바 스핀 (spin)이 이루어지는 타임인데, 97년의 스핀 활동은 지난 선거보다 훨씬 체계적으로 이루어졌다.

아침 기자회견이 끝난 후 각 당수들은 중요 선거구를 방문하고 지방 방송국에서 인터뷰를 하기 위해 선거차량이나 비행기로 이동했다. 각 선거차량에는 당수가 편안히 업무를 돌볼 수 있도록 모든 전자 통신 장비가 구비되어 있었다. 또한 즉석 연설을 위해 조립식 연단도 각각 준비되어 있었다. 모든 당수들은 주요 국영TV 인터뷰를 준비하기 위한 시간을 따로 가졌다. 존 메이저를 수행한 사람들은 정치담당 비서 하웰 제임스(Howell James), 홍보담당 쉴라 건(Shelia Gunn), 조직담당 셜리 스토터(Shirley Stotter) 등이었다. 대부분의 경우 메이저의 부인도 동행했다. 토니 블레어는 비서인 안지 헌터, 홍보담당 알라스테어 캠벨 등과 함께 움직였고, 부인도 대개는 그와 함께 움직였다. 밤이 되면 블레어는 앨링톤에 있는 그의 집에 8시까지 귀가했고, 메이저도 총리공관에 비슷한 시간에 도착했다.

존 메이저는 일찌감치 자신의 선거 차량에서 많은 소규모 연설회를 가졌다. 보안상의 문제나 조직화된 야유 등의 이유로 당수의 일정은 앞서 발표되지 않았다. 토니 블레어는 기업가, 교사 등 선택된 다른 목표 계층에 대한 네 가지의 준비된 연설을 했다. 또한 유세 일정 동안 보수당에 대해 미온적 태도를 보인다고 여겨지는 모임에서도 연설했다. 블레어는 선거가 진행됨에 따라 자신감을 갖게 되었다. 에딘버러에서 연설 도중 마이크가 고장나자 연설문을 버리고 연단의 앞으로 나가 청중들에게 자연스러운 모습으로 신뢰와 비전의 연설을 감동적으로 연출해 냈다. 이를 지켜본 사람들은 선거운동 기술의 발전이라며 찬사를 보냈다.

메이저나 블레어는 각각 10,000마일 정도 유세를 다녔으며 메이저는 56개, 블레어는 60개 선거구를 방문하였다. 선거 유세에 필요한 장비는 후보나 당과 친밀한 실업계의 거물들에 의해 제공되었다. 메이저는 비행기와 헬기 등을 제공받았다. 블레어는 소형 헬기를 사용했는데, 가끔 소리가 날 정도의 소형이었다. 어떤 자동차 회사는 각 당의 당수들에게 차 한 대씩을 제공했다.

노동당은 보안에 각별히 주의했다. 특히 밀방크 타워의 보안이 매우 철저했다. 캠페인 조정본부가 있는 2층과 3층에는 어떤 저널리스트도 발을 붙일 수 없었다. 92년 유권자들의 막판 보수당으로의 선회로 인한 패배의 전력 때문에 노동당에서는 압도적 승리는 말할 것도 없고 승리조차 당연시되지 않았다. 일례로 필립 굴드는 선거 바로 전날까지 그의 FGI를 실시했다.

보수당의 내분

보수당은 각종 비리와 추문[114]에 관련된 인사들의 공천을 둘러싸고 내분에 휩싸였다. 그러나 메이저는 추문과 비난에 연루된 인사들의 재공천 반대에 적극적으로 개입하라는 요구를 외면했다. 마이클 해슬타인(Michael Haseltine)은 "유죄가 입증될 때까지는 무죄다"라고 비리관련 인사들을 변호했지만 3월 21일 언론에서는 국회의원에게 지급된 보수에 관련된 훨씬 치명적인 문서가 폭로되었다. 당 지도부는 이들을 변호했지만 국민적 분노는 더해만 갔다. 일부에서는 교체해야 한다는 주장이 제기되었다. 문제가 되었던 팀 스미스(Tim Smith)는 3월 26일 퇴진하였다. 그러나 몇몇은 보수당 조직의 단합된 압력에도 불구하고 완고하게 버텼다.

비리 요인(sleaze)이 캠페인을 지배했고, 보수당에게 치명적인 문제를 야기시켰다. 즉, 그것은 정치인에 대한 신뢰와 존 메이저의 리더십에 관한 대중의 불신을 자극했기 때문이었다. 노동당의 선거운동원들이 보고한 바에 의하면 유권자들이 선거에 흥미를 잃어 가고 있었다. 한편 3월 28일 노동당은 부패에 연루된 보수당의 닐 해밀턴(Niel Hamilton)의 지역구인 타튼 지역에서 자당 후보의 사퇴를 설득하느라 진땀을 빼고 있었다. 왜냐하면 다른 당과 협의하여 '反부패' 단일후보를 내놓기로 하였기 때문이다. 자유민주당은 별로 내켜하지 않았으나 결국에는 명망 높고 국내에 알려진 인물을 찾는 3일간의 구인노력에 참여하였다. 3월 30일, BBC의 베테랑 종군 기자인 마틴 벨(Martin Bell)이 등장하여 연합공천을 받아냈다. 벨은 反부패 이미지를 극대화시키기 위해 주로 주름 잡힌 흰 정장을 착용하였는데, 이것은 캠페인의 지속적인 이미지를 제공하였다. 하지만 만일 '反부패'(Anti-Corruption)라는 라벨을 사용한다면 법적인 대응을 하겠다는 해밀턴의 위협에 따라 벨은 '독립'(Independence)이란 단어를 사용했다.

연이어 또 다른 난처한 사건들이 잇따라 보수당 내에서 발생했다. 3월 25일 가장 안전한 지역구로 알려진 이스트우드의 보수당 후보인 앨런 스튜어트(Allan Stewart)는 신경쇠약증으로 중도 하차했다. 후보직을 물려받은 마이클 허스트(Michael Hirst) 경마저도 3월 29일 과거의 무분별한 행동이 밝혀짐에 따라 갑작스레 사퇴하였다. 3월 27일 〈Sun〉지는 사진과 함께 기사를 게재했는데, 베켄햄의 보수당 의원인 피어스 머천트(Piers Merchant)와 십대 나이트 클럽 접대부 사이의 일에 관한 것이었다. 마이클 헤슬타인은 BBC에서 "머천트와 그의 가족, 지지자들이 크게 보아 당을 위해 어떻게 행동해야 하는지를 심사숙고해야 한다"면서 우회적으로 사퇴를 압박했다. 그러나 베켄햄 지구당은 개인적인 섹스 스캔들은 금융 비리에 연루된 고든 다우니(Gordon Downey) 경과는 사례가 다르다고 생각했다. 이런 이유 때문에 머천트는 부활절 휴가가 끝난 후 마침내 살아 남았다. 이에 대해 한 보수당 후보자는 이렇게 말했다. "유권자들은 부패와 성적 경솔함의 차이를 알고 있었다." 4월 1일 메이저는 저속한 이슈를 가라앉히기로 결심하고 아침 기자회견에서 그에 관련된 모든 질문에 답하기로 했다. 그는 마녀사냥을 반대한다고 천명했다. 이것은 어느 정도 언론을 만족시켰고, 4월 8일 해밀턴이 공식적으로 재공천되자 비리 요인이 보다 중요한 문제들에 의해 밀려나는 원인으로 작용하기도 했다. 그러나 많은 사람들은 메이저가 해밀턴을 거부하고 강경한 反부패 입장을 취했어야 했다고 지적하였다. 그의 후보 자질이나 부인의 거친 스타일은 비리 요인이 계속 살아남도록 작용하였다. 또 그 때문에 보수당의 고참들은 최선의 방안을 찾는데 많은 시간을 허비해야만 했다. 토니 블레어는 메이저가 타톤 지역의 후보를 포기하지 못한 것에 대해 보수당의 윤리기준과 메이저의 약점을 드러내는 하나의 상징으로 적극 활용했다.

포지티브 캠페인과 네거티브 캠페인에 대해서는 여러 가지 말들이 많았다. 모든 정당은 그들이 네거티브 캠페인에 빠져 있다는 비판을 부정했다. 노동당은 역할 분담을 통해 네거티브와 포지티브를 모두 활용했다. 즉, 포지티브한 주제는 블레어에게 주고, 네거티브한 주장은 덜 중요한 인물이나 기자회견 그리고, 보도자료에 맡겼다. 보수당은 여타의 여당처럼 정권교체에 따른 변화의 위험성에 초점을 맞추었다. 보수당의 자료들에는 네거티브한 주제들이 특징적이었다. 노동당의 대변인은 플리머스에서 있은 메이저의 연설에 나타난 對노동당 적대감에 기자들이 관심을 갖도록 주의를 돌리고자 노력하였다.

공약전쟁

진정한 선거운동은 각 당의 공약 발표와 더불어 시작되었다. 각각의 문서는 사치스러울 정도로 칼라풀한 도해로 제시되었고, 활자인쇄로 된 전통적 팜플렛보다는 오히려 회사 브로슈어처럼 자세하게 제시되었다. 4월 2일에 세상에 나와 최초로 발표된 선언문은 2만개 단어로 제작된 보수당의 〈안심할 수 있는 유일 정당, 보수당〉(You Can Only Be Sure With The Conservatives)이었다. 정부가 여태껏 해온 일에 대한 비판을 제외하면 공약집의 내용은 거의 새로운 것이 없었다. 비록 메이저가 그 선언문을 역사에 한 획을 그을 만한 선언문이라 명명했고, 〈The Time〉지가 '신중하지만 일관된 종합정책집'이라고 평가하긴 했지만 말이다. 공약집의 가장 신선한 제안은 결혼한 부부와 부양가족이 있는 사람들에게 세제혜택을 주겠다는 계획이었다. 또 우체국과 런던 지하철의 민영화를 언급했다. 20%의 기본 소득세율이 보수당의 목표임을 언급했고, GDP의 40% 이하로 공공지출을 유지하겠다는 약속과 함께, 소득과 연계된 연금계획안의 축소구상을 제시했다. 그것은 유럽연방국가의 창설과 날조된 기준에 근거한 어떤 형태의 유럽단일통화도 반대한다는 사실을 강조했다. 그러나 유럽단일통화에 합류할 것이냐의 선택은 미결정상태로 남겨져 있었다.

4월 3일, 노동당은 1만 9천 개 단어로 구성된 〈영국은 더 나은 대접을 받아야 합니다. 그래서 노동당입니다〉(New Labour Because Britain Deserves Better)라는 제목의 공약집을 발표했는데, 이는 의회 광장에서 떨어져 있는 시민공학연구소의 건물에서 잘 조율된 형식으로 발표되었다. 이 공약집은 블레어가 '국민과의 계약'이라고 부르는 10가지 포인트에 초점을 맞추었다.

1. 교육이 우리의 최우선 순위가 될 것이고 경제·사회적 실패의 비용을 줄임으로써 교육에 쓰이는 몫을 증가시킬 것이다.

2. 소득세의 기본 혹은 최고 세율의 증가는 없을 것이다.

3. 우리는 낮은 인플레이션 속에서의 안정적 경제성장을 제공할 것이며 국내외에서 역동적이고 경쟁력 있는 기업과 산업을 육성할 것이다.

4. 우리는 25만 명의 젊은이들에게 특혜를 없애는 대신 일하게 만들 것이다.

5. 우리는 행정지출을 줄이고 환자치료에 대한 지출을 늘림으로써 의료보건체계를 재건할 것이다.

6. 우리는 범죄뿐만 아니라 범죄의 원인에 대해서도 강력히 대처할 것이며, 청소년을 상대로 한 상습범이 법정에 나가는데 걸리는 시간을 단축시킬 것이다.

7. 우리는 견고한 가족과 공동체 건설에 노력할 것이며, 연금과 공동체의 상호부조를 통해 현대복지국가의 토대를 구축할 것이다.

8. 우리는 환경을 보호하고, 교통혼잡 및 오염과 싸우기 위해 통합된 교통정책을 발전시킬 것이다.

9. 우리는 정치를 깨끗하게 만들고, 영국 전역으로 정치권력을 분산시킬 것이며, 그리고 정당의 자금이 적절하고 책임질 수 있는 토대를 갖도록 할 것이다.

10. 우리는 영국과 유럽이 필요로 하는 리더십을 유럽에 제공할 것이다.

이 공약집은 노동당의 '5가지 공약'의 반복이었다. 블레어는 공약을 통해 집권의 필요성을 강하게 피력했다. "우리 당은 그간 우리가 변화시켜온 것들을 집권을 통해 실천에 옮길 기회를 맞이하였다. 만약 이 기회를 날려 버린다면 그것은 곧 역사 속에서 우리가 차지해온 위상을 날려 버리는 것이나 마찬가지다." 新노동당의 초기 몇몇 레토릭은 자취를 감췄다. 즉 신노동당이 초기에 사용했던 '이해당사자'와 사회주의라는 말은 과거와 분명 다른 것이었지만 그마저도 언급되지 않았다.

선거가 다가오자 나라는 온통 광고물로 도배되다시피 했다. 3월 25일, 보수당은 그들의 주요 선거포스터인 "영국경제의 부활, 노동당이 찬물을 끼얹지 못하도록 해주십시오"(Britain Is Booming, Don't Let Labour Blow It)를 배포했다. 4월 13일엔 노동당이 "영국은 더 나은 대접을 받아야 합니다"(Britain Deserves Better)로 받아쳤다. 노동당은 또한 '청소년 상대 범법자는 처벌받을 것이고, 소득세율은 인상하지 않을 것이다'와 같은 노동당의 5가지 공약에서 끌어낸 포지티브한 메시지를 담은 일련의 포스터를 선보였다. 네거티브 캠페인으로 인해 투표자들 사이에 무관심 분위기가 자라나고 있음을 걱정한 블레어는 집요하게 포지티브한 포스터를 만들어야 한다고 주장했다.

유럽 이슈

케네스 클라크(Kenneth Clarke)와 해슬타인을 비롯한 몇몇 보수당원들은 97년 선거의 핵심은 경제에 있다고 믿었다. 실업은 하락했고, 인플레이션과 이자율은 낮았고, 성장은 가속화되고 있었다. 즉, 모든 지표상으로 영국은 주요 유럽국가의 경제 중 가장 좋은 지표를 보여주고 있었다. 이것이 바로 존 메이저와 보수당이 지속적으로 되돌아가려던 주제였다. 그러나 그것은 헤드라인 기사를 만들어 내지 못했다. 어떤 사람들은 다른 유럽국가와 비교하는 방식으로 영국의 성취를 강조하는 데 소극적이었던 케네스 클라크를 탓하기도 했다. 사실 보수당은 경제 문제에 거의 우선 순위에 두지 않았다. 예를 들어, 노동당의 예산안에 대해 재무성이 완벽하게 준비된 공격을 시작하기 위해 마련한 기자회견의 시간대를 찾아내는데 무려 2주나 소요하였다.

선거기간 동안 대다수 언론이 주목한 것은 유럽 이슈였다. 메이저는 단도직입적으로 유럽통화의 단일화에 반대하는 보수파 지지 언론뿐만

아니라 내각 동료들, 하원의 평의원, 중앙당, 광고팀의 강한 압력을 견
뎌냈다. 메이저는 그 이전 내각에서 합의한 "先협상 後결정" 노선을 확
고하게 고수해 나가고자 했다. 그러나 상황은 그렇지 못했다. 메이저의
노선에 대해 보수성향의 언론은 연일 맹폭을 가했고 무엇보다 메이저
의 지지자들도 거세게 비판했다. 유권자의 의사가 더욱더 분명해짐에
따라, 대다수는 영국의 유럽통화연합(EMU) 가입을 반대했다. 4월 12일
에서 16일까지 주도적인 하원 평의원들은 어떠한 경우라도 파운드를
대신하는 유로화를 받아들이는 데 찬성할 수 없다는 의견을 제시했다.
당 부의장과 재무성 차관이 공세를 펴기 시작했다. 그러나 이슈가 초미
화된 시점은 두 차관(John Horam, James Paice)이 결코 유럽통화연합
에 가입되어서는 안 된다고 발표한 때였다. 보수당의 일부 인사들은 이
들이 내각의 공동책임 원칙을 위반하였기에 메이저가 경질해야 한다고
주장했다. 그러나 메이저는 그렇게 할 경우 앞으로도 더 많은 경질 압
력에 직면할 것이 두려워 받아들이지 않았다. 대신 존 메이저는 "(두
차관이) 너무 순진했다"는 답변으로 경질론자들에게 사과했다. 그러나
내각의 동료 장관들조차 거의 불충의 경계를 넘나들었다. 보수당에 속
해 있는 유럽통합 찬성론자들도 입을 다물고 있지 않았다. 3월 22일
50여 명의 하원의원들은 선거 직전 메이저 앞으로 합의된 유럽정책의
지속적인 추진을 건의하는 서한을 발송했다.

　압력은 커져만 갔다. 4월 15일 일부 차관들이 유럽통화연합에 관한
정부의 공식 방침을 깼다. 보수당의 전략가들은 이제 이 문제를 메이저
가 정면 대처해야 한다는 결론을 내렸다. 4월 16일 메이저는 예정된 기
자회견에서 실업률 감소를 자랑하고자 했던 방침을 철회하고 선거기간
내내 가장 기억될 만한 발언을 했다. "여러분들이 저에게 동의를 하든
안 하든, 좋아하든 싫어하든, 제가 영국 국민을 대표해 협상을 할 때

저의 손을 묶지는 마십시오." 메이저의 이런 입장은 유럽주의자인 케네스 클라크와 마이클 해슬타인이 튀지 않도록 하기 위한 것만은 아니었다. 본인 스스로도 지난 몇 달 동안 유럽단일통화가 계획대로 추진될 것인지에 대해 의심이 더해갔고, 설사 계획대로 추진되더라도 자신이 가입에 서명하는 것은 아직 상상도 해보지 않은 상태였다. 그렇다고 해서 협상의 장을 떠나 일방적으로 문을 닫아 버리는 것은 국익에 도움이 되지 않는다는 것이 메이저의 분명한 인식이었다. 사실 단일통화를 저지하기 위해서도 협상의 틀에 머물러 있어야 했다. 또 유럽단일통화에 대한 부정적인 발표를 할 경우 외국인 투자 유치에 타격이 분명하다고 생각했다. "아직 미결정"이라고 말하면 "반대"와 유럽연합에 대한 거부로 이해될 수도 있었다. 메이저가 보기엔, 영국은 이미 탈퇴 선택권을 보유하고 있었기에 이런 선택권을 버리는 것은 잘못된 것이라고 생각했다. 이런 측면에서 메이저의 논거는 일관성이 있었다. 그러나 이런 태도는 유럽연합 회의주의를 설득하거나 유권자들에게 설득력 있게 호소하기도 어려운 것이었다.

보수당은 유럽문제에 있어 딜레마에 봉착했다. 노동당이 승리하면 영국의 유럽연방국가체제로의 흡수로 이어질 것이라는 주장을 하는 일부 장관들이 있었다. 그러나 그들은 유럽주의자인 클라크와 해슬타인의 견해 때문에 적극적으로 주장할 수 없었다. 클라크와 같은 일부 장관들은 유럽문제에 대한 과도한 매스 미디어의 관심은 실제로 보수당의 분열을 드러내기 위한 것이며, 유권자는 그러한 이슈에 대해 별다른 반응을 보이지 않고 있다고 분통을 터트렸다. 그러나 같은 당의 메이저는 유럽이슈에 손을 떼지 못하고 계속 이 이슈에 대해 언급했다. 4월 16일 존 메이저는 이렇게 말했다. "유럽단일통화는 각국 정부의 다음 세대를 위해 가장 중요한 결정이라는 사실은 의심의 여지가 없다." 메이저는 부패 요소를 정면 돌파했던 것처럼 유럽이슈도 정면으로 맞부딪쳐서 잠재울 수 있기를 바랬지만, 매스 미디어는 광폭할 만큼 사납게 날뛰었다. 〈The Times〉지와 〈Daily Telegraph〉지는 메이저의 노선에 반대하는 보수당 후보자 명단을 연일 게재하였다. 385명의 후보자를 대상으로 조사한 〈Daily Telegraph〉지에 따르면 오직 세 명만이 親유럽주의자로 나타났다. 4월 17일 아침 기자 회견장에서 메이저는 유럽통화연합에 대한 보수당의 자유투표를 허용할 용의가 있다고 밝혔다. 그러나 클라크는 정오의 언론 인터뷰에서 이러한 진전상황에 대해 협의한 바가 없음을 밝혔다. 오후 5시 해슬타인이 자유투표는 단지 하나의 가능성에 불과하다고 발언함으로써 사태를 더욱 혼란스럽게 만들었다.

4월 18일 보수당은 블레어를 독일 콜 총리의 무릎 위에 놓여 있는 꼭두각시 인형으로 표현함으로써 가장 논쟁을 일으킨 선거 광고를 방영했다. 이 선거광고의 초기 밑그림은 해슬타인이 스케치하였으나, 그는 매스미디어에서 강조했듯이 이전부터 유럽주의자로 주목된 인물이었다. 당내에서조차 이 포스터에 대한 비판이 쏟아졌다. '치졸한', '혐오스런', '손실을 야기하는' 등의 비판이 제기되었다. 일부에서는 책임자의 경질을 요구했다.

유럽위원회 총재인 자크 상떼르(Jacques Santer)가 4월 21일 영국 선거의 유럽이슈에 끼어 들었다. 그는 너무 많은 사람들이 유럽을 몰아치고 있으며 유럽의 성과물을 간과하고 있다고 비판했다. 상떼르의 발언은 시기적으로 유럽 논쟁을 더욱더 가열시키는 계기로 작용하였다. 상떼르의 개입은 광범위한 분노를 불러일으켰으며, 유럽에 대한 강경한 입장을 공고히 하는 결과를 초래했다. 존 메이저는 상떼르의 발언이 보수당의 주장을 강화시켜 주는 것이라고 해석했다. 블레어는 날조된 근거에 기초해 있는 단일유럽통화에의 가입 가능성을 배제하면서, 그들을 어리석은 사람들로 규정했다. 보수당은 노동당의 對유럽 협상능력에 대해 계속적인 공격을 펼쳤다. 메이저는 블레어의 무경험과 과거의 협상 미숙 사례를 들어 블레어를 공격했다. 4월 18일 존 메이저는 블레어로 하여금 다른 유럽의 지도자들과 회의하도록 보낸다는 것은 '마치 거미들의 회합 장소에 한 마리 파리를 보내는 것'이라며 파상 공세를 펼쳤다. 블레어는 4월 20일 "국가이익을 위해서라면 언제든지 고립될 각오를 해야만 합니다"라고 언급하는 등 선거 기간 동안 좀더 강경한 입장을 취해 나갔다.

비방과 폭로

4월 24일 보수당은 노동당의 '전략계획서'(War Book)를 폭로했다. 이 책자는 이미 수개월 전에 보수당에게 누출된 것이었다. 그러나 놀라거나 쇼킹한 내용은 거의 없었고, 노동당이 계획된 전략에 따르고 있음을 보여주었다. 같은 날 노동당은 보수당의 연금정책에 대한 공격을 시작했다. 노동당은 국가연금의 고갈을 주장했다. 보수당은 이러한 노동당의 공격이 여론조사에서 5%나 급격하게 추락하는 것에 따른 반격으로 보았다. 노동당 공격의 영향을 분석한 끝에 보수당은 심각한 전율을 느끼지 않을 수 없었다. 추적조사(Tracking Poll)와 FGI에 따르면, 65세 이상의 보수당 지지도에서 놀라운 정도의 급격한 하락이 나타났다. 아침 기자 회견장에서 메이저 등은 아홉 차례나 노동당이 '거짓말을 하고 있다'고 비난했다. 보수당은 블레어의 '거친 비판'을 '인기를 노린 발언'으로 폄하했다. 노동당의 연금에 대한 비판은 보수당 기간의 5기 연속

집권이란 '악몽'에 대한 마지막 공격의 한 요소로 오래 전부터 계획된
것이었다. 해슬타인은 '노인들의 두려움에 편승한 플레이'라며 비판했
고, 메이저도 화를 내면서 노동당이 허위 주장을 철회할 것을 요구했
다. 메이저는 노동당의 주장이 연금 수령자로 하여금 자신들의 안정과
퇴직연금이 위기에 처해 있다고 믿게 함으로써 공포감을 갖도록 하는
목적으로 사전 계획된 캠페인으로 이해했다.

노동당은 보수당보다도 훨씬 더 유명인사들의 지지를 확보하고자 했
는데 주 타깃은 경제계 인사들이었다. 안티나 로딕(Antina Roddick)을
비롯한 다수의 인사들이 공공연히 노동당을 지지했다. 리차드 브랜슨
(Richard Branson)은 어떻게 투표할지를 밝히지도 않은 채 블레어의
유세기차를 타고 같이 다녔다. 브랜슨은 그리 알려지지 않은 자신의 철
도회사(Virgin)를 널리 알릴 수 있는 기회를 얻은 반면에 블레어는 경
제계 유력 인사의 후원을 얻었다. 노동당은 연예계의 '친구들'과 지나
칠 정도로 공공연히 연계되는 모습을 보이는 것을 꺼려했지만, 4월 22
일 예술에 대한 자신들의 프로그램을 공개하기 위해 기자회견을 개최
할 때 많은 유명인사가 함께 했다. 이 계획에는 10억 파운드에 해당하
는 복권 기금을 의료와 교육 부문으로 전환하겠다는 제안이 포함되어
있었다.

4월 7일 블레어는 런던시를 방문하여 주목을 받기에 충분한 발언을
했다. 그는 "중요한 것은 어떻게 작동하고 있느냐"는 것이라고 말하면
서 경제에 대한 정부통제와 자유방임식 접근 방법 사이에서 '제3의 길'
을 역설했다. 노동당 정부라면 감세와 유연한 노동시장 형성에 헌신할
것이라는 점과 '경제활동은 사적 영역에 남겨 놓는 것이 최선이다'라는
기본 원칙을 천명하였다. 이러한 주제는 4월 11일 블레어가 〈영국의
미래에 대한 준비〉(Equipping Britain for the future)라는 제목의 경제

공약을 발표함으로써 더욱 분명하게 제시되었다. 新노동당은 재계와의 파트너십을 갖고 일할 것이며, 다른 무엇보다도 인플레이션 수준을 2.5%나 그 이하를 목표로 하고, 차입과 지출을 엄격히 통제할 것이며, 대중 교통을 현대화하는 데 있어서 공사간 협조체제를 구축하고, 학급 당 인원수 감축과 교양 수준의 설정을 통해 숙련된 노동력을 확보할 것이라는 등의 공약을 담고 있었다. 공약 발표에 맞춰 84명의 경제계 인사는 〈The Times〉지에 서한을 보내 중소기업계는 '노동당 정부와 함께 풍요로운 미래를 기대한다'고 밝혔다.

블레어는 '교육'이 최우선 과제가 될 것이라고 공언했다. 그러한 주장은 다른 정당들도 마찬가지였다. 정당의 지도자들은 이 주제에 대한 그림을 제공하기 위해 학교를 자주 방문하였다. 비록 교육분야는 '가장 중요한 이슈'를 나타내는 여론조사에서 2위를 차지했으나 문제에 대한 결론적인 주장은 거의 없었다. 그 외 몇 가지 이슈들은 선거유세동안 두각을 나타내지 못했다. 예를 들면, 스코틀랜드에서 발생한 식중독 사건을 다루었던 기사는 별다른 주목을 받지 않고 지나갔다. 4월 8일 실업이 가져다주는 도덕적 해악에 대해 교회측이 발표한 논쟁적인 보고서에 대해서도 각 정당들은 강하게 반응하지 않았다. 오히려 팝 뮤직 스타인 스파이스 걸스(Spice Girl)의 투표 의향 여부와 메이저가 이들 다섯 멤버의 이름을 말하지 못한 것이 4월 15일자로 1면에 보도되었다.

선거유세가 막바지에 다다름에 따라 보수당은 승리를 말하는 것조차 어렵게 되었다. 4월 27일자 〈Sunday Telegraph〉지의 헤드라인은 이랬다. '상황은 종료됐다. 보수당 지도부도 인정'. 보수당의 캠페인 책임자조차도 노동당의 승리를 예상했다. 굴드는 블레어에게 노동당이 10퍼센트 격차로 앞서고 있다는 보고를 했다. 언론에서는 보수당의 패배 분위기를 인정하고, 앞으로 구성될 지도부간 투쟁, 모히니와 사치간의 전략상의 불일치에 관한 기사를 내보내기 시작했다. 4월 28일자 〈Daily Telegraph〉지의 머릿기사는 "마지막 추격전을 앞두고 시시콜콜 싸우고 있는 내분상태의 보수당"이었다. 대체로 보수당은 패배를 인정하는 쪽으로 분위기가 흘렀다. 노동당은 92년 선거에서 여론조사에서의 우위에도 불구하고 패배한 경험 때문인지 4월 28일에 가서야 비로소 승리를 외쳤다.

마침내 승리하고

선거 당일날의 날씨는 좋았다. 선거를 방해할 만한 중대한 사고도 없었다. 그러나 투표율은 저조했다. 92년의 77.7%보다 낮은 71.2%의 유권자가 선거에 참여하여 표를 던졌다. 5월 1일 오전 10시 언론이 실시한 출구조사는 노동당의 우세가 확실하다는 결과가 나왔다. 마침내 97년 5월 1일 총선에서 노동당은 압승했다. 총 659석의 하원의원 가운데 노동당은 하원의장을 제외하고서도 418석을 얻어 92년 총선보다 146석이나 더 많은 의석을 확보했다.[115] 노동당은 북아일랜드를 제외한 영국 본토 전역에서 고르게 높은 득표율을 보였다. 노동당이 확보한 44%의 득표율과 1,350만의 득표수도 5년 전의 선거에 비하면 각각 8%와 200만이 더 많은 수치였다. 보수당이 얻은 165석은 1906년(157석) 이래 가장 낮은 기록이며, 31%라는 득표율은 1832년(29.4%) 1차 개혁법 이후 역시 최저수준이었다.[116] 제3당인 자유민주당[117]은 17.2%의 득표율로 46석을 차지했다.[118]

노동당 승리의 원인은 무엇일까? 선거 직후 언론들은 일제히 보수당

18년 지배에 대한 염증을 지적했다. '이제는 바꿀 때'라는 것이 유권자들의 일반적인 분위기였으며 이런 정서가 모든 계층에서의 보수당 이반을 촉진한 원인이었다는 것이다. 장기집권의 필연적 부산물인 정치적 부패와 섹스 스캔들 등 보수당의 부도덕성에 대한 염증도 한몫 했음이 분명하다. 또한 노동당의 전유물이었던 선거 직전의 당내 자중지란을 보수당이 연출한 것도(특히 유럽통합문제를 두고) 주요 요인으로 작용하였다. 그러나 가장 중요한 것은 역시 노동당의 변신에 있는 것으로 보인다. 블레어는 94년 당수직에 취임한 이래 당헌 4조의 폐기, 클로즈드 숍의 폐지, 노동시장의 유연화 지지, 노조의 당내 영향력 약화 등 지속적으로 전통적인 사회주의적 색채의 정책들을 약화시켰다. 반면 대기업 국유화 반대, 인플레 억제 우선 정책, 소득세 인상 및 재정지출 확대 반대 등 대처리즘의 트레이드 마크였던 정책들을 주요 정책목표로 천명하였다. 이를 통해 노동당은 중간계급, 자본가, 경영직·전문직 집단 등으로부터 좌파정당에 대한 공포심을 거세함으로써 이들을 노동당 지지자로 돌아서게 했다.[119]

보수당의 캠페인

굴드는 노동당 승리의 한 요인으로 보수당의 전략 미스를 지적하고 있다. 그의 설명은 이렇다. 96년 초 보수당의 미디어 플랜이 입수되었다. 보수당은 계획이 있었고, 계획대로 움직였다. 그리고 또 그들은 엄청난 자금을 갖고 있었다. 그러나 보수당은 新노동당에 대한 대응책을 전혀 모르고 있었다. 원래 그들은 3가지 전략을 고려했다. 즉, ① 노동당은 변함없는 과거의 노동당이다. ② 노동당은 변했지만, 보수당의 복제품에 지나지 않는다. ③ 노동당은 변했지만, 여전히 위험하다.

이 중 노동당은 新노동당을 인정하고 이를 새로운 위험과 연계하려는 3번째 입장을 선택했는데 이것이 실수였다. 新노동당을 사실로 인정함으로써 노동당이 유권자들에 의해 믿어지기 위해서 필요했던 신뢰성을 부여하는 결과를 가져왔다. 그리고 新노동당의 새로운 위험은 거짓이었다. 유권자들이 두려워한 것은 과거의 노동당이지 新노동당이 아니었기 때문이다. 이에 대해 뒷날 사치社는 95년의 여론조사에서 유권자들이 新노동당을 거역할 수 없는 사실로 받아들이는 것이 확인되었기 때문에 불가피한 전략이었다고 설명했다.

보수당의 가장 큰 실책은 너무 일찍부터 공격에 착수한 것이다. 만약 보수당이 이른바 3A전략(Apologise 사죄, Achievements 업적, Attack 공격)을 따랐다면, 보수당이 승리할 가능성이 있었을 것이다. 물론 보수당이 부분적으로는 사죄를 했지만 너무 일면적이고 거만했다. 그 다음 보수당은 미국의 96년의 클린턴처럼 경제회복에 대한 대가로 신임을 얻어야 했다. 96년 내내 경제에 관한 광고를 포지티브하게 했어야 했지만, 이것은 하지 않고 공격적 캠페인에 전념했다. 결국 경제회생에 대한 신임은 못 받고, 네거티브 캠페인에 의해 유권자를 소외시켰다. 그들이 네거티브 할수록 유권자들은 더욱 그들이 줄 게 없다는 느낌을 가졌다. 경제는 호전되고 있었고, 노동당에 대한 두려움은 증가되고 있었는데, 보수당은 이 기회를 놓쳤다. 내부적으로 보수당의 전략에 대해 반발이 있었지만, 공격만이 내부갈등을 없애고, 사기를 높인다는 주장에 묻혔다.

96년 봄부터 보수당의 전략은 제대로 작동하지 않았다. 노동당에 대한 회의가 늘어나고 있었으나, 보수당에 대한 실망이 더 커지고 있었다. 이렇게 함으로써 보수당은 미래나 희망, 또는 어떤 긍정적 가치를 제시하는 주장을 포기하게 됐고, 이것이 노동당이 집권할 수 있는 넓은 공간을 남겨주게 되었다.

부록 : 캠페인 기술

선거운동의 원리[120]

정치캠페인은 '전쟁행위'이기도 하지만 '원칙의 행위'이기도 하다. 캠페인은 가치를 실체로 구현하는 작업이고, 이념을 실현하고 상대방을 제압하는 수단이며, 본능을 삶의 질 개선으로 바꾸는 도구이다. 굴드는 이렇게 말했다. "정치 캠페인 기술은 어둠의 기술이 아니라 전문가적 지식의 총체이다." 만약에 있다면, 캠페인에는 최소한의 정해진 원칙이 있다. 굴드는 이렇게 정리하고 있다. "캠페인은 역동적이어야 한다. 끊임없는 변화의 요구, 지속적인 재평가, 모순의 해결에 기초해야 한다. 아이디어를 경험 속에 녹이는 방법을 찾아야 한다."

① 총체성

선거운동은 정치경험의 모든 요소를 포괄하는 복합 행위이다. 성공한 캠페인은 반드시 단순히 하나의 요인 때문이 아니라 모든 것이 제대로 되었을 때 가능한 것이다. 즉, 실질적 내용, 사상, 가치, 원칙들에 기반을 두어야 하고, 이것들은 다시 조직과 구조, 메시지와 그것의 전달, 모든 홍보물의 세세한 내용, TV 보도내용에 연결되어야 한다. 캠페인은 이처럼 방대하고, 다양한 측면을 포괄하는 구조로서 진퇴를 거듭하고, 상승과 하강을 반복하고, 추상과 구체가 혼합되고, 정책을 제안하고, 과거와 미래가 결합된 것이다. 캠페인의 기술은 이처럼 복잡한 것들을 수용하고, 이것을 호소력 있게끔 단순하게 만드는 것이다.

② 역동성

선거운동은 결코 정태적이지 않다. 그것은 상호 연관된 사건들이 끊임없이 전개되는 것이다. 캠페인은 상호 작용하는 요인들 사이에 조그만 틈도 허용해서는 안 되는 연속적인 일이다. 캠페인은 살아 움직이는 것이다. 캠페인선 사건뿐만 아니라 그 결과까지 예측하는 게 필수적이다. 특히 어떤 사건이 일어날 것인지에 그치지 않고 그 결과가 무엇인지, 그것이 캠페인에 어떤 영향을 미칠 것인지, 그에 따라 다음에 무엇을 해야 할 것인지를 정확하게 예측해야 한다. 캠페인에서는 현재의 상황이 계속될 것으로 생각하지 않는 것이 대단히 중요하다. 전에는 효과가 있었던 것이 이제는 효과가 없을 수도 있고, 지난 선거에서 성공적이었던 것이 이번 또는 다음 선거에서 무용할 수도 있다는 사실을 반드시 인식해야 한다.

③ 기세

정치에서는 기세를 얻든지 잃든지 두 가지 중의 하나만 있을 뿐이다. 중간은 없다. 정치에서는 경쟁하는 세력이 동등하고, 균형이 지속되는 교착(stasis) 상태가 허용되지 않는다. 캠페인에서는 반드시 기세를 얻고, 이를 유지하려고 언제나 노력해야 하며, 그렇지 않으면 기세는 곧바로 상대방에게 넘어가고 만다. 기세를 얻는다는 것은 뉴스 보도가 우리의 관점에 맞추어지도록 기사거리와 이니셔티브를 가지고 뉴스 아젠다를 지배하고, 가능한 최대한 빨리 뉴스 사이클에 진입하고, 그것을 반복하는 것이다. 또 경쟁자의 가능한 조치를 예측하여 예방하는 것이고, 그들에게 숨쉴 틈을 주지 않고, 상대방이 수동적 입장에 처하도

록 하는 것이다. 정치논쟁을 자신의 용어로 규정하는 것이다. 모든 정
치논쟁은 두 가지 중의 하나다. 하나는 우리에게 유리한 것, 다른 하나
는 적에게 유리한 것. 우리의 설명이 득세하도록 하는 것이 핵심적이
다. 기세는 특히 선거 막바지에서 사활적인 요인이다.

④ 메시지

대개 메시지라고 하면 몇 마디 말이나, 그것을 반복하는 것이라고
쉽게 생각하나 사실 메시지는 그 이상이다. 그것은 캠페인을 떠받치는
명분이다. 가장 핵심적인 주장이며, 유권자들이 적이 아니라 우리에게
표를 찍게끔 만드는 이유이다. 명분은 캠페인이 제대로 진행되게 하는
가장 중요한 것이다. 왜 집권하려 하는지, 왜 선출되어야 하는지에 대
해 우리 스스로가 분명하게 인식하고 있어야 한다. 메시지는 여론조사,
유권자들의 태도와 가치에 의해 부분적으로 결정된다. 하지만 후보가
대변하고자 하는 것 중의 알맹이로부터 나와야 하는데, 그것은 정당이
나 정치인으로서 자신에게 진실한 것을 일컫는 것이다. 97년의 선거를
되돌아보면, 다른 그 어떤 것보다 적절한 메시지를 개발하는 데 더 많
은 시간이 투여되었다. 메시지는 매우 짧고 단순하지만, 그것을 개발하
는 데는 몇 년이 걸렸다. 메시지는 대중에게 호소력을 가져야 할 뿐만
아니라 원칙에도 부합되는 것이어야 한다.

⑤ 스피드

영국의 유권자나 세계의 모든 유권자나 모두 뉴스에 의한 지속적인
공격에 취약하다. 라디오나 TV에서는 매시간, 혹은 더 자주 뉴스가 보
도된다. 거의 대부분의 사람들은 격렬한 경쟁이 벌어지는 미디어 시장
에서 끊임없이 뉴스거리를 찾고 있는 신문들 중에서 하나 내지 그 이
상의 신문을 본다. 설사 거짓말이라고 할지라도 하나의 정치적 주장은
미디어 정글을 통해 흑표범의 스피드로 퍼져나간다. 정치의 세계에는

사실과 다른 주장들이 수없이 많은데, 효과적으로 설명되지 못하면 사실로 믿어지기도 한다. 반박되지 않은 거짓말은 진실로 받아들여진다. 그대로 두면 해를 끼칠 정치적 공격이라면 필히 반박해야 한다. 신속하게 반박해야 하는데, 빠르면 몇 초 늦어도 몇 시간 안에 해야 하며, 반드시 사실이 뒷받침되어야 한다.

⑥ 인내

정치 캠페인에 간여해보지 않은 사람이라면 그것의 육체적 대가에 대해 이해하기 어렵다. 캠페인은 몇 주 동안이 아니라 몇 년 동안 지속된다. 지속적인 캠페인이 이제는 일상화되었는데, 그에 따라 엄청난 육체적·정신적 희생이 따른다. 단지 버티는 것에 그쳐서는 안 된다. 지쳐 나가떨어질 때조차도 최선의, 현명하고 신속한 결정을 내릴 수 있을 정도로 인내하는 능력은 캠페인에서 필수적인 요인이다.

⑦ 신뢰성

신뢰는 현대정치의 사활적 요소이다. 대단히 얻기 어렵고 한번 잃으면 다시 회복하기란 거의 불가능한 난제이다. 국민들은 정치인을 더 이상 신뢰하지 않고, 점점 더 많은 회의를 느끼고 있다. 소외되고 관계가 단절되고 있다고 생각하고 있다. 신뢰를 얻기 위해서는 과거와 다른 새로운 커뮤니케이션 및 캠페인 방법이 필요하다. 이것은 수사에서 행동으로 전환하는 것을 뜻한다. 단지 뭔가를 말하는 것이 아니라 실천하는 것이다. 공약은 유권자들과 효과적으로 연결되는 시작이나 끝은 아니다. 유권자들은 더 이상 수사정치를 믿지 않으며 정치인들이 응당한 책임을 지기를 원한다.

⑧ 두려움 극복

거의 언제나 유권자들은 희망과 두려움 사이를 오간다. 현정권을 낙선시켜야겠다는 열정과 야당을 선택해도 되는가 하는 걱정에서 끊임없이 유동한다. 두려움은 현대 정치의 한 요소이다. 현대 사회, 현대 경제는 연속성보다는 변화를 선호하기 때문에 불가피하게 불안정성과 걱정이 더욱 커진다. 따라서 유권자들은 미래에 대해 더욱 불안해하고, 걱정하고, 두려워하게 된다. 일반적으로 지난 20년 동안 우파는 두려움에 기초해, 좌파는 희망에 기초해 캠페인을 해왔다. 그러나 거의 대부분 두려움이 이겼다. 두려움은 대단히 호소력 있는 감정이며, 쉽게 자극된다. 84년의 레이건, 88년의 부시, 87년의 대처, 92년의 메이저 등은 공히 두려움을 무기로 활용했다. 그러나 진보정당들은 이제 두려움을 물리치는 방법을 알아냈는데, 그 방법은 반박, 역공, 공격적인 캠페인, 일하는 가정의 불안정성에 직접 호소하는 메시지의 강조 등이다. 유권자들은 점차 순전히 부정적인 공격을 거부하고, 좀더 긍정적인 캠페인을 요구한다. 이제는 부정적 메시지를 상쇄할 긍정적 메시지가 없다면 부정적 메시지는 불가능하다. 점점 더 변화의 속도가 빠른 세상에 불안정성은 쉽게 확대되고, 그와 더불어 두려움에 기초한 캠페인의 잠재적 가능성도 늘어난다. 진보정당은 이를 이겨내기 위하여 더욱 적극적으로 싸워야 한다.

⑨ 알맹이

캠페인이 아무리 훌륭해도 알맹이에 기초하지 않으면 선거에서 승리할 수 없다. 아무리 훌륭한 프레젠테이션도 쓸모 없는 것을 팔 수는 없다. 유권자들은 정치인이 진짜인지 알아내고, 정책이나 입장이 가짜일 때는 금방 알아챈다. 유권자들은 주로 TV를 통해 정치에 대한 정보를 얻기 때문에 정치인의 진정한 품성을 나타내주는 조그만 단서라도 찾으려 한다. 그들은 진실과 껍데기 속의 거짓말을 나타내는 징후를 찾는다. 그들은 용기 있는 정치인, 예상치 못한 일을 하는 정치인, 강력한 정치인을 좋아한다. 토니 블레어는 당헌 4조를 개정하는 과정에서 보여준 용기 때문에 정치인으로 만들어졌다. 유권자는 이제 정치와 정치인을 두번 세번 생각한다. 유권자는 껍데기 속의 알맹이를 취하는 데 많은 노력을 기울인다. 정책의 경우에도 마찬가지다. 정치에 대한 언론의 검증은 여전히 스핀 닥터(spin-doctors)와 사운드 바이트(sound-bites)에 집중하지만, 유권자들과 사려 깊은 정치인들은 변화하고 있다.

⑩ 대중과의 대화

캠페인에서 정당이 반드시 해야 하는 가장 중요한 일은 유권자들이 말하는 것이 무엇인지를 듣는 것이다. 이것은 단지 유권자들이 말하는 것이 무엇인지가 아니라 유권자들의 생각과 느낌을 알고, 그것을 존중하는 것이다. 미디어 시대에는 새로운 형태의 대화가 창조되었다. FGI, 시장조사는 이러한 대화의 필수적인 부분이다. 또한 정당정치보도(PPBs), 정치인이 질문을 받고 설명을 해야 하는 타운홀 미팅('Town Hall' meetings)도 그렇다. 사람들은 자신의 목소리를 듣고 싶어한다. 이것은 단지 필승전략이나 호소력 있는 메시지를 개발하는 것만이 아니라 정치과정에 그들을 참여시키고, 대중의 의견을 존중하는 것을 뜻한다. 정치 캠페인은 정당과 일반사람간의 파트너십이 되어야 한다.

〈후 주〉

1) 이 장의 주요 내용은 딕 모리스의 『Behind The Oval Office』(New York: Random House, 1997)와 〈Newsweek〉지 기자들의 96 대선 보고서인 『Back from the Dad』(New York: Atlantic Monthly Press, 1997), 밥 우드워드(Bob Woodward) 기자가 쓴 『The Choice』(New York: A Touch Stone Book, 1997)를 주로 참고한 것이다. 또 이 장의 중간 중간에 들어 있는 용어에 대한 일부 설명은 『타임-뉴스위크 정복 워드 파우어』(서울: 지식산업사, 1993)에서 상당 부분 인용한 것이다.

2) 공화당 사람들이 클린턴을 '뺀질이 윌리(Slick Willy)'라고 부른다. 미국의 정가에서 딕 모리스는 '고용된 총잡이'(hired gun)이라는 오명을 듣고 있다.

3) 정치 컨설턴트에 대해서는 약간의 설명이 필요하다. 정치 컨설팅이 하나의 산업(business)으로 자리잡은 것은 1933년으로 거슬러 올라간다. 33년에 클렘 휘태커(Clem Whitaker)와 레온 백스터(Leone Baxter)가 〈Campaigns, Inc〉를 설립하여 34년 주지사 선거에 참여하면서부터였다. 이들은 이후 75번의 캠페인에 참여하여 70번을 승리로 이끌었다. 이들을 제외하면 정치 컨설팅은 홍보회사가 고객들을 위한 봉사 정도로 여겨지고 있었다. 50년대 중반부터 비로소 직업적 캠페인 메니저가 새로운 직업으로 등장하였다. 57년의 조사에 따르면, 약 3~40명이 직업적으로 정치 컨설팅에 종사하고 있었다. 정치 컨설팅이 본격적인 산업으로 등장하기 시작한 것은 80년대부터다. 80년대 중반 거의 모든 후보들은 각급 선거를 막론하고 정치 컨설턴트를 고용하는 것이 상례가 되었다. 특히 현직자들은 도전자들보다 훨씬 높은 비율로 이들을 고용하는 추세라고 한다. 미국에만 약 3,000개의 컨설팅 회사가 있다. 이들 회사의 매출액은 일년에 평균 70만 불로 조사되었다. 극히 일부분만이 일년에 수백만 달러를 번다. 대부분의 회사들은 소수의 인원을 상시 고용하고 있으며, 선거시 인원을 늘인다. 극히 일부 회사들만 5~80명을 고용하고 있다.

4) 정치 컨설턴트의 부류를 3가지로 나눌 수 있다고 한다. 첫번째가 전략가(strategists)이다. 전략가는 캠페인 메시지를 개발하고, 그것을 가지고 유권자들과 커뮤니케이션하고, 전략적 조언을 하는 역할이다. 전략가에는 일반 컨설턴트(general consultant), 선거 책임자(campaign manager), 여론조사 담당, 미디어 담당, DM 담당이 포함된다고 한다. 두 번째는 전문가(specialists)이다. 캠페인에 필요한 필수적 기능을 제공하는 역할이다. 여기에는 조사팀(research team), 텔레마케팅(telemarketing) 담당, 자금모집(fund-raising) 담당, 미디어 구매(media buying) 담당, 연설문 작성(speech writer) 등이 포함된다. 세 번째는 물품상(vendors)이다. 캠페인에 필요한 물품과 서비스를 제공하는 역할이다. 여기에는 웹사이트 개발자(website developer), 인쇄회사(printing firm), 유권자 자료관리 회사(voter file firm), 캠페인 소프트웨어(campaign software) 담당 등이 포함된다.

5) 두고두고 논란이 되고 있는 인물인 애트워터에 대해서는 다음의 평전을 참고할 수 있다. John Brady, 『Bad Boy』(New York: Addison Wesley, 1997)

6) 집권 이후 2년간 클린턴이 직면한 상황에 대해서는 밥 우드워드 기자가 쓴 『The Agenda』란 책이 있다. 이 책은 임홍빈에 의해 『대통령의 안방과 집무실』(서울: 문학과 지성사, 1995)이라는 책으로 번역되어 있다. 워터게이트 사건을 파헤쳐 닉슨 대통령을 하야시킨 우드워드 기자는 문자 그대로 거물이다. 우드워드가 이 책을 쓸 때 클린턴의 핵심참모인 조지 스테파노풀러스가 정보를 제공했다고 하여 스테파노풀러스는 클린턴과 힐러리로부터 불신을 받게 된다. 스테파노풀러스에 대해서는 뒤에서 자세히 다룰 것이다.

7) '인기 있는 후보의 강한 득표력'이란 뜻으로 대통령이나 유력자의 인기 덕에 당선될 수 있는 능력을 말한다. 인기 있는 유력자의 덕분에 높은 지위에 오르는 사람을 coattail rider라고 부른다

8) 가족과 본인의 신병 치료를 위해 휴가를 받을 수 있는 제도. 가족 중에 환자가 생길 경우 최고 12주 동안 간호를 위해 직장을 비울 수 있도록 허용하고 있다.

9) 이에 반해 낙태에 반대하는 입장은 pro-life라고 한다

10) 재정이 흑자로 돌아선 것은 98년부터다. 이 해에 30년만에 처음으로 약 5백억 불~1천억 불의 흑자기조로 바뀌었다.

11) 미국 헌법에는 연방 단위에서의 국민투표는 없고 州단위에서만 인정되고 있다. 따라서 신임투표, 찬반투표라는 정치적 의미로 이해해야 한

다.

12) 스펜서는 공화당 정치의 오랜 '대부' 중 한 사람이다. 그는 수십 년 동안 역대 대통령의 고문, 관리자, 친구, 현실의 대변자로서 지내왔다. 특히 80년에 그는 레이건 대통령 부부의 가까운 친구이자 정치 고문과 같은 존재였다. 스펜서는 한 마디로 막후 실세였다.

13) 참고로 클린턴 진영과 돌 진영의 96년 캠페인 참모간 매치 업(match-up)을 살펴보자. 전략·메시지·광고를 총괄한 '전략가'(chief strategist)의 매치 업은 딕 모리스 對 빌 레이시였다. 전략가는 선거의 승패를 좌우하는 제일 중요한 핵심직책이다. 언론에서도 전략가에게 제일 많이 관심을 갖는다. 88년 大選의 애트워터, 92년의 제임스 카빌이 모두 전략가였다. 레이시는 후에 캠프 내 내부투쟁의 결과 발생한 쿠데타로 인해 해고되고, 그 뒤를 돈 시플(Don Sipple)이 이었으나 그도 곧 물러났기 때문에 최종 전략가는 폴 마나포트(Paul Manafort)였다. 돌의 오랜 정치고문(political adviser)인 41살의 레이시는 레이건 재임시 백악관에서 수년간 정치담당(political director)으로 일했고, 88년 돌의 선거캠프에서 일했다. 또한 영화배우 출신인 프레드 톰슨(Fred Thompson)의 상원출마 캠페인을 맡아 60%의 득표로 압승을 거둔 베테랑 선거전문가였다. 레이시는 학자처럼 정치를 바라보고 생각하는 스타일로 성격이 유순하여 '호전성'이 부족하다는 평가를 듣는 사람이다. 레이시의 지론은 "전략과 플랜을 세우고, 반드시 이를 지켜야 한다. 선거운동은 플랜을 짜고, 플랜에 충실해야만 이길 수 있다"는 것이다. 레이시의 약점은 창조성이 부족하고, 국면에 기민하게 대응하는 순발력이 떨어지는 것이었다. 당시 44살의 시플은 미디어정치 전문가로서 92년 부시 캠페인에서 일했고, 그의 고객들 중에는 일리노이나 텍사스와 같은 핵심 州들의 주지사들도 있었다. 시플은 돌 진영에 합류하기 이전 캘리포니아 주지사 피터 윌슨(Pete Wilson)의 핵심참모로 일했다. 마나포트는 96년 공화당의 산디에고 전당대회를 강력한 통제 속에 치뤘던 것처럼 엄격한 스타일의 정치 컨설턴트였다. 마나포트는 흑색선전의 대부인 아써 핀켈스타인(Arthur Finkelstein)의 추종자이다. 팀이 제대로 움직일 수 있도록 하는 '관리' 책임을 맡은 관리자의 매치 업은 레온 파네타(Leon Panetta) 對 스코트 리드(Scott Reed)였다. 파네타는 백악관 비서실장으로서 선거책임자는 아니었지만 백악관을 효율적으로 움직이는데 많은 공헌을 했다. 리드는 최근 수년 동안 공화당 전국위원회의 헤일리 바버(Haley Barbour) 의장 아래서 사무총장을 지냈고 레이시의 오랜 친구였다. 리드는 84년 레이건-부시 캠프에서 일하기도

했고, 또 레이시 밑에서 당의 북동부지역 정치책임자로 일한 경력도 있었다. 前하원의원 잭 켐프(Jack Kemp)의 88년 大選 캠프에서 일했으며, 켐프가 낙선한 뒤 부시정부의 주택도시개발부 장관으로 재직할 때 3년 동안 켐프의 비서실장으로 일했다. 리드는 조용하고 내막에 정통한 조직인일 뿐만 아니라 '얼음 같은 예리함'을 가진 사람이었다. 그는 공화당의 당 내외에서 광범위한 인맥을 가지고 있었고, 비전이나 메시지에 큰 관심을 기울이는 스타일이 아니었다. 행동을 중시하고, 세세한 부분까지 꼼꼼히 챙기는 전문경영인과 같았다. 그러면서도 친화력이 뛰어났다. 리드는 돌 진영의 실질적인 1인자였다. 후보의 연설문을 담당하는 연설문 작성자의 매치 업은 바에르(Don Baer) 팀 對 마리 윌(Mary Will) 팀이었다. 클린턴 연설팀의 경우 모리스, 마크 펜, 클린턴 등이 '내용'을 주도했기 때문에 바에르는 그 내용을 바탕으로 '문장'을 작성하는 등 매우 제한적인 역할을 수행했다. 마리 윌은 돌 부부의 가장 친한 친구일 뿐만 아니라 공화당의 논객이자 정치전문가였다. 당시 40세의 여성 윌은 78년 공화당 상원의원 스트롬 써몬드(Strom Thurmond) 선거캠프의 대변인으로 정치를 시작했고, 보수파 칼럼니스트 조지 윌(George Will)과 결혼했다. 80년 돌이 대통령후보 예비선거에서 레이건에게 낙선한 이후 윌은 돌 부부의 정치·미디어고문(political and media adviser), 연설원고 작성자로서 일해오고 있었다. 그녀의 대표적인 '작품'은 반(反)헐리우드연설과 이른바 '테마공식'(theme formula)이다. 윌의 대표적인 원칙은 이렇다. "선거는 메시지다. 일관되게 메시지를 외쳐야 한다. 국민들이 듣고 싶어하는 메시지를 전달하는 것이 선거의 요체다." 이러한 원칙은 모리스와 크게 다르지 않다. 그러나 두 사람이 달랐던 점은 메시지를 후보가 받아들이도록 하는 기술이었다. 反헐리우드연설은 헐리우드에서 헐리우드 영화의 폭력성, 性문란을 질타하는 등 '가치'문제에 관한 연설이었다. 이 연설로 돌은 언론의 집중적인 호평을 들었고, 그 결과 윌은 돌의 신임을 받았다. 테마공식이란 핵심주제별로 '뉴스거리가 되는 30초 이내의 간론'(sound-bite)을 만든 뒤 지역에 따라 그 배합비율을 달리하는 것이다. 예컨대, 아이오와에서는 테마공식이 3×문화+1×경제+1×농업으로 되는 것이었다. 그녀는 소위 '이슈 다발들'(Issue Clusters)을 제안했다. 경제이슈에는 세금, 예산, 연방정부의 규제, 4개 정부기관의 폐지, 중소기업 및 일자리 등의 다발들이 포함되었다. 문화이슈에는 헐리우드와 TV 등이 포함되었다. 학교, 범죄, 복지도 문화이슈로 간주했다. 뉴햄프셔에서는 테마공식이 3×경제+1×문화+1×국방/외교정책으로 되는 것이었다. 일일대응 혹은 신속대응에 주력하는 전술가(tactician)의 매치 업은 조지 스테파노풀러스(George Stephanopoulos) 對 넬슨 워필드(Nelson Warfield)였다. 스테파노풀러스는 92년 클린턴을 당선시킨 주역일 뿐만 아니라 96년의 승리에서도 일등공신의 역할을 한 사람이다. 클린턴 진영이 공화당의 각종 스캔들공세에 효과적으로 대응할 수 있었던 것은 거의 전적으로 스테파노풀러스의 공이라 할 수 있다. 워필드는 연설문 작성자인 마리 월의 측근으로서 돌 진영의 대변인이었다. 당시 35살의 똑똑한 워필드는 레이건 행정부의 마지막 6개월 동안 월과 함께 커뮤니케이션 파트에서 일했고, 또 뉴욕시장 론 로이더(Ron Rauder) 캠페인의 대변인으로서 뉴욕시의 신문들과 일일 전투를 벌였던 전력이 있었다. 나중에 워필드는 돌 진영 내에서 리드와 동맹을 맺고 레이시를 축출한 주역이었다. 민심의 흐름을 파악하는 여론조사가 매치 업은 마크 펜(Mark Penn)과 더그 션(Doug Schoen) 對 빌 매킨터프(Bill McInturff)였다. 매킨터프는 후에 토니 파브리지오(Tony Fabrizio)로 교체되었다. 전략가 레이시의 측근이었던 매킨터프는 아이오와 모의투표(straw poll) 등에서 예상득표율을 맞추지 못한 까닭에 해고당했다. 파브리지오는 88년 부시의 승리에 기여한 흑색광고를 제작한 것으로 유명한 공격 전문가였다. 그도 핀켈스타인派에 속한 사람이었다. 처음엔 돌 진영에서 제한적인 역할을 했으나, 아이오와 모의투표를 기점으로 매킨터프를 대체했다. 정치광고 제작팀의 매치 업은 밥 스퀴어(Bob Squier) 팀 對 스티븐스(Stuart Stevens) 팀이었다. 클린턴의 광고팀은 스퀴어, 내프(Knapp), 샤인코프(Sheinkorf), 펜츠너(Penczner) 등이다. 이들은 전략가 모리스의 지휘를 받은 기술자들이었다. 리드가 미디어 컨설턴트(media consultant)로 고용한 스티븐스는 공화당의 미디어 기술자 중에서 가장 예술가인 척하고, 가장 정치적으로 온건한 사람으로 평가되고 있었다. 그는 94년 최고의 한 해를 보냈는데, 메사추세츠 주지사 윌리엄 웰드를 포함해 그가 도운 선거가 100% 승리했기 때문이었다. 그는 정치 컨설턴트에 관한 소설을 쓰기도 했었다. 스티븐스는 UCLA 영화과 출신의 광고 전문가였다. 맨하탄에 작업실을 두고 맥킨토시 컴퓨터 등 최첨단 장비들을 구축해 놓고 24시간 안에 광고를 만들어낼 수 있었다. 그는 '스테디 캠'(steady cam)이란 장비를 갖추고 있는 것으로 유명했다. 스테디 캠이란 연설자를 360도 돌아가면서 동시에 촬영할 수 있는 기구로써 영화 '록키'에서 최초로 이용된 장비였다. 이러한 최첨단 장비에도 불구하고, 레이시가 지휘한 스티븐스팀은 실수를 연발하였다.

388

14) 이에 대해서는 고어 비달의 『대통령 링컨』(서울: 문학과 지성사, 1999)
이란 책을 참고할 수 있다. 이 책을 보면, 링컨이 세 명의 정적을 어
떻게 다루었는지 생생하게 확인할 수 있다. 세 명의 정적은 국무장관
William Seward, 전쟁장관 Edwin Stanton, 재무장관 Salmon Chase를
말한다. 암살 위험을 피해 워싱턴으로 숨어들어야 했던 링컨이 정객들
의 위협과 비협조 속에서도 어떻게 남북전쟁의 파고를 넘어섰는지 정
말 감동적으로 읽힌다. 왜 미국민들이 링컨을 최고의 위대한 대통령으
로 꼽는지 알 만하다.

15) 펜은 클린턴 진영에서 매우 핵심적인 일을 했다. 때문에 두 가지 사실
만 미리 지적해 둔다. 하나는 펜과 모리스 사이에 갈등이 발생한 사건
이 있었다는 점이다. 또 다른 하나는 클린턴의 승리에 결정적으로 작
용한 '가치 아젠다'(values agenda)에 대해 모리스의 역할과 펜의 역할
중 누구에게 더 큰 비중을 둘 것이냐 하는 것이 보는 사람에 따라 달
랐다는 점이다. 먼저 펜과 모리스의 갈등에 대해 보면, 펜이 백악관
참모들과 친해진 데서 발생하였다. 펜은 백악관 참모들과 친해져 백악
관 내에 사무실도 얻을 수 있었다. 여기에는 펜을 모리스로부터 떼어
놓으려는 백악관 참모들의 속셈도 작용했다. 이에 대해 모리스가 제동
을 걸었다. 모리스는 '정치적 위험성'을 표면적인 이유로 제시했지만,
사실은 백악관 참모들과 모리스 간 내부투쟁의 일부였다. 모리스는 결
국 펜을 백악관에서 철수시키고, 자신을 통해서만 일하도록 했다. 다음
으로는 가치 아젠다와 관련해서 제기되는 해석상의 문제다. 펜은 95년
5월경 여론조사 자료의 분석을 통해 유권자들이 경제문제에 대해 큰
관심이 없으며 오히려 가치문제에 더 많은 관심이 있다는 사실을 포착
했다. 그것은 대단한 발견이었다. 조사결과는 이런 내용이었다. 국민들
은 임금 동결, 빈부 격차 등에 관심을 갖고 있긴 하지만 경제적으로
매우 자신에 차 있었다. 경제에 대한 만족도가 지난 10년 이래 최고였
다. 정부에 불만이 많고 클린턴을 불신했지만 생활수준에 대해서는 만
족하는 것으로 나타났다. 특히 이러한 현상은 10~20%의 유동층에서
크게 나타났다. 전통적인 민주당 기반의 클린턴 득표력을 40% 정도라
고 할 때, 이들 유동층은 결정적 대상이었다. 이들은 경제보다 미국의
도덕 결핍증에 대해 심각한 우려를 표하고 있었다. 마약과 범죄, 10대
임산부, 각박한 사회 분위기 등에 대해 불만이 많았다. 펜은 이 유동
층을 보다 명확하게 구분하기 위해 정치적 성향 분석뿐만 아니라 유권
자들의 가치기준과 생활 패턴을 파고드는 여론조사 기법을 개발했다.
또 중산층이 즐겨 찾는 쇼핑몰 테스트를 실시했다. 그 결과에 따르면,

유동층은 대도시 교외에 거주하는 젊은 중산층 학부형들이었다. 특히 중산층 중에서 자녀가 있는 사람들은 클린턴을 싫어하는 것으로 나타났다. 그래서 특정 사안에 대한 클린턴의 도덕성을 강조하자는 대안을 제시했다. 바로 '가치 아젠다'였다. 나아가 유권자들이 마음에 희망을 불어넣는 작업을 제시했다. 백악관 참모들은 미국이 안고 있는 문제점에 대해서만 떠들었다. 특히 경제 전망에 대해서 그랬다. 반면 펜은 성과에 대해 이야기하는 동시에 앞으로 도전해야 할 일을 제시하자는 대안을 제안했다. "유권자들의 희망을 파악하지 못하는 것은 1996년 대통령선거에서 승리할 수 있는 가장 중요한 요소를 놓치는 것이다." 이처럼 펜은 가치 아젠다의 개발에 중요한 역할을 했다. 미국 언론에서는 모리스에 대한 반감 때문에 펜의 역할을 매우 높게 평가한다. 실제로도 모리스가 스캔들로 낙마한 뒤 전략가의 역할을 계승한 것은 펜이었다. 그러나 가치 아젠다를 개발한 공은 인정해야겠지만, 캠페인의 전체 전략을 총괄한 모리스의 역할도 충분히 인정되어야 한다.

16) 모리스가 일을 시작하는 전제조건으로 3가지 조건을 내걸었다면, 돌 진영의 리드는 돌에게 4가지를 요구했다. 대체로 이런 내용이었다. 첫째, 상원 원내총무실은 통제되어야 한다. 리버럴이 너무 많다. 원내총무실 참모들이 돌을 잘못 이끌고 있다. 둘째, 돌이 깅리치와 짝을 이루어야 한다. 돌의 성공여부는 깅리치와 더불어 「미국과의 계약」 속에 들어 있는 항목들을 얼마나 입법화하느냐에 달려 있다. 셋째, 캠페인은 제도화된 의사결정의 과정이 있어야 하고, 선거책임자가 맨 위에서 총괄해야 한다. 의사결정의 단위가 서너 개 존재해서 서로 경쟁하면서 표류하게 해서는 안 된다. 명확하고 구체적인 권위체계로 활기 있게 움직이는 조직이어야 한다. 넷째, 출마의 이유가 될 일관되고 납득할 수 있는 메시지가 있어야 한다. 모리스의 조건과 리드의 그것을 비교해 보면, '맛'이 상당히 다르다. 이해를 돕기 위해 한 가지 사례만 더 보자. 80년대 초 레이건 대통령이 재임 중일 때 윌리엄 케이시(William Casey)란 사람이 있었다. 캐스퍼 와인버거(Casper Weinberg) 국방장관과 함께 7년 동안 냉전종식의 첨병으로 움직인 사람이자 역사상 가장 힘센 CIA 국장이었다. 케이시는 80년 레이건 선거운동의 선거책임자를 맡았던 사람으로서 분열되고 혼란스러웠던 캠페인에 질서를 부여하고, 선거를 지휘한 일등공신이었다. 레이건은 케이시의 선거운동 기술과 정치적 통찰력 때문에 당선되었다고 평가받을 정도로 그의 공헌은 컸다. 그러나 케이시는 선거 후 내각명단에서 제외되었다. 대신 그가 받은 직책은 CIA 국장 자리였다. 이 자리는 정책결정자가 아니라

정보판단과 평가를 제공하는 자리였기 때문에 케이시로서는 실망하지 않을 수 없었다. 고민을 거듭하던 67세의 케이시는 국장 자리를 수락하는 대신 레이건에게 3가지 조건을 내걸었다. 첫째, 내각의 장관과 똑같은 지위를 보장해 줄 것과 모든 주요 외교정책의 최고결정과정에 참여할 수 있도록 보장해 달라고 요구하였다. 둘째, 전례가 없는 요구사항으로 백악관 내에 전용 사무실을 설치해 달라고 요구했다. 셋째, 언제나 대통령에게 직접 보고할 수 있도록 해줄 것을 요구했다. 레이건은 즉각 수용했다. 세 사람의 요구조건에서 '맛'의 차이는 무엇인가? 모리스와 케이시는 일할 수 있는 기반을 조성하는 요구조건을 내걸었다. 리드는 구체적인 조건은 없이 추상적이고 일반적인 원론만 되풀이했다.

17) 찰리란 코드명은 모리스의 친구이자 공화당의 정치 컨설턴트인 찰리 블랙(Charlie Black)이란 이름에서 따온 것이었다. 공화당의 가장 인내심이 강한 참호전 컨설턴트 중의 하나인 찰리 블랙은 수년 동안 대권주자 필 그램(Phil Gramm)의 '정치적 가정교사'였다. 그는 그램의 오랜 친구였고, 최고 전략가였다. 블랙은 76년 레이건의 낙선한 선거운동을 도운 적이 있는 베테랑이었다. 비록 블랙은 유서 깊은 기업들을 위한 로비스트였지만 정치와 로비를 병행했다. 필 그램은 어떤 인물인가? 공화당의 대권후보 중의 하나로 거론되는 필 그램의 나이는 당시 52세였으나 유권자들에게는 65세로 보일 정도로 외모가 약점인 사람이다. 그의 부인조차도 첫인상은 '으악'할 정도였다고 한다. 그램은 외모적 당당함이 없을 뿐만 아니라 상원의원이 되기 전의 직업이었던 경제학 교수처럼 보였다. 그는 자기확신이 강한 사람이었다. 그램의 캠페인 주제는 경제였다. 그는 재정적자의 축소에 모든 것을 걸고 있었다. 그램은 95년 2월 23일부터 공화당 당내 競選 출마를 선언하는 전국순회에 들어갔으나 도중에 포기했다. 그램은 당내 競選에서 중도 하차한 뒤 이렇게 말했다. "한 번으로는 배울 것이 너무 많았다"(There was too much to learn in one try)

18) 클린턴이 아칸소 주지사시절 화이트워터 부동산개발회사가 주택개발사업을 추진하던 중 부정대출과 사기공모 등의 혐의를 받은 사건.

19) 그린버그에 대해서는 다음의 블레어 장에서 자세히 설명할 것이다. 그린버그에게는 유명한 여론조사 기법이 있다. 그린버그의 장기는 사전검증에 있었다. 즉, 어떤 말이 후보나 정치인의 입에서 터져 나왔을 때 그것은 처음이 아니라 대중의 반응을 사전에 면밀하게 조사된 것이었다. 발언하기 前에 그 반응까지도 사전 조사하여 적절한 談論을 선

택하는 방식이었다. 돌 진영의 전략가 레이시는 돌의 출마선언 여행(announcement tour) 때 이 방법을 원용하였다.

20) 케네디대통령 시절 추진한 peace corps, 즉 해외평화봉사단처럼 미국 내에서 이루어지는 가난한 사람이나 병이 든 사람들을 학생들이 돌보는 프로그램.

21) 워싱턴 정치의 개혁 등을 표방했으나 당내 기반이 부족하여 자신의 아젠다가 의회에서 통과되기 위해서는 민주당 의회와 협력해야 하는 상황을 일컫는다.

22) 모리스의 회고에 따르면, 그는 이미 92년 12월 2일 이러한 사실을 클린턴에게 경고했었다고 한다. "당신의 지지자들(민주당 의회 지도자들)이 곧 당신의 교도소 교관이 될 것입니다. 그들의 보호는 당신의 포로선서(parole : 석방 후 도망하거나 다시 적대 행위를 하지 않겠다는 선서)가 될 것입니다. 그들은 당신을 도울 것이라고 그들 스스로도 믿고 있지만, 그들은 결코 도울 수 없습니다. 오히려 그들은 당신을 꽁꽁 묶어 질질 끌고 갈 것입니다. 당신은 그들의 포로신세로 전락할 것입니다."

23) 당시 상황에 대해 클린턴은 훗날 이렇게 탄식했다. "공화당은 내가 대통령이라는 사실의 정당성을 인정하지 않았다. 그들은 단지 예외적이고 정당하지 못한 삼파전 때문에 생긴 일시적 현상으로 생각했다. 그들은 나를 파괴하려고만 했지, 같이 일을 할 생각은 없었다. 내가 수많은 제안을 했지만 그들은 단 한 번도 반응이 없었다." 공화당은 페로(Perot)가 끼어 드는 통에 공화당의 표를 빼앗아 갔기 때문에 졌다고 생각하고 있었다. 클린턴에 대한 공화당의 전형적인 태도는 96년 되찾을 정권 사이에 잠시 끼어 든 훼방꾼 정도로 생각하고 있었다. 클린턴의 지적은 일리가 있는 것이었다. 그러나 클린턴이 공화당을 직접 공략하지 않은 점이나 공화당과는 어떠한 협조도 불가능하다는 전제에 빠져 있었던 점은 클린턴의 실책이라 하지 않을 수 없다. 과거 레이건 대통령도 민주당 의원들을 백악관으로 초청하거나 전화를 걸어 안부를 묻는 식의 이른바 후원(patronage)방법으로 상당수의 민주당 지지를 끌어내기도 하였다. 사실 이런 것이 가능한 것은 교차투표(cross vote)가 정착되어 있기 때문이다.

24) 이에 대해서는 모리스가 과장하는 것 같다. 뒤에서 살펴볼 블레어의 참모 필립 굴드에 따르면, 자신이 스탠 그린버그의 부탁을 받고 제시한 것이 '미테랑 전략'이었다고 한다. 모리스가 다른 사람의 아이디어를 자기 것이라고 거짓말하는 것일까? 아니면 두 사람이 거의 비슷한

시기에 비슷한 생각을 한 것일까?

25) 미국에서는 공화당이 다수의석일 때에는 공화당 의회, 민주당이 다수의
석일 때는 민주당 의회라고 부른다.

26) 오락가락한 대표적인 사례는 돌이 96년 선거의 최대 승부수로 띄운 단
일세제(flat tax)안이었다. 돌진영에서 단일세안에 대해 가장 집착한 사
람은 리드였다. 리드는 단일세안을 주장하는 잭 켐프(Jack Kemp) 밑
에서 일할 때 단일세안에 공감했기 때문이었다. 리드는 돌을 단일세의
제왕으로 만들고자 했다. 정치적으로 매우 강력한 호소력이 있을 것으
로 믿었다. 단일세안은 리드가 돌에게 캠페인의 전부라고 말할 정도로
리드의 승부수였다. 95년 초 돌진영의 핵심참모들은 모임을 갖고 단일
세에 대한 주장을 면밀히 검토하였다. 모든 사람이 같은 세율로 세금
을 내고, 같은 대우를 받는 것은 매우 공정하다고 생각했다. 다양한
소득 수준의 諸계층에게 각각 어떤 영향을 미칠지도 검토하였다. 돌은
부자가 커다란 세제특혜를 받는데 어떻게 공정하냐며 물었다. 돌의 질
문은 핵심적인 사항이었다. 레이건을 비롯해 많은 보수주의자들이 단
일세에 주목했지만 포기했다. 일년에 40-50만불을 버는 사람들이 일하
는 사람들과 똑같은 낮은 세율 때문에 엄청난 세금감축의 이득을 보기
때문이었다. 돌에게 선거자금을 기부한 돈 많은 사람이 돌에게 이런
메모를 보냈다. "단일세가 나에게는 정말 좋은 것이지만 공화당을 죽
게 만들 것이다." 이 때까지도 돌은 단일세를 원치 않고 있었다. 돌이
단일세안을 받아들이도록 압박한 요인은 켐프위원회였다. 켐프위원회는
돌과 깅리치에 의해 설립되고 켐프가 지휘하는 일종의 태스크포스였
다. 이 위원회를 설립한 동기는 '멍청아! 문제는 경제야!'(It's economy,
stupid)라는 92년 클린턴의 승리구호에 자극 받은 것이었다. 또한 대통
령의 '경제운영자' 역할은 대통령직의 매우 중심적인 역할이기 때문에
돌은 독자적인 경제플랜을 제시할 필요성도 있었다. 켐프가 지휘한 이
위원회의 조사결과가 바로 단일세안이었다. 평생 단일세안에 반대해온
돌로서는 진퇴양난이었다. 돌은 기묘한 절충을 시도했다. "단일세가 재
정적자를 늘리지 않고 중산층의 세금부담을 증가시키는 것이 아니라면
단일세를 지지한다." 물론 돌도 고려되고 있는 단일세가 이 두 가지
조건에 부합되지 않는다는 것을 알고 있었다. 그러나 어찌됐건 돌은
단일세안을 96년 선거의 승부수로 제기했다. 자신의 입장을 번복한 것
이었다. 중대 이슈에서 기존 입장을 번복하면 후보의 정체성은 없어지
고 만다. 돌은 바로 이러한 함정에 빠진 것이었다. 때문에 모리스는
돌의 단일세안을 '최악의 공약'이었다고 평가했다. 돌 진영의 전략가인

리드의 자세에도 문제점이 있다. 지도자든 참모든 선거에서 검증 받는 것은 다른 사람의 생각이나 아이디어가 아니라 '후보정체성'이라는 점을 원칙으로 삼아야 한다. 다른 사람의 생각이나 아이디어도 후보가 수용하지 않으면 무용지물이다. 또한 후보가 당이나 집단의 대표성을 갖는 측면도 있지만, 선거라는 과정에서 검증 받는 기본대상은 후보 개인이라는 점을 항상 생각해야 한다.

27) 공개된 연설문 작성자는 speechwriter라고 한다. 반면 이미 작성된 연설문 초안을 매끈한 문장으로 다듬는 사람은 phrasemaker, 자신의 견해는 없이 글재주만 부려 연설문을 작성하는 사람을 wordsmith라고 한다.

28) 이 때문에 클린턴과 모리스가 공화당의 정책을 훔쳤다, 민주당의 정체성을 저버렸다는 비판을 듣게 된다.

29) 클린턴은 연설문을 꼼꼼하게 챙기는 한편 자신이 직접 수정하는 스타일이다. 또한 자신이 처음부터 끝까지 간여하는 여론조사를 통해 연설문의 내용을 사전에 충분히 검증한다. 일단 연설문이 결정되면 실제 연설에서도 원고에 충실한 연설을 한다. 연설을 할 때에는 초등학생부터 지식인층이 모두 공감할 수 있을 정도로 뛰어난 커뮤니케이션기술을 가지고 있었다. 반면 돌은 연설문의 선택에 대해 즉흥적이다. 메시지보다 교감을 중요시하는 것이 문제였는데, 정작 메시지를 제시할 때에는 교감을 잃어버렸다. 돌에게는 메시지와 교감이 공존하지 못했다. 또 돌은 반복을 싫어했다. 돌의 중구난방식 연설 스타일은 참모들의 고민사항 중에 하나였다. 그래서 웅변 전문가를 초빙하기도 했다. 레이시가 유명한 이미지 전문가이자 레이건 선거를 도왔던 로저 에일즈(Roger Ailes)에게 부탁했더니 한 사람을 보내주었다. 50대 후반의 잭 힐튼(Jack Hilton)은 어눌한 말투의 기업체 회장들을 명강사로 탈바꿈시켜 놓은 것으로 유명한 사람이었다. 돌은 힐튼에게 자신의 입장을 설명했다. "반복하는 것이 싫다. 연습하기엔 너무 바쁘다." 힐튼은 강력하게 말했다. "반복해서 연습하지 않으면 결코 기량이 향상될 수 없습니다." 돌이 반복연습을 싫어하는 이유는 늘 따라 다니는 기자들을 의식하기 때문이었다. 즉, 앵무새처럼 반복하면 기자들이 싫증을 내 더 이상 기사를 쓰지 않을 것을 염려했다. 힐튼이 일침을 가했다. "기자들보다는 한 번도 듣지 못한 유권자들이 더 중요합니다." 비록 돌이 연습에 임하기는 했지만 여전히 미온적이었다. 지도자의 스타일이 다르다 보니, 참모들의 설득방법도 다르다. 모리스의 방식은 부언이 불필요하다. 돌 진영은 어떠했을까? 돌 진영도 여론조사를 활용했다. 그러

나 돌은 여론조사라고 하면 곧 여론에 영합하는 것으로 치부해버렸다. 여론조사의 진가를 모르고 있었다. 돌 진영의 전략가 레이시는 세밀한 '서베이 리서치'(survey research-일정한 표적대상과 인터뷰하여 시장정보를 입수하는 연구방법)를 통해 돌의 신조를 파악했다. 이를 위해 그는 돌의 정책 입장에 대해 잘 알고 있는 쉴라 버크를 비롯해 상원원내총무실의 참모들을 인터뷰했다. 레이시는 이들과 함께 정치적으로 호소력이 있는 이슈와 아이디어들을 전부 다 꺼내놓고 밀도 있는 대화를 나누었다. 그러나 돌에게 직접 묻는 것은 피했다. 돌의 생각에 의존하기보다 유권자들에게 '먹혀 들어갈' 이야기를 찾아내, 돌에게 '먹이는' 작업을 하고자 했기 때문이었다. 레이시는 또한 포커스 집단(focus group-상품개발이나 판촉, 선거 전략 등에 대해 집단 토의하는 소비자나 유권자 그룹)을 통해서도 여론을 파악했다. 그들에게 자신이 정리한 83개 아이디어가 담긴 '체크 리스트'(Issue Checklist)라는 제목의 9페이지 설문항에 대해 답하도록 했다. 각 항목별로 0에서 10까지의 점수를 적는 것이었다. 심지어 돌 하면 연상되는 동물에 대해 묻기도 했다. 서베이 리서치, 포커스그룹 조사와 여론조사 외에도 레이시는 독특한 방법을 활용했다. 다름 아닌 '다이얼그룹(dial group) 조사'였다. 다이얼 그룹조사는 비디오 화면 앞에 유권자들을 앉혀 놓고, 각자 전자다이얼을 손에 쥐어 준다. 그런 다음 후보의 연설이나 인터뷰의 장면들(clips)을 보여주고 난 뒤 0에서 100가지 점수를 각자 다이얼로 누른다. 80점이 넘어야 좋은 것으로 간주되었다. 정치학자처럼 접근하는 레이시다운 스타일이었다.

30) 대통령의 시정연설(State of the Union Speech)은 일반교서를 낭독하는 연설이다. 일반교서는 미국의 상황에 대한 대통령의 보고 및 정책제시 문서라는 의미다. 매년 1월 하원 본회의장에서 열리는 상·하원 합동 회의에서 대통령이 낭독한다. 대통령은 이밖에도 그해 10월 1일부터 다음해 9월 30일까지의 예산안을 1월중에 제출하는데 예산교서(Budget Message)라고 한다. 또 미국경제를 분석·전망한 경제보고(Economic Report)도 1월중에 제출한다.

31) 1945부터 1965년까지 출생률 급상승기에 태어난 세대이며 미국인구의 1/3을 차지하고 있다.

32) 고어는 많은 면에서 클린턴과 상반된 이미지를 갖고 있다. 그러나 두 사람은 서로 거꾸로 알려져 있다. 공적으로 클린턴은 매우 자상하고 정서적인 것으로 알려졌다. 하지만 사적으로 보면, 부끄러움을 타고, 내성적이고, 안으로 감정을 삭이는 편이다. 클린턴은 밖에서는 사람들

과 자연스럽게 인사하고, 즉흥적으로 농담도 하지만 안에서는 거의 농담을 하지 않는다. 그가 농담을 하는 것은 공격을 퍼붓기 위한 계산된 행동이다. 고어는 반대다. 그는 공적으로 매우 차갑고 엄격한 것처럼 보이지만 사실은 감성이 매우 풍부한 사람이다. 그는 연단을 제외하면 언제나 농담을 즐기고 풍자와 역설어법으로 핵심을 찌르곤 한다. 고어는 2000년 대통령 선거에서 민주당 후보로 출마했다. 국민 표는 공화당의 부시보다 많이 얻었으나 선거인단 수에서 져 낙선하였다.

33) 대통령의 연설문에 대해 다룬 책으로는 Carol Gelderman, 『All The Presidents' Words』(New York: Walker And Company, 1997)가 훌륭한 도움이 된다. 이 책의 관점은 이렇다. "말은 현대 대통령직의 핵심이다." 클린턴이 연설을 통해 각종 스캔들과 언론의 공세를 탈출한 과정에 대해서는 대통령의 또 다른 연설문 작성자인 마이클 월더만(Michael Waldman)이 쓴 『POTUS Speak』(New York: Simon & Schuster, 2000)를 참조할 수 있다. POTUS는 President of the United Ststes의 약자로, 백악관에서 대통령을 지칭하는 은어로 사용되고 있다.

34) 예컨대, '기회·책임·공동체' 담론 등이 있다.

35) 거겐은 홍보의 귀재로 평가되는 사람이다. 닉슨 대통령(연설문 담당), 포드 대통령(커뮤니케이션 담당), 레이건 대통령(홍보 및 연설 등을 총괄하는 커뮤니케이션 책임자, 참모실장), 클린턴 대통령(고문) 등 4명의 대통령을 백악관에서 보좌한 경험을 갖고 있는 베테랑이다. 현재는 하버드대 케네디스쿨의 교수, 리더십센타의 소장으로 재직 중이다. 그는 최근에 『Eyewitness to power』란 책을 냈는데, 이 책은 대통령학의 중요 서적으로 평가되고 있다. 역대 공화당 대통령을 보좌했기 때문에 공화당 사람으로 평가되는 거겐을 클린턴이 홍보담당으로 영입한 것은 그를 통해 워싱턴정치를 '읽기' 위해서였다. 클린턴은 워싱턴 아웃사이더이기 때문에 어려움이 많았다. 특히 워싱턴 정치원로들과의 관계를 푸는데 애를 먹고 있었다. 가끔 원로들에게 고개를 숙이고 도움을 받기도 했지만 클린턴은 워싱턴의 텃세를 못마땅하게 생각했다. 거겐과 마찬가지로 워싱턴 법조계 거물변호사를 법률자문으로 고용하기도 했으나 이들은 1년을 넘기지 못했다. 클린턴이 모리스를 다시 불러들인 배경에는 모리스가 워싱턴 인사이더가 아니라는 점도 작용했다.

36) 어떤 규칙에 얽매여 고지식한 까닭에 조금도 변통성이 없다는 뜻이다.

37) '차별철폐조치'로도 번역된다. 소수민족이나 여성 등 이른바 마이노러티(minority)에 대한 차별의 관행을 없애기 위해 미국정부가 행정지도나

법률에 의거, 대학의 입학이나 기업의 고용 등에 흑인과 백인, 또는 여성과 남성을 일정한 비율로 채용하도록 한 '인원 할당 조치'를 말한 다. 존슨 대통령의 「위대한 사회」 프로그램 일환으로 시작되었다. 최 근 백인들을 중심으로 逆차별이라는 주장이 제기되고 있는 등 현재 미 국 사회의 주요 쟁점 중 하나다. 백인들의 반발은 white backlash라고 부른다.

38) 밥 돌 진영은 검증절차의 생략으로 인해 많은 실수를 연발했다. 예를 보자. 3월 10일 돌은 신문기자들에게 중요한 연설을 했다. 이 연설내 용을 준비한 사람은 리드였다. 리드는 이른바 '골자'(meat)에 집착하는 사람이었는데, 이벤트나 연설에서 골자만 있으면 된다는 것이 그의 평 소 지론이었다. 골자란 뉴스거리였다. 리드의 주장에 따라, 돌은 연설 에서 정부축소의 뜻을 구체적으로 제시하기 위해 상무부, 에너지부, 교 육부, 주택 및 도시개발부(HUD) 등 4개 부서의 폐지를 제안했다. 이 연설은 대단한 미디어의 호응(media pickup)을 받았다. 문제는 이 과 정에서 리드가 상원 참모들과 전혀 상의를 하지 않은 점이었다. 리드 는 캠페인과 상원 사무실간의 이념적 간격이 너무 크다고 판단했기 때 문이었다. 상원사무실을 이끄는 사람은 쉴라 버크(Sheila Burke)라는 여성 비서실장이었다. 쉴라 버크는 18년 동안 돌의 곁을 지키고 있는 여성이었다. 8년은 참모로, 10년은 비서실장으로 돌을 보필해온 최측근 이자, 타협과 조정의 전문가였다. 버크가 방송을 통해 3월 10일 연설 내용을 들었을 때 그녀는 화가 났을 뿐만 아니라 마음의 상처도 받았 다. 주택 및 도시개발부를 담당하고 있던 상원사무실 참모는 졸도 직 전이었다. 돌은 평생을 주택 및 도시개발 이슈에 바친 사람이 있는데 도 불구하고 일언반구 상의도 없이 불시에 이 기관의 폐지를 주장하고 있는 꼴이었다. 발언이 미치게 될 파장, 과거의 행위나 발언과 일치하 는지 여부를 점검하는 '필수과정'을 생략한 채 파죽지세로 정책제안을 밀어 부치는 것에 대해 깊이 우려했다. 버크가 가장 걱정한 부분은 돌 이 과거와 다른 입장을 제시하는 '말 바꾸기'였다. 즉, 돌이 지금 어떤 제안을 했는데, 반대로 투표한 과거전력이 나중에 드러나 망신을 당하 는 것이었다. 실제로 돌은 이들 4개 부서로부터 수년 동안 연방정부 보조금을 받아왔다. 또 캔사스 주립대학에 '밥 돌 홀'을 건립하기 위 해 교육부로부터 6백만 불의 교부금을 받은 것을 포함해서 곳곳에 '시 체'가 묻혀 있었다. 버크의 문제제기는 불가피한 것이었다. 버크와 월 은 돌이 있는 자리에서 연설의 몇 부분에 대한 해석을 놓고 논쟁을 벌 였다. 돌은 듣고만 있다가 마지막에 빙그레 웃을 뿐이었다. 버크와 리

드는 심각한 대화를 나누었다. 마침내 '불가침협정'이 만들어졌다. 그들은 서로를 놀라게 하는 일은 하지 않기로 합의했다. 이에 따라 레이시는 캠페인과 상원 사무실 양쪽의 핵심적인 인물로 구성된 정책그룹(policy group)을 만들었다. 돌에게 제시될 정책대안들을 점검하기 위해 매주 목요일 모임을 열기로 했고, 또 나중에 돌을 '자신의 입장으로 설득하는' 일은 서로 하지 않기로 합의했다. 그러나 이러한 검증절차도 밥 돌의 분명한 노선결정, 내부정치의 운영기술 부족 때문에 실질적인 제도로써 기능하지 못했다. 사실 돌은 검증절차의 필요성에 대해서도 제대로 인식하지 못했을 뿐만 아니라 참모들간의 갈등을 '발전을 위한 경쟁'으로 승화시킬 줄 몰랐다. 돌 진영의 '검증절차'가 얼마나 한심한 수준인지는 또 다른 예에서 잘 드러난다. 미국에는 총기협회(NRA)라는 단체가 있다. 개인의 총기소유를 지지하는 협회이자 로비단체이다. 공화당은 총기협회와 전통적으로 가까운 사이였지만, 범죄이슈가 중요할 뿐만 아니라 클린턴이 살상무기반대법안을 통과시킨 상태였기 때문에 총기이슈는 섣불리 다룰 수 없는 '인화성'(引火性, ignitibility)이 강한 이슈였다. 돌진영도 당연히 총기협회와의 모임을 계속 연기하다 친목 성격의 모임을 가졌다. 그리고 돌 진영은 감사의 편지를 보냈다. 그것이 전부였다. 그런데 이게 왠 일인가? 3월 18일 방송에서 돌이 작년에 통과된 클린턴 범죄법안의 살상무기금지규정을 폐지하겠다는 약속의 편지를 NRA에 보냈다는 뉴스가 터져 나왔다. 편지에는 여름까지 개정안이 대통령의 책상 앞에 놓이도록 하겠다는 시한도 제시되어 있다고 보도되었다. 돌은 엄청난 비난을 들었다. 누군가에 의한 인재(人災)였다. 리드는 진상조사를 했지만 범인을 찾을 수가 없었다. 캠프에서 외부로 나가는 편지가 제대로 통제되지 못한 것은 이미 돌캠프가 엉망이라는 증거였다. 이런 측면에서 보면, 파네타가 요구한 검증절차는 반드시 필요한 일이었다. 모리스의 아이디어가 채택되느냐 여부는 클린턴이란 보스의 마음이지만, 그 과정은 검증을 거쳐야 한다는 원칙은 옳은 것이었다.

39) 사람의 졸렬한 기능, 혹은 자기 기능의 졸렬한 기능을 모르고 함부로 행동하다 자멸하는 것을 비유하는 표현이다.

40) 미국의 선거에는 당내 競選과 본선이 있다. 두 가지 모두 간선제다. 당내 競選이란 당내 후보를 결정하는 대의원(delegate)을 뽑는 선거다. 예비선거가 도입되기 전에는 코커스(Caucus) 제도를 통해 후보를 뽑았는데, 정당 간부들이 중심이 되어 대통령후보 선출권을 가진 정당대의원을 뽑는 제도다. 정당간부의 자격을 미리부터 정해 이 자격을 가진

사람들만 배타적으로 모여 이들이 대의원을 뽑는 제도였는데, 특히 선출된 대의원이 예비선거 과정에서 지지의사를 밝힌 후보가 아닌 다른 후보들에게 투표하기도 했다. 이처럼 후보선출 과정이나 대의원의 지지후보 변경 등에 영향력을 미치는 조직을 움직이는 사람을 킹 메이커라고 했다. 예비선거에는 누구든지 예비선거 당일 어떤 정당의 예비선거에 참가하겠다는 의사만 표시하면 후보선출선거에 참여할 수 있다. 그리고 1960년 선거를 끝으로 예비선거 과정에서 밝힌 지지후보를 바꿀 수 없도록 법으로 금지하고 있다. 선거인단 명부에 이름을 등재한 사람은 해당지역의 투표소에 가 자기 이름을 대면 투표소 직원은 투표권 인지서를 준다. 이 투표권 인지서를 갖고 투표장에 들어가 직원에게 제출한다. 그리고 이 직원이 투표계산기에 투표권 인지서를 투입하게 되면 정당선택의 명령이 화면에 나온다. 그러면 투표자는 소속 당에 상관없이 자기가 투표하고 싶은 정당의 단추를 누르면 된다. 정당을 선택하면 그 정당의 후보이름이 좍 나온다. 이 중에 하나를 골라 단추를 누르면 된다. 이것이 투표과정이다. 전국대의원의 수는 민주당이 4,282명, 공화당이 2,206명이다. 대의원 후보들은 주로 대학원생, 정치지망생 등으로 구성되는데, 대의원 명단에 들어가는 것을 매우 영광으로 여긴다. 예비선거에서 중요한 것은 아이오와 모의투표(straw poll)와 뉴햄프셔주(州)이다. 아이오와 모의투표는 25불만 내면 주(州) 내외를 막론하고 아무나 투표할 수 있는 것이다. 뉴햄프셔는 전통적으로 2월 19일 열리는데 전국 최초의 예비선거이기 때문에 중요하게 평가되고 있다. 최근 선거에서 뉴햄프셔에서 진 사람이 당의 후보로 되는 경우가 없었기 때문에 더욱 중요하다. 그러나 돌은 96년 뉴햄프셔에서 패배했지만 후보직을 획득했다. 예비선거에서 승패를 결정하는 것은 흔히 수퍼 화요일과 작은 화요일이다. 3월 첫째 화요일 뉴욕주(州)를 비롯해 큰 주(州) 6-7개가 같은 날 선거를 실시하는데, 이날의 결과가 대세를 거의 판가름하기 때문에 수퍼 화요일(Super Tuesday)이라고 부른다. 작은 화요일(Junior Tuesday)은 수퍼 화요일에 빗대 3월 초에 실시되는 5개의 뉴잉글랜드, 조지아, 콜로라도, 메릴랜드 등 8개 주(州)의 예비선거를 일컫는 말이다. 본선거는 11월 첫째 화요일에 실시된다. 본선거도 대통령을 뽑을 선거인단(선거인 개인은 elector라고 하고, 전체는 electoral college 혹은 voting college라고 함)을 뽑는 선거다. 선거인단은 총 538명이다. 이 숫자는 연방하원의원의 수와 상원의원의 수를 합한 것에 워싱턴D.C의 특별 선거인단 3명을 합친 것이다. 선거인단 선거에서는 한 표라도 많이 득표한 후보가 그 주의 선거인단을 독차지한다. 이를 승자독식 제도라고 한다. 때문에 간혹 국민 투표에서는 이기고 선거인단 득표에서는 지는 경우가 생긴다. 1960년 케네디에게 패한 닉슨이 이 경우였다. 선거인 후보는 대개 정치지망생이거나 돈 많은 지방유지들이다. 선출된 선거인단은 지지후보를 바꿀 수 없다. 이렇게 선출된 선거인단은 주 단위로 소집되어 지지후보를 결정하고, 그 결과를 연방하원에 통보한다. 하원은 선거 후 1개월 이내에 결과를 정식 공고한다. 만일 선거인단수가 후보간 동수이면 상하 양원합동회의에서 다시 투표하는 것으로 되어있고, 여기서도 동수이면 상원의장(부통령 겸임)이 결정한다.

41) 원래 TV의 코미디 프로에 나오는 인물 이름에서 유래된 것으로 사회에 대해 편협하고 독선적인 반응을 보이는 노동자의 전형적인 인물을 뜻한다.

42) 미국 예비선거에서 제일 재미있는 것이 모의투표란 제도다. 아이오와와 플로리다 두 곳에서 열린다. 특히 아이오와 모의투표가 중요하다. '별들의 행진'(Cavalcade of the Stars)라고 불리는 아이오와 모의투표는 장난 같은 행사지만 대대로 중대한 의미가 있는 것으로 평가받고 있다. 대의원을 뽑는 아이오와 예비선거가 있기 6개월 前 토요일 밤의 모의투표가 조직역량에 대한 중요한 시험이라는 것이 정치권의 통설이었다. 아이오와 스트로폴은 모의투표이면서도 언제나 폭풍의 진원지였다. 75년 무명의 지미 카터가 스타로 떠오른 곳도 아이오와에서였다. 87년에는 부시나 돌을 제치고 엉뚱한 사람이 일등을 차지하는 통에 기독교 극우보수파의 존재가 세상에 알려지기도 했다. 95년 8월 19일의 아이오와 모의투표 또한 공화당 예비선거에서 매우 중요한 행사로 부각되고 있었다.

43) 앞서가는 후보에게 표를 몰아주는 현상.

44) 스테파노폴러스의 딕 모리스에 대한 생각은 그의 책에 잘 드러나 있다. 잠깐 몇 대목만 살펴보자. "딕의 당당함 밑에는 어린아이 같은 투명함이 있었다. 그래서 내가 그에 질투심을 느끼지만 않았다면 그 투명함에 내 마음이 움직였을 수도 있었다." "나는 곧바로 딕에게 무엇가 빠진 게 있음을 알아차렸다. 그는 정말로 창피함을 몰랐다. 그러나 그 순간에 나는 모리스가 나에게 전하고자 하는 메시지, 즉 나의 경험은 클린턴의 정치서사시에서 짧은 한 장에 지나지 않으며 내 시간은 이미 끝났다는 메시지에만 집중하고 있었다." "딕은 어떻게 하면 승리하는지를 알고 있었다. 그러나 그가 빌을 만났을 때 그는 승리하는 방법이나 그 대상이 누구이든 개의하지 않았다. 일말의 양심도 없었다.

그의 고객들 중에는 공화당원도 있었으며, 그의 공략 광고는 정계에서 가장 비열했다. 만약 그가 같은 경선에서 양쪽을 위해 일하고도 들키지만 않는다면 능히 그렇게 하고도 남으리라는 말도 있었다." "그러나 딕은 클린턴이 무엇을 하라고 명령할 것인지를 잘 알고 있었다. 그는 정확하게 처방을 내려주고 눈에 보이는 결과를 약속했다. 그의 확실성은 클린턴의 고질적인 우유부단함을 치유할 수 있게 해주었다." 조지 스테파노풀러스, 최규선 옮김, 『너무나 인간적인』(서울: 생각의 나무, 1999) pp. 483~503. 참고로 이 번역서는 원저의 두 장이 생략되어 있다. 이 두 장에는 96년 선거를 둘러싼 백악관 내부의 갈등이 잘 소개되어 있는 부분이라 대단히 아쉽다.

45) 현장역할은 특정한 정책 및 활동에 대한 의도나 배후사정을 언론에게 설명하는 非공식적 회견을 담당하는 역할이다. 이런 역할은 발언자의 이름을 직접 인용하지 않는다는 조건하에 배경 설명을 하는 것이기 때문에 공식적 브리핑을 담당하는 백악관 대변인보다는 '현장기술'이 더욱 필요하다고 하겠다. 이런 브리핑을 언론에서 보도할 경우에는 발언자의 이름을 기재하지 않는다. 외교의 귀재라는 헨리 키신저(Henry Kissinger)는 이 테크닉을 최대한 활용한 사람으로 유명하다. 언론에서는 대개 이런 정보나 배경설명을 바탕으로 분석한 기사를 싣는다. 따라서 기자들의 논조에 많은 영향을 미치는 역할이다.

46) 캘리포니아, 워싱턴, 오레곤, 콜로라도, 뉴멕시코, 루이지애나, 아칸소, 테네시, 켄터키, 플로리다, 노스캐롤라이나, 뉴저지, 펜실베니아, 오하이오, 미시간, 위스콘신, 일리노이스, 미네소타, 미조리, 아이오와.

47) 난롯가에 앉아 정담을 하듯이 편안하게 라디오 방송을 한 것을 말한다. 루즈벨트의 노변정담은 알려진 것과 달리 12년의 재임 기간 동안 모두 30회 정도에 불과했다. 루즈벨트는 노변정담을 4~5일 가량 사전 준비를 했으며, 수없이 원고를 고치고 참모들 앞에서 수많은 연습을 했으며, 감정적인 효과가 극대화되도록 세심한 주의를 기울였다.

48) '스핀'에 대해서는 설명이 필요하다. 뒤에서 블레어를 다룰 때 자세히 설명하겠지만, 스핀은 기본적으로 하나의 설명 또는 해석을 말한다. TV토론을 거치고 나면, 각 선거캠프에서는 왜 자신들의 후보가 잘 했는지를 설명하고, 해석한다. 언론에서 이런 설명이나 해석이 수용되기를 기대하고서 하는 작업이다. 언론에서 이 단어와 이 단어에서 비롯된 spin doctor를 사용할 때는 '본질이나 내용은 바꾸지 않고 겉모양이나 형식만 바꾼다'는 경멸적 뉘앙스를 갖고 있다. 때문에 정치 컨설턴트들은 스핀 닥터란 말을 싫어한다. 딕 모리스도 자신이 스핀 닥터란

말에 대해 공개부정으로 부정하면서, 그 이유를 이렇게 설명하고 있다. 즉, 자신은 정책을 다루고, 과정을 개혁함으로써 공적 토론을 한 단계 발전시키는 등 전략적인 문제를 다루었기 때문에 스핀 닥터가 아니라는 것이다. 스핀 기술에 대해 잘 정리된 책은 Michael S. Sitrick, 『Spin』(Washington: Regnery, 1998)을 참고할 수 있다. 시트릭은 언론에서 스핀 천재로 불리는 사람이다.

49) 공화당은 기업의 이익을 대변하는 정당이기 때문에 정치헌금을 모으는데 있어서 민주당보다 훨씬 월등하다.

50) 공화당의 의도에 대한 모리스의 판단은 매우 정확한 것이었다. 돌 진영의 광고에 대해 살펴보자. 돌 캠페인에는 총괄전략(overall strategy)이 없다. 레이시는 하나 하나의 TV광고에 너무 많은 시간을 보내고 있다. 광고에 들어가는 이슈를 선정함에 있어서도 종합전략이 없이 그때 그때 즉흥적으로 선택하고 있다. "광고에 대해 생각하지 말고, 플랜에 대해 생각하자." 돌은 강하고 신선해 보인 레이건과 달리 늙었고, 진부하고, 단조롭게 비치고 있다. 시플의 요지는 이런 것이었다. 그러나 시플의 이런 제안은 받아들여지지 않았다. 오히려 사람만 우습게 되거나, 면박만 당하기 일쑤였다. 레이시를 비롯한 전략팀 참모들은 말없이 쳐다보거나, '결정은 이미 내려졌다'고 쌀쌀맞게 쏘아 부쳤다. 시플이 보기엔, 참모들이 마치 '어린애들'과 같았다. 돌 진영의 광고 중에서 또 다른 실수는 뉴햄프셔 예비선거 직전인 96년 2월초 방송된 광고였다. 〈Boston Glove〉의 여론조사는 뉴햄프셔에서 포브스가 돌보다 9% 앞서가는 것으로 나타난 데 대한 대응광고였다. 광고에는 뉴햄프셔의 인기 있는 주지사 메릴(Steve Merrill)을 출연시켰다. 광고에서 메릴은 포브스의 소득세방안이 재정적자를 늘리고 세금을 올리는 것이라며 공격했다. 메릴은 광고에서, 포브스의 방안에 따르면 전형적인 뉴햄프셔 가정은 2천불의 세금을 더 내야 하는 처지가 된다고 비판했다. 그러나 언론에서 오히려 세금을 적게 내게 된다는 사실을 찾아냈다. 그렇다고 광고를 중지하는 것은 실수를 더 한층 부각시키는 것이라고 생각해 진퇴양난에 빠져 버렸다. 돌 진영이 예비선거에서 광고전을 활용하여 승리를 쟁취했지만, 이미 클린턴과의 판세는 너무나 격차가 컸다. 돌 진영에는 흑색광고의 대가들이 포진하고 있었기 때문에 돌 진영이 선택할 대안은 흑색광고 뿐이었다. 모리스의 말대로 선거의 '판'은 이미 고정화되어 있었다. 판을 흔드는 것이 급선무였다. 그런데 돌성향의 부동층 유권자들은 흑색선전을 싫어한다는 사실이 여론조사를 통해 확인되었기 때문에 흑색선전을 할 수 없었다. 돌 진영이 본선에서 흑

402

색광고를 제대로 활용하지 못한 결정적인 이유는 돌의 28년 前 혼외정
사件 때문이었다. 혼외정사 스캔들은 대규모 스캔들로 발전하지는 않
았지만 돌 진영의 손발을 묶는 작용을 했다. 〈The Washington Post〉
와 〈Time〉에서 60년대 말 돌의 첫번째 결혼이 파경에 이를 무렵 혼외
정사를 가졌다는 여인을 인터뷰하였다. 돌보다 9살 연하인 그 여자는
68년 돌이 44세 때 만나 72년까지 혼외정사를 즐겼다고 주장했다. 그
녀는 자신의 주장을 뒷받침하는 편지와 일기장 등을 증거물로 제시했
다. 〈Post〉의 밥 우드워드 기자가 리드에게 전화를 걸어 사실확인을
요청했다. 우드워드는 닉슨 대통령을 하야시킨 경력이 있는 언론계의
신화적인 존재였다. 그에게 한번 걸리면 항복하기 전엔 빠져 나올 수
없는 것으로 유명했다. 돌 진영은 초비상에 걸렸다. 혼외정사가 폭로
되면 선거는 끝장이었다. 돌의 연설문 작성자인 마리 윌이 우드워드를
찾아가 자초지종을 설명하곤 선처를 호소했다. 28년前 이야기인데다
이미 파경에 이른 결혼생활이었다는 논리로 설득했다. 그러나 아무런
확답을 듣지는 못했다. 이 사건으로 인해 캠페인은 사실상 마비되었다.
언제 보도가 나올지 전전긍긍하였다. 언론에 미리 자백하자는 견해도
있었다. 버클리가 이런 입장이었다. 그는 '좋지 않은 뉴스는 먼저 스스
로 발표하라'는 오래된 캠페인 법칙에 따른 것이었다. 그러나 신중론이
앞섰다. 기사화 될 때까지 기다렸다가, 기사가 나면 '쓰레기 저널리
즘'(trash journalism)으로 공격하자는 입장으로 정리했다. 선거운동은
뒷전이었다. 매일 아침 신문을 통해 보도가 나오지 않았다는 사실을
확인하고서야 업무를 볼 수 있었다. 때문에 클린턴에 대한 흑색선전을
한다는 것은 불가능했다. 흑색선전으로 두 언론사를 자극하면 혼외정
사는 대규모 스캔들로 폭로될 것이 뻔했기 때문이었다. 10월 3일이 되
자 돌 진영은 안도할 수 있었다. 〈Post〉의 결정 때문이었다. 즉, TV대
담을 앞두고 개인 신상에 관련된 스토리를 보도하는 것은 옳지 않다는
판단하에 기사화하지 않기로 결정했기 때문이었다. 우드워드가 직접
이 같은 사실을 돌 진영에 알려 주었다. 그러나 선거는 이미 돌이킬
수 없는 지경에 빠져 있었다. 클린턴 측도 이 정보를 알고 있었다. 하
지만 우드워드 기자 때문에 공격할 수가 없었다. 또 그럴 필요도 없었
다. 오히려 우드워드 때문에 돌 진영에서 흑색선전을 하지 못할 것으
로 판단했다. 때문에 클린턴 측은 긁어 부스럼 만들 필요가 없이 지켜
보기만 하면 되는 형편이었다.

51) 후에 깅리치는 자신의 실패담을 책으로 엮어냈다. Newt Gingrich,
『Lessons Learned The Hard Way』(New York: Harper Collins, 1998)

52) 1965년 '초기 교육기회의 균등'을 구호로 실시된 헤드 스타트는 일부 지역의 빈곤·이혼가정의 3~5세 어린이와 그 부모를 대상으로 각종 교육 지원·상담치료를 통해 가난의 대물림을 해소하기 위해 실시되었다. 지난 30여 년간 1백30만 명의 자원 봉사자와 1천4백 개의 비영리 단체 및 각급 학교가 참여하였다. 이를 통해 2백만 명의 어린이가 혜택을 봤다. 이와 비슷한 것이 일본의 에인절 플랜(Angel Plan)이다. 중앙일보, 2001.4.10

53) 총칭해서 entitlements라고 부른다.

54) 루즈벨트의 '타이밍 감각'이 빚어낸 걸작품이 오늘날 대통령의 성패를 좌우하는 요소라고 일컬어지는 이른바 '취임 후 100일'이라는 개념이다. 취임 후 100일이란 개념은 취임 후 100일 동안은 언론과 의회 등에서도 협조하는 등 밀월관계를 보이는 시기이기 때문에 이때 중요한 법안을 통과시켜야 한다는 뜻이다. 루즈벨트는 취임하자마자 자신의 구상을 뒷받침할 법안들을 일사천리로 통과시켰다. 그는 과감하고 재빠른 행동으로 분위기를 일신하고, 그 후에 자신이 원하는 다른 일들을 순조롭게 해나갔다.

55) government는 존속하는 헌법상의 정부조직을 지칭하고, administration은 특정 대통령의 정권이나 집권기간을 지칭하는 차이가 있음. 따라서 통상용례로서, government라는 개념에는 행정부, 사법부, 입법부 등 3부가 모두 포함되나, administration은 행정부만을 뜻한다.

56) 카빌은 정규출입증을 가지고 있었다.

57) 카빌과 매털린은 92년 선거에서 서로 적대 진영에서 일했다. 카빌은 클린턴 캠프에서, 매털린은 부시 캠프에서 일하다 만나 결혼했다. 둘은 92년 선거 캠페인을 회고하는 책, 『All's fair』(New York: Random House, 1994)를 공동 집필하기도 했다.

58) 정치자금 모집책. 2001년 민주당전국위원회(DLC) 의장으로 취임했다.

59) 뛰어난 지능으로 일순간에 사태의 본질을 파악하는 것을 말한다.

60) 미국 미식축구에서 유래된 용어로 '전략', '목적 달성을 위한 장기전략'이란 뜻을 가지고 있다. 원래는 '상대팀의 전술을 세밀하게 분석검토한 끝에 세운 공수의 전술'이란 뜻을 가지고 있었다. 이 말은 닉슨이 애용하여 유명해졌다.

61) 열쇠구멍으로 방안을 들여다보듯이 집요하게 속사정을 캐내려는 저널리즘.

62) 파월은 평생을 군(軍)에서 보냈다. 군에서의 결정은 대부분 국가안위와 관련된 중대한 것이다. 때문에 파월은 국방과 안보의 주요 직책을 거

치면서 나름대로 '일하는 원칙'을 가지게 되었다. 훌륭한 교훈이 될만
하므로 잠깐 쉬어 가는 기분으로 참고해 보고자 한다. 콜린 파월/요셉
E. 퍼시코, 유진 역, 『콜린 파월 자서전』(서울: 샘터, 1997). p.6에서
인용.

① 좋지 않은 일이 생기더라도 생각하는 것만큼 나쁘지는 않다. 아
침이 되면 좋아질 것이다.(It ain't as bad as you think. It will look
better in the morning.)

② 화나는 일이 있으면 우선 화를 내라. 그런 다음 이겨내라.(Get
mad, then get over it.)

③ 자신의 주장에 너무 가까이 자아를 밀착시켜 주장이 무너질 때
자아도 함께 무너지는 일이 없도록 하라.(Avoid having your ego so
close to your position that your position falls, your ego goes with
it.)

④ 하면 된다.(It can be done)

⑤ 선택은 신중히 하라. 선택한 것을 얻게 된다.(Be careful what
you choose. You may get it.)

⑥ 좋은 결정을 내리는데 불리한 사실들이 방해하지 않도록 하
라.(Don't let adverse facts stand in the way of a good decision.)

⑦ 다른 사람의 선택을 대신해 줄 수 없듯이 다른 사람이 당신 대
신 선택을 하게 해서는 안 된다.(You can't make someone else's
choices. You shouldn't let someone else make you.)

⑧ 사소한 일을 점검하라.(Check small things.)

⑨ 공적은 나누어라.(Share credit.)

⑩ 침착하라. 친절하라.(Remain calm. Be kind.)

⑪ 비전을 가져라. 스스로에게 요구하라.(Have a vision. Be
deman- ding.)

⑫ 두려움이나 반대자들과 너무 상의하지 마라.(Don't take counsel
of your fears or naysayers.)

⑬ 지속적인 낙천주의는 힘을 증가시킨다.(Perpetual optimism is a
force multiplier.)

63) 핀켈스타인(Arthur J. Finkelstein)은 누구인가? 핀켈스타인은 한마디로
흑색선전, 비방홍보의 대부이다. 미국에서 대단히 유명한 사람이다. 공
화당의 정치컨설턴트이자 여론조사 전문가인 핀켈스타인은 미국에서
가장 논란이 많은 정치컨설턴트 중의 하나다. 그는 초강경 보수주의자
인 제시 헬름스 상원의원의 선거를 3번 치렀던 공격 전문가다. 언론을

피해서 비밀스럽고, 막후공작을 즐기는 전문일꾼으로서 그는 거칠고 흑색광고를 좋아했다. 핀켈스타인은 흑색광고를 전문으로 하는 일파의 교부(教父)였다. 그에 따르면, 흑색선전에서 가장 기본적인 것은 유권자들을 두 집단으로 갈라놓는 것이라고 한다. 가장 관심을 끌 만한 이슈, 이른바 '분열이슈'(wedge issues)를 끄집어내 찬성 아니면 반대를 이끌어내 편가르기를 하는 것이다. 또 상대후보의 부정적인 측면만 집중적으로 공격하는 게 최선이라고 한다. 핀켈스타인이 80년 다마토 (Alfonse D'Amato)를 처음 당선시킬 때에도 흑색선전을 동원했다. 그 결과 현역의원에 비해 60% 뒤져있던 무명의 다마토를 당선시킨 것은 가히 신기(神技)였다. 흑색광고의 위력이 대단하지만, 그에게도 천적(天敵)이 있다. 바로 언론이다. 〈The New York Times〉나 〈The Washington Post〉와 같은 고급신문(quality paper)들은 도가 지나친 흑색선전에 대해선 집중 공격한다. 특히 대통령 선거일 경우에는 더 심하다. 다마토는 돌을 지지하는 조건으로 고용을 요구한 사람이 사람이 핀켈스타인이었다. 핀켈스타인은 돌을 만났을 때, 돌이 품성(character)과 진실성에서 아이젠하워 대통령과 비슷한 호소력을 가지고 있다고 했다. 그러나 공화당의 근본주의 분파들은 세금, 「긍정적 조치」, 정부의 재정지출, 범죄, 복지, 불법 이민 등에 반대하는 사람을 선호하기 때문에 돌이 96년에 승리하는 것은 쉽지 않을 것이라고 지적했다. 그러나 돌은 핀켈스타인을 고용하지 않았다. 핀켈스타인은 돌진영에 없었지만 핀켈스타인파의 수제자들이 돌 진영을 장악한 것은 아이러니한 사실이다.

64) 30초 이내에 핵심 주장을 간결하게 설명하는 기본 담론을 말한다. 최근에는 10초 이내로 점점 짧아지고 있다.

65) 경쟁자의 신제품을 분해해 철저하게 분석하는 기술.

66) 워싱턴 포스트지에서 발간한 96년 大選보고서 「Back from the Dead」에 후기를 쓴 피터 골드만(Peter Goldman)의 표현이다. 루즈벨트의 뉴딜에 빗댄 것이다.

67) 99년 총리 선거에서는 바라크(Ehud Barak) 진영을 그린버그, 카빌, 슈람(Bob Shrum)이 도왔고, 네탄야후 진영을 핀켈스타인이 도왔다.

68) 백악관이 前국무장관 제임스 베이커 등 공화당 주요인사들의 FBI 파일을 몰래 봄으로써 사생활 보호권리를 침해했다는 스캔들을 말한다.

69) 클린턴 백악관의 홍보팀의 스핀 능력에 대해서는 '대통령도 겁내는 기자'로 알려진 워싱턴 포스트의 하워드 커츠도 "역사상 최고의 팀"으로 평가할 정도다. 클린턴팀의 활약상에 대해서는 Howard Kurtz, 『Spin

Cycle』(New York: The Free Press, 1998)을 참고할 수 있다. 커츠는 책에서 인상적인 말을 하고 있다. "통치는 과학이 아니라 예술이다." p. 166

70) 보통 양원으로부터 manager라고 불리는 동수의 위원으로 구성된다.

71) 영화배우로서 슈퍼맨의 주연배우, 후에 말에서 떨어져 하반신 불구가 되었음에도 불구하고 의욕적인 사회활동을 하고 있다.

72) 모리스는 현장에서 은퇴한 이후 Vote.com이란 Web site를 운영하면서 왕성한 강연활동과 더불어 저술에 몰두하고 있다. 대표적으로는 『the New Prince』(Los Angels: Renaissance Books, 1999)가 있다. 이 책은 마키아벨리의 『군주론』에 빗대어 『新군주론』이라고 제목을 정할 정도로 현대 정치의 중요 원칙이나 기술들이 잘 정리되어 있다. 一讀의 가치가 있다.

73) 이진, 『나는 미국이 딱 절반만 좋다』(서울: 북&월드, 2001) pp.160~162.

74) 이 장의 주요 내용은 97년 선거가 끝난 후인 98년 토니 블레어(Tony Blair)의 핵심 참모인 필립 굴드(Philip Gould)가 약 10여 년의 캠페인과 당내 투쟁 경험을 담은 『The Unfinished Revolution』(London: Little, Brown and Company, 1998)과 97년 선거기록 보고서인 David Butler & Dennis Kavanagh, 『The British General Election of 1997』(London: Macmillan Press, 1997), 존 소펠 지음, 김구철 옮김, 『토니블레어』(서울: 당대, 1997)에 많은 부분 의존하고 있다. 특히 이 장의 본문 내용 중에 특별히 주를 달지 않고 인용한 것은 굴드의 책에서 인용한 것임을 밝혀둔다. 이밖에 Dennis Kavanagh and Anthony Seldon, 『The Powers Behind The Prime Minister』(London: Harper Collins, 1999)를 참조하였다.

75) 일방적 非核 선언. 1960년 10월 당대회에서 운수노조와 기계노조가 제안하여 처음으로 당의 공식적 정책으로 채택되었다.

76) 국유화 정책조항을 말한다.

77) 만델슨은 블레어 집권 후 통상산업장관에 임명되었다가 주택자금 비밀 대출 파문으로 6개월만에 물러났고, 99년 10월 다시 북아일랜드 장관에 임명됐으나 인도 출신 억만장자의 여권 청탁 사건에 책임을 지고 2001년 1월 또 다시 불명예 퇴진했다. 만델슨의 전기에 대해서는 다음의 책이 좋은 참고가 된다. Donald Macintyre, 『Mandelson and the Making of New Labour』(London: HarperCollins, 2000)

78) 굴드는 자신이 정치 컨설턴트도 아니고 스핀 닥터도 아니라고 주장한

다. 그는 스스로를 정치 전략가로 규정짓고 있다. 그의 역할은 新노동
당의 메시지를 개발하는 것이었다. 그는 최소한 매주 1회 블레어와 고
든 브라운, 만델슨, 알라스태어 캠벨에게 메모를 보냈다. 굴드는 언론
으로부터 "토니 블레어 총리에게 가장 영향력이 큰 참모이자 新노동당
의 설계사"로 평가받고 있다.

79) 토니 블레어의 평전으로는 앞에서 언급한 존 소펠(Jon Sopel)이 쓴
책이 있다. 이 책은 KBS의 김구철 기자가 번역하였는데, 번역이 잘된
책이다. 따로 각주 처리는 하지 않았으나, 블레어나 만델슨, 고든 브라
운에 대한 평가 부분은 이 책에서 상당 부분 인용하였다.

80) 1940년대 영국에 공산당 설립을 주도한 레온 트로츠기의 제4 인터내셔
널에서 직접 유래하는 단체. 혁명좌파가 당의 간판 아래 활동하기 위
해 침투한 조직으로 85년부터 추방이 본격화되었다.

81) 잉글랜드 남부의 주, 발전하는 서비스산업을 상징한다.

82) 보수당의 연속 4회 선거 승리를 이끈 사치社(Saatchi's)의 성공 때문에
정치광고에 대한 하나의 신화가 존재하는데, "좋은 광고가 선거승리를
낳는다"는 것이 바로 그것이다. 하지만 이것은 한마디로 넌센스이다.
광고는 분명히 효과가 있는 것이지만, 그것이 결정적인 요소는 아니다.
거의 모든 선거에서 광고의 역할은 제한적이다. 물론 이것은 TV광고가
제한된 영국에서의 이야기이고, 무제한의 광고가 허용된 미국과 같은
나라에서는 광고가 선거의 과정과 결과를 바꿀 수도 있다. 하지만 영
국과 같은 나라에서도 광고는 중요한 역할을 하는데, 그것은 아젠다를
설정하는 것이다. 즉, 말하고 싶어하는 것 중에서 하나에 마음을 집중
하고, 당 전체가 동의하도록 만든다. 대중의 분위기를 포착하고, 하나
의 기억할 만한 이미지나 문구로 표현할 수 있다. 노동당의 광고에는
여러 광고기획사가 참여했다. 그 중에서도 BMP의 역할이 컸다. BMP
의 피터 가틀리(Peter Gatley)와 크리스 파월이 중심적 역할을 했다.
BMP에 대한 노동당 내부의 회의론이 대두되기도 했다. 하이만은 BMP
가 정치적 야성과 킬러 본능이 부족하다고 생각했다. 밀방크는 좀더
거칠고, 거침없는 프로페셔널리즘을 원했다. 캠벨은 자기가 더 잘할 수
있다고 생각했다. BMP는 노동당과 일하기를 원하는 다른 광고 에이전
시들로부터도 공격을 당했는데, 그 중에 하나는 '사치&사치'도 있었다.
그들은 '이제 그만'(Enough is enough)이란 문구를 개발했고, 좀더 포
지티브한 생각을 하도록 밀어 부쳤다. 보수당은 훨씬 많은 자금과 명
성을 밑천으로 엄청난 광고공세를 펼쳤다. 노동당의 광고는 세금이라
는 중심주제를 견지하면서도 스타일과 디자인, 그리고 주제를 바꿨다.

96년부터 시작한 여러 광고 중에서 '92년 이후 22개의 세금이 증가했다'는 광고는 가장 훌륭한 공격광고였다. 사실을 담고 있었기 때문에 보수당을 공격하면서도 노동당이 해를 입을 여지가 없었다. 이후 세금 관련 공약을 담은 광고를 내보냈다. 블레어는 노동당의 광고에 대해 마땅찮게 생각했다. 그는 좀더 포지티브한 광고를 원했다. 봄부터 블레어는 네거티브 광고를 빼도록 지시했는데, 이 때 만델슨과 굴드는 블레어가 미쳤다고 생각했다. 그러나 차츰 보수당 캠페인이 실패하기 시작하면서 이들도 블레어의 생각에 동의하게 되었다. 보수당은 집권 기간 동안 희망과 긍정성에 기반을 둔 정치적 토대를 산출했는 바, 노동당은 그것을 반드시 잡아채야만 했다.

83) 미국의 저명한 정치 컨설턴트이다. 나폴리턴은 1968년 세계정치컨설턴트협회(IAPC)를 창설한 주역이다.

84) 일람표(Grid)는 선거캠페인의 심장이다. 그것은 전략, 메시지와 병참(logistics)이 단 한 장의 종이 위에서 녹아들어야 한다는 사실 때문이다. 이것은 지도적 위치에 있는 정치인들이 매일 매일 어디에 있어야 하는가 하는 시간표(time-table)가 아니다. 이것은 준비된 병참과 연계된 전략적 및 메시지 지시의 윤곽을 잡아준다. 후보인 당총재와 부총재의 일정, 라디오와 TV 유세 일정, 예비 내각의 방문지 등이 하나의 총체적 마스터플랜으로 모아져야 캠페인은 자리를 잡고, 응집력이 생기며, 중심 메시지를 가지게 된다. 97년 1월 만델슨은 일람표(Grid)를 작성하고, 캠페인 기간의 회의구조를 확정하기 위해 페이퍼를 작성했다. 한 페이지에 캠페인의 하루씩 정리했는데, 종이 한 페이지를 여러 칸으로 나누어, 아침과 오후의 기자회견, 블레어가 가야 할 곳, 그 날의 메인 사진, 예비 내각의 주요한 방송출연 등을 기재했다. 하나의 페이지에는 8개 내지 9개의 사실(facts)만 기재했으나, 모든 병참과 언론 스케줄을 위한 핵우산 역할을 했다. 소수의 인사들과 끊임없이 이 페이퍼를 가지고 토론한 후 수정하여 토니 블레어와 고든 브라운에게 제출했다. 일람표의 최종본은 없었다. 캠페인 내내 수정되었다. 만델슨은 자신이 모든 회의에 들고 다니는 폴더에다 새로운 종이를 잘라 붙였다. 일람표(Grid)에다 생명력을 불어넣은 것은 안지 헌터가 조직한 늦은 저녁 모임이었다. 이런 모임을 운영하는데 있어 헌터는 최고였다. 이 모임은 97년 초 시작되어 선거 거의 직전까지 지속되었다. 이 모임에서 이벤트, 위치, 사진촬영 기회 등을 합의했다. 이 모임에는 안지 외에 마가레트 맥도나이, 잰 로얄(Jan Royall, 경험 있는 그리드 전문가), 만델슨, 캠벨, 하이만, 톰 스토다트(Tom Stoddart, 블레어 공식 사

진사) 등이 참석했다. Grid는 모든 전략적 요소를 한 장의 종이에 망라해 놓은 것으로써 캠페인의 심장이다. 따라서 일람표 없는 캠페인은 있을 수 없다.

85) 영국의 선거도 대처를 기점으로 수상선거가 아니라 대통령 선거로 변화되었다고 한다. 이에 대해서는 Sue Pryce, 『Presidentializing the Premiership』(London: Macmillan Press, 1997). 이 책에서 프라이스는 'advice politics' 측면에서 수상이 각료들의 조언을 받는 것이 아니라 사적인 개인 참모팀으로부터 조언을 주로 듣는 것을 중심으로 대통령화의 논지를 설명하고 있다. 수상이 대통령화되다 보니 당수의 퍼스낼러티가 대단히 중요시되고 있다.

86) 정당정치방송(Party political broadcasts, PPBs)과 정당선거방송(Party election broadcasts, PEBs)은 효과가 없는 것으로 치부되기도 한다. 그런데 사실은 매우 중요하고 효과가 충분한 것이다. 그것은 모든 정당에게 공평한 기회를 주는 민주주의 자산이다. 노동당은 여기에 많은 시간을 투자했고, 사상초유의 성과를 만들어냈다. PPBs에서는 두 가지 사실이 중요했다. 첫째는 '채널변경'(turn-off) 요인이었다. 시청자들이 저녁 메인 뉴스가 시작하기 직전에 방송되는 PPBs를 시청할 때 처음 45초 동안 시청하다 채널을 바꾸어 버린다는 사실이다. 이 채널 저 채널 전전하다 PPBs가 끝났겠지 하고 다시 돌아와서 보는 시간은 고작 마지막 45초이다. 조사결과 드러난 이러한 사실에 따라 PPBs는 재미있어야 하고, 유혹적이어야 하고, 정보를 제공하는 것이어야 했다. 또 완결된 체계를 갖춘 하나의 스토리로 된 5분짜리 필름을 만들 것이 아니라 그것을 몇 개로 분할해서 똑같은 스토리를 계속 반복함으로써, 시청자들이 45초만에 전체 스토리를 이해할 수 있도록 해야 했다. 두 번째 사실은 거기에 소요되는 비용은 크지만, 시청자들은 정규방송의 일부로 생각한다는 점이었다. 따라서 너무 값싸게 보여서도 안 되고, 너무 화려하게 보여서도 안 되었다. 시청자들이 의심을 하거나 지나치게 엘리트주의적이라고 생각하기 쉽기 때문이었다. "시청자들이 뉴스를 시청할 때 기대하는 수준에 맞추고, 중간 중간에 브랜드 정체성(brand identity), 메시지, 손에 잡히는 슬로건, 기억하기 쉬운 부호(mnemonic)를 계속 반복해야 한다. 이것은 광고와 TV 프로그램을 조합한 형태이다." 노동당은 97년 선거에서 사상 처음으로 PPBs를 전체 캠페인의 중요한 일부분으로 기획했고, 다른 광고메시지와 똑같은 메시지와 컨셉트, 슬로건, 문구를 일반가정에 전달했다. 이 일은 BMP의 사이먼 버크비(Simon Buckby)가 담당했다. 노동당은 처음으로 97년 선거기간에

PPBs를 통해 보수당의 세금정책과 관련한 방송프로를 내보냈다. 이것은 지난 5년간의 집권보수당이 교육, 보건, 범죄, 그리고 가족문제에 대해 보여준 실정을 드러내기 위한 것으로 5분짜리 방송프로를 4개로 나누어 방영하는 것이었다. 특히 선거 개시 바로 전인 3월 중순에 세금관련 방송프로가 강력했다. 굴드는 존 메이저 수상이 지키지 못한 약속들에도 불구하고 '테플론 자질'(Teflon qualities, 수많은 흠이나 스캔들에도 불구하고 인기가 떨어지지 않은 자질을 말하는데, 레이건으로부터 유래되었다.)을 개발해 왔다는 점에 주목했다. 그래서 메이저와 현실적으로 나타난 결과를 결합시키려고 했다. 선거 전과 그 이후의 행동이 다르다는 점을 암시하며, 그를 이중인격자로 묘사했다. 노동당의 PEBs는 세 가지였다. 첫번째는 '보수당의 세금 거짓말', 두 번째는 '불독' 광고(블레어가 Fitz라는 불독을 안은 채 세계지도자들을 만나는 영상과 함께 자신의 희망과 이념을 얘기하고 있는 장면을 배치하고 있는 광고), 그리고 세 번째는 활자로는 불가능한 어떤 이미지를 전달하기 위한 고전적 유머의 전형으로서 보수당이 그들의 목표대상인 대중들과 동떨어진 일들을 하고 있다는 사실을 부각시키기 위한 것이었다. 보수당이 전당대회 말미에 '희망과 영광의 땅'이라는 노래를 부르는 장면을 보여주면서 현실세계에서 생활하고 있는 대중들의 강력한 이미지를 통해 영국의 현실과는 반대의 장면으로 교체했다. 무엇보다 분명한 것은 어떤 정당의 의사소통매체가 전문적이면, 사람들은 그들의 통치 능력도 전문적이고 능력 있다고 믿게 만들 수 있다는 점이다. 더욱 중요한 것은 당이 유권자를 당연시하지 않고 있으며, 오히려 진지하게 받아들이고 있다는 것을 드러내는 것이다.

87) 토니 블레어는 1953년 5월 6일 스코틀랜드의 에든버러에서 변호사인 레오 블레어의 차남으로 태어났다. 그후 뉴캐슬로 이사하여 명문 기숙학교 페테스칼리지를 다녔다. 이 학교는 엄격한 규율이 특징인 곳으로 잉글랜드의 이튼칼리지에 버금가는 스코틀랜드의 명문학교였다. 옥스퍼드 대학에 진학한 블레어는 록 밴드를 만들어 활동하기도 했다.

88) 고든 브라운은 1951년 2월 20일 생이다. 장로교 목사 존 브라운의 차남으로 태어났다. 브라운은 커크달리의 공립고등학교를 나온 뒤 동년생들보다 2년 일찍 스코틀랜드 수재들이 다니는 에든버러대에 진학했다. 브라운은 럭비시합을 하다 다쳐 한 쪽 눈이 보이지 않는다. 브라운은 68학생운동의 와중에 학생신문의 편집인으로 그 선봉에 섰었다. 그후 브라운은 대학원에 들어가 경제학 박사학위를 받았다. 블레어와 브라운은 83년 나란히 의회에 진출했다.

89) 문제가 무엇인지를 정확하게 인식하는 문제에 대해서는 조지프 나이의 지적을 경청할 만하다. "정치권력을 행사하는 데 가장 중요한 것은 문제를 명백하게 하는 능력이다. 먼저 회의를 소집하고 의제를 설정하거나, 문제를 명백하게 만들어 문안을 작성하는 것이 중요하다." 조지프 나이, 김영주 역, 『더러운 손』(서울: 동아일보사, 1999). p. 4. 나이는 하버드대 교수를 지내다 클린턴 행정부의 국방차관보, 국가정보위원회 의장을 지내고, 현재는 하버드대 케네디 스쿨 학장으로 있다.

90) 기업에서 직원을 채용할 때 노동조합원만을 고용하는 제도를 말한다.

91) 재산의 과다에 따라 세율이 정해졌던 과거의 재산세를 대체하여 소득이나 부의 규모와 무관하게 지역주민에게 동일한 세율을 부과하는 것이다.

92) 캠벨은 전에 타블로이드 신문 편집자로 일했다. 블레어의 대변인이 된 이후 그는 '新노동당, 新영국'이란 구호를 만들어냈고, 블레어의 많은 연설문을 작성했다. 그는 타블로이드 신문을 다루는 언론전략의 입안자였다.

93) 노동당이 집권하면 마치 융단폭격처럼 세금을 줄줄이 올릴 것이라는 내용이다.

94) 캠페인의 원칙과 실행은 별개의 문제이다. 노동당의 선거운동이 현대화된 하나의 중심으로 집중된 것은 92년 미국의 클린턴 캠페인에 참여했던 경험에서 비롯되었다. 미국의 통합된 작동 메카니즘에 비하면 너무나 산만한 영국의 캠페인 때문에 미국의 War room과 비슷한 것을 만들고자 했다. 노동당 사무총장인 톰 소야가 이 아이디어를 수용하여 95년 9월에 2백만 파운드의 예산을 배정했고, 밀방크 빌딩에 새로운 캠페인 센터를 설치했다. 이곳 저곳을 기웃기웃하거나, 어지럽게 돌아다닐 필요 없이 단일의 'open plan'(분명하게 칸막이하지 않은 방의 설계) 사무실 공간을 갖게 되었다. 이 공간에서 사람들은 서로 이야기하고, 효과적으로 커뮤니케이션 할 수 있었다. 딱딱한 회의실과는 너무나 다른 것이었다. 이것은 언쟁과 논쟁을 줄이는 데 중요한 역할을 했는데, 이것은 노동당원들에게는 하나의 문화혁명이었다. 밀방크 내에 컴퓨터화된 조사 시스템을 갖춘 반박 및 공격팀들을 구성했고, 피터 만델슨의 강력한 통제하에서 단일한 명령체계를 구축했다. 언론팀이 제일 먼저 입주했고, 곧이어 다양한 타스크포스와 그룹들이 뒤따랐다. 만델슨은 12개의 특별위원회(task-force)를 구성하였다. 이것은 그 자체로 노동당에게 작은 혁명이었다. 즉, 간부회의(directorate)로부터 특별위원회로의 구조변경이었다. "정치적 성패는 세밀함과 기획에 달려 있

다"는 것이 만델슨의 생각이었다. 그는 작은 일들이 제대로 진행되기를 원했다. 만델슨은 블레어에게 전체 캠페인 구조 중에서 가장 중요한 것은 총선기획팀이라고 제안했다. 제대로 된 명령체계, 관리구조가 부재하여 커뮤니케이션과 조정이 불가능했고, 그 결과 일관성 있는 메시지를 유지하는 것이 곤란했다. 그 결과 마가렛 맥도나이가 총선조정자(General Election co-ordinator)로 8월에 임명되었다. 맥도나이와 만델슨 조합은 이상적이지는 않았으나, 훌륭하게 조화를 이루었다. 일을 마무리하는 사람이 부족하고, 실제로 일을 수행하는 사람이 부족한 당이라는 점을 감안할 때, 맥도나이는 신속하고, 효과적으로, 혼란 없이 일이 되게끔 하는 사람이었다. 그는 불평하거나 음모를 꾸미기보다는 곧장 전화를 들고, 신속하게 일을 처리했다. 만델슨이 전체적 그림을 그리고, 일관성을 유지하도록 하고, 방향을 제시하였으며, 맥도나이는 두 번 생각하거나 질문하거나 또는 문제를 일으키지 않고 신속하게 움직이는 사람이었다. "명령을 내리고 그것을 실행하는 것, 그것이 바로 전쟁이다." 브라운이 캠페인에 대한 정치적 통제권을 갖고 있었다면, 만델슨은 밀방크를 책임졌다. 둘간의 관계는 개인적 요소 때문에 좋지 않았으나, 근본적인 원인은 서로 다른 접근법 때문이었다. 만델슨은 캠페인 일람표(campaign grid)에 주일 내내 신경을 쓰고, 주말에는 매일 매일의 구체적인 내용으로 가득한 완벽한 캠페인 계획을 수립하는 데 모든 신경을 기울였다. 그가 이것을 브라운에게 제출하면 브라운은 불쾌하게 여겼다. 브라운은 뉴스가 선거를 지배해야 한다고 생각했다. 개념상 뉴스는 미리 예견할 수 있는 것이 아니었다. 만델슨도 뉴스의 중요성을 이해하고 있었지만, 질서와 규율이 없으면 혼란이 있을 뿐이라고 생각했다. 만델슨의 생각도 옳았고, 브라운의 생각도 옳았다. 구조도 필요하고, 융통성도 필요하기 때문이다. 97년 노동당의 캠페인이 성공적이었던 것은 두 요소간에 갈등과 불일치에도 불구하고 제대로 작동했기 때문이었다. 이것이 성공적인 선거운동이 실제로 진행되는 방식이다. 대조되는 아이디어와 정책을 통합하는 것. 지도자로서 블레어의 강점 중에 하나는 이러한 사실을 이해하고, 대조되는 요소들이 제대로 작동하도록 할 줄 아는 것이다. 블레어는 최고를 원했다. 아이디어와 전략들이 검증되고 토론되기를 원했다. 그는 자신의 말에 동의를 표시하는 사람을 신뢰하지 않았다. 자신과 대결해 주기를 원했다. 블레어는 브라운과 만델슨 모두를 필요로 했다. 이와 같은 서로 다른 요소의 조합이 단기적으로는 어려운 것이었으나 장기적으로는 효과를 발휘했다. 블레어는 조화라는 명분 때문에 능력에 대해 타협하지 않았다. 사실 정치에서 완벽한 팀 조화는 하나의 환상이다. 굴드가 노동당에서 12년 일하는 동안 고위 정치인들간의 갈등과 긴장은 일상이었다. 리더십이란 이러한 것을 받아들이는 것이고, 그것을 뛰어넘는 것이다. 블레어는 훌륭하게 해냈다.

95) NHS는 처칠을 물리치고 집권한 노동당 정부가 48년부터 시작한 것으로 모든 국민에게 의료 서비스에 대한 보편적 접근권을 보장한 것이다. 그러나 이후 많은 문제가 발생하여 영국의 주요 국가적 논쟁이슈가 되었다. 대표적인 불만은 대기시간이다. 동네 병원에서 초진을 받으려 해도 며칠이 걸리고, 수술을 받으려면 길게는 1년 반이나 기다려야 한다. 블레어는 집권 후 2000년 7월 의료개혁안을 제시했다. 주요 내용은 대기시간을 줄이는 것이다. 즉, 환자가 원할 경우 24시간 안에 의료인을 만날 수 있으며, 1차 진료기관의 일반의를 48시간 내에 만날 수 있도록 한다는 것이다. 수술 대기 시간도 6개월도 단축하고, 2008년까지 3개월 이내로 줄이겠다는 개혁안이다. 블레어의 의료 개혁안은 국가의료체계에 대한 불만에 따라 우후죽순격으로 생겨난 민간의료기관을 처음으로 인정했다. 민간의료기관은 원하는 시간에 진료와 치료를 받을 수 있고 수준 높은 서비스를 보장받지만 진료비가 국가의료기관의 10배 이상이라 서민들은 이용하기가 어려웠다. 블레어의 개혁안에는 만약 무슨 이유가 생겨 갑자기 수술이 취소된다면 28일 이내 다른 의료기관에서 수술을 받고 그 수술비를 국가가 대신 지불한다는 조항이 있다. '다른 의료기관'이 곧 민간의료기관이다.

96) 의료보험 재정부족으로 심장질환을 가진 18개월 된 아이가 죽어가고 있다는 내용이다.

97) 스핀 닥터를 제외하고 나면, 포커스그룹 리서치만큼 어처구니없는 신화가 덧칠해진 경우가 없다. 포커스그룹 리서치는 정치가로 하여금 유권자의 목소리를 직접 들을 수 있게 해준다는 측면에서 중요하다. 포커스그룹 리서치를 통해 어떤 주장을 제기하고, 듣고, 맞서고, 아이디어를 개발하고, 특정 관점의 열정을 파악하고, 일반인들의 의견·태도·감성을 체크할 수 있다. 한 포커스그룹의 구성원은 대체로 8명 내외다. 이들은 리서치회사에 의해 지난 선거에서 누구를 지지했는지, 연령, 직업 등을 고려해서 선발한다. 여러 포커스그룹을 운영할 때, 하나의 그룹만을 별도로 분석하지 않고 각 그룹을 서로 연계시킬 뿐만 아니라 캠페인의 방향과 목적에 비추어 분석해야 한다. 포커스그룹 리서치에서는 운영자(moderator)로서 수동적으로 듣는 것에 만족하지 않고, 논쟁에도 참여해야 하고, 참석자들의 주장을 반박하기도 해야 한다. 포

커스그룹 리서치는 아이디어를 개발하고, 검증하는데 유용한 수단이다. 포커스그룹 리서치에서는 통상적인 여론조사에서 얻을 수 없는 강점의 강도와 깊이를 검증할 수 있다는 점이 장점이다. 포커스그룹으로부터 얻고자 하는 것은 대중들이 스스로 자존심을 갖는 부분이 무엇인지, 그리고 대중들의 어렵고 고단한 삶에 대한 그들의 느낌이다. 대부분의 사람들은 열심히 일하고, 맞벌이를 한다. 대중들은 직업에 대해 불안해 하며, 범죄와 자녀교육에 대해 걱정한다. 대개 사람들은 살아가면서 적지 않은 중압감을 느낀다. 따라서 그들은 정치에 대해 회의적이지만, 누군가 자신들의 견해를 듣고자 하면 좋아한다. 대중은 정직하고 용감한 정치인, 그리고 원칙에 입각해 통치하는 정치인을 원한다. 마가렛 대처를 존경하고 존 메이저를 불신하는 이유가 바로 이 때문이다. 대중은 리드하는 지도자와 이러한 지도자가 이끄는 정부를 원하지만 동시에 자신들의 목소리에 귀를 기울이는 정부를 원한다. 원칙 있는 통치와 대중과의 끊임없는 대화는 매우 복잡하고 어려운 일이다. 그러나 어차피 현대정치는 복잡한 것이다. 이러한 새로운 도전에 조응해야만 한다. 포커스그룹 리서치는 단지 선거운동의 한 수단으로서가 아니라 민주주의 과정의 중요한 일부분이다. 즉 정치인과 대중간의 필수적 대화이자 정치에 대한 새로운 접근법이다. 선거 전 3년 동안 필립 굴드는 일주일에 한번 포커스그룹 리서치를 실시했다. 선거일 6주전부터는 일주일에 6일 동안 실시했다. 특히 보수당에서 노동당으로의 전향을 고민하고 있는 유권자에게 집중했다. 포커스그룹 리서치는 여론조사 프로그램의 단지 일부분일 뿐이다. 사실 더 중요한 것은 샘플수 1,000명을 넘어서는 양적 여론조사이다. 양적 여론조사는 선거가 자주 있는 미국에서 더 발전했는데, 양적 여론조사를 한 단계 발전시킨 사람이 스탠 그린버그이다. 그는 양적 여론조사를 여론의 순간촬영이 아니라, 미묘하고 예리한 질문으로 가득한 장문의 질문지를 활용함으로써 여론을 파악하는 감지장치로 만들었다. 그린버그는 양적 여론조사를 좋아했는데, 질문지를 작성하는 과정이 하나의 전략적 선택이었기 때문이다. 그린버그는 이렇게 주장했다. "정치인은 대중이 어디에 서 있는지 판단하기 위해 여러 가지 수단을 활용해야 한다. 지금 현재는 여론조사와 포커스그룹 리서치가 최선의 수단이다." 밀방크에서는 그렉 쿡(Greg Cook)이 여론조사 프로그램을 운영·조정했다. 그는 여론조사, 포커스그룹 리서치, 당의 폰 뱅크가 노동당으로 전향하려는 유권자들과 끊임없이 접촉하도록 했다. 데보라 마틴슨(Deborah Mattinson)이 도왔다.

98) 여론조사 상으로는 노동당이 우세였으나 결국 보수당이 재집권한 92년의 선거결과에 대해 토니 킹(Tony King)은 이렇게 말했다. "이제 영국에서는 두 주요 정당이 적당한 시기를 두고 정권을 교체하던 (양당체제의) 장구한 역사적 시대가 끝나지 않았나 싶다." 김영순, 「1997년 영국 총선 리포트」, 한국정치연구회, 『정치비평(통권2호)』(서울: 푸른숲, 1997) p.81

99) 심한 비판에 노출되는 시기.

100) 베번주의를 정연하게 정의하기는 힘든 일이지만 베번주의자들은 대체로 反상층계급, 反사립학교, 反식민주의, 反자본주의, 反미의 사상적 입장을 고수하였다. 고세훈, 『영국노동당사』(서울: 나남출판, 1999) p.259. 고세훈 교수의 이 역작의 많은 부분이 이 책에 인용되거나 도움을 주었다.

101) 55년 고령과 총선패배로 정계은퇴한 애틀리의 뒤를 이은 노동당 당수이자, 수정주의 운동의 선봉장인 게이츠컬을 추종하는 집단을 말한다. 55년 경선에서 게이츠컬은 베번을 누르고 당선되었고, 베번은 부총재 선거에서도 낙선하였다. 이를 기점으로 베번좌파의 몰락이 분명해졌다. 게이츠컬은 노동당의 연속적 패배가 전통적 노동계급, 고전적 사회주의와 결부된 당의 이미지에서 기인한다고 확신하였으며, 혁신의 일환으로 당헌 4조의 폐기를 시도하기도 하였다.

102) 중도좌파의 모임. 한 때 주류 좌파 노동당의 모임이었으나 후에 변질되었다. 토니 블레어, 고든 브라운, 닐 키녹 등이 참여했다.

103) 82년에 구성된 것으로 원내 노동당 좌파의 조직체.

104) 앞에서 다룬 바대로 모리스의 주장한 내용과 거의 대부분 일치한다.

105) 모든 핵심 선거운동가가 한데 모여있는 장소를 말한다. 워룸은 92년 클린턴 승리의 핵심적 요소로 평가되고 있다. 워룸에 대해 자세히 알고자 한다면, 동일한 제목의 비디오가 출시되어 있으니 참고할 수 있다.

106) FGI 보다 더 오염된 용어가 스핀 닥터다. 이 용어는 언론에 의해 별 생각 없이 통용되고 있다. 애초에 Spin은 뉴스로 공표된 사건에 가장 그럴듯한 설명(해석)을 덧붙이는 작업을 가리키는 단어이다. 전형적인 사례는, 미국의 대통령 TV토론 이후 제임스 카빌과 조지 스테파노풀러스(민주당) 그리고 메리 마탈린(Mary Matalin, 공화당)이 행한 역할이다. 이것이 스피닝(Spinning)이라 불려졌는데, 즉 일어난 일에다가 자신의 관점을 부여하는 것이다. 스피닝(Spinning)에서 스핀 닥터로 발전했는데, 對언론 대변인에게 붙여진 기묘한 이름에 다름 아니다.

그리고 여기서부터 이 명칭은 선거운동이라는 '어둠의 기술'(black arts)에 관련된 사람이나 어떤 것을 포괄하게 되었다. 하지만 이것은 언론의 장난일 뿐이다. 만약 스핀닥터가 존재한다면, 그 사람은 정당을 위해서 언론관계를 책임지는 사람이다. 이러한 활동은 오래된 일상적 활동이다. 24시간 미디어의 공격에 노출되어 있는 정당이나 여타의 조직이 정당이나 조직의 관점을 제시하고, 그 효과를 극대화하기 위해 사람을 고용하는 것은 상식인 것이다. 현대의 미디어 환경에서, 능력과 훌륭한 커뮤니케이션은 결코 분리될 수 없다. 캠벨은 언론계 출신이라 언론의 요구를 정확하게 이해하는 사람이다. "당신이 언론에게 끊임없이 기사를 제공하지 않으면, 언론이 당신을 통째로 삼켜버릴 것이다"라는 것이 캠벨의 관점이다. 블레어를 위해 최선의 설득력 있는 주장을 펴는 것을 자랑스럽게 생각했다. 그러나 캠벨은 단지 對언론 대변인에 그치지 않는다. 그는 뛰어난 전략가이고, 캠페인의 든든한 지주가 된 인내심과 태도를 가지고 있었다. 그는 97년 선거 승리에 대단히 중요한 기여를 했으나 어떤 면에서는 아직도 제대로 평가받지 못하고 있다. 뛰어난 스핀 닥터로서 노동당의 대변인을 지낸 데이비드 힐은 이렇게 말한다. "첫번째 원칙은 당신이 다루고자 하는 사람들을 이해하고 알아야만 한다는 것이다. 당신은 정직해야 한다. 어떠한 경우에도 거짓말을 해서는 안 된다. 거짓말은 재앙이다. 왜냐하면, 스핀 닥터가 되기 위한 가장 중요한 요소 중 하나는 당신이 그들에게 하는 말을 그들이 믿어야 한다는 것이기 때문이다. 정직해야 하듯이, 또한 언론인을 이해해야만 한다. 그들에게 거짓말을 해서는 안 되며 그들이 원하는 것이 무엇인지를 알아야만 한다. 당신은 스피드를 가져야 하는데, 당신이 먼저 선수를 치거나 신속하게 뒤따르지 않는다면 당신은 뒤처지는 것이다. 당신은 반드시 '말'(words)을 제공해야 하는데, 그들은 언제나 말을 필요로 하기 때문이다. 효과적인 스핀 닥터가 되기 위해서 반드시 해야 할 일은 언론이 당신에게 와서 자신이 알고 있는 기사거리 등 이런 저런 이야기를 할 수 있는 사람이 되어야 한다는 것이다. 그런 다음 언론인과 우호적 관계를 창출해야 하는데, 이것은 대단히 중요하다." 언론에다 대고 최선의 주장을 펴는 것은 비판의 대상이 아니라 자랑거리이다. 언론을 다루는 능력은 여당이든 야당이든 필수적이다. 이것은 정당이 자신의 대의명분을 발전시키고, 국민에게 더욱 훌륭하게 봉사하는 방법 중의 하나이다.

107) 좌파의 싱크탱크. 패트리샤 휴잇이 부소장을 지냈다.

108) 신자유주의에 입각한 대처의 이른바 '두 개의 국민' 전략과 대비되는 개념이다. '두 국민' 프로젝트는 (파시즘과 대처주의에서처럼) 전체 인구 중 전략적으로 중요한 부분의 지지를 동원하며, 프로젝트의 비용을 다른 부분에 전가하는 보다 제한된 헤게모니를 목표로 한다." 봅 제숍, 「축적전략, 국가형태, 헤게모니 프로젝트」, 김정훈 편역, 『포스트 포드주의와 신보수주의의 미래』(서울: 한울아카데미, 1995), pp. 34~35

109) 이해당사자 이론에 입각해서 기업경영을 바라보는 사람들이 있다. 이들은 기업이란 단순히 주주들의 이익을 극대화하는 것이 아니라는 점을 강조하면서, 기업은 사회적으로 책임 있게 행동해야 하며 종종 다른 목적을 위해서 이윤극대화라는 목적을 양보하기도 해야 한다고 강조한다. 이 입장에서 보면, 기업은 기업에 직접적으로 금전적인 이익을 갖고 있는 주주들뿐만 아니라 넓은 의미의 개인과 그룹에 대해서도 책임을 져야 한다. 넓은 의미의 이해당사자에는 기업이 위치해 있는 기업의 구성원들, 소비자들, 채권자들, 종업원들, 때로 사회나 환경 그리고 미래 세대까지도 포함된다.

110) 97년 선거과정에서 드러난 노동당과 보수당간의 정책 차이를 살펴보면 다음과 같다. 양당은 모두 인플레이션 2.5%선 억제를 경제정책의 최우선 목표로 내걸었고, 이에 따라 재정지출의 억제를 약속했다. 그러나 보수당이 공공지출의 GDP 40%선으로 '삭감'과 공공채무의 제로화를 공약한 반면, 노동당은 향후 2년 간의 공공지출의 '동결'을 약속하되 동일예산 내에서 항목을 조절함으로써 복지에 더 많은 예산을 쓸 것을 공약했다. 세금문제에서도 보수당은 약간의 소득세 삭감 및 최상층만 혜택을 볼 수 있는 자산세와 상속세 폐지를 약속한 반면 노동당은 소득세의 무인상과 민영화된 공기업의 초과이윤에 조세를 부과하여 이를 청년실업의 퇴치에 쓰겠다고 공약하였다. 복지문제에 대해서는 보수당이 국가연금을 점차 폐지하여 완전히 민영화할 것을 제시하고, NHS내의 민영진료 시장을 확대하겠다고 한 반면, 노동당은 현 연금체계의 유지, NHS 대기일수의 삭감, 내부 민영진료의 축소, 그리고 모든 아동의 취학 전 1년 유치원교육의 보장을 약속했다. 이밖에 노동당은 보수당이 100만 명의 일자리를 앗아갈 것이라고 주장하면서 서명을 거부한 마하스트리트조약의 사회헌장에 서명하겠다고 약속했고, 최저임금제 실시를 공약했다. 또 실업퇴치를 위해 청년실업자들을 고용하는 기업에 주 60파운드의 조세감면을 약속했다. 공약에 대한 여론조사를 보면, 복지예산에 더 많은 써야 한다는 주장이

70%를 넘게 압도적이다. 이러한 여론의 배경에는 보수당 정권 18년 동안 빈부격차가 심해졌고, 실업률이 정부발표 7%보다 2배나 높고, 무취업자가구가 20.6%에 달하는 등의 상황적 조건이 작용하였다고 평가된다. 이상의 내용은 김영순, 앞의 논문, pp. 86~88을 요약 인용한 것임.

111) 선거 후 조사에 따르면, 정책을 주요 변수로 투표한 사람의 비율이 45%로 관습적 투표성향(20%), 정당에 대한 비호감도(15%), 정당 지도자(7%)나 지역구 후보(4%)에 대한 호감도 등의 요인을 압도했다.

112) 블레어의 장점에 대해서는 다음의 정리가 간결하게 표현하고 있다. "토니 블레어의 가장 큰 장점은 탁월한 표현능력과 설득력에서 찾을 수 있다. 그의 영어연설은 영국영어를 공부하는 외국인들에게 교과서로 통할 정도로 명쾌하다. 의사당에서 야당석을 향해 몇 시간이고 자신의 주장을 펴는 그의 언변은 전세계 정치인들의 부러움을 샀다. 말할 때마다 항상 진지한 표정으로 손을 불끈 쥐며 악센트를 주는 그의 발언은 강력한 지도자와 개혁을 바라는 노대국 국민들에게 어필하고 있다. 와이셔츠와 캐주얼 차림을 즐기는 것도 국민들에게 '젊음'으로 받아들여졌다. 유럽에선 히틀러 이후 가장 뛰어난 대중연설을 한다는 평을 듣고 있다." 최홍섭, 「영 토니블레어, 하늘을 찌르는 인기, 이유 있다」, 『주간조선』(2001.6.21) p. 66

113) 선거캠페인은 일종의 대리전이다. 때문에 어떤 캠페인이든지 전략적 중심은 전략계획서(The War Book)이다. 정치적 언급은 관념의 행위가 아니라 전쟁행위이다. 오직 한 명의 승리자만 있는 정치적 죽음을 건 싸움이다. WB에서 중심이 되는 것이자 굴드의 핵심적 신념은 반드시 상대방의 강점, 자신의 약점에 대해 절대적으로 정직해야 하며, 문서로 기록해야 한다는 것이다. 예민한 정보를 문서로 기록하는 것은 위험한 일이지만, 문서화하지 않으면 상대방의 강점과 자신의 약점을 충분히 고려하지 못하게 되고, 회피하거나 무시하는 위험을 초래한다. 조 나폴리턴의 말에 따르면, 문자로 쓰여지지 않은 전략이란 없는 것이다. 전략과 전략에 대한 투입요소들이 문자화되지 않고, 문자화된 형태로 동의되지 않으면 그것은 없는 것이다. 쓰여지지 않은 전략은 단지 느낌일 뿐이다. 마음속으로 가지고 있다고 생각하더라도 캠페인의 압력 하에서는 금방 사라지고 만다. WB는 단순히 강점과 약점, 가능한 술책을 정리하는 것만이 아니라 캠페인이 실제 유권자들에게 제대로 작동하게 만드는 것이다. 상대방이 펼칠지도 모르는 불리한 캠페인, 그것을 유권자들에게 드러내고, 그들의 반응을 유도하

고, 가능한 공격에 대한 가장 효과적인 방어수단을 찾아내는데 핵심적이다. 굴드는 95년 중반에 이 작업을 시작했다. 처음에는 보수당의 가능한 선거공약에 집중하고, 이것을 노동당의 그것과 비교하려 했다. 광고도 검증했으며, 보수당의 캠페인을 시물레이션 해보았다. 96년 초반까지 포커스 그룹을 통해 보수당의 슬로건이 될 가능성이 높은 '新노동당, 新위험' 구호를 검증했다. 여론조사도 실시했다. 보수당의 가장 강력한 공격논리와 노동당의 방어논리를 끊임없이 검증했다. 만델슨은 96년 여름 굴드에게 WB 작업을 시작하라고 지시했고, 6월 10일에 기본 골격(outline summary)을 정리했다. 7월에 호텔 방을 잡아 놓고, 피터 하이만, 리암 번(Liam Byrne)과 더불어 선거를 예측하기 시작했다. 7월 1일자 초고는 엉성했다. 이것은 노동당과 보수당의 강점과 약점에 대한 내용, 선거 캠페인이 어떻게 진행될 것인지에 대한 예측 등을 포함하고 있었다. 그러나 하이만이 언급한 대로, 이것은 캠페인에서 전개될 전장에 대한 최초의 저인망(Trawl)이었다. 노동당의 강점은 "블레어, 혁신, 미래, 소수가 아닌 다수를 위한 정책" 등이다. 약점은 "세금, 이자율, 인플레이션, 배후에 숨어 있는 좌파, 변화에 대한 두려움" 등이다. 보수당의 강점은 "호전되는 경제, 애국주의, 안전, '구관이 명관'이라는 심리 등이다." 약점은 "장기집권, 다수가 아닌 소수보호정책, 배신, 신뢰, 불안정하고 취약한 리더십, 교육, 건강(의료보험)" 등이다. 노동당이 직면한 위험은 "경제, 노동당에 대한 두려움, 메이저, 유럽" 등이다. 기회는 " 블레어/新노동당, 기업, 세금, 교육, 보수당의 재집권에 대한 두려움" 등이다. 굴드는 선거에서 벌어질 전장, 양당의 경쟁적 입장에 대해 세세하게 적시했다. 예를 들면, 이런 것에 대한 예측이다. 노동당이 "메이저총리는 허약하다"고 주장하면, 보수당은 "가짜 블레어"라고 반응할 것이다. 노동당이 "보수당은 너무 오랫동안 집권하였다"고 공격하면, 보수당은 "변화라는 모험을 택하지 마라"고 대응할 것이다. WB는 다음으로 보수당의 캠페인에 대해 그림을 그렸다. 노동당은 위험하다는 주장에 근거한 네거티브 캠페인. 유럽에서 가장 강한 영국경제라는 전제에 근거한 포지티브 캠페인. 굴드는 네거티브와 포지티브 캠페인 모두 보수당의 전술에서 동등하게 중요하다고 간주하였다. 그러나 실제 선거전에서 보수당은 포지티브 캠페인을 소홀하게 취급했다. 예상가능한 보수당 플랜에 대한 그림도 그렸다. 매달 노동당은 보수당이 할 것으로 예상되는 일을 기다렸다. 노동당은 보수당의 광고 스케줄을 사전에 입수해 가지고 있었고, 보수당이 이 스케줄에서 벗어나지 않았기 때문에 대응은 결코 어렵지 않았다. 노동당의 캠페인에 대해서도 상세하게 정리했다. 블레어는 노동당의 메시지가 3가지 돛대에 기초해야 한다고 주장했다. (보수당의 실정에 대한) 환기〈Remind〉, (노동이 혁신되었고, 안전하고, 상식적 정책을 택하고 있다는) 再보증〈Reassure〉, (공약을 통한) 보상〈Reward〉. 11월까지 최종적인 구분선이 확정되었다. '안정적인 리더십, 소수가 아닌 다수, 과거가 아닌 미래' 이런 것들은 언제 어디서나 누구나 외치고 다녀야 하는 주문이 되었다. 30년만에 처음으로 노동당은 정치인들에 의해 수없이 반복될 진정한 메시지를 갖게 되었다. 마침내 이러한 메시지는 캠페인의 최종 메시지에 의해 증폭되었다. "이제 그만, 영국은 더 나은 대접을 받아야 합니다." 이러한 메시지는 매우 간단하지만, 몇 달 동안의 작업결과였다. 新노동당의 큰 주제들을 추출해서, 그것들을 대중이 받아들일 수 있도록 만드는 작업의 결과였다. 노동당 캠페인의 핵심은 '對유권자 제안'이라고 부른 노동당 공약을 제시하는 것이고, 보수당의 공약을 공격하는 것이었다. WB의 다음 부분은 5개의 타겟 집단에 대한 분석이었다. 보수당에서 노동당으로 전향한 투표자(오랫동안 노동당이 주목해온 키 그룹, 포커스그룹 리서치의 90% 이상을 여기에 집중), 여성(노동당이 남성을 선호한다는 성 갭 때문), 최초 투표자, 노동당의 오랜 토대인 DE그룹(DE social grouping), 페나인 벨트(Pennine Belt). 150만이 넘는 투표자들이 보수당에서 노동당으로 전향했고, 性 갭을 극복했고, 최초 투표자의 58% 지지를 획득했고, Pennine Belt에서의 타깃 의석을 모두 차지했다. WB는 포괄적인 캠페인 일람표(grid), 메시지와 공약을 요약하는 부분을 포함하고 있었다. WB는 매우 종합적이었으나, 결코 최종적인 것은 아니었다. 92년 클린턴 선거에서 최고 컨설턴트였던 폴 베갈라는 이 WB에 대해 좀 더 포커스가 있어야 하고, 공격 포인트를 가져야 한다고 비평하였다. 사실 너무 길기는 했다. 그러나 자신의 약점에 대해 최대한 정직해야 하고, 단순하고 확고한 생각을 갖기 이전에 반드시 복잡한 과정을 거치지 않으면 안 된다는 점을 인정해야 한다. 정치는 복잡하고, 多층위적이고, 역동적이다. 정치의 참뜻을 깨닫기 위해서는 복잡성을 존중해야 하고, 그 다음 이처럼 복잡한 것을 단순하고, 한결같고, 커뮤니케이션이 가능한 진실로 만들어 내야 한다. 그러나 이러한 과정은 엄청난 작업과 거대한 증류의 과정을 뜻한다. 97년 총선시 노동당은 사회적 계층별로 공략이 어려운 부류를 grouping하여 대략 5개로 나누었다. 그룹 1은 소위 swing voter라고 하여 고소득자, 젊은 층, 주택을 소유하고 있는 사람 등이다. 그룹 2는 25~40세까지의 여성층으로 대부분 변화에 대해 신경질적인 반응을 보이고, 노동당 정책에 대해 문외한이며, 노동당원이라는 정체성이 없는 부류다. 그룹 3은 투표시 기권성향이 아주 높아서 잘 설득하여 선거에 참여토록 유도해야 하는 부류이다. 그룹 4는 이른바 D-E socio-economic category로써 상대적으로 투표참여에 부정적인 부류이다. social economic grouping이라는 것은 대중을 대상으로 한 센서스, 서베이 등에서 나누는 grouping으로 대략 직업의 성격, 교육수준 등을 감안해 6개 그룹으로 나뉘어 진다. 첫번째가 A그룹(Professional Occupation)으로써 전체 인구의 7%를 차지하고, 두 번째가 B그룹(Managerial and Technical Occupations))으로 전체 인구의 33%를 차지한다. 세 번째가 C1그룹(Skilled Occupations-non-manual)으로 전체 인구의 5%를 차지하고, 네 번째가 C2그룹(Skilled Occupations-manual)으로 전체 인구의 38%를 차지한다. 다섯 번째가 D그룹(Partly Skilled Occupations)으로 전체 인구의 13%를 차지하고, 여섯 번째가 E그룹(Unskilled Occupations)으로 전체 인구의 4%를 차지하고 있다. 마지막으로 그룹5가 Pennine Belt로써 잉글랜드 북부지역에서 중부지역으로 내려오는 지역에 소재한 주민들로서 노동당에 다소 회의적이고 돈문제에 관심이 많은 계층이 주를 이루고 있다.

114) 이런 것을 sleaze factor라고 부른다.
115) 419석은 노동당이 전성기였던 1945년 선거에서 얻은 393석을 능가하는 기록이다. 당시 노동당의 득표율은 50%였다. 선거 후 분석에 따르면, 97년 선거에서는 전향투표율이 10%에 달했는데, 이것은 대처가 1979년 집권하던 당시의 5.2%를 능가하는 것이었다.
116) 스코틀랜드, 웨일즈에서 단 한 석도 얻지 못했다. 또 보수당의 아성이던 잉글랜드에서도 런던은 물론 버밍엄, 리버풀, 맨체스터 등 대도시에서도 참패했다. 현직 장관도 7명이나 낙선했다.
117) 자유민주당은 1988년 3월 3일 사민당과 자유당이 합당해 만든 정당이다. 사민당과 자유당은 1983년과 87년 총선에서 연합하였다.
118) 노동당은 2001년 총선에서도 승리하여 사상 최초로 연속집권에 성공하였다. '01년 6월 7일 선거에서 노동당은 413석을, 보수당은 166석을, 자유민주당은 52석을 차지했다. 노동당은 총선 전보다 4석이 줄었고, 보수당은 6석이 늘어났다. 투표율은 사상 최저로 59%였다. 노동당의 승리 요인은 한마디로 경제안정이었다. 실업률과 인플레가 25년여만에 최저수준을 기록하였으며, 경제성장률도 3%대의 안정적인

수치를 보였고, 재정흑자도 사상 최대 수준이었다.

119) 앞에서 말한 대로 정치적 부패는 이른바 sleaze factor라 부르는데, 대
표적인 경우가 닐 해밀턴(Niel Hamilton)의 경우다. 해로스백화점의
소유주로부터 거액의 뇌물을 받은 혐의로 96년부터 정가를 시끄럽게
했던 보수당의 닐 해밀턴 의원이 5번째로 안전한 보수당 선거구로
꼽혔던 타턴에서 1만표 이상의 압도적인 표차로 패배하였다. 그의 상
대자가 정치 초년생이자 영국 선거제도에서 극도로 불리한 무소속 후
보였다는 점을 감안하면 해밀턴의 패배는 더욱 상징적이다. 노동당의
승인, 보수당의 패배 등에 대한 내용은 김영순, 전게 논문 pp.82~83
을 인용하거나 참조하였음. 각 계급별 투표성향의 변화에 대해서는
다음의 표를 참조할 수 있다. 표는 김영순, 전게 논문, p.84에서 재
인용한 것임.

	AB	C1	C2	DE	노조원	공영주택거주자
총유권자대비(%)	19	24	27	30	19	23
1992년						
보수당	56	52	39	31	31	24
노동당	19	25	40	49	46	55
자민당	22	19	17	16	19	15
1997년						
보수당	40	25	24	19	16	12
노동당	33	49	56	62	59	66
자민당	22	20	14	14	20	16

※ AB: 경영직 및 전문직, C1: 사무회계직 화이트칼라, C2: 숙련 노동자,
DE: 미숙련 및 반숙련 노동자

120) 필립 굴드, 앞의 책, pp. 293~298.

인명색인

* 이 책의 주인공이라고 할 수 있는 빌 클린턴(Bill Clinton)과 딕 모리스(Dick Morris), 토니 블레어(Tony Blair)와 필립 굴드(Philip Gould)는 각 장의 대부분에서 나오므로 별도의 색인을 구성하지 않았다.

424

지은이 ● 이철희

1964년 경북 영일에서 태어나, 부산에서 초·중·고등학교를 다녔다. 고려대학교 정치외교학과를 졸업하고, 동 대학원 석사과정을 마치는 동안 한국정치연구회에서 활동하였다. 28살에 현역으로 입대해 군복무를 마치고, 국회에서 사회생활을 시작하였다.

그 후 국회의원 보좌관, 대통령 비서실 행정관, 국회 정책연구위원, 대한핸드볼협회 이사 등을 지냈다. 지금은 한국사회여론연구소(KSOI) 부소장, 정치 전략가로 활동하고 있으며, 〈오마이뉴스〉와 〈한겨레신문 hook훅〉에 칼럼을, 서울디지털대학과 한신대학교에서 강의를 하고 있다.

그동안『디브리핑 -클린턴과 블레어, 그리고 그 참모들』,『1인자를 만든 참모들』,『어드바이스 파트너』,『1인자를 만든 2인자들』 등의 책을 펴냈다.

이기는 정치, 소통의 리더십

초판 1쇄 인쇄 2010년 8월 30일 | 초판 1쇄 발행 2010년 9월 6일
지은이 이철희 | 펴낸이 김시열
펴낸곳 너울북 (136-036) 서울 성북구 동소문동 6가 25-1 청송빌딩 3층
전화 (02) 926-8361 | 팩스 (02) 926-8362
ISBN 978-89-953693-5-7 03340 값 25,000원

*이 책은『디브리핑』의 제목을 바꾼 것입니다.